# Соня Кошкина

# МАЙДАН

## Нерассказанная история

Главное расследование событий Революции

Киев
БРАЙТ СТАР ПАБЛИШИНГ
2015

УДК 821.161.1(477)-92
ББК 84(4Укр=Рос)6-44

СОНЯ КОШКИНА

К76   Майдан. Нерассказанная история. — К.: Брайт Стар Паблишинг, 2015. —
408 с.
ISBN 978-1523354283

В этой книге собраны откровенные интервью с главными героями той исторической зимы. Героями, пребывавшими по обе стороны баррикад.

80 процентов контента уникальны — данные и свидетельства очевидцев публикуются впервые. Задача — максимально точно реконструировать события, прежде всего кулуарные, процессы, которые были скрыты от глаз тех, кто мерз на площадях, но которые непосредственно повлияли на исход Революции Достоинства.

У цій книзі зібрані відверті інтерв'ю з головними героями тієї історичної зими. Героями, що перебували по обидва боки барикад.

80 відсотків контенту є унікальним — дані та свідчення очевидців публікуються вперше. Завдання — максимально точно реконструювати події, насамперед кулуарні, процеси, які були приховані від очей тих, хто мерз на площах, але які безпосередньо вплинули на результат Революції Гідності.

УДК 821.161.1(477)-92
ББК 84(4Укр=Рос)6-44

Публіцистичне видання
**Соня Кошкіна**
**Майдан. Нерозказана історія**

Фото на обкладинці *М. Левіна*

Редактор *О. Пасічник*

Формат 60х90/16. Ум. друк. арк. 16,3.

ТОВ «Брайт Стар Паблішинг»
А/с 87, Київ 02002, Україна. Тел.: (044) 593 2061.
E-mail: info@brightstar.com.ua
Свідоцтво   ДК №3990 від 23.02.2011

# ПОСВЯЩЕНИЕ

*Моей маме,*
*лучшей в мире маме.*

*Вадиму Омельченко,*
*учителю и старшему другу.*

*Всему коллективу Киевского института*
*проблем управления имени Горшенина и Lb.ua.*
*Ребята, спасибо, что вы есть!*

# ОГЛАВЛЕНИЕ

## ЧАСТЬ ЧЕТВЕРТАЯ. ОТКРЫТЫЕ РАНЫ

# ПРЕДИСЛОВИЕ

На написание этой книги Соню Кошкину вдохновили события в Украине в 2013 — 2014 годах. А именно Революция Достоинства, результатом которой стало свержение клептократического режима квазидиктатора Виктора Януковича.

Поскольку это первая книга Сони Кошкиной, есть смысл коротко представить автора.

Соня Кошкина (настоящее имя — Ксения Василенко) пришла в журналистику очень рано. С 13 лет училась в школе юного журналиста «Юн-пресс», где ее наставниками были лучшие представители профессии. Тогда же она начала публиковать первые репортажи в ряде столичных изданий. В 18 лет стала корреспондентом отдела политики всеукраинской газеты «День». Украинский политикум и читающая публика узнали Соню Кошкину в годы ее работы парламентским корреспондентом интернет-портала «Обозреватель». От смелости ее журналистских расследований, объективности репортажей, бескомпромиссности интервью захватывало дух! А автору в то время едва исполнилось 20.

Когда Институт Горшенина задумал проект сайта авторской журналистики Lb.ua, лучшую кандидатуру на пост шеф-редактора трудно было представить. И мы не ошиблись. За короткое время Соне удалось создать крепкий творческий коллектив, и сайт занял достойное и особое место в украинском медиапространстве.

Избранный в юности псевдоним точно соответствует уникальному авторскому стилю. Женское обаяние и шарм сочетаются с абсолютной независимостью и дерзостью. Остроту ее «когтей» почувствовали на себе очень многие украинские политики. Удивительно, что, зная бескомпромиссность журналистки, число желающих дать ей интервью не уменьшается. Очевидно, потому что в этом случае резонанс гарантирован, а сам факт интереса Сони Кошкиной к тому или иному политику указывает на значимость последнего.

Но вернемся к книге, которую мне выпала честь вам представить. Честно говоря, когда Соня поделилась со мной замыслом ее создания, у меня это вызвало некоторый скепсис. Украинская Революция подвигла тысячи творческих людей во всем мире на написание книг, стихов, песен, киносценариев. Так легко затеряться в этом потоке. Где же нащупать тот самый эксклюзив, который выделит этот труд из многих подобных?

Сегодня твердо могу сказать: автору это удалось. Ровно год продолжалась кропотливая работа по сбору свидетельств, документов, скрупулезному сопоставлению фактов, поминутному восстановлению событий.

Еще одно мое опасение состояло в том, что у автора были все основания быть предвзятой. В последние годы правления Януковича на журналистку и сайт Lb.ua была организована настоящая травля, которая была местью за критические публикации и журналистские расследования о деятелях режима. В ход шли уголовные дела, клевета, DDos-атаки и, конечно, подконтрольные власти суды.

Но автор оказалась выше сведения счетов. Верх взяли школа, профессионализм, объективность.

В итоге получился уникальный продукт: это и репортаж, и журналистское расследование, и аналитика. Несмотря на известность многих фактов, текст переполнен эксклюзивом, заключенным в свидетельства основных участников событий «по обе стороны баррикад». Благодаря этому книга захватывает, увлекает, держит в напряжении до последней страницы, как настоящий детектив.

Как у каждого талантливого человека, у автора число почитателей равно числу недоброжелателей.

У этой книги будет много критиков. Наверняка вызовет критику то, что на ее страницах получили возможность выразить свои взгляды и «антигерои» Майдана.

Но «антигерои», как и Герои, являются отражением специфической украинской действительности, преломленной через призму творческого таланта и профессионализма автора. Это и есть квинтэссенция данного труда.

Соня отказалась от многих предложений и не перешла в политику. Сегодня она остается одним из боевых «комбатов» украинской журналистики. Свой «батальон» она не оставит никогда.

Коллектив Института Горшенина надеется, что эти честные хроники столь важного периода украинской истории займут достойное место в хрониках современной истории Европы. Поэтому мы уверенно ставим на эту книгу печать *must read*.

*Вадим Омельченко,*
*президент Киевского института*
*проблем управления имени Горшенина*

# «МИР, КОТОРОГО БОЛЬШЕ НЕТ»

Доводилось ли вам бывать в музее Яд-Вашем в Иерусалиме? Музее, посвященном памяти шести миллионов евреев, чьи жизни унес Холокост. Само здание — треугольная призма, произрастающая из толщи горы Памяти. Сразу у входа, по левую руку, — видеоинсталляция «Мир, которого больше нет» художницы Михаль Ровнер. На огромном экране — кадры фото- и видеохроники. Снимались они в еврейских местечках Восточной Европы в конце 20 — начале 30-х годов XX века.

«Набирала обороты индустриализация; люди уезжали работать в большие города, местечки пустели, отмирали вековые традиции, рушился привычный уклад жизни евреев», — рассказывает наш экскурсовод Полина. И вот американские документалисты решили попробовать зафиксировать исчезающую жизнь. Они ездили по Польше, Беларуси, Литве, Украине — снимали быт местечек, все подряд. Старались сохранить их дух. Часто даже неизвестно, где конкретно снимались эти кадры.

Одна за другой мелькают картинки: сельский двор, окна синагоги, мальчики за Торой, сутулый ребе. А вот детский хор исполняет «Атикву» — песню, которая позже станет гимном независимого Государства Израиль. Это было мирное время, еще ничего не предвещало беды, но предчувствие катастрофы уже витало в воздухе. «Как будто предугадывалось, что эта размеренная, веками упорядоченная жизнь скоро оборвется», — продолжает Полина.

Художница пыталась передать это предвестие беды — очевидное, но никак пока не проявленное внешними признаками.

И вы знаете, у нее получилось.

\* \* \*

В начале ноября 2013 года Киев был тих и недвижим. Как всегда в это время года, на город наползали густые туманы; улицы — особенно по вечерам — кутал саван влажной мглы. Угасала осень. Опадая, последние листья застилали ковром старую брусчатку в центре. Но посреди всего этого пасторального, почти мещанского благополучия уже чувствовалась надвигающаяся беда, в воздухе **витало предчувствие катастрофы**. Предчувствие смертей героев Небесной сотни, положивших жизнь за то, чтобы страна уже никогда не возвращалась в тот ноябрьский мрак.

Из пор города явственно проступал запах гари. Совсем скоро выяснится: так пахнут подожженные автомобильные шины — главное оружие мирных демонстрантов против полчищ до зубов вооруженных правительственных войск.

Главным, но не единственным; была еще та самая брусчатка. В разгар боев ее выкорчевывали из земли голыми руками. Зимой 2013/14 цена человеческой жизни в моем городе часто напрямую зависела от веса обычного булыжника.

Я помню цвет неба в те последние мирные дни — фиолетовое с багрово-сизым поддоном. Мы еще не знали, чем обернется для Украины девятая годовщина Оранжевой революции. Наверняка было ясно одно: так, как сейчас, дальше продолжаться не может. Ни в конце 2013 года, ни даже в начале 2014-го никто, конечно, не верил, что нам удастся одолеть режим, что власть Виктора Януковича падет, а сам он позорно сбежит из страны. Тогда, в самом начале, мы добивались элементарного: соблюдения гражданских свобод, уважения человеческого достоинства, права выбирать и контролировать власть, права говорить и делать, что думаешь, не боясь за свою жизнь и свободу.

И вы знаете, у нас получилось.

# ДЕЙСТВУЮЩИЕ ЛИЦА

### Верховная власть

Виктор Янукович – президент Украины с февраля 2010 по февраль 2014 года. В узких кругах известен также как «Лидер», «Батя», «Портрет», «Царь», «ВФЯ».

Александр Янукович – его старший сын, наиболее влиятельный и демонизированный в политике и бизнесе персонаж «эпохи Виктора Януковича». В просторечии его обычно именовали «Саша».

### Ближайшее окружение Виктора Януковича

Андрей Клюев – многолетний соратник. До 24 января 2014 года – секретарь Совета национальной безопасности и обороны (СНБО). С 24 января – глава Администрации Президента (АП). Оставался с Януковичем до последнего. Вместе с ним покинул территорию Украины в ночь с 23 на 24 февраля 2014 года на российском военном судне.

Сергей Левочкин – многолетний соратник. Ставленник Дмитрия Фирташа. Возглавлял АП с первого дня вступления Януковича в должность, являясь, таким образом, одним из архитекторов режима. Утром после разгона студентов написал заявление об отставке, однако оно не было принято. Официально ушел из АП только 17 января 2014 года.

### Олигархи, приближенные к власти

Ринат Ахметов и Юрий Иванющенко – наиболее влиятельные представители крупного бизнеса в эпоху Виктора Януковича.

Вадим Новинский – его авторитетность обусловлена крепкими позициями, которые он занимал в Московском патриархате, в том числе в УПЦ МП.

Дмитрий Фирташ — пользовался значительным влиянием, но предпочитал оставаться в тени. Официальная его позиция — глава Федерации работодателей Украины. Владелец крупнейшего в стране телеканала «Интер». Кроме прочего, в парламенте седьмого созыва у Фирташа была солидная депутатская группа. В книге Фирташ упоминается опосредованно.

## Олигархи. Вторая линия

Сергей Тарута — представитель крупного бизнеса. Уроженец Донецкой области, умел одинаково эффективно находить общий язык как с представителями власти, так и с оппозицией. Через несколько дней после разгона студентов встречался с Юлией Тимошенко в Харьковской ЦКБ.

Борис Колесников — близкий друг Рината Ахметова. С 2010 по 2012 год — в ходе подготовки и проведения Евро-2012 в Украине — был вице-премьером, министром инфраструктуры.

Игорь Коломойский и братья Суркисы — олигархи. Накануне отъезда в Вильнюс, на праздновании юбилея Суркиса-младшего, Виктор Янукович сообщил близкому кругу, что в Европу Украина действительно больше не идет, что тематическое заявление Азарова — не блеф. Одним из гостей на праздновании был и Игорь Коломойский.

## Силовики

Виктор Пшонка — глава Генеральной прокуратуры (ГПУ). Ставленник Виктора Януковича.

Виталий Захарченко — глава Министерства внутренних дел (МВД). Ставленник Александра Януковича.

Александр Якименко — глава Службы безопасности Украины (СБУ). Ставленник Александра Януковича.

Александр Лебедев — глава Минобороны. Ставленник Александра Януковича. Лично отдавал приказ об отправке военных на Киев.

Валерий Коряк — «донецкий» начальник киевской милиции. По согласованию с вышестоящим начальством лично отдавал приказ о разгоне студентов в ночь с 29 на 30 ноября.

Петр Федчук — подчиненный Коряка. Отвечал за общественную безопасность в столице. Реализовывал приказ о разгоне студентов непосредственно на Майдане. В дальнейшем, когда в город стали прибывать спецотряды «Беркута» из разных областей, курировал их деятельность. Непосредственно управлял атаками «Беркута» на митингующих во время событий на улице Грушевского.

Виктор Ратушняк — замглавы МВД по общественной безопасности.

Павел Зинов — глава департамента материального обеспечения МВД. В январе 2014 года дважды привозил в Украину «гуманитарный груз» из России — партии по шесть и семь тысяч российских гранат, применявшихся против Майдана. На границе гранаты оформлялись как «гумпомощь».

Сергей Лекарь — еще один заместитель Захарченко, обеспечивший решение Кабмина, благодаря которому украинское МВД смогло взять российские гранаты на вооружение.

Сергей Кусюк — заместитель руководителя спецподразделения «Беркут». Хорошо знаком общественным активистам, журналистам, оппозиционным политикам. Во времена Януковича управлял разгоном практически всех мирных массовых акций — начиная с протестов под Печерским судом и заканчивая бунтами жителей микрорайонов против незаконных строек.

Станислав Шуляк — командующий Внутренними войсками МВД.

Сергей Коноплик — заместитель Шуляка, знакомый Андрея Сенченко, симпатизировал оппозиции.

Дмитрий Садовник — командир спецроты «Беркута», один из обвиняемых по делу о расстреле Майдана.

Владимир Бик — один из топ-чиновников СБУ, курировал контрразведку. Когда в разгар Майдана в Киев несколько раз приезжали гости из российского ФСБ, Бик их встречал-селил-гулял, предоставляя всю интересовавшую их информацию.

Роман Романов — начальник донецкой милиции. Ставленник Александра Януковича.

Андрей Ткаченко — командир днепропетровского «Беркута». Утром 20 февраля по его ребятам неизвестные открыли огонь из консерватории. Через какое-то время Ткаченко принял решение подняться вверх по Институтской, с ним — еще несколько командиров. Так началось отступление «Беркута», спровоцировавшее массовые расстрелы.

## Провластные персонажи второй линии

Николай Азаров — премьер-министр Украины.

Владимир Рыбак — спикер Верховной Рады (ВР). Один из «отцов-основателей» донецкого клана.

Александр Ефремов — одиозный глава фракции президентской Партии регионов (ПР) в ВР.

Игорь Калетник — первый вице-спикер парламента, коммунист. 16 января 2014 года обеспечил «ручное голосование» за «диктаторские законы». После победы Революции Достоинства покинул страну.

Сергей Арбузов — первый вице-премьер Украины, ставленник Александра Януковича, условный предводитель группы «семья». Эту группу называли еще «младореформаторами», «молодой командой». Все ее члены — люди Александра Януковича, стремительно ворвавшиеся во власть после парламентских выборов 2012 года. «Семейных» в политикуме очень не любили (особенно сами регионалы), считая их алчными, беспринципными, напыщенными хамами. И это, в общем, было недалеко от истины.

Михаил Добкин — губернатор Харьковской области. Стал свидетелем последних часов Виктора Януковича в качестве главы государства.

Владимир Сивкович — друг Клюева. На момент описываемых событий — замглавы СНБО, что в украинской политической иерархии равнялось нолю без палочки. Очень хотел вернуться в большую игру.

Андрей Деркач — депутат от ПР, друг Сивковича. Уже в декабре начал прилагать усилия для расшатывания «пропрезидентского» парламентского большинства изнутри.

Давид Жвания — депутат от ПР. В знак протеста против разгона студентов одним из первых заявил о выходе из ПР. В дальнейшем также принимал участие в расшатывании «пропрезидентского» парламентского большинства изнутри.

Александр Попов — чиновник из команды Януковича, назначенный в обход мэрских выборов руководить столицей. Попова сделали «крайним» за разгон студенческого майдана. Однако он единственный из фигурантов истории (в отличие от Сивковича и Коряка) не сбежал из Украины и доказывает свою невиновность в суде.

Владимир Макеенко — депутат-регионал, руководил столицей после Александра Попова. Днем 20 февраля выступил с заявлением, переломившим ход событий в пользу Майдана.

Александр Лавринович — до июля 2013 года министр юстиции Украины. Долго работая с Виктором Януковичем, хорошо знал и понимал его психологию. Был одним из тех троих, кто не побоялся заявить в лицо Януковичу о недопустимости «посадки» Юлии Тимошенко. Двое других — это Ахметов и Иванющенко.

Сергей Ларин — заместитель главы АП, занимался вопросами региональной политики. После подписания Мирного соглашения 21 февраля одним из последних покинул здание Администрации. К тому моменту Ларин был уверен: ночью Администрацию захватят.

Юрий Мирошниченко — полномочный представитель президента Януковича в парламенте, автор первого скандального закона «об амнистии участников массовых акций».

Дмитрий Табачник — бессменный министр образования в Кабмине Азарова, которого крайне негативно воспринимали в профессиональной среде.

Леонид Кожара — министр иностранных дел.

Елена Лукаш — министр юстиции, супруга главы Службы внешней разведки Григория Ильяшова.

Сергей Тигипко — депутат парламента, руководитель крупной депутатской группы внутри ПР, в которую входили в том числе люди Дмитрия Фирташа. Одно время считался в ПР «внутренним оппозиционером», однако протестные настроения Тигипко сводились к словам, не подтверждаясь делами. Так, 20 января, когда голоса его и его группы могли ускорить прекращение кровопролития, в парламент он не явился.

«Штурмовая группа» депутатов ПР — относительно молодые, физически подготовленные нардепы, участвовавшие в физических противостояниях. В их числе: Эльбрус Тедеев, Нестор Шуфрич и Дмитрий Шенцев.

Константин Кобзарь — начальник охраны Виктора Януковича.

Анатолий Могилев — «макеевский» премьер-министр Крыма до 27 февраля 2014 года.

Владимир Константинов — спикер крымского парламента. Сохранил пост после российской аннексии.

Сергей Аксенов — самопровозглашенный «премьер» Крыма. Сохранил пост после российской аннексии.

## Стан оппозиции

Александр Турчинов — фактический руководитель главной оппозиционной партии «Батькивщина». Ближайший многолетний соратник Юлии Тимошенко. После ее «посадки» в октябре 2011 года взял на себя управление партией. Во время Майдана возглавлял Штаб национального сопротивления. В конце лета 2014 года вышел из состава «Батькивщины».

Юлия Тимошенко — лидер «Батькивщины», главный конкурент Виктора Януковича на президентских выборах 2010 года. В октябре 2011-го была осуждена на семь лет тюрьмы по так называемому газовому делу — очевидно политическому. 22 февраля 2014 года вышла на свободу благодаря декриминализации Верховной Радой статьи, по которой была осуждена.

Сергей Пашинский — оппозиционный депутат от партии «Батькивщина», правая рука Александра Турчинова.

Арсен Аваков — оппозиционный депутат от партии «Батькивщина», один из членов Штаба национального сопротивления, друг Турчинова и Пашинского. С конца февраля 2014 года — глава МВД.

Петр Порошенко — внефракционный оппозиционный депутат. До этого министр экономики в правительстве Азарова. После Майдана — пятый Президент Украины, избранный в первом туре. Отличился во время событий на Банковой 1 декабря. С тех пор его рейтинг начал стремительно расти. Также Порошенко можно назвать одним из главных «дипломатов Майдана».

Арсений Яценюк — народный депутат, один из руководителей «Батькивщины». Претендент в «единые кандидаты» от оппозиции на президентских выборах 2015 года. С 27 февраля 2014 года — премьер-министр Украины.

Олег Тягнибок — лидер праворадикальной партии «Свобода» и ее парламентской фракции.

Виталий Кличко — лидер партии «Удар» и ее парламентской фракции. Очень хотел стать «единым кандидатом». В итоге, уже по завершении событий Майдана, они с Петром Порошенко заключили союз, что помогло Порошенко победить в первом туре, а Виталию Кличко — стать мэром Киева.

Юрий Луценко — в 2004 году был одним из «полевых командиров» Оранжевого Майдана. После — главой МВД. При Януковиче, так же как и Юлия Тимошенко, стал политическим заключенным. Вышел на свободу 7 апреля 2013-го. Выйдя, сразу заявил, что на президентство не претендует. Активно участвовал в событиях Революции Достоинства.

Андрей Сенченко — оппозиционный депутат от партии «Батькивщина», крымчанин. Был в контакте с Александром Януковичем.

Андрей Шевченко — оппозиционный депутат от партии «Батькивщина», присутствовал во всех ключевых точках Майдана.

Андрей Парубий — народный депутат от партии «Батькивщина», комендант Майдана, руководитель Самообороны.

Степан Кубив — народный депутат от партии «Батькивщина», комендант Дома профсоюзов.

Андрей Кожемякин — народный депутат от партии «Батькивщина», защитник Юлии Тимошенко.

Сергей Власенко — народный депутат от партии «Батькивщина», незаконно лишенный мандата; адвокат Юлии Тимошенко.

Геннадий Москаль — народный депутат от партии «Батькивщина», генерал-лейтенант милиции в отставке, сохранивший множественные связи в силовых структурах.

Юрий Стець — народный депутат от партии «Батькивщина», близкий соратник Петра Порошенко.

Сергей Каплин и Виктор Чумак — народные депутаты от партии «Удар».

Женщины-депутаты из фракций оппозиции — Александра Кужель, Оксана Продан, Лидия Котеляк, Олеся Оробец и другие.

## Активисты, эксперты и журналисты

Алексей Гриценко — активист, один из создателей Автомайдана.

Татьяна Чорновол — активистка, одна из лидеров Автомайдана, была жестоко избита 25 декабря 2013 года.

Игорь Луценко — активист, 21 января 2014 года был похищен и жестоко избит.

Юрий Вербицкий — активист, был похищен вместе с Луценко, позже найден мертвым в лесу под Киевом.

Дмитрий Булатов — активист, один из создателей Автомайдана, похищен 22 января. На протяжении недели Булатова систематически избивали; его распяли, приколотив к двери, отрезали часть уха.

Виктория Сюмар, Олег Рыбачук, Егор Соболев, Светлана Залищук — активисты, входили в штаб организаторов «Майдана общественников».

Зорян Шкиряк — активист.

Мустафа Найем — журналист. По его призыву, распространенному через Фейсбук, люди вышли на Майдан 21 ноября.

Евгений Нищук — бессменный ведущий сцены Майдана в 2004 и 2013 – 2014 годах, «голос Революции». Весной — осенью 2014-го был министром культуры Украины.

Руслана Лыжичко и Святослав Вакарчук — известные украинские музыканты, активисты Майдана, одни из символов Революции Достоинства.

Александр Положинский — известный украинский музыкант, участник событий на Банковой 1 декабря, где как мог сдерживал штурм силовиков провокаторами из толпы.

Алексей Мочанов — активист, сыграл значительную миротворческую роль в событиях в Украинском доме 25 января.

Андрей Дзиндзя — активист.

Николай Березовой — активист, муж Татьяны Чорновол. В августе 2014 года пал смертью героя на восточном фронте.

Вадим Омельченко — президент Киевского института проблем управления имени Горшенина, эксперт.

Евгений Курмашов — директор политических программ Института Горшенина, эксперт.

Олег Базар — главный редактор портала Lb.ua, активный участник Революции Достоинства.

Макс Левин — фотокорреспондент Lb.ua, активный участник Революции Достоинства.

Глеб Гаранич — фотокорреспондент агентства *Reuters*.

## Международные посредники

Виктория Нуланд — замгоссекретаря США.

Джон Маккейн — американский сенатор, республиканец.

Ангела Меркель — канцлер Германии.

Штефан Фюле — еврокомиссар ЕС по вопросам расширения.

Александр Квасьневский и Пэт Кокс — европейские политики, сопредседатели миссии Европарламента по наблюдению за рассмотрением «политических» уголовных дел в Украине.

Мартин Шульц — председатель Европарламента.

Кэтрин Эштон — верховный представитель ЕС по иностранным делам и политике безопасности.

Владимир Путин — президент РФ.

Патриарх Кирилл — патриарх Московский и всея Руси.

# НОЯБРЬ – ДЕКАБРЬ 2013

## Часть первая

# ХРОНИКА СОБЫТИЙ

21 ноября — Кабинет Министров Украины издал Распоряжение №905-р, предписывающее приостановить подготовку подписания Соглашения об ассоциации (СА) между ЕС и Украиной.

24 ноября — первый митинг в центре Киева. Сторонники евроинтеграции собрались на Майдане и Европейской площади. С этого момента фиксируется существование «двух майданов» — «общественного» (он же «студенческий») и «политического». Власть мастерски их между собой стравливала.

27 ноября — олигарх Игорь Суркис собрал узкий круг для празднования недавно минувшего 55-летия. На мероприятие прибыли Дмитрий Фирташ, Игорь Коломойский, Юрий Иванющенко и даже Виктор Янукович. Там-то, в гостях у Суркиса, Янукович объявил близкому кругу, что заявление Азарова — не блеф и «в Европу мы действительно не идем». Олигархи этой новостью были шокированы.

27 — 28 ноября — Вильнюсский саммит. Украина не подписала Соглашение об ассоциации с ЕС.

28 ноября — общественники попросили политиков «принять» Майдан.

29 ноября — народный депутат от оппозиции Сергей Пашинский пытался завести под Стелу независимости два автобуса с «озвучкой». «Беркут» их блокировал, произошли стычки, впервые пролилась кровь.

Ночь с 29 на 30 ноября — ровно в четыре часа утра «Беркут» жестоко разогнал студентов, оставшихся на ночь под Стелой.

30 ноября — пока возмущенные разгоном киевляне собирались на Михайловской площади, во власти планировали, готовили и организовывали провокации на Банковой 1 декабря. Произошедшее там не было цепью случайных совпадений.

1 декабря — в центр Киева вышло более миллиона человек. Люди заняли Майдан, Дом профсоюзов и Киевскую городскую государственную администрацию (КГГА). В это время на Банковой провокаторы атаковали кордоны безоружных бойцов Внутренних войск. За спинами «вэвэшников» находился вышколенный «Беркут», который вскоре предпринял несколько контратак. Десятки людей были жестоко избиты, задержаны.

2 декабря — из «Межигорья» выехали первые машины, эвакуировавшие наличные деньги.

Между 2 и 8 декабря (точные даты неизвестны) произошли две важные встречи. Первая — Андрея Сенченко и Александра Януковича в Донецке. Вторая — Сергея Таруты и Юлии Тимошенко в Харьковской ЦКБ. Вторую организовывает лично генпрокурор Пшонка после соответствующего разговора Рината Ахметова и Виктора Януковича.

В ночь с 10 на 11 декабря — второй разгон Майдана. По мнению западных дипломатов, авторство разгона принадлежит Александру Януковичу и Виталию Захарченко.

17 декабря — Виктор Янукович и Владимир Путин в Москве заключили договоренности, о которых украинцам стало известно из твита редактора *The Economist* Эдварда Лукаса. В числе этих договоренностей — предоставление Россией Украине скидки на газ и 15-миллиардного кредита.

Вторая половина декабря — подготовка арестов лидеров оппозиции.

25 декабря — нападение на Татьяну Чорновол.

# Глава 1

# РАЗВОРОТ

### Распоряжение №905-р

В четверг 21 ноября 2013 года Кабинет Министров Украины издал Распоряжение №905-р. В переводе с несуразного казенного на общепонятный язык документ предписывал приостановить подготовку подписания Соглашения об ассоциации (СА) между ЕС и Украиной. Премьер-министр Николай Азаров аргументировал данное решение просто: отсутствие со стороны ЕС финансовой поддержки Украины, крайне жесткие условия для получения кредита МВФ.

Президент Янукович в тот день находился с официальным визитом в столице Австрии, Вене. В ответ на требования журналистов объясниться заявил: «Украина шла и будет продолжать идти путем евроинтеграции».

Но эти его слова не звучали успокоительно. В Украине Виктора Януковича все решения принимал один человек — Виктор Янукович. Он же нес за них ответственность. Грязную работу — как в данном конкретном случае — поручал подчиненным, оставляя себе поле для маневра и возможность сделать вид, что сам он к этому непричастен.

Более того, дела Виктора Януковича прямо противоречили сказанному в Вене. На встрече с еврокомиссаром по вопросам расширения ЕС Штефаном Фюле он попросил... отложить ассоциацию на год. Просьбу объяснил тем, что ассоциация с ЕС обернется для Украины 160-миллиардными (в долларах) потерями. При этом не вполне было понятно: прозвучал ли со стороны главы украинского государства намек на финансовую компенсацию для Украины (за подписание договора) или же однозначный отказ.

Кроме Фюле **на протяжении второй половины октября и первой половины ноября Янукович минимум трижды встречался с президентом России Владимиром Путиным.** Это только те встречи, о которых известно наверняка. Не исключено, на самом деле их было больше. Проходили они в Москве и Сочи. Одна из них длилась более пяти часов. Информация о них официальными службами глав государств представлялась крайне скупо.

По неофициальным данным, одна из таких встреч состоялась в подмосковном бункере, полностью защищенном от какой-либо «прослушки». О чем именно говорили посетители бункера, никому, кроме них самих, доподлинно неизвестно, однако именно после этого Виктор Янукович озвучил Штефану Фюле формулу «отложить на год».

Такова номинальная сторона дела. Но для того, чтобы вполне осознать масштаб произошедшего, необходимо понимание истории вопроса.

## История вопроса

Процесс евроинтеграции Украины начался еще в 2003 году при президенте Леониде Кучме. При президенте Викторе Ющенко он стал главным внешнеполитическим приоритетом. С 2009-го отношения Украина — ЕС развивались в формате программы «Восточное партнерство». В самом начале своей каденции, 1 июля 2010 года, открывая заседание Совбеза, президент Виктор Янукович представил проект закона об основах внешней и внутренней политики. «Во внешней политике законопроект определяет европейский вектор как наибольший приоритет для государства», — передавала пресс-служба президента. Очень скоро Верховная Рада законопроект утвердила.

В марте 2012 года Украина и ЕС парафировали Соглашение об ассоциации, включительно с положениями о создании Зоны свободной торговли. В июле 2012-го Украина и ЕС договорились о внесении в Соглашение дополнений относительно упрощения визового режима. В марте — апреле 2013 года Верховная Рада Украины и Европарламент ратифицировали эти договоренности. 17 сентября 2013 года Кабинет Министров Украины единогласно одобрил проект Соглашения об ассоциации с Европейским Союзом.

**То есть евроинтеграция Украины многие годы была целью номер один. И президент Янукович едва ли не больше остальных сделал для ее достижения. И теперь он повел себя алогично, как человек, чем-то очень сильно напуганный. Либо опасающийся чего-то, ему одному известного.**

Выстроившего под себя всю властную вертикаль, державшуюся на страхе и коррупции, погрязшего в чрезмерной роскоши и самодурстве, Виктора Януковича сложно было заподозрить в том, что он внезапно обеспокоился судьбой рядового гражданина. Единственный, о ком он привык думать и заботиться, — он сам.

Альтернативная точка зрения: Виктор Янукович изначально не собирался интегрироваться в ЕС, но мастерски спекулировал темой, выстраивая отношения с Кремлем.

Так или иначе, но ради евроинтеграции ему даже пришлось «переламывать» (причем не один раз) собственную политическую силу — Партию регионов, контролировавшую тогда пропрезидентское парламентское большинство. И хотя в программе Партии регионов европейский вектор также значился определяющим, однако в повседневной ее риторике преобладали пророссийские нотки. Более того, бизнес многих видных «регионалов» был ориентирован на российские рынки.

С этой точки зрения примечательна встреча Виктора Януковича с активом ПР 4 сентября 2013 года — сразу после начала новой парламентской сессии. Именно на этой сессии планировалось «доголосовать» пакет законов, принятие которых было обязательным со стороны ЕС условием подписания Украиной СА.

Всего пакет включал одиннадцать законопроектов и был известен под кодовым названием «список Фюле». Сам список был передан Николаю Азарову Штефаном Фюле при личной их встрече еще 8 февраля 2013 года. Правда, статуса официального документа он не имел. Вокруг отдельных его пунктов украинские чиновники долго ломали копья, но ключевыми требованиями были: новый закон о прокуратуре, изменение избирательного законодательства и разрешение «вопроса Тимошенко».

3 сентября, выступая на открытии сессии ВР, Виктор Янукович заявил: «Успех на Вильнюсском саммите необходимо подготовить. И значительную роль в этом процессе должна сыграть Верховная Рада Украины». Свидетелями тому — еврокомиссары

Пэт Кокс и Александр Квасьневский, присутствовавшие на торжественной церемонии. Времени для подготовки «успеха» оставалось не так много. Уже 30 сентября Коксу и Квасьневскому предстоял отчет перед Европарламентом об итогах работы своей миссии (мандат которой продлевался дважды). Далее подготовка финального отчета. 21 октября Евросоюз должен был принять окончательное решение по Украине. Сам Вильнюсский саммит назначили на 28 — 29 ноября.

Уже на следующий день после открытия сессии ВР, 4 сентября, Виктор Янукович убеждал ближайших соратников в правильности и полезности европейского выбора. Но гаранта поддержали не все. Одним из бунтарей выступил тогдашний член фракции ПР одесский депутат Игорь Марков. Личность сама по себе довольно одиозная, лидер маргинальной пророссийской партии «Родина», в той ситуации он неожиданно стал «внутренним оппозиционером». «Партия регионов во главе со своими лидерами предала миллионы избирателей юго-востока, предала их ожидания, предала идеологию, за которую они голосовали, рассчитывая на дружественные отношения с Россией. Сегодня Россия превращена чуть ли не в основного врага Украины», — аргументировал Марков, переходя в оппозицию. За что очень быстро был лишен депутатского мандата. Формальное основание — якобы выявленные нарушения в ходе избирательного процесса в его мажоритарном округе. Соответствующее решение принял Высший административный суд, хотя ни одним законом Украины, ни тем более Конституцией лишение мандата на основании судебного решения не предусмотрено. 22 октября Маркова задержали, обвинив в «хулиганстве» в 2007 году. На свободу он вышел только после смены власти, в конце февраля 2014 года. История с Марковым была показательна. Других желающих перечить Януковичу в ПР больше не нашлось.

## Фактор Тимошенко

7 апреля, в день великого христианского праздника Благовещенья, из ворот Менской колонии, что на Черниговщине, вышел экс-министр внутренних дел Юрий Луценко. Виктор Янукович любил карать и миловать по государственным и религиозным праздникам. На Юлию Тимошенко, однако, это не распространялось. Хотя весной и летом 2013 года многие считали, что ради

евроинтеграции Янукович все же готов выпустить ее из заточения в харьковской больнице. Рассматривались даже конкретные сценарии. Наиболее реалистичным считался выезд Тимошенко на лечение в Германию. Так, чтобы она в силу целого ряда причин подольше не могла бы вернуться и уж точно не участвовала бы в президентской кампании 2015 года. Но время шло, а с лечением не складывалось. Банковая придумывала все новые и новые отговорки, вплоть до попытки получить у Европы нечто вроде «выкупа» за «леди Ю». Сумма «выкупа» должна была равняться плюс-минус полутора миллиардам гривень. Как известно, Печерский районный суд, который 11 октября 2011 года приговорил Тимошенко к семи годам лишения свободы, именно во столько оценил убыток, якобы причиненный по ее вине НАК «Нафтогазу».

В ходе одной из встреч с Ангелой Меркель (уже после осуждения Тимошенко) Виктор Янукович довольно недвусмысленно дал понять, что если Европа хочет освобождения лидера оппозиции, то следует подумать о механизме «возмещения». На что Ангела Меркель возмущенно ответила: «Она (Тимошенко. — С. К.) не корова, а мы не на базаре, чтобы торговаться». После этого Янукович и Меркель не встречались очень долго.

С началом парламентской сессии Янукович намекнул, что «вопрос Тимошенко» должна решить Верховная Рада. Он поступал так всегда, когда хотел снять с себя ответственность.

«Последний звонок» прозвучал 15 октября, когда Европарламент в очередной раз продлил мандат работы миссии Пэта Кокса и Александра Квасьневского.

> «Украине было четко указано: без результатов миссии Кокса — Квасьневского, которая отвечала за решение группы так называемых гуманитарных проблем, подписание Соглашения невозможно. Промежуточные результаты Пэта Кокса и Александра Квасьневского были неплохими. Но продление работы означало, что миссия не выполнена. Добавлю, что в Кремле могут открывать шампанское», — прокомментировал тогда ситуацию директор политических программ Института Горшенина **Евгений Курмашов.**

На заседании фракции «Батькивщины» утром 21 октября было зачитано письмо Юлии Тимошенко, в котором она призывала коллег де-факто закрыть глаза на ее судьбу и ради евроинтеграции проголосовать за все провластные законы. В повестку дня включили сразу шесть законопроектов, позволяющих «решить вопрос Тимошенко». Ни один из них достаточного количества голосов не набрал.

«Президент Янукович дал указание своей Партии регионов ни за один из таких законов не голосовать», — под конец заявил с парламентской трибуны Арсений Яценюк, после чего передал спикеру Владимиру Рыбаку свой проект указа президента о помиловании Тимошенко.

Это был отчаянный шаг и шаг отчаяния одновременно. На протяжении всех лет заключения Тимошенко Банковая много раз намекала: в случае, если она сама подпишет прошение о помиловании, Виктор Янукович может смилоститься. Однако Тимошенко визировать такой документ категорически отказывалась и запрещала делать это своим близким, ведь это означало бы, что она признает свою вину. И Яценюк пошел ва-банк. После провала всех законопроектов ничего другого не оставалось. Конечно, жест этот был больше политическим, чем юридическим, ведь раньше аналогичные прошения подавали президенту Герои Украины, предстоятели церквей, творческие коллективы и т.д. Результатов это не имело. Все все понимали.

## Сто тысяч. Девятая годовщина Оранжевой революции

«Еще за несколько недель до того, как Азаров выступил с заявлением, мы (тогдашняя оппозиция. — *С. К.)* с высокой долей вероятности предполагали, что Янукович откажется от европейского вектора», — говорит **Александр Турчинов**.

«Да, многие украинцы поверили Януковичу, поверили в перспективу евроинтеграции, в искренность его намерений. Таких людей было достаточно много. И для нас было очевидно, что для них решение Кабмина станет этаким холодным душем, очень жесткой острасткой. Поэтому мы заранее начали готовить протестную акцию оппозиции на 24 ноября... Мы ее анонсировали, раздавали приглашения, в том числе в метро, призывали людей прийти. Мы понимали, что, если не выйдет пятьдесят тысяч человек, мы проиграем», — вторит ему **Сергей Пашинский**.

В отличие от скептически настроенных политиков, общество верило: несмотря ни на что, Виктор Янукович подпишет СА в Вильнюсе. Кроме прочего, это подсказывала здравая логика. По состоянию на осень 2013 года рейтинг Виктора Янукович был достаточно высок за счет его электоральной базы — востока и юго-востока страны. На западе и в центре его, мягко говоря, недолюбливали, но в случае подписания СА многое готовы были простить. И даже поддержать в 2015-м. Таким образом, **подпиши Янукович СА, второй срок был бы ему гарантирован.** Но устами премьера Азарова он от СА отказался. И люди спонтанно вышли на улицу.

За последние несколько лет Соглашение об ассоциации стало для многих украинцев буквально национальной идеей. Страна, не имевшая общего прошлого, мужественно преодолевавшая разделения по языковому, религиозному, ментальному признакам (на которых всячески спекулировали политики), хотела иметь общее будущее. И готова была за это будущее бороться.

Инициаторами протеста выступили несколько известных журналистов и активистов. Первоначальная «мобилизация» прошла через социальные сети, преимущественно через Фейсбук.

> «Ладно, давайте серьезно. Вот кто сегодня до полуночи готов выйти на Майдан? Лайки не считаются. Только комментарии под этим постом со словами «я готов». Как только наберется больше тысячи, будем организовываться, — написал на своей фейсбук-странице журналист Мустафа Найем. И чуть позже: — Встречаемся в 22.30 под монументом Независимости».

В тот вечер на Майдан пришли несколько тысяч человек. Почти все собравшиеся друг друга знали. Если не напрямую, то заочно. По меткой характеристике моего коллеги, главного редактора Lb.ua **Олега Базара**, это было похоже на «ожившую френд-ленту Фейсбука».

> «Первое впечатление — лента *Facebook*-друзей в полном составе вышла офф-лайн. Практически все лица — знакомые... Вот эта эмоция — «все свои» — сперва добавила действу легкую эйфоричность: братания, шутки, «обнимашки»

старых друзей и просто коллег. Весело, одним словом! Но постепенно приходит другая эмоция — хрестоматийная, банальная ленинская сентенция: «Узок круг этих революционеров. Страшно далеки они от народа».

Часам к одиннадцати вечера, как только на Майдане собрались первые полтысячи человек, со стороны консерватории подъехало несколько автобусов «Беркута». Так, на всякий случай. Хотя собрание было абсолютно мирным. Рассредоточившись по периметру площади, не занимая проезжей части, люди скандировали «Украина — это Европа» и пели государственный гимн. У многих в руках были флажки и флаги Евросоюза. Проезжавшие по Крещатику машины приветственно им сигналили.

Полноценный митинг начался с появлением политиков. Очень быстро прибыли Виталий Кличко и Юрий Луценко, Андрей Парубий, Олег Тягнибок, Олеся Оробец, другие депутаты из всех трех оппозиционных партий. Благо, без партийной символики, зато с мегафонами. «Просите всех своих друзей, обзванивайте близких, двадцать четвертого числа на Майдане нас должно быть сто тысяч. Только такая сила может победить! Нас будет сто тысяч, и мы обратимся к Европе: принимайте нас к себе, принимайте, без оглядки на политиков», — призывал присутствующих Юрий Луценко.

По мере увеличения на площади количества политиков, митинг рассредоточивался — каждый «агитировал» в своем углу. Олег Тягнибок — отдельно от Виталия Кличко, Кличко — отдельно от Арсения Яценюка, и так далее. Любопытствующие граждане, среди которых было много рядовых киевлян, узнавших о происходящем из эфира «5 канала», перемещались от одной группы к другой, время от времени фотографируясь с известными лицами из телеэфиров — «на память». Воедино все сошлись только с появлением Владимира Кличко. Всенародный любимец, после триумфального разгрома на московском ринге «русского витязя» Александра Поветкина он превратился в безусловного народного героя.

К двум часам ночи на Майдане осталось несколько сотен человек. До утра стало еще меньше — особого смысла ночевать здесь не было, да и подходящих условий пока тоже. Остальные договорились встречаться здесь же, под Стелой независимости, ежевечерне, вплоть до начала Вильнюсского саммита: чтобы показать власти серьезность своих требований. Четкого плана действий ни у кого не было.

В тот слякотный промозглый вечер, аккурат в девятую годовщину Оранжевой революции, никто из собравшихся на Майдане не мог представить, что ровно через три месяца — день в день, Виктор Янукович подпишет Мирное соглашение, де-факто — капитуляцию, согласится на досрочные президентские выборы, а потом позорно сбежит из страны. Его логово, «Межигорье» — резиденция размером с Княжество Монако, — падет, и над ним будет поднят желто-голубой флаг. Мы подсмеивались над словами Яценюка о том, что новый президент и новое правительство подпишут СА. Тогда это казалось абсолютной фантастикой, но ни он, ни мы не могли знать о том, что 21 марта 2014 года в Брюсселе премьер-министр Украины Арсений Яценюк поставит подпись под «политической частью» договора об ассоциации. Мы не знали, что 27 июня 2014 года опять-таки в Брюсселе пятый Президент Украины Петр Порошенко поставит подпись под «экономической частью» Соглашения об ассоциации. Что сделает он это той самой ручкой, которой на Вильнюсском саммите должен был воспользоваться Виктор Янукович. И что в тот момент Украина будет находиться в состоянии полномасштабной войны с Россией. Андрей Парубий, первым тогда раздобывший мегафон для Майдана, явно не представлял себя в роли секретаря Совета национальной безопасности и обороны. Не мог думать, что не далее как весной 2014-го ему придется координировать отступление украинских военных частей из Крыма «на материк».

Покидая в ту ночь Майдан, активист Игорь Луценко не знал, что ровно через два месяца (эта чертова закольцованность событий!) — 21 января 2014 года, в четыре часа утра, его — на глазах у врачей — вместе с другим активистом, Юрием Вербицким, выкрадут прямо из приемной Октябрьской больницы в Киеве. Будут избивать почти сутки, а потом — с мешком на голове — завезут в лес где-то под Киевом, поставят лицом к сосне и прикажут молиться. Игорю Луценко несказанно повезет — он вырвется. А вот похищенный вместе с ним Юрий Вербицкий — нет. Его будут избивать куда ожесточеннее, ведь он — львовянин. Потом, думая, что добили, его бросят, и, совершенно изможденный, Вербицкий не сумеет выбраться из леса — слишком холодно, слишком мало сил. Так и погибнет. Через сутки его тело найдут в лесополосе в Бориспольском районе. Таня Чорновол не догадывалась, что в декабре вместо утренника младшего сына в детском саду окажется в реанимации клиники «Борис». По дороге с Майдана домой ее «подрезали», вытащили из машины и зверски избили. Только благодаря тому, что это произошло на оживленной трассе Киев — Борисполь, она осталась жива. Весной, когда начнется необъявленная война, ее муж Николай пойдет на фронт добровольцем. В августе он погибнет смертью героя, помогая спастись раненому побратиму.

Все эти, а также другие испытания — большие и малые — нам еще только предстояли.

Так начиналась украинская Революция Достоинства.

# Глава 2

# ПЕРВЫЕ ДНИ ПРОТЕСТА

## Реакция оппозиции. Борьба за единого кандидата

Случившееся в четверг вечером в центре Киева украинскую оппозицию удивило. Никто подобного не ожидал и, как результат, не был готов и не знал, как себя вести. Конечно, первая реакция политиков демонстрировала осознание того, что им это на руку. Тем более в преддверие воскресной акции. Но люди очень быстро дали понять: протест — не ради политиков, и партийных флагов на площади они не потерпят. У политиков были все институциональные возможности бороться с властью, но, поскольку пользовались они ими недостаточно эффективно, граждане сами взялись за дело.

Гражданам для этого не нужен был лидер, не нужны были подсказки оппозиции. Прошло то время, когда на волне Майдана приходили к власти отдельные персонажи (конкретно — Виктор Ющенко). Девять лет спустя Майдан собрался для того, чтобы навести порядок в стране, а не для коронации очередного лидера.

Меньше всего это осознавал Виталий Кличко, который тогда искренне полагал, что уже на акции 24 ноября собравшиеся должны выдвинуть его кандидатуру в президенты. «Но у нас же есть единый кандидат», — напомнил Арсений Яценюк в ответ на предложение Кличко внести в проект резолюции воскресного митинга пункт о провозглашении единого оппозиционного кандидата. «Да? Кто?» — искренне удивился боксер. Повисла неловкая пауза. «Конечно, это ты, Виталий!» — не растерялся Яценюк. Присутствующие разразились веселым смехом.

Тема единого кандидата на президентских выборах 2015 года была весьма болезненной для оппозиционеров. Все понимали, что, только объединив усилия, они могут попытаться победить Януковича. Но амбиции диктовали свое.

18 мая 2013 года в Киеве состоялся митинг. Первая за длительное время действительно масштабная акция оппозиционеров. По результатам митинга лидеры трех политических сил — «Батькивщины», «Свободы» и «Удара» — договорились действовать на президентских выборах в 2015-м единым фронтом. А именно: если выборы состоятся в один тур (вероятность такого изменения законодательства тогда существовала), выдвигать единого кандидата уже в первом туре. Если в два тура — поддерживать того из оппозиционных кандидатов, кто выйдет во второй.

Правда, еще накануне вечером предполагалось: прозвучит и имя единого кандидата — Юлии Тимошенко. В мае подобное действо представлялось символичным. Не более того. Юлия Тимошенко уже почти два года находилась в заключении, перспективы выхода ее на свободу были призрачны. Но Кличко выступил категорически против, и о Тимошенко упоминать не стали. Понимая, что вопрос единого кандидата провоцирует дополнительные распри в и без того не очень стройных рядах оппозиционеров, вскоре сама Юлия Владимировна высказалась по данному вопросу. 29 мая она прервала «обет молчания». На сайте Lb.ua был опубликован ее авторский текст «День Европы». Текст — программный, первый за годы ее заключения.

> «Мы уже один раз выбрали единого кандидата, внесли его на руках в кабинет Президента Украины, и что из этого вышло? Все в курсе... У нас сильные достойные кандидаты от оппозиции, и каждый из них обязан пройти народный праймериз в первом туре президентских выборов. Пусть украинцы выберут самого достойного кандидата и возьмут ответственность за свой выбор», — писала экс-премьер.

Таким образом, по состоянию на осень 2013 года вопрос единого кандидата на президентских выборах от оппозиции не был вполне решен. Виталий Кличко однозначно хотел баллотироваться сам и просто ждал удобного момента для выдвижения. Арсений Яценюк понимал, что «Батькивщина» выдвинет Тимошенко, но она участвовать в гонке, скорее всего, не сможет, поэтому придется ему.

Олег Тягнибок свои шансы быть избранным оценивал трезво, потому рассчитывал поддержать наиболее рейтингового игрока. Юрий Луценко, выйдя из колонии, заявил, что в президенты идти не намерен. Ну а у Петра Порошенко на момент начала протестов не было достаточного рейтинга даже для избрания мэром Киева, не то что главой государства.

## Реакция власти. Равнодушная беспечность

В коридорах власти ночные события на Майдане всерьез не восприняли. «Ну сколько их там? Тысяча? Две? Под дождем? Ну-ну, пусть постоят, пар выпустят. Может, еще в воскресенье на концерт придут. На этом все», — говорили. Тем не менее в пятницу на всякий случай Окружной админсуд существенно ограничил возможность проведения акций в центре города вплоть до 7 января, запретив устанавливать тут «малые архитектурные формы» (палатки). Несмотря на это, вечером люди вновь вышли на Майдан. 22 октября — от тысячи до трех (по разным оценкам). И это только в Киеве.

Акции протеста также прокатились в других городах страны. Самая крупная, прогнозируемо, во Львове, где на Евромайдан собрались более пяти тысяч человек. Харьков, Сумы, Одесса, Кривой Рог, Тернополь, даже Донецк. Но власть это совершенно не тревожило. Народное недовольство не воспринималось не только как угроза, но даже как повод для элементарного мозгового штурма. На Банковой искренне не понимали: с чего это людям быть недовольными?

Банковой было невдомек: разгоравшееся протестное движение — констатация двух простых фактов. Первый: украинцам небезразлична их собственная судьба, и они готовы бороться за нее. Бороться без «наводок» со стороны оппозиции. Второй: украинцы — нация очень терпеливая и добродушная, но они не терпят, когда их обманывают. Причем не просто обманывают — нагло лгут в глаза, называя белое черным.

В 2004 году было то же самое. Вечером глава ЦИК Сергей Кивалов объявил Виктора Януковича президентом. А ночью в «Звездном» (штабе ПР. — *С. К.*) накрывали столы. «Новоизбранный президент» надиктовывал «Интеру» «обращение к нации». С циничной ухмылочкой народу пытались втюхать грошовый фальсификат, нахально убеждая: «Что вы, это истинное золото!», «Даме

— водку?! Как можно? Чистый спирт!», «Вы же сами, ну подумайте, сами это выбрали!». На следующее утро Майдан заполнился людьми в считанные часы. После обеда стали подъезжать из регионов.

В 2013 году все произошло аналогично. После начала Майдана власть своими собственными руками последовательно делала все, чтобы пламя народного гнева не просто не потухло, но разгорелось еще больше. Избиение студентов, провокации на Банковой, попытка разогнать Майдан с 10 на 11 декабря, принятие диктаторских законов 16 января, события на улице Грушевского и первые смерти, наконец — массовые расстрелы в центре Киева. Каждый раз казалось, что вот это — точка невозврата, что хуже быть уже не может. Каждый раз люди утверждались в мысли: обратного хода нет — или мы их, или они нас. Каждый раз власть сама себя все глубже загоняла в угол.

И если 21 ноября киевская интеллигенция требовала всего-навсего отказаться от отмены европейского курса, то 21 февраля, после подписания Мирного соглашения, сотник Владимир Парасюк выкрикнул со сцены Майдана: «Никаких мирных соглашений с убийцами. Если завтра до десяти часов Виктор Янукович не уйдет в отставку, мы с оружием в руках пойдем на штурм Администрации Президента».

На самом деле отмена евроинтеграционного курса стала лишь формальным поводом, всколыхнувшим украинское общество. Недовольство властью накапливалось слишком долго и вот наконец выплеснулось: «Поймите, нас достало!». Огромная растяжка с таким слоганом почти всю зиму висела на одной из баррикад со стороны Европейской площади. Лично для меня именно она стала символом протеста. Для многих других тоже.

Чтобы вполне понять это, необходимо знать, как постепенно менялся «климат» в стране начиная с 2010 года, какие масштабы приобрела коррупция (особенно власть имущих, приближенных к «семье»), какой царил беспредел в правоохранительной и судебной системе, насколько бесправным ощущал себя всякий бизнесмен, как уничтожались независимые СМИ, как преследовали и притесняли представителей гражданского общества. **Медленно, но верно власть перекрывала кислород. Пока наконец люди не начали задыхаться. И, чтобы не погибнуть, двинулись вверх, оттолкнувшись от самого дна.**

## Подготовка к митингу 24 ноября. Оппозиция vs власть

«Мы обратились к людям на Майдане с предложением объединить усилия для подготовки совместной воскресной акции. Раз уж так все совпадало... — вспоминает **Александр Турчинов**. — Но журналисты и гражданские активисты Мустафа Найем, Игорь Луценко, Вика Сюмар, Руслана посчитали, что это будет...

*Пиар оппозиции?*

Да. Что им взаимодействие с партиями неинтересно. И раз уж так вышло, что люди по собственной инициативе собираются, значит, можно попробовать в воскресенье организовать свое мероприятие, что-то вроде альтернативного нашему. Конечно, с нашей — оппозиционной — точки зрения, это был не самый лучший вариант — такой вот дуализм. Но мы не стали спорить и продолжали заниматься подготовкой своей акции на двадцать четвертое ноября. К тому времени на Майдане, под Стелой, молодежь и активисты общественных организаций смонтировали уже нечто вроде сцены, подтянули озвучку.

*Я хорошо помню, как оппозиционные депутаты тогда чуть ли не на происки СБУ пеняли: мол, двадцать первого народ собрался не случайно, но исключительно для того, чтобы сорвать акцию двадцать четвертого. Этакий изощренный фальстарт для «выпускания пара».*

Да, мы считали, что акция на Майдане — фальстарт. Не более того».

Власть «проснулась» где-то с пятницы на субботу. Так, во Львове суд запретил митингующим ставить палатки, в Николаеве милиция попыталась разогнать акцию протеста. В субботу также стало известно, что 24 ноября по всему миру — в Варшаве, Нью-Йорке, Риме, Берлине, Кливленде — состоятся акции в поддержку европейского выбора Украины. В ответ на это украинская власть не придумала ничего лучшего, как провести в Киеве в воскресенье «ответный» митинг — силами «титушек».

## «Титушки»

Платные митинги — феномен украинской политической действительности, ставший повсеместной практикой с 2005 года. На волне событий Оранжевой революции 2004 года стало понятно: народные массы — сила. Революция закончилась, но необходимость имитировать «народное возмущение» и/или «народную поддержку» (в зависимости от задач) осталась. Сценарий подобных митингов всегда был один и тот же. Накануне в регионах вербовались люди, желающие «подработать» в Киеве. В столицу их везли организованно, оплачивая все транспортные расходы, а некоторых даже кормили. Непосредственно «работа» заключалась в участии в митинге. Расценки за «просто постоять», «постоять с флагом или транспарантом» отличались. Оплата могла быть как почасовая, так и за целый день. Деньги выдавал «куратор», который изначально пересчитывал людей и следил за тем, чтобы они не сбежали с «рабочего места».

Если мероприятие срочное и организовывалось с «колес», людей могли набирать и в самом Киеве, причем из числа студентов и даже школьников старших классов. Так даже выгоднее, поскольку исключало расходы на дорогу и питание. Использовать подобный «инструментарий» не гнушались политики как от власти, так и от оппозиции. Но особо преуспевала в этом Партия регионов. Причем независимо от того, во власти или в оппозиции она находилась. Так, в 2006 году ПР удалось организовать целый ряд акций протеста, а под Верховной Радой даже был разбит палаточный городок. В ту пору среди протестующих часто еще можно было встретить идейных партийцев из областей. Проявляли они себя достаточно активно, охотно шли на контакт с журналистами, внятно поясняя, за что именно стоят под палящим солнцем. Правда, с течением времени численность таких людей уменьшалась, а политические митинги перешли преимущественно на «профессиональную основу». «Профессиональным митингующим» было совершенно все равно, от какой политической силы выступать и чего добиваться, лишь бы оплата была своевременной. Таким образом, начиная **со второй половины нулевых, сама идея народного протеста в Украине была серьезно дискредитирована.**

Об этом знали политики и активно этим пользовались. Когда оппозиция, возмущенная очередной выходкой власти, гневно грозила «вывести на улицы людей», власть с ухмылкой отвечала, что тоже их может вывести, причем даже больше. С этой точки зрения, несомненным преимуществом власти была возможность задействовать бюджетников: врачей, учителей, чиновников. В случае необходимости их под угрозой увольнения «перебрасывали» с рабочих мест на очередной митинг; более щадящий вариант — на встречу с кем-то из высокопоставленных чиновников, где они должны были демонстрировать ему «активную поддержку». Об этом знали украинцы и «проявлениям народного гнева» не доверяли. Сознательные граждане даже мысли об участии в протесте для себя не допускали. Публика попроще относилась к ним исключительно как к возможности подзаработать да съездить в столицу.

В начале 2010-х годов с приходом к власти Виктора Януковича «профессиональный протест» окончательно себя очернил. Теперь все чаще из областей привозили не социально активных бабушек и не идейных «партийцев» (их, видимо, уже просто не осталось), а молодых людей «характерной наружности». «Характерная наружность» подразумевала спортивную внешность — как правило, большинство этих ребят были воспитанниками различных спортивных клубов, жили на рабочих окраинах, ну и все, что из этого следует: манера общения, моральные установки и т.д. В толпе их безошибочно можно было отличить по спортивным костюмам, которые они считали универсальной формой одежды — на каждый день и «на выход». В холодное время года к костюму полагалась простенькая куртка и низко надвинутая на глаза шапка. На ногах — что зимой, что летом — кроссовки. Высший шик — светлые кроссовки.

18 мая 2013 года в Киеве состоялся уже упомянутый митинг оппозиции. Первый за довольно долгий промежуток времени действительно многочисленный. «Костяк» протеста состоял, конечно, из партийцев «Батькивщины», «Удара» и «Свободы», которых организованно привезли из областей. За участие в акции им, правда, не платили, но дорогу и питание в пути обеспечивали. Но, кроме них, на митинг прибыло очень много киевлян, что стало неожиданностью даже для самих лидеров Объединенной оппозиции (ОО). Всего на акцию собралось около 20 тысяч человек. В это же время Партия регионов проводила на Европейской

площади свой митинг, на который свезли множество «парней характерной наружности».

По завершении митинга на Европейской люди в спортивных костюмах поднялись на Большую Житомирскую. Здесь, у отеля «Интерконтиненталь», как выяснилось из дальнейших разбирательств, их должен был ожидать «старший», обеспечивавший «оплату». Но то ли «старший» куда-то переместился, не предупредив, то ли ребят просто «кинули», то ли сознательно втравили в провокацию, сказав прибыть к «Интерконтиненталю», так или иначе здесь они столкнулись с представителями оппозиции. И все бы ничего — намерения вступать в силовое противостояние ни у одной из сторон вроде как не было, — однако на месте работали журналисты, освещавшие акцию. И вот это «парням характерной наружности» очень не понравилось. Один из них набросился с кулаками на корреспондентку «5 канала» Ольгу Снимарчук и ее супруга, фотокорреспондента газеты «Коммерсант» Владислава Соделя, который бросился ее защищать. Атаковав, нападавший скрылся, однако на месте происшествия было сделано много фотоснимков, и его быстро нашли. Агрессором оказался Вадим Титушко по прозвищу Вадик-румын — молодой спортсмен из Белой Церкви.

Позже суд даст ему два года условно, а термин «титушки» плотно войдет в современный украинский язык и даже будет широко использоваться западными СМИ. «Титушки» — агрессивно настроенные молодые люди, зачастую спортсмены-профессионалы, за деньги участвующие в силовом подавлении акций протеста, провокациях и т.д. В ноябре 2013 — феврале 2014 года «титушки» стали главным подспорьем силовиков, участвуя в похищениях, избиениях и даже убийствах евромайдановцев. Именно они 18 февраля, получив без всякого контроля и учета со складов МВД огнестрельное оружие, должны были утопить Майдан в крови. Точнее, расстреливать на месте каждого, кто попытается вырваться из кольца «Беркута». Но все это впереди.

Кстати, с самим Вадимом Титушко произошла удивительная метаморфоза. Во время Евромайдана он кардинально пересмотрел свои взгляды. Один из пунктов его приговора запрещал парню участвовать в политических акциях, и он так и не смог приехать в столицу, однако не единожды был замечен на баррикаде в родной

Белой Церкви со стороны трассы, ведущей в Киев. Наравне с другими защитниками баррикады он препятствовал проникновению в столицу свежих отрядов «титушек».

# Глава 3

# МИТИНГ 24 НОЯБРЯ. НАЧАЛО КОНЦА РЕЖИМА

Это был по-осеннему сырой, промозглый день. Сбор назначили в полдень, у памятника Тарасу Шевченко, возле главного корпуса Национального университета. Выходили семьями — с детьми и даже внуками, несколькими поколениями. Выходили коллективами — с коллегами, друзьями. Это был самый многолюдный митинг со времен Оранжевой революции. По разным оценкам, в тот день в центре Киева митинговало от 100 до 150 тысяч человек. Настроение у всех было приподнятое. Людей роднила общность цели, видение желаемого горизонта, европейский цивилизационный выбор.

Когда двинулись от памятника, толпа растеклась по всей ширине бульвара Шевченко. Колонна направлялась на Европейскую площадь. Во главе ее несли два огромных флага — Украины и Евросоюза.

Те, кто не смог прибыть в центр столицы, наблюдали за происходящим по телевизору. Прямую трансляцию митинга вели «5» и «24» каналы. В то же время Первый национальный транслировал альтернативный митинг сторонников ПР на Михайловской площади: проплаченные бюджетники, студенты и «титушки» собрались «в поддержку отмены евроинтеграции».

Один из телевизионных экранов горел в палате Харьковской ЦКБ, где отбывала срок **Юлия Тимошенко**:

«По ходу наращивания власти Януковича — и его хамского отношения к стране, к людям — я понимала, что это не может закончиться обычной мирной передачей власти или очередными выборами. Уже с 2010 года ощущалось напряжение в обществе — по всем вертикалям. И это напряжение умножалось в геометрической прогрессии, пока не стало понятно, что подписание Соглашения об ассоциации сорвано (а то, что оно сорвано, несмотря на все отговорки, я не сомневалась). Его сорвали не с точки зрения отношений Украины и России, но с точки зрения форматирования отношений во всем мире, глобального геополитического устройства. На том этапе для меня важно было понять, станет ли это мотивацией для восстания людей. И когда я увидела первые кадры Майдана, сомнений не оставалось: началось. Это стало началом конца режима Януковича».

На Европейской всем разместиться не удалось — людей было слишком много. Кто-то остался на Майдане, иные предпочли занять парковые склоны возле филармонии. Последние потом сформировали колонну, двигавшуюся вверх по Грушевского — к Кабмину. Возле здания правительства «живым щитом» выстроились проплаченные студенты и пенсионеры, со стороны Мариинского парка подошли «титушки». Всего — около тысячи. Само здание взял в плотное кольцо «Беркут». У Кабмина начались стычки. Милиция применила слезоточивый газ. Быстро сориентировавшись, толпа вовремя отпрянула.

В это самое время на Европейской площади, вопреки судебному запрету, устанавливали первые палатки.

«Мы там построили огромную сцену, начали выставлять палатки. В связи с тем, что протест поддержало огромное количество людей, причем во всех регионах страны, мы приняли решение акцию на Европейской площади объявить бессрочной», — говорит **Турчинов**.

Аналогично — на Майдане. Резолюция, принятая по результатам митинга, гласила: оставаться на площади до 29-го числа — до завершения Вильнюсского саммита.

Так в центре Киева оформились два эпицентра протеста.

Глава 4

# СТУДЕНЧЕСКАЯ РЕВОЛЮЦИЯ

Хунта черных полковников правила в Греции семь лет — с 1967 по 1974 год. Военная диктатура — одна из самых жестоких во второй половине XX века — пала под натиском студенческих волнений. Именно с них началась волна протестов, охвативших позже всю Грецию. В ноябре 1973-го — ровно за сорок лет до украинских событий — против диктатуры восстали студенты Афинского политеха. На территорию университета ввели танки. Несколько студентов погибло. Это и стало началом конца режима. Героев той бойни в Греции почитают как национальных героев, а лидеры хунты досиживают свои пожизненные сроки (на которые им заменили изначальный приговор суда — расстрел).

Отправной точкой студенческого Евромайдана в Украине можно считать 25 ноября. Именно в этот день студенты, ранее участвовавшие в акциях протеста, наравне со «взрослыми» выступили единым фронтом. Вечером в понедельник на центральной площади Киева собрались две тысячи ребят из разных вузов. Десять тысяч львовских студентов — учащихся семи вузов города — прошли по центру «евромаршем». Позже они взяли в осаду Львовскую госадминистрацию, требуя отставки губернатора — за то, что тот пытался препятствовать мирным собраниям в городе. Палаточные городки развернули студенты Тернополя и Ивано-Франковска. Чуть позже к ним присоединились Луцк и Ужгород. Администрации вузов их полностью поддерживали. Во вторник утром, 26-го, четырехдневную забастовку объявили студенты Киево-Могилянской академии — одного из крупнейших и престижнейших вузов страны, всегда отличавшегося свободолюбием и вольнодумием. На заре Оранжевой революции именно «могилянцы» одними из первых организовывали массовые акции в поддержку демократических выборов, выступая «заводилами» протеста учащейся молодежи. Очень быстро восстали студенты КПИ. У них, кроме прочего, был «личный мотив» — 1 ноября заканчивался контракт их ректора, и Минобразования норовило «спустить» в КПИ нового, угодного министерству, но не университету, начальника.

Вообще, абсолютно для всех студентов Украины эти акции протеста были еще и персональной войной. У большинства из них власть ассоциировалась не с Януковичем и Азаровым, а с Дмитрием Табачником, методично уничтожавшим систему образования в стране.

Вслед за Могилянкой взбунтовался национальный университет имени Тараса Шевченко. Когда бастовать выходит главный вуз страны — во всех отношениях благополучный и, уж если по правде, мажорный — это говорит о многом. Студенческие волнения охватили всю Украину. И это была уже не просто молодежная вечеринка на политическую тематику. Требования просты и очевидны — подписание СА. В противном случае — полная смена власти. На такую, которая сможет обеспечить подписание. Те, кому «за сорок», все чаще вспоминали студенческую «революцию на граните», с которой началась украинская независимость в 1991-м.

«Массово обсуждалась вероятность силового сценария подавления протеста. И если в случае **подавления оппозиционного протеста** значительная часть общества может остаться равнодушной или даже поддержит власти, то в случае подавления студенческого движения реакция общества может быть более радикальной», — сказал тогда в тематическом комментарии президент Института Горшенина **Вадим Омельченко.**

Так оно и получилось.

# Глава 5

# ДВА МАЙДАНА. ВЛАСТЬ «РАЗВОДИТ» ПРОТЕСТ

Вспоминает **Александр Турчинов**:

«Когда власти поняли, что ни на Майдане, ни на Европейской площади акции не одноразовые и люди не расходятся, они осознали: у них серьезные проблемы не только в общении с европейскими политиками, но и внутри страны. Начался запуск грязного пиара, чтобы два Майдана — на Европейской площади (оппозиционный) и возле Стелы независимости (студенческий) — столкнуть лбами, противопоставить и т.д.

Этим активно занимались через подконтрольные СМИ Левочкин, Клюев и другие «спецы» из окружения Януковича. Нашли «спикеров» — тех же «заряженных» доброхотов, что в свое время по тому же, кстати, сценарию нейтрализовали протестную акцию предпринимателей (так называемый предпринимательский майдан 2010 года. — *С. К.*). Студенческому майдану власти помогли со сценой, звуком, материально-техническим обеспечением. Их задача была только выступать, говорить, что для молодежной акции протеста политики не нужны, у нас свой протест, и мы тут за Европу — без политики и без политических партий».

Подтверждает **Пашинский**:

«Банковая быстро разобралась в происходящем и постаралась установить контроль над Майданом общественников под Стелой. Все эти лозунги про «без политиков» были мастерскими подсказками — наживками, которые те, увы, заглотили. Был даже смотрящий — Денис, который в первый день предоставил студентам свою «озвучку». Меня поразило, что, когда позже я по просьбе активистов пришел на встречу, чтобы обсудить, как нам объединить два Майдана (активисты сами на этом настаивали), один из их лидеров, ныне известный политик, привел на эту встречу Дениса».

Фамилия Дениса, о котором упоминает Пашинский, Шевчук.

«Он появился ниоткуда. Сказал, что может дать нам свою технику для озвучки. Взамен попросил, чтобы его ввели в состав оргкомитета Майдана, — вспоминает **Виктория Сюмар,** в то время видная активистка, входившая в состав этого самого оргкомитета. — Мы быстро согласились. Настроение было такое: ты хочешь помочь — помогай, можешь делать — делай. Все были настолько замотаны, что не стали особо разбираться: кто этот человек, откуда он, почему решил присоединиться к нам. Конечно, сейчас я понимаю, что это было слишком легкомысленно. Позже, когда я элементарно прогуглила, кто он и что, волосы дыбом встали. Кстати, когда начался «большой Майдан», Денис пытался вести с некоторыми активистами переговоры от имени Клюева. То есть это был его человек, засланный к нам для того, чтобы расколоть нас изнутри».

История двух Майданов — классическая иллюстрация того, как власть времен Виктора Януковича «разводила» гражданский протест. Технология была отработана до мелочей. Едва где-то вспыхивал малейший огонек протеста, его старались «размыть», маргинализировать, довести происходящее в глазах общественности до абсурда. Следующий этап — нивелировать доверие к общественным активистам, купить их или запугать, а еще лучше — использовать «в темную».

Продолжает **Александр Турчинов**:

«Люди выходили на Майдан искренне. Большинство из них.

***Кто составлял меньшинство?***

Во-первых, профессиональная агентура. Во-вторых, те, кто любит называться «гражданским обществом», но на самом деле находится все время как бы на линии водораздела — и ни с властью, и ни с оппозицией (так спокойнее и в то же время безопаснее). Власть пыталась сыграть на амбициях молодежи, противопоставить ее политической оппозиции.

**_Итак, власть насаждала мысль о том, что один Майдан хороший, а другой плохой..._**

Такие мэсседжи крутили по всем каналам. Звучали комментарии так называемых экспертов и т.д. Постепенно все это начало набивать оскомину. К чему, собственно, и стремились. Пиар-сопровождение Банковой делало все для того, чтобы молодежный Майдан не объединился с политическим. Это, мол, подыгрывание оппозиции, а она — вчерашний день. Но мы приняли решение объединиться с молодежью. Во-первых, чтобы прекратить все провокации, во-вторых, нарушить сценарий Банковой, предполагавший, что после провала саммита в Вильнюсе молодежь разойдется сама, а с нами, политиками, лишенными поддержки общества, можно будет и пожестче разобраться. Да, план у власти был именно такой, но мы его на том этапе сорвали.

Это было двадцать шестого ноября, поздно вечером. У нас на Европейской было два больших флага — Украины и ЕС. Мы взяли эти флаги, сформировали колонну и так пришли на Майдан Независимости. Вся партийная символика осталась на Европейской. В ту же ночь там начался демонтаж нашего первого палаточного городка и сцены. Молодежь была удивлена тем, что политики переступили через свои амбиции и пришли к ним, не претендуя на лидерство. (С 26-го на 27-е на Майдане оставалось около тысячи человек. В том числе студенты университета Шевченко и Могилянки. — С. К.) Объединившись, мы начали вместе работать. На воскресенье готовили проведение первого совместного митинга».

Впрочем, многие соратники Александра Валентиновича тогда открыто, а сейчас уже, конечно, «за глаза», называли и называют слияние двух Майданов «ошибкой». Мол, на Европейской — вот это был настоящий революционный Майдан, а не какая-то молодежная вечеринка с политическим подтекстом. Вообще, оппозиция довольно ревностно, особенно в первые дни, относилась к проявлениям народного протеста, общественной инициативы. Ведь граждане, по сути, взялись делать за оппозицию ее работу — бороться с властью. А это значит, что она, оппозиция, с задачами не справлялась. Раз так — имела ли она моральное право претендовать на 2015-й?

# Глава 6

# ВИКТОР ЯНУКОВИЧ. ЧТО ВМЕСТО ВИЛЬНЮСА?

Ежевечерне выходя на стылые площади, украинцы верили: массовый протест может заставить власть изменить планы и все-таки подписать СА. Романтики оставались и внутри самой власти. Предполагали: Янукович просто торгуется с Брюсселем за более выгодные условия подписания, и заявления Азарова — блеф.

Точки над «i» были расставлены 27 ноября.

## День рождения Суркиса

В тот вечер Игорь Суркис собрал друзей для празднования своего прошедшего 55-летия. За столом присутствовали Игорь Коломойский, Дмитрий Фирташ, Юрий Иванющенко, Вагиф Алиев и другие. Не было только Рината Ахметова — накануне его ФК «Шахтер» играл с «Манчестером».

Главный гость — Виктор Янукович. «Вот — мой друг. Я не видел его уже год. Не звонит, не приезжает», — обратился Янукович к несколько припозднившемуся на мероприятие Юрию Иванющенко, усаживая его за стол возле себя.

«В тот вечер Янукович объявил нам, что мы действительно не идем в Европу. Собственно, он с этого начал. Не с поздравлений имениннику, а вот с этой новости. Надо было видеть лица собравшихся, когда они это услышали», — вспоминает один из очевидцев.

Повисла пауза. «Вам надо иметь большое мужество», — сказал старший брат юбиляра, Григорий Суркис, обращаясь к Януковичу. «Да какое мужество?! — с вызовом ответил президент. — Все дело — в экономике...» — и принялся перечислять аргументы, которые все украинцы слышали уже много раз. Звучали они, мягко говоря, неубедительно.

«Первая реакция присутствующих — контролируемый шок, — подтверждает **Игорь Коломойский**. — Я у него еще потом тет-а-тет переспросил, он снова подтвердил».

«Кто-то пытался разрядить ситуацию — перевести разговор на другую тему, но Янукович снова и снова сам к ней возвращался. Складывалось впечатление, что он на нас «тестирует» свои доводы, проверяет нашу реакцию», — добавляет еще один гость праздника.

«Шок — это первая реакция, — продолжает **Коломойский.** — А дальше ты задаешься вопросом: как же так, в чем причина? Все тогда друг друга об этом спрашивали, все пытались разобраться. Вот даже и в нашей компании — из тех, кто был тогда за столом, все люди ассоциировали себя больше с Западом, чем с Востоком, все привыкли на отдых в Монако ездить, а не в Анапу».

## Подмосковный бункер

Многим, даже близкому окружению, логика действий Виктора Януковича казалась иррациональной. «Странный человек, подпиши он тогда Вильнюсское соглашение, второй срок был бы ему обеспечен», — констатирует **Игорь Коломойский**. Действительно, перед Виктором Януковичем рисовались весьма заманчивые возможности:

- вхождение в европейскую семью, что значительно сокращало и упрощало путь непосредственно в ЕС;

- гарантированное потепление отношений с США и возобновление диалога с МВФ, крайне недвузначно намекавшего на скорое предоставление кредита;

- значительное укрепление собственных позиций на 2015 год с одновременным лишением оппозиции каких-либо конкурентных преимуществ (это он, **Виктор Янукович**, превращался в главного евроинтегратора, а вовсе не оппозиционеры);

- обеспечение себе места в истории. Человеку, приведшему свою страну в Европу, вечность — с высокой долей вероятности — простила бы и «Межигорье», и многочисленные коррупционные схемы соратников, и много чего еще.

Но вечером 28 ноября все мосты были сожжены.

Вспоминает **Петр Порошенко**:

«После Вильнюса Виктор Янукович стал нерукоподаваемым. Случившееся на саммите ключевые европейские лидеры восприняли как личное оскорбление. И это была очень эмоциональная реакция, не имевшая ничего общего с традиционным дипломатическим протоколом. На ужине во время саммита был такой момент. Янукович, пытаясь как-то разрядить обстановку, спрашивает: «А может, мы подпишем соглашение об открытом небе?». На что ему кто-то из лидеров отвечает: «Вы что, сумасшедший, не понимаете, что происходит, искренне считаете лидеров двадцати семи государств идиотами?». Вот такими словами. Это было точкой невозврата. Было ясно, что Европа общаться с Януковичем больше не будет. Ни сейчас, ни впредь».

В июле 2014-го я поинтересовалась у **Рината Ахметова**:

*«Вы спрашивали у Януковича о причинах разворота?*

Спрашивал. И он говорил мне то же, что и во всеуслышанье. Ссылался на фактор экономики. Экономика, мол, не выдержит. У него были свои аргументы, и он был убежден в их правильности».

В дополнение — свидетельства **Владимира Рыбака**, тогда спикера ВР, многолетнего соратника Виктора Януковича.

«Это была совершенная неожиданность, — говорит он о развороте, — шок! Ведь мы столько к этому шли! Я сам активно участвовал в подготовительной работе. Мы в парламенте приняли все законы... Все этого ждали. И вдруг... Помню, я спросил Азарова: «Николай Янович, как же так? Что же вы делаете?».

*А он ответил: «Мне велел президент»?*

Как-то так. Плюс говорил что-то об экономической ситуации, о факторе востока. Согласен, может, эти аргументы и состоятельны, но их раньше надо было озвучивать!

*Как этот разворот объяснялся для близкого круга?*

Так и объяснялся! Точно так же, как в публичной плоскости. Я все это слушал-слушал, потом говорю: «Постойте, почему же мы за неделю «передумали»? Почему раньше на этот путь не встали?». Внятного ответа я не получил».

Получается, в Вильнюсе Виктор Янукович совершил прыжок в пустоту.

Незадолго до у него с Владимиром Путиным состоялась ранее упоминавшаяся тайная встреча  в подмосковном бункере. После этого Янукович начал вести себя алогично — как человек, чем-то очень сильно напуганный.

# Глава 7

# «БЕРКУТ» «ТРЕНИРУЕТСЯ» ПЕРЕД РАЗГОНОМ СТУДЕНТОВ

«Я вернулся из Вильнюса с абсолютной внутренней уверенностью, что мы все равно «дожмем», что ассоциация будет подписана, — говорит **Петр Порошенко**. — Причин было несколько. Во-первых, внутренние ощущения. Такая спокойная уверенность. Во-вторых, слова наших европейских друзей. В-третьих, для очень многих европейских политиков первого уровня Украина уже была вопросом их личного реноме. В том смысле, что в процесс евроинтеграции Украины они вложили так много сил, что запросто от этого отступиться уже не могли. Это и Баррозу, и Фюле, и Грибаускайте, и Шульц, и многие другие. Они боролись за Украину так, как будто речь шла об их родной стране. Почти у каждой из этих стран был этап истории, в который демократическая революция встречалась с диктатурой, авторитаризмом. И таким странам не надо ничего объяснять, они сами это прошли и понимали нас с полуслова. Польша, Чехия, вся Прибалтика. Поэтому они осознавали: борясь за украинцев, борются сами за себя. Это нам очень помогло».

Вечером 29 ноября на киевском Майдане таких оптимистов, как Порошенко, было не много. В массе своей люди были очень подавлены. Что делать дальше, было неясно. Диктатор поступил по-своему, и народу, по большему счету, нечего было этому противопоставить. Ждали начала митинга. Планировалось: Яценюк, Кличко и Тягнибок доложат о результатах поездки в Вильнюс. Но докладывать было особо нечего — слишком неутешительны результаты.

«Мы будем требовать в парламенте импичмент президента и досрочные выборы», — заявил митингующим Арсений Яценюк. Заявил, прекрасно зная, что закона об импичменте не существует и принять его силами тогдашней Рады — утопия еще большая, чем провести досрочные выборы. Но что еще он мог сказать пяти тысячам собравшихся? Единственное: пригласить их на митинг 1 декабря.

«Если честно, после этого митинга мы не видели особых перспектив для продолжения акции протеста, поскольку предполагали, что в воскресенье людей выйдет меньше, чем неделю назад. А акцию, как известно, нельзя завершать на спаде, ее можно завершать только на подъеме, — признается **Турчинов**. — Будем честны: накануне двадцать девятого ноября мы, оппозиция, не могли констатировать, что вот уже назрела революционная ситуация. Нет, такого не было. Было ощущение, что в ближайшее воскресенье все может закончиться. **Если бы не события ночи с двадцать девятого на тридцатое ноября, я предполагаю, что протест бы в конце концов зашел в привычную рамку «власть — оппозиция», продлился какое-то время, а потом сошел на нет».**

Не то чтобы в пятницу, после Вильнюса, все планово сворачивалось — нет. Ведь плана-то никакого не было. Задекларированные лидерами оппозиции цели: разворачивание протеста в каждом регионе, отставка Януковича через Верховную Раду, — были не только маловероятны с точки зрения реализации, но не требовали стояния на площади. Вполне можно было разойтись, допустим, до весны, — такие идеи тоже звучали.

За ходом вечернего митинга внимательно наблюдало более тысячи «беркутовцев», оцепивших Майдан накануне. Еще в обед «Беркут» дал первый бой. Война шла за машины «озвучки», которые оппозиция пыталась подогнать поближе к Майдану. Причина — просьба лидеров «общественного Майдана».

«Оргкомитет студенческого Майдана обратился к нам, политикам, с тем, чтобы мы помогли заменить на площади звук», — поясняет **Турчинов**.

По его словам, «после объединения двух Майданов Банковая начала устраивать мелкие провокации, и звук, который ранее предоставили общественникам с барского плеча, стали отбирать».

«В какой-то момент организаторы студенческого Майдана, активисты констатировали: сами они Майдан больше не удержат — его надо сворачивать и передавать политикам. Это происходило двадцать восьмого, накануне. Мне позвонил мой друг Абдуллин (народный депутат от партии «Батькивщина». — *С. К.*), сообщил, что у ребят какая-то проблема с техникой, мне нужно встретиться с ними и поговорить. В оппозиции я занимался всеми административными вопросами. В том числе на мне был звук.», — вспоминает **Сергей Пашинский**.

Действительно, накануне разгона студентов оргкомитет — из числа общественников — собрался на заседание.

«Изначально мы вышли на площадь «за» подписание СА. Виктор Янукович этого не сделал, наши требования не были услышаны. Очевидно, что дальше акция должна была перейти на новый уровень — уже политический. И что общественники такую акцию не «потянут» — она должна проходить «под крылом» политиков, — говорит **Виктория Сюмар**. — Поэтому, да, мы договаривались с оппозиционерами о том, чтобы они приняли обеспечение протеста на себя».

Заседание оргкомитета выдалось бурным. По воспоминаниям присутствующих, активнее всех за сворачивание Майдана ратовал Денис Шевчук. В какой-то момент он просто заявил, что забирает свою «озвучку», поскольку, мол, она очень дорого ему обходится. Активисты уговорили его оставить технику до окончания вечернего митинга 29 ноября.

«Мне перезвонил Егор Соболев, сказал, что технику у них забирают, и нам, политикам, надо «принимать» Майдан», — уточняет **Пашинский**.

Конфликт вокруг бусиков «озвучки» случился 29-го, около трех часов дня.

«Для того чтобы завести бусики «озвучки» под Стелу, разработали целую спецоперацию. Я задействовал около двух сотен человек — они были расставлены в нужных для меня точках. Все специально подготовленные, обученные действовать в подобных ситуациях. Плюс около десятка нардепов, — говорит **Пашинский**. — Наши оппоненты очень красиво против нас тогда сработали — до сих пор не могу забыть. Итак, бусики заезжают по Михайловской на Майдан. Я понимал, что самая критическая точка — заезд под саму Стелу со стороны Институтской. И вот бусики уже почти у перекрестка, и тут я вижу, как сверху по Институтской движется какая-то машина, обычная легковушка, но за пару метров до перекрестка она останавливается, разворачивается поперек дороги, водитель включает «аварийку» и выходит из автомобиля. А там всего два ряда, то есть он намертво заблокировал движение вверх по Институтской. Объехать по встречной нельзя — слишком плотный поток машин. К этому водителю бежит со всех ног гаишник, но тот ему только коротко что-то сказал и все, они вдвоем исчезли. А машина так и осталась стоять. Наши бусы, повторяю, напротив Дома профсоюзов, перед перекрестком Майдана и Крещатика.

Это все — секунды. Мы тогда впервые увидели, что такое полчища «Беркута». Когда легковушка замерла на «аварийке» на Институтской, от Октябрьского дворца, от консерватории, из подземных переходов начал появляться «Беркут». Я помню, как у меня на глазах склоны возле Октябрьского дворца почернели — столько было «беркутов». То есть **им была дана четкая команда, и они слаженно сработали. Скорее всего, появление этой легковушки было сигналом к началу операции.**

Я стою на противоположной стороне улицы и понимаю, что у нас проблемы. Мы с моими людьми добежали к бусикам очень быстро, за полминуты. Там на месте уже были депутаты от оппозиции, человека три-четыре. Сразу после нас подлетает «Беркут», окружает со всех сторон, начинаются стычки — и все, автобусы заблокированы. Стычки продолжались несколько часов».

«Утихомирилось» лишь на время митинга. После вспыхнуло с новой силой.

«В результате за руль одного из бусов сел полковник ГАИ. Я сам, своей рукой, включил зажигание — не хотел отдавать им ключи, — и машину отогнали на угол Крещатика и Институтской. Второй бусик помогал отгонять Яценюк. Уже позже договорились завести их к «Укркоопспилке» и оставить там до утра», — добавляет **Пашинский**.

Для того чтобы собравшиеся вокруг митингующие не препятствовали, «Беркут» начал их избивать. Постепенно людей оттеснили с проезжей части, но несколько человек упали на асфальт. Стоявший в оцеплении солдат Внутренних войск принялся добивать упавших ногами. В их числе был и известный фотограф агентства *Reuters* Глеб Гаранич. Когда он, поднявшись, попытался задержать нападавшего, на него набросились уже «беркутовцы» и дубинкой разбили ему голову. Травма оказалась серьезной — пришлось накладывать швы. В милицию Гаранич не обращался — не имело смысла. Фотоснимок, на котором лицо Гаранича почти полностью залито кровью, а ворот куртки набух от липкой влаги, но сам он крепко держит в руках камеру, продолжая снимать, облетел тогда все мировые СМИ. И надолго стал одним из символов протеста: фотограф, выполняющий свою работу несмотря ни на что.

«Договоренность состояла в том, что техника переночует, а утром будем думать, что с этим делать, — отмечает **Андрей Шевченко**. — Но это оказалось западней: милиция сразу заблокировала нашу технику своим автобусом. Мы даже двери в бусы не могли открыть: так плотно зажали.

Силовики были очень заведены. Произошел такой эпизод: один из «беркутовцев» сказал что-то нелицеприятное в адрес Яценюка, когда тот проходил мимо. Яценюк огрызнулся, «беркутовец» ответил, отпустив еще несколько реплик, довольно-таки унизительных. Дошло до того, что Арсений сказал: «Чего ты прячешься, выходи, слабо один на один?». В ответ — хохот. Было дико это наблюдать: все-таки перед тобой депутат, лидер фракции, известный политик... **В общем, агрессия витала в воздухе: я уверен, что «Беркут» четко знал, зачем их собрали в эту ночь: для «зачистки» Майдана «под ноль».**

«Уже сейчас, задним числом, я понял, что история с этими машинами стала детонатором, — отмечает **Пашинский**. — **Разгон студентов был спланированной операцией — это факт. А машины — спусковым крючком.** Силовики тогда действовали очень жестко, очень! Уже днем они разворачивали операцию.

Часов в одиннадцать вечера я поехал домой. Мне позвонила одна из активисток — не помню точно, кто, — и говорит: вы срочно должны принять власть на Майдане, взять ответственность за все, что там происходит. Ответил, что это будет возможно только после того, как мы завезем свой звук, то есть завтра утром.

Очевидно, звонок был не случаен. Вообще, лично мое мнение таково: большинство из тех, кто тогда был причастен к оргкомитету студенческого Майдана, знали о готовящемся разгоне. Не хочу называть конкретные фамилии — многие из них сегодня стали народными депутатами Украины, и, если я прав, пусть это останется на их совести».

# Глава 8

# «ЙОЛКА» НА КРОВИ

Однажды мы это уже видели. 3 декабря 2010 года на том же самом месте в пять часов утра «Беркут» и коммунальщики «зачистили» палаточный лагерь предпринимателей, протестовавших против принятия нового Налогового кодекса. Формальная причина — необходимость установить на Майдане новогоднюю елку.

А уже через пару часов, выступая в Администрации Президента, Янукович сказал дословно следующее: «Сегодня в Киеве, на том месте, где еще вчера стояли палатки митингующих, устанавливается... эээ... сегодня уже устанавливается... — Паузы становились все длиннее и выразительнее. Виктор Федорович явно не мог подобрать нужное слово, повисла десятисекундная тишина. — ...новогодняя «йолка»! И люди начнут очень скоро праздновать Новый год», — выдал он наконец.

Виктор Янукович всегда отличался своим косноязычием. Недостаток общего образования, эрудированности постоянно о себе напоминали. То он называл Анну Ахматову Анной Ахметовой, то утверждал, что Антон Чехов — украинский поэт, то путал Болгарию с Белоруссией, а Северную Корею с Южной, то просто коверкал украинские слова. Вот как в данном случае, очевидно, он затруднился вспомнить украинское слово «ялынка» и по-своему адаптировал русское «елка».

## «Было ощущение, что до рассвета Майдан опустеет»

В ночь с 29 на 30 ноября на Майдане под Стелой остались ночевать несколько сотен студентов. По разным оценкам — от двухсот до четырехсот человек. У многих из них, иногородних, на утро уже были билеты домой. Акция была абсолютно мирной. После того как разошлись люди с основного митинга, а силовики на противоположной стороне площади окончательно «отжали» у оппозиции машины «озвучки», все стихло. Только ряды «Беркута» вокруг Майдана уплотнялись. «Беркута» было почти полторы тысячи. Посчитайте соотношение: полторы тысячи против четырехсот человек. Если быть совсем точными, в ту ночь в центр города стянули 1318 силовиков. Из них 300 — 400 человек — «вэвэшники», остальные — «Беркут». Студенты еще не знали, что власть решила во что бы то ни стало ночью установить на Майдане елку. Ночевать ребята устроились непосредственно под Стелой независимости.

«С двадцать девятого на тридцатое мне выпало дежурить с полуночи до двух часов ночи, — говорит **Андрей Шевченко**. — Всю первую неделю протестов между депутатами трех фракций была договоренность дежурить поочередно (практика сохранилась и в дальнейшем. — *С. К.*). Подразумевалось, что во время дежурства ты курсируешь между Европейской и Майданом. Погулял там, проверил все ли в порядке, прошелся в другую сторону и т.д. Дежурства распределяли более или менее пропорционально, но, как всегда, у кого-то получалось больше, у кого-то меньше. В ту ночь я по графику должен был дежурить с двадцати четырех до двух. После меня должны были выйти Володя Арьев и еще ребята — сейчас уже точно не помню. Однако в силу каких-то причин выйти они не смогли, а дальше следовало дежурство Лиды Котеляк, и чтобы не оставлять женщину на площади ночью одну, я тоже остался. Плюс с нами был еще Володя Бойко — он вообще дежурил с вечера. Словом, в тот раз нас, депутатов, на Майдане было трое. Во время разгона с нами был еще Зорян Шкиряк и несколько ребят Пашинского.

...Я пришел на Майдан где-то без четверти двенадцать — готовился заступить на свою смену. И вот застаю следующую картину: в нижней части Майдана, в начале Институтской, огромное скопление людей, еще больше «Беркута» и между ними стычка. Глеб Гаранич с разбитой головой. Автобусы «озвучки» оппозиции окончательно заблокированы. Я понимаю, что нужно любой ценой удержать звук и, соответственно, людей до утра. Но найти никого ответственного под Стелой не получается. Егор Соболев потерял голос. Света Залищук держится из последних сил. Все валятся с ног.

Наконец нахожу Рыбачука. Он говорит: нет проблем, вот тебе Денис, который у нас занимается звуком. Гарантируем, что все будет хорошо. Я узнал, что фамилия этого Дениса — Шевчук. Узнал намного позже, когда уже пошли публикации о том, кто и как сливал Майдан. Этот персонаж еще всплывал на «круглом столе» у Януковича, якобы от активистов.

Дальше происходит непонятное. Сперва мне говорят: вы знаете, звука не будет, поскольку у нас проблемы с электропитанием. Начинаю разбираться, выясняю, что и ток есть, и мощности достаточно. Дальше говорят: нужно работать от дизель-генератора, но нет топлива. Хорошо, мы через все кордоны и заслоны заносим под Стелу канистру дизтоплива. Тут начинают демонтировать большие колонки со словами, что сейчас подключат маленькие. Какое-то время работает маленький динамик, потом замолкает и он. И весь этот театр абсурда заканчивается где-то между двумя и тремя часами ночи, когда на Майдан через кордоны милиции спокойно заезжает большая фура для демонтажа конструкций из-под Стелы. То есть буквально милиция расступается и просто на наших глазах остатки всех этих металлических конструкций, шнуры, удлинители и т.д. грузят на фуру. Помешать этому ты не можешь, найти кого-то из старших — тоже. Ночью на месте никого не было и на мобильные телефоны тоже никто не отвечал. В общем, к трем часам — началу четвертого утра под Стелой уже не было ни плазм, ни колонок, ни металлических конструкций, на которых они крепились, — не осталось вообще ничего.

*Все планово сворачивалось?*

Именно так. «Крайнего», повторяю, найти было невозможно. И не осталось ни одного из членов оргкомитета Евромайдана — все разошлись отдыхать. Именно из-за этого позже появились слухи, что общественные активисты имели разрешение на контролируемый протест только до пятницы. Хотя **в то, что они знали о готовящемся разгоне, я не верю.**

Одно скажу точно: **двадцать девятого предпринимались плановые действия с тем, чтобы помешать политикам установить свой звук.** Разыграли все красиво. Какие-то там недомолвки, несостыковки и т.д. Нас водили за нос вплоть до трех часов.

А в три утра поставили перед фактом: Майдан полностью обесточен, обескровлен, очищен. **У меня было ощущение, что до рассвета Майдан вообще опустеет, и в воскресенье все нужно будет начинать сначала».**

## «Там избивают людей, а ты не можешь ничего сделать»

По воспоминаниям очевидцев, около четырех часов утра внезапно со всех сторон площади к Стеле стал стягиваться «Беркут». Окружив ее плотным кольцом, начали довольно быстро его сужать. Что происходит и, главное, в чем причина агрессии, студенты не понимали. Кричали: «Мы мирная акция!», «Не бейте!», «Что сделать, чтобы предотвратить конфликт?», и опять: «Мы мирная акция!», «Не бейте!». Но кольцо смыкалось, и вот уже на их головы опустились резиновые дубинки «Беркута». Парни старались прикрывать собой девчонок, но их быстро растаскивали в разные стороны и, повалив на землю, били ногами. У одной из девушек поверх куртки был повязан длинный шарф. «Беркутовец» сбил ее с ног и, намотав на руку этот шарф, тащил ее через полплощади.

За время правления Виктора Януковича мне, как журналисту, часто приходилось сталкиваться с силовиками на митингах, в судах и т.д. Мы в лицо знали всех милицейских начальников, командиров «Беркута» и других спецподразделений. Мы хорошо выучили их повадки. По ряду косвенных признаков могли определить, что вот сейчас бойцы сформируют «черепаху» и пойдут в наступление, — значит, нужно поскорее эвакуироваться. Описать все эти признаки невозможно, но многим журналистам и политикам они хорошо знакомы. Среди силовиков были, конечно, и «нормальные» — так мы их называли. Эти заранее предупреждали о штурмах (шепотом и полунамеками), старались оттеснить женщин-депутатов и журналисток от места потенциальной драки, иногда за ворот вытягивали из опасной воронки.

За это время все мы четко усвоили: когда «Беркут» идет на штурм, он ВСЕГДА оставляет коридор для отступления. Всегда. Иначе и быть не может. Оказалось, может. Ребятам-студентам, которые этот самый «Беркут» впервые тут, на Майдане, увидели, путей для отступления не оставили. Сама Стела находится на возвышении. С трех сторон — гранитные ступени, позади стеклянные витрины торгового центра «Глобус». Образовался «котел», в котором только чудом никого не убили.

«Никакого сопротивления люди не оказывали. Просто садились, ложились, прикрывали головы руками, — рассказывает очевидец **Федор Лапий,** врач. — Но милиция добивала даже тех, кто лежал. Падающих били дубинками и просто ногами».

Тех, кому удавалось вырваться из котла, догоняли и добивали. Хотя вырваться было не так-то просто. Площадь по периметру была окружена металлическими щитами — такие обычно используют на массовых акциях. Западня. Позади «Беркут», спереди щиты. Охраняли Майдан, как и обычно, рядовые милиционеры. Побоище происходило на их глазах. И тогда милиционеры сами (!) начали помогать студентам вырваться: рассоединяли скрепленные между собой щиты, буквально выталкивая ребят с площади. Те устремлялись в соседние переулки, в подземный переход. Но там их снова подхватывал и снова бил «Беркут». Избитых запихивали в автозаки, припаркованные тут же, на площади.

«Мы с другом примчались минут через двадцать после того, как все началось. Успели отбить у «Беркута» Игоря Луценко. Еще ребят, которые на противоположной стороне площади повесили растяжку «Майдан остается». Руслана с мужем перегородили своей машиной автозаку выезд с Майдана», — рассказывает активист **Алексей Гриценко,** который очень скоро станет известен всей стране как один из лидеров движения «Автомайдан».

Как мы уже знаем, в ту ночь на площади дежурил **Андрей Шевченко.** Вот его рассказ:

«Около четырех утра на Майдан заехали фуры коммунальщиков с металлическими щитами. Это было в нижней части площади, возле памятника основателям Киева. Там стояли фаны-ультрас, и они встретили коммунальщиков довольно агрессивно. Я это заметил и сразу побежал туда — предотвратить конфликт. Фаны остановили машины, начали переговоры с коммунальщиками. Те утверждали, что у них распоряжение — разгрузить щиты, и как только они это сделают, сразу уедут. Вели себя странно: юлили, прятали глаза. Непонятно было, зачем вообще нужны эти щиты. Разговор был тяжелый, но ультрас в итоге согласились: только разгрузиться и сразу назад, никакого монтажа.

Тут зашевелился «Беркут», который стоял возле «Укркоопспилки». Еще минуту назад это была просто огромная неподвижная черная масса, и вот сейчас она задвигалась, выплеснулась на проезжую часть Институтской. Чуть поднявшись по Институтской вверх, «Беркут» начал окружать Майдан.

***Вверх — это под мостик, туда, где есть небольшой проход на площадь со стороны «Глобуса»?***

Верно.

***Машины со щитами были отвлекающим маневром?***

Да. Думаю, они рассчитывали, что народ набросится на коммунальщиков, не даст им разгрузиться, и это станет поводом применить силу. Поэтому-то я и побежал в нижнюю часть площади, чтобы предотвратить столкновение. Но это уже ничего не меняло, потому что буквально через пятьдесят минут, не дожидаясь формального повода, «Беркут» выдвинулся на Майдан. Они действовали строго по намеченному плану, по времени. Еще одно доказательство: ровно в четыре часа на Майдане выключили мобильную связь. Включили где-то в четыре тридцать — четыре сорок.

***Где вы находились, когда все началось?***

Увидев движение «Беркута», я бросился к своим. Это все — минута, может, две. Мы с Лидой Котеляк и Володей Бойко стояли на Институтской. Так получилось, что «Беркут» просто отрезал нас от Майдана. На проезжей части стояли «скорые». Скоро они уже принимали первых пострадавших студентов. Все происходило на наших глазах. **Я смотрел и не верил. Просто не верил. Это такое состояние оцепенения, полного паралича. Когда ты отрезан от площади стеной «Беркута», там избивают людей, а ты не можешь ничего сделать. Максимум, что ты можешь, — упасть под ноги «Беркуту», чтобы они тебя затоптали, переступили и пошли дальше.**

На самом Майдане — месиво. Пронзительные крики. Кто-то из студентов вырывается с площади, пытается скрыться в подземном переходе, но их догоняет «Беркут», валит с ног, лупит дубинками. Кто-то уже кубарем катится вниз по ступенькам подземного перехода. Это жуткая картина. Минут через десять все было кончено».

## Утро на Михайловской

К пяти утра Майдан, со всех сторон окруженный «Беркутом», полностью «зачистили». Непосредственно в зачистке принимали участие около 400 силовиков. Из них триста — киевский «Беркут» (основные силы — спецрота) и по тридцать — полтавский, сумской и черкасский. Под Стелой, в месиве из крови и грязи, валялись разорванные плакаты, чьи-то теплые вещи, каремать — весь нехитрый студенческий скарб.

Нескольким десяткам студентов удалось укрыться на подворье Михайловского монастыря. Среди них были и несовершеннолетние. Монахи открыли им ворота и тут же, под носом у «Беркута», их захлопнули. Кто знаком с географией Киева: от Майдана к Михайловскому ведет одноименная улица. Довольно крутая, надо сказать, и бежать по ней вверх к монастырю, когда за тобой по пятам гонится «Беркут» с резиновой дубиной, занятие не из легких.

«Беркут» озверел настолько, что требовал у монахов... выдать им избитых студентов, прятавшихся у них. По правде, бойцы запросто могли бы сломать монастырские ворота и прорваться внутрь. Еще проще это было сделать с тыла, со стороны Владимирской горки: там есть известная каждому киевлянину калитка, засовы которой крепостью не отличаются. Но штурмовать монастырь... Нет, это было бы уже чересчур! И «Беркут» просто засел в автобусе напротив ворот, карауля своих жертв. Отогнали их оттуда только разъяренные киевляне, которые стали собираться на площади, едва узнав о случившемся.

Дикость произошедшего не укладывалась в голове. Нет, мы все, конечно, знали, что власть у нас коррумпирована и преступна, что милиция давно не с народом (как это было в 2004-м), но все же представить, что **ночью «Беркут» избивает детей, а те вынуждены искать убежища в монастыре,** и все это — в центре европейской столицы в XXI веке, — подобное невозможно было вместить!

По результатам разгрома Майдана, 35 человек забрала «скорая помощь» — переломы, разбитые головы, гематомы. Еще 34 «нашлись» в Шевченковском РОВД.

«Мы с депутатами выяснили, что задержанных повезут в Шевченковский РОВД, — говорит **Шевченко**. — Проблема в том, что связи по-прежнему не было. Никакой вообще. Все операторы просто «лежали». И мы не могли никому сообщить. Мы нашли вай-фай в кафешке «Кофе-хауз» рядом с Майданом — оттуда я отправил тот первый твит о разгоне, который потом крутился во всех новостях. Оттуда разослал первые сообщения — через вайбер и ай-мэссэнджер.

Начали съезжаться люди. Приехала Оксана Продан, и вот мы с ней, Володей Бойко и Зоряном Шкиряком отправились в Шевченковский РОВД.

Там мы сразу собрали всех задержанных ребят в актовом зале. Это было важно: я боялся, что их будут бить или что раскидают по другим отделениям. Были поломанные ноги и ключицы — привели к ним медиков. Милиция, надо признать, шла нам навстречу. Начальник райотдела был в таком же шоке от разгона, как и мы, — его вызвали на работу ночью. Разгон явно планировался без него».

По факту разгона 90 человек написали заявления в милицию. Трое из них были несовершеннолетние. У 68 были зафиксированы травмы средней тяжести. Многие в правоохранительные органы не обращались.

Далее — снова прямая речь **Андрея Шевченко**:

«До полудня мы вытащили из райотдела всех тридцати четырех ребят. Я вышел оттуда вместе с последним задержанным. Дико хотелось спать, на душе было мерзко. Дома я застал маму, жену и дочь, которые сидели вместе перед телевизором, где снова и снова крутили кадры разгона. Все трое молча плакали. Этих их слез я не прощу никогда...»

Майдан был почти безлюден. Его обнесли металлическим забором. Никого, кроме солдат Внутренних войск, которых поставили в оцепление, и коммунальщиков, работавших в его периметре, там не было. Площадь довольно быстро зачистили, личные вещи студентов выбросили на свалку. Их потом нашли в одном из дворов в центре города.

В то утро Киев жил новостями из Михайловского. Не было, пожалуй, человека, оставшегося равнодушным. Женщины несли студентам чай и бутерброды, медики-волонтеры прямо там же, на территории монастыря, оказывали потерпевшим первую помощь. Ехать в государственные больницы никто не хотел — уже тогда это было слишком опасно. К обеду вся Михайловская площадь была запружена людьми. Без призывов и анонсов здесь собрались сорок тысяч человек. Весь огромный коридор между двумя площадями, Михайловской и Софиевской, был заполнен людьми. Если бы в ту минуту кто-то один вышел вперед и бросил клич: «На «Межигорье»!» — люди, вне всяких сомнений, пешком бы дошли до загородной резиденции Виктора Януковича и смели бы ее с лица земли вместе с самим Януковичем.

Украинцы терпели долго. Терпели коррупцию, бесправие, диктат силовиков, цензуру, но открытого, наглого избиения детей мы вытерпеть не смогли.

После обеда начался импровизированный митинг. Ораторы поднимались на возвышение возле памятника княгине Ольге и обращались к людям прямо оттуда. Это было в субботу. Оппозиция призывала всех не предпринимать поспешных действий и выйти на организованный митинг 1 декабря, в воскресенье.

## Власть: «Подумаешь, побили студентов. Не убили же их, в конце концов!»

Утром целая пресс-служба целой киевской милиции (!) обвинила в произошедшем студентов, которые якобы «бросали в сотрудников милиции мусор и горящие предметы». Около четырех часов дня на пресс-конференцию вышел начальник киевской милиции **Валерий Коряк**. Нисколько не смущаясь, он признал, что **лично отдал приказ разогнать Майдан**. Мол, в двенадцать часов митингующие сами заявили со сцены, что намерены расходиться, поэтому коммунальщики подготовили все для установки елки, а силовики им просто помогали. И, когда оставшиеся на площади митингующие оказали им, силовикам, «организованный отпор», закидывая их «банками с горошком» (!), — да, была применена сила, но вовсе не в той мере, в которой предписывает закон в подобных ситуациях. Дескать, еще легко отделались.

Виктор Янукович выступил с заявлением только в восемь часов вечера. До этого он находился в одной из своих загородных резиденций и коротал время на охоте. Произошедшее на Майдане не было предметом его обеспокоенности. «Я осуждаю действия, которые привели к силовому противостоянию и страданию людей», — сказал президент в заявлении, которое в сложившихся обстоятельствах никак нельзя было квалифицировать как вменяемое. Скорее, преисполненное удивления: с какой стати все так возмутились? Ну, побили студентов! Ну, подумаешь! Не убили же их, в конце концов!

Правда, утром 1 декабря Янукович демонстрировал качественно иную реакцию.

Рассказывает **Владимир Рыбак**:

> «Утром первого декабря я позвонил Януковичу и спросил, что это вообще было с молодежью? Как это понимать? Ведь протест как таковой сошел на нет, на площади оставались только студенты. Ну, сколько их там было ночью — сотня-полторы, максимум две? Чего против них выступил «Беркут»? Янукович был очень зол, я бы даже сказал, разъярен. Кричал, что все это провокация и т.д.»

То, что Янукович говорил подобное, — неудивительно. Симулировать вменяемость он умел. И делал это мастерски. Удивительно, как у Рыбака получилось до него дозвониться. Всем остальным в то утро этого сделать не удалось. В том числе главе АП Сергею Левочкину, который, узнав о случившемся, написал заявление об отставке.

Соответствующая новость попала в ленты ближе к полудню, со ссылкой на источник, но официального подтверждения не было. Знавшие Левочкина не исключали, что это, возможно, был просто маневр, попытка перестраховаться, а на самом деле никакого заявления не существует. Не исключали также, что произошедшее на площади — дело рук самого Левочкина. Подозрения эти усугубило то, что уже на следующий день связанные с главой АП СМИ начали развивать тему о том, что автор разгона — Андрей Клюев. «Левочкин топил Клюева. Клюев — Левочкина. Война у них шла постоянная», — иронично комментировал ситуацию один из ближайших соратников Виктора Януковича.

Впоследствии, правда, выяснилось: история с заявлением была подлинная, а к разгону Левочкин отношения не имел. Отставку его Янукович тогда не принял. Уволиться из АП Левочкин смог только 17 января 2014 года. Тем не менее он вовремя отдалился от Януковича, с которым шагал плечом к плечу много лет. И, несомненно, он также несет ответственность за все происходившее во время правления кровавого диктатора.

## Знакомство с «героями»

«Я пригласил Клюева. Он рассказал, как все было. Я его спросил: какова была ваша цель? Он ответил: стабилизировать ситуацию», — эти слова Виктор Янукович скажет почти через три недели после разгона. Сказав это, он де-факто подтвердил: **операцией по разгону студентов руководил секретарь СНБО Андрей Клюев**. Результаты журналистских расследований, оперативно проведенных по «горячим следам», свидетельствовали о том же. Но в Украине Виктора Януковича итоги журналистских расследований никогда не были предметом заинтересованности официальных органов власти.

13 декабря, незадолго до заявления относительно Клюева, Виктор Янукович объявит: в разгоне студенческого Майдана виновны трое. Генпрокурор Виктор Пшонка на пресс-конференции назовет эти фамилии. «Стрелочниками» станут тогдашний градоначальник Киева Александр Попов, начальник столичной милиции Валерий Коряк и заместитель секретаря СНБО Владимир Сивкович. При этом Попов на допросе скажет прямо: указание устанавливать елку получил напрямую от Клюева. Валерий Коряк получил указание от министра Захарченко, а тот, в свою очередь, сослался на Клюева. По странному стечению обстоятельств, эти свидетельства Коряка и Попова органы проигнорируют.

Однако для лучшего понимания всех обстоятельств, а также взаимосвязи между нашими «героями» необходимо рассказать о них подробнее.

Итак, **Александр Попов.** Бывший мэр маленького городка Комсомольск на Полтавщине, несколько раз переизбирался на этот пост. В свое время его мэрский опыт считался «образцово-показательным». В команду Виктора Януковича пришел в 2007 году и сразу — в

Кабмин, заниматься жилищно-коммунальным хозяйством. Потом работал в Верховной Раде и уже оттуда в 2010-м перешел в Киевскую городскую администрацию. Законно избранный киевский мэр Леонид Черновецкий на тот момент полностью отошел от дел, и Попов, минуя этап избирательной кампании, де-факто возглавил город. Во главе столицы встал чиновник, назначенный АП.

При этом Попов всегда выделялся из команды Виктора Януковича. Во-первых, он не был вполне «своим» — пришел со стороны. Во-вторых, он не был «донецким». В-третьих, не принадлежал ни к одной из групп влияния во власти. Какое-то время его связывали с главой президентской администрации Сергеем Левочкиным, однако эта «привязка» была более чем условной. Поэтому его в итоге и «слили»: не свой — не жалко.

«Донецкий» начальник киевской милиции **Валерий Коряк**. На должность был назначен в конце 2012 года, считался человеком, близким к министру Виталию Захарченко. «Прославился» тем, что именно при нем столичная милиция начала работать в «плотной связке» с «титушками». Спортсмены-гопники участвовали в провокациях во время массовых акций (как, например, 18 мая), нападали на общественных активистов, защищали от возмущенных киевлян незаконные стройки, которые те пытались снести. При этом милиция, не таясь, гопников прикрывала. Коряк упорно делал вид, что ничего не замечает. После февральских событий он сбежал из Украины и сейчас, по имеющейся информации, скрывается, как и многие другие «бывшие», на территории России.

**Владимир Сивкович** пришел в украинскую политику давно — еще до того, как Виктор Янукович, впервые став премьер-министром, переехал из Донецка в Киев. Когда-то он был довольно влиятельным «теневым игроком». Влиятельность обусловливалась в том числе контактами с оппозицией и — позже — дружбой с Андреем Клюевым. Но годы и политическая конъюнктура брали свое — Сивкович выпал из «главной орбиты». В октябре 2010 года его отправили замом в Совет национальной безопасности и обороны.

При Викторе Януковиче Совет национальной безопасности и обороны не был органом, занимавшимся системной мыследеятельностью государственного масштаба, отвечавшим за безопасность страны. Нет, это был кадровый «отстойник» для тех, кого временно некуда было «пристроить», кто «проштрафился» и т.д. Так туда попал сперва Сивкович, а за ним его друг **Андрей Клюев.** В начале 2012 года в результате внутренних интриг во власти, а также личной ссоры Виктора Януковича с Андреем Клюевым последнего переместили с должности первого вице-премьера на пост секретаря СНБО. «Эта должность не ниже, не ниже», — ехидно комментировал тогда сам Янукович. На самом деле для Клюева и его команды это было ссылкой. Настоящей ссылкой.

Все герои хотели вернуться в большую игру. Сивкович — восстановить былое влияние. Клюев — возглавить Кабинет Министров. Надежду на премьерский пост Андрей Петрович сохранял до последнего — консультации о его назначении велись даже в разгар бойни на Майдане.

Вообще, Клюев — один из ключевых персонажей эпохи Януковича. Без детального знакомства с ним исчерпывающее понимание особенностей той эпохи невозможно.

С самим гарантом они прошли вместе долгий путь: от Донецкой облдминистрации, где с 1998 по 2002 год Клюев был заместителем губернатора Януковича, до бегства из Украины в ночь на 24 февраля 2014-го. За это время случалось между ними разное, вплоть до серьезного охлаждения отношений (случай с СНБО — тому подтверждение), но в целом Андрей Клюев всегда был одним из самых близких к Януковичу людей. Легенда гласит, что именно Андрей Петрович в свое время ввел Виктора Федоровича в бизнес, научив его получать доли в интересных предприятиях. При том, что официально у Януковича как чиновника никакого бизнеса, разумеется, никогда не было, тогда как компании Клюева, даже в бытность его работы в Кабмине, успешно получали государственные заказы и стремительно развивались. В своих немногочисленных интервью Клюев все это, конечно, опровергал. Для прессы он вообще был довольно закрыт, зато охотно общался с соратниками по Партии регионов и коллегами по оппозиции. Клюев был универсальным коммуникатором. Все знали, что к нему всегда можно обратиться и он, как минимум, выслушает и, как правило, поможет решить практически любой вопрос. Клюева побаивались, и ему подчинялись, независимо от того, какой пост он занимал. Этому человеку для подтверждения своего статуса должности были не нужны.

## Как  готовился  разгон

Итак, **что же произошло в ночь с 29 на 30 ноября 2013 года на Майдане? Кто, кому и какой приказ отдавал?** Приметно, что для прояснения случившегося Виктор Янукович вызвал к себе не главу МВД Захарченко, а секретаря СНБО Андрея Клюева, который формально не имел права влиять ни на городскую администрацию, ни тем более на столичную милицию. Для дачи соответствующих пояснений собственным соратникам на ближайшее заседание фракции ПР отправился тот же Клюев. И его пояснения, по словам присутствующих, звучали как оправдания. Человеку со стороны это может показаться удивительным, но тому, кто знаком с «политической культурой» времен Виктора Януковича, — нет.

Как уже отмечалось, Виктор Янукович старался не делать грязную работу собственными руками. Зачастую он поручал ее подчиненным. Пример — то же 21 ноября, когда Николай Азаров объявил о приостановке евроинтеграционного курса. Более того, Янукович предпочитал не отдавать прямых распоряжений, но обставлял все так, чтобы подчиненные буквально угадывали его «хотелки». Так, вероятно, произошло и с Майданом. Непрекращающиеся массовые акции в центре Киева, безусловно, досаждали Виктору Януковичу. Как досаждает, скажем, изжога — остро, изматывающе, но не смертельно. И он хотел, чтобы акции прекратились. В его понимании «прекратились» — значит исчезли сами по себе, как и не бывало. Конечно, он обсуждал это в узком кругу. А узкий круг всегда чутко ловил настроения «Лидера» (так они называли его за глаза). **Почти наверняка Виктор Янукович не давал поручений «жестко зачистить», «немедленно освободить площадь», тем более «избить детей». Просто узкий круг в лице Андрея Клюева взялся «решить проблему», и получилось то, что получилось.**

Кстати, именно вследствие этой своей привычки перекладывать груз ответственности на других Виктор Янукович никогда полностью не «списывал» людей. Можно назвать буквально трех-четырех человек, которые, однажды выйдя из его орбиты, так в нее больше и не вернулись. Выражаясь языком подчиненных Януковича, «Батя никого не сливал». Максимум — отправлял «на отдых» в СНБО. Это ответ на вопрос о том, почему Янукович не только не наказал вероятного инициатора разгона студентов, но вскоре сделал Клюева главой своей Администрации (после отставки Левочкина).

«Думаю, руководство страны просто не захотело называть фамилии тех, кто действительно был причастен к разгону, а хоть какие-то фамилии назвать было нужно. Вот и назвали в том числе мою», — констатирует **Александр Попов.**

«Мы могли установить елку в другое время», — признается он чуть позже в интервью для этой книги.

Проводя собственное журналистское расследование событий той ночи, когда уже было понятно, что за разгоном, вероятнее всего, стоял Андрей Клюев, я искала ответ на главный вопрос: знал ли он утром и днем 29-го, когда шли приготовления к зачистке, чем все закончится? Понимал ли, что «зачистка» превратится в кровавое побоище?

Ниже представлена сумма фактов, которые удалось собрать, работая над темой. Здесь приведены только факты, а выводы читатели смогут сделать самостоятельно.

**Факт первый.** 15 декабря 2013 года в интернет-издании «Украинская правда» были опубликованы протоколы допроса Владимира Сивковича, Андрея Клюева и Валерия Коряка в Генеральной прокуратуре Украины. Допросы, в том числе очная ставка, датированы 13 декабря. В этот же день на пресс-конференции Виктор Пшонка назвал фамилии «стрелочников». Как выяснилось позже, в тот момент все они разговаривали со следователем. Однако, заходя на допрос, не знали, что именно их сделают «крайними».

«Я получил от руководителя СНБО Клюева команду выполнять указания Сивковича В. Л., а именно: те решения, которые он будет принимать относительно транспорта», — честно признался на допросе **Попов.** Правоохранители, как мы уже знаем, сделали вид, что свидетельств этих не было.

**Факт второй.** В самом начале протокола очной ставки есть одно интересное место, которое тоже осталось незамеченным. Процитирую его:

«Вопрос свидетелю Коряку В. В.: Кто сообщил вам 29.11.2013 о том, что к Майдану — со стороны улицы Михайловской — приближаются два агитационных автобуса? Как вы при этом получили указания от этого лица?

Коряк В. В.: Об этом мне сказал по телефону Сивкович В. Л. и дал указание принять меры, чтобы автобусы не заехали на территорию Майдана».

Далее — аргументация **Сивковича**:

«В связи с тем, что общественная акция на Майдане была студенческой и не имела политической окраски, я посоветовал Коряку В. В. не запускать эти автобусы на Майдан, а поставить где-то возле Дома профсоюзов, на углу Михайловской и Крещатика». И уточняет: «У меня не было полномочий регулировать движение на Майдане. У меня были полномочия по недопущению там чрезвычайных происшествий».

Кто и на каком основании предоставил Сивковичу подобные полномочия, следователь уточнять почему-то не стал. Впрочем, ответ и так понятен. Этим человеком, по определению, не мог быть Виктор Янукович — не его это уровень коммуникации. Этим человеком не мог быть Виталий Захарченко — с чего вдруг? Этим человеком мог быть только Андрей Клюев. Единственный во власти, который мог поставить Сивковичу подобную задачу, и единственный, от которого Сивкович подобную задачу мог принять.

**Факт третий**. Конфликт с машинами «озвучки» начался, как мы помним, **около трех часов дня. Значит, уже в то время стояла задача блокады Майдана со всех сторон, недопущения «подпитки» протеста материально-техническими средствами.** И задачу такую Коряку сформулировал, как выяснилось, Сивкович.

«Около 17 или 18 часов мне позвонил по спецсвязи (так называемая «сотка». — *С. К.),* а может, и по мобильному, заместитель секретаря СНБО Сивкович. Он сообщил, что в сторону Майдана от Михайловского монастыря едут два микроавтобуса «Газель» со сценическим оборудованием и звукоусиливающей аппаратурой, которые принадлежат ВО «Батькивщина». Сивкович дал мне указание не пустить их на Майдан Незалежности. Я передал эту команду П. Федчуку, что и было исполнено», — рассказал на допросе **Коряк**.

Откуда Сивкович узнал о бусах? На основании чего дал распоряжение Коряку? Почему тот его принял? А фамилию Федчук вы запомните. Это замначальника ГУ МВД города Киева по общественной безопасности. Именно этот человек курировал по милицейской линии силовые действия против Майдана. Решений, безусловно, он не принимал, но осуществлял оперативное управление. В том числе в самые кровавые дни — 18 — 20 февраля. В настоящее время Федчук находится в розыске.

**Факт четвертый.** Как следует из показаний Сивковича и Попова, ночью в кабинете у последнего собрались также народные депутаты от ПР. Их было минимум шестеро. Достоверно удалось установить личности трех — это Эльбрус Тедеев, Дмитрий Шенцев и Нестор Шуфрич. В принципе, для понимания специфики происходившего этого достаточно. Ибо все трое принадлежали к так называемому штурмовому отряду Партии регионов. Это относительно молодые, физически подготовленные депутаты, охотно участвовавшие в силовых противостояниях и потасовках в парламенте, а также за его пределами.

«Днем позвонили из секретариата фракции. Попросили вечером подежурить в КГГА. Мол, есть угроза штурма», — честно признался **Эльбрус Тедеев**. Мы говорили с ним в парламенте, незадолго до моей встречи с Поповым. Поступление подобной «разнарядки» Тедеева не удивило. Без лишних вопросов он вечером приехал в КГГА. «Мы все (депутаты. — *С. К.*) находились в кабинете Попова. Ничего особо не делали. Просто сидели, болтали», — рассказал он. Промаявшись без дела битый час, депутаты уехали из КГГА.

«У нас в администрации все было спокойно, — сказал потом **Попов** в ответ на мой вопрос о том, существовала ли угроза штурма здания. — Вечер и почти всю ночь я провел на работе, на улицу не выходил, и что там происходило, не знаю. Но в кабинете работал телевизор, и «картинка» была абсолютно мирная. Кроме того, все ждали, что Майдан свернется: такие тогда были настроения».

Вывод прост: депутатов-регионалов попросили поприсутствовать в КГГА вовсе не из-за возможного штурма, но из-за опасений по поводу того, что что-то может пойти не так. Например, Попов поймет, что происходит, и откажется выполнять распоряжения. Или же на место прибудут депутаты от оппозиции. Или произойдет еще что-то непредвиденное, что потребует от депутатов выступить «живым щитом». Подобный сценарий прогнозировался еще днем. Теперь вопрос: мог ли Андрей Клюев, будучи секретарем СНБО, уполномочить секретариат парламентской фракции ПР собрать таких-то депутатов и отправить их тогда-то туда-то? Мог. Его авторитета, как отмечалось выше, вполне для этого хватало. Более того, как удалось узнать, руководитель фракции ПР Александр Ефремов в тот день подобных распоряжений не давал, а кто-либо из его замов сделать это самостоятельно не мог.

**Факт пятый.**

«Попов сообщил следствию, что 29 ноября утром ему перезвонил секретарь СНБО Андрей Клюев и поинтересовался степенью готовности елки, которую должны были установить на Майдане Независимости. Попов сообщил ему, что все идет по плану. **Клюев потребовал установить елку сегодня же, а также сообщил Попову, что все последующие указания ему даст заместитель секретаря СНБО Владимир Сивкович.** В конце рабочего дня Сивкович прибыл в кабинет к Попову для оперативного реагирования на ситуацию и пробыл там почти до четырех часов утра», — писало тогда авторитетное Zn.ua.

Вспоминает **Александр Попов:**

«Правда заключается в том, что действительно Андрей Петрович указал на Сивковича как на человека, который определит время заезда на площадь машин с конструкциями для елки. То есть ответственным за принятие данного решения был именно он. Понимаете, тогда все ожидали, что Майдан вот-вот разойдется. Об этом и в СМИ говорилось, да и настроения такие царили повсеместно.

*Сивкович — давний друг Клюева, это общеизвестно. Однако, с точки зрения его тогдашней должности замглавы СНБО, Сивкович не имел полномочий «рулить» установкой елки. С таким же успехом Клюев мог сообщить вам, что ответственный — зам. зама какой-нибудь облдминистрации. Почему вы его в лоб не спросили: «Андрей Петрович, а с какой, собственно, стати я должен исполнять распоряжения Сивковича?»?*

Вы знаете, Андрей Клюев пользовался серьезным авторитетом во властных кругах. Неважно, какую должность он занимал, но у него всегда был авторитет. И поручения, которые от него исходили, конечно же, исполнялись любым чиновником. Ну, кроме разве что президента или премьера.

*Его распоряжения не ставились под сомнение?*

Да. И если он сказал, что ответственный Сивкович, — что ж, значит Сивкович. Никаких вопросов не возникло. Кроме того, никто ведь не мог представить, что история с установкой елки закончится разгоном студентов. Подобное просто в голове не вмещалось...»

И вот еще для полноты картины цитата **Валерия Коряка** из протокола очной ставки:

«Я общался лично с министром внутренних дел Захарченко В. Ю., который дал мне указание связаться с Сивковичем В. Л. и выполнять его команды относительно обеспечения общественного порядка на Майдане Независимости».

**Вывод: Клюев, как минимум, согласовывал свои действия с Захарченко. Но, скорее всего, он просто поставил его перед фактом: в эту ночь должна быть установлена елка, операцией руководит Сивкович, пусть Коряк ему подчиняется. И Захарченко без лишних вопросов дал «добро».** Таким образом — сам стал соучастником преступления. Вольно или невольно.

Источники в МВД рассказывают, что утром 30 ноября в кабинете министра собрались многие его замы и приближенные. «Валера, что ты наделал?» — обратился он при всех к Коряку. «Я же не могу сказать, что меня подставили. Придется теперь все брать на себя», — последовал ответ. Сцена эта произвела на близкий круг Захарченко большое впечатление. Скорее всего, она была разыграна именно для этого, потому что никакого реального наказания для Коряка не последовало. В тот же день он написал заявление об отставке. Но министр ее не принял, а предпочел просто «отстранить от выполнения обязанностей до выяснения обстоятельств». Уволили Коряка уже позже — под давлением общественности.

И еще один малоизвестный факт. По «горячим следам» в министерстве затеяли нечто вроде внутреннего расследования. Обнародование его результатов не предполагалось. В отчете, представленном узкому кругу по завершении разбирательства, не оказалось фамилий Коряка, Попова и Сивковича. Там вообще ни одной (!) фамилии не было. Да и могло ли произойти иначе, если сам Захарченко был причастен к случившемуся?

## След Андрея Клюева

**Итак, попробуем реконструировать события 29 и 30 ноября 2013 года.**

Утром 29-го Клюев связывается с Поповым, чтобы распорядиться относительно установки елки этой ночью. Попову говорят, что координировать свои действия он должен с Сивковичем. Аналогичное указание через главу МВД Захарченко получает Валерий Коряк. Днем секретариат фракции ПР отправляет депутатов-штурмовиков «подежурить» вечером в КГГА. Около десяти часов вечера в офис Сивковича на улице Липской (соседнее с бывшим офисом ПР здание) приходит его друг депутат-регионал **Андрей Деркач**.

> «Я шел пешком через Липки, и меня насторожило резко возросшее количество «Беркута», милиции, людей в штатском. При этом они совершали какие-то странные маневры. Было очевидно, что что-то затевается; что-то очень нехорошее, это просто витало в воздухе, — рассказывал он. — Я уверен, что Сивковича подставили. Он не мог знать (чем все закончится. — *С. К.*), а если бы знал — никогда бы на это не пошел».

Того же мнения придерживается и **Попов**:

> «Полагаю, Сивкович не знал. Мы с ним общались потом пару раз по телефону. Он сам недоумевал: почему все так произошло, кто дал команду для применения жесткой силы, и, главное, зачем это было нужно?»

При встрече Деркач говорит Сивковичу: «Как-то неспокойно на улице, пойдем пройдемся, посмотрим, что к чему». Они выходят с Липской и, почти дойдя до Майдана, решают заглянуть к Попову — развеять беспокойство. На часах — около половины одиннадцатого вечера. Здание мэрии пустует, а в кабинете у Попова бесцельно болтаются народные депутаты от ПР. Деркач скоро уходит. Попов и Сивкович обсуждают, что вот уже Майдан стихает и все готово для завоза елочных конструкций. Звонит Клюев — удостовериться, что с елкой все идет по плану. В начале четвертого Сивкович говорит, что, вот, мол, на Майдане уже никого не осталось.

> «Я сказал Попову, что в 3.30 с Майдана выезжает последняя машина, которая вывозит сценическое оборудование и громкоговорители, и уже через 15 минут туда можно завоз-

ить конструкции. Людей на Майдане мало, и никто не будет мешать транспорту. Также мы с Поповым обсудили, что на всякий случай надо, чтобы сотрудники милиции сделали коридор для заезда машин, чтобы никто на Майдане не попал под колеса или на него не наехали. После этого Попов сказал мне позвонить Коряку, что я и сделал, и сообщил Коряку, когда именно на Майдан будут заезжать грузовые машины коммунальщиков. Говорил ли я что-то насчет коридора для заезда, я не помню», — читаем в показаниях **Сивковича**.

А вот в показаниях **Коряка** указано следующее:

«Приблизительно в 22 — 23 часа мне на мой рабочий телефон позвонил глава КГГА Попов и сказал, что сегодня ночью нужно обеспечить прибытие и заезд на Майдан грузовых автомобилей с приспособлениями для проведения новогодних праздников. В связи с чем необходимо освободить Майдан от людей, проводивших акции протеста. На что я ему ответил, что сегодня это делать нежелательно, так как на Майдане осталось много людей, и стоит подождать до утра. На что он мне ответил, что он, то есть Попов, окончательных решений не принимает и сейчас передаст трубку человеку, который будет курировать эти вопросы. После этого со мной стал разговаривать Владимир Сивкович, которого я знал ранее.

Сивкович мне сказал, что сегодня ночью необходимо, чтобы машины с оборудованием заехали на Майдан, в связи с чем его нужно освободить от митингующих. Я объяснил Сивковичу, что делать этого нельзя, так как на Майдане остается большое количество людей. Акцентировал, что лучше с вопросом завоза оборудования подождать до шести часов, так как в это время преимущественное большинство людей, в том числе агрессивно настроенных, расходится по домам и освободить Майдан не будет никакой проблемы. С моим предложением подождать до шести часов Сивкович не согласился и отметил, что это необходимо сделать сейчас, то есть около 12 часов ночи. На что я сказал, что нужно подождать до 2.30, когда будет меньше людей. На этом телефонный разговор завершился.

Приблизительно в два часа мне снова позвонил Попов и спросил, сколько людей на Майдане. Я ему ответил, что по-прежнему много, и нельзя принимать никаких мер... На что Попов сказал, что они вместе с Сивковичем сейчас приедут ко мне в рабочий кабинет».

Сивкович и Попов срываются с места и едут в главк к Коряку. Но вот что интересно: Сивкович указывает, что приехал к Коряку в начале пятого утра.

Сам Коряк утверждает, что дело было в 3 — 3.20 ночи, впрочем, «я точно не помню». Попов, в свою очередь, говорит, что они с Сивковичем поехали «в гости» в полчетвертого утра, и сам он пробыл там до полпятого.

Итак, Коряк сказал следователям, что первые машины заехали на площадь около 3.20, однако при попытке разгрузиться их встретил отпор митингующих: «Я постоянно выслушивал от Сивковича о том, что нужно дать указ об оттеснении митингующих с Майдана с целью обеспечения разгрузки автомобилей».

Теперь — внимание.

«После этого, **по требованию Сивковича, я дал команду своему заместителю Федчуку, чтобы он личным составом милиции специального назначения «Беркут» оттеснил митингующих с Майдана в направлении улицы Крещатик»**, — продолжает Коряк.

Это ключевой момент, собственно, подтверждение слов Коряка о том, что он лично дал приказ оттеснить митингующих. И еще фрагмент его показаний:

«Все время, пока работал на Майдане «Беркут», Попов и Сивкович находились у меня в кабинете и наблюдали за событиями, происходившими на Майдане» — посредством установленных здесь экранов, на которые была выведена трансляция с площади.

Приметно, что Сивкович об этом эпизоде на допросе вообще не вспоминает. Попов же признает, что видеотрансляция была, однако настаивает, что «сцен насилия на ней не было видно», а о произошедшем он узнал уже утром — из выпусков новостей. Также Коряк сообщает, что «когда «Беркут» закончил работать», Сивкович вышел из кабинета в приемную — позвонить. Вернувшись, он сообщил, что говорил с Клюевым: его задача выполнена, и на площади начался монтаж елки.

Говорит **Александр Попов**:

«Беркут» подчинялся главе МВД и департаментам министерства. То есть даже Управление внутренних дел города — совсем другая структура. Конечно, может быть, начальник УВД и дает какие-то команды, но только в том случае, если такие полномочия ему были переданы сверху.

*Неужели вы допускаете, что Клюев торопил вас с этой елкой просто так, на всякий случай? Что не было у него никакого плана?*

Нет, ну понятно же, что какой-то сценарий был. Ведь мы же могли заехать на площадь, например, в субботу днем. Могли — в воскресенье рано утром. Могли — в понедельник. Да, объективная необходимость устанавливать елку была — приближались праздники, а мы уже порядком выбились из графика по подготовке. Однако наверстать упущенное возможность была.

*Ключевое: «мы могли заехать и в другое время». Вот еще одно доказательство того, что план существовал заранее. Кстати, вы не спросили Андрея Петровича, зачем устанавливать елку ночью? Что за спешка?*

Ну, у нас и раньше были случаи, когда елку ставили ночью. Ночное время или утреннее более предпочтительно. Все-таки конструкции для елки довольно габаритные, грузовые машины — тоже. Машинам этим надо как-то заехать, разгрузиться. Желательно при этом никому не мешать, не создавать «пробок» на Крещатике. Поэтому насчет ночного времени вопросов не возникло. Почему именно с пятницы на субботу? Понимаете, тут есть еще один момент. Я уже говорил, что все тогда ожидали, что Майдан вот-вот разойдется...

*Грубо говоря, нужно было быстренько занять место на площади, чтобы, если митингующие передумают и вернутся, им уже негде было протестовать?*

Утрировано можно сказать и так».

**Теперь короткое резюме**: с самого утра 29-го Клюев предпринял определенные действия, направленные на обеспечение установки елки на Майдане в ночь на 30-е. А именно:

- поручил курировать операцию своему другу и заму Владимиру Сивковичу;

- связался с Поповым и дал ему команду следовать указаниям Сивковича. Он торопил Попова, настаивая на необходимости сделать все в эту ночь. Одна из причин: пока людей на площади мало, нужно быстро занять Майдан, чтобы этого опять не сделали недовольные;

- связался с Захарченко и попросил, чтобы Коряк также выполнял поручения Сивковича;

- организовал «ночное дежурство» в КГГА депутатов из «силового отряда»;

- уже вечером позвонил Попову узнать, как все продвигается;

- под утро из кабинета Коряка самому Клюеву позвонил Сивкович — доложить, что его задача выполнена.

Можно ли сказать, что все эти действия — их последовательность и совокупность — случайные совпадения? Можно ли сказать, что все эти действия предпринимались без наличия какой-либо определенной цели? Очевидно, что нет. Вновь обратимся к фразе Александра Попова *понятно, что какой-то сценарий, план был*. Состоял ли этот план в том, чтобы поскорее занять площадь, используя для этого любые методы? Или же изначально готовилась жестокая «зачистка» — для устрашения? Это главный вопрос, который я очень хотела задать Андрею Клюеву лично.

После ночи с 23 на 24 февраля, когда они с Виктором Януковичем покинули страну, никаких вестей о его точном местонахождении не поступало. Говорили, что из Москвы он перебрался в Австрию (где у братьев Клюевых был бизнес и где жили их семьи) и пробыл там на полулегальном положении вплоть до введения персональных санкций. Потом опять пришлось вернуться в Россию. «Он очень депрессует, начались проблемы со здоровьем, весь осунулся», — рассказал один из героев этой книги, когда мы после записи интервью общались уже «не под диктофон». «Не может быть! У него же богатырское здоровье!» — я была искренне удивлена. «Тем не менее. Вряд ли ты его достанешь: он практически ни с кем, кроме брата, не общается. Никому не доверяет, считает, что его подставили, — говорил источник, чьи осведомители принадлежали к кругу тех немногих, с кем Андрей Клюев все-таки поддерживал связь. — Но он очень хочет вернуться. Очень».

Буквально через пару дней после этого разговора, поздним вечером 18 июня, от источников в правоохранительных органах я случайно узнала, что... Клюев снят с розыска. Снят по решению Генеральной прокуратуры от 11 июня. На следующий день, 19-го, я подошла в парламенте к его брату Сергею. Разговор получился короткий, но очень информативный. «Сергей Петрович, я хочу встретиться с Андреем Петровичем. Я скоро собираюсь в Москву записывать одно интервью, и было бы здорово, если бы получилось и с ним побеседовать». — «Так он в Киеве!» — перебил собеседник. Я опешила. Ведь я не успела сказать ни о цели встречи — работе над книгой, — ни об известной мне информации насчет розыска. В момент, когда Клюев-младший выпалил «Так он в Киеве!», у него не было абсолютно никаких гарантий того, что я сейчас же не сделаю из этого новость на сайте, не напишу об этом в Фейсбуке... Зная меня, ожидать подобное вполне логично. Но Сергей Петрович, видимо, был настолько уверен, что вопрос его брата решен положительно, что сразу раскрыл все карты.

Уверенность объяснялась на самом деле довольно просто. 19 июня временно исполняющего обязанности Генерального прокурора Украины Олега Махницкого (был назначен 25 февраля) сменил полноценный глава ГПУ Виталий Ярема. То есть в эти дни в Генпрокуратуре менялась власть, и «под шумок» можно было решить любой вопрос. Тем более что в то время, пока ее контролировала «Свобода» (Махницкий занял должность по квоте партии «Свобода»), это было не очень сложно — в украинском политикуме все об этом знали. Видимо, братья Клюевы решили воспользоваться шансом. Именно поэтому в разговоре со мной Сергей был так спокоен и уверен.

Формально дело обстояло так: 18-го утром Клюева — по представлению ГПУ — сняли с розыска. Затем — согласно процедуре — документы передали в СБУ. Осознав, что происходит, в СБУ народ возбудился — доложили наверх. В результате в тот же день — 18-го вечером, ГПУ вновь вынуждена была возобновить розыск беглого экс-главы АП.

«У нас изменились обстоятельства, потом уже с вашей встречей разберемся», — сухо сообщил Сергей Петрович по телефону в пятницу 20-го. Не став, разумеется, уточнять, что под «изменившимися обстоятельствами» подразумевалась повторная постановка его брата в розыск.

На память об этом эпизоде осталась «оперативка» — документ на розыск Клюева-старшего, копию которого мне передал один из источников в правоохранительных органах.

**КЛЮЕВ АНДРЕЙ ПЕТРОВИЧ 12.08.1964г.р.**
Уроженец(ка): УКРАИНА, ДОНЕЦКАЯ ОБЛАСТЬ, ДОНЕЦК
Гражданство: УКРАИНА

| | |
|---|---|
| П Ідентифікаційний код (1) | • 2360014218 виданий 25.06.2003 |
| Адрес (4) | • МЕСТО ПРОЖИВАНИЯ: УКРАИНА, ГОЛОСИЕВСКИЙ РАЙОН, Г. КИЕВ, УЛ. **ГОРЬКОГО ДОМ 16 КВ. 8**<br>• МЕСТО ПРОПИСКИ (х): УКРАИНА, ДОНЕЦКАЯ ОБЛАСТЬ, Г. ~ ДОМ 69 КВ. 27<br>• МЕСТО ПРОЖИВАНИЯ: УКРАИНА, ДОНЕЦКАЯ ОБЛАСТЬ, КУЙБЫШЕВСКИЙ РАЙОН, Г. ДОНЕЦК, ПРКТ ОФИЦЕРСКИЙ ДОМ 69 КОРП. Г КВ. 27<br>• МЕСТО ПРОЖИВАНИЯ: УКРАИНА, КУЙБЫШЕВСКИЙ РАЙОН, Г. ДОНЕЦК, ПРКТ ОФИЦЕРСКИЙ ДОМ 69 КОРП. Г КВ. 27 |
| Розыск (1 / 1) | • Орган: СУ СЛУЖБЫ БЕЗОПАСНОСТИ УКРАИНЫ РД № 5 -2 от 03.03.2014 , Мера пресечения ПОСТАНОВЛЕНИЕ СУДА О РАЗРЕШЕНИИ НА ЗАДЕРЖАНИЕ С ЦЕЛЬЮ ПРИВОДА , Причина розыска: ЛИЦО, СКРЫВАЮЩЕЕСЯ ОТ ОРГАНОВ ПРОКУРАТУРЫ , Уд № 12014100060000228 от 22.01.2014 , СТ.340 Ч.1 (средней тяжести)-АКТИВНЫЙ!<br>• Орган: СУ СЛУЖБЫ БЕЗОПАСНОСТИ УКРАИНЫ РД № 5-2 от 03.03.2014 , Мера пресечения ПОСТАНОВЛЕНИЕ СУДА О РАЗРЕШЕНИИ НА ЗАДЕРЖАНИЕ С ЦЕЛЬЮ ПРИВОДА , Причина розыска: ЛИЦО, СКРЫВАЮЩЕЕСЯ ОТ ОРГАНОВ ДОСУДЕБНОГО РАССЛЕДОВАНИЯ , Уд № 12014100060000228 от 22.01.2014 , СТ.115 Ч.2 П.1, СТ.115 Ч.2 П.5, СТ.115 Ч.2 П.12, СТ.365 Ч.3 (особой тяжести)Снят с учета: 18.06.2014 , Причина снятия: ПОСТАНОВЛЕНИЕ ОРГАНА ДОСУДЕБНОГО РАССЛЕДОВАНИЯ О ПРЕКРАЩЕНИИ РОЗЫСКА |
| Документ (1) | • ПАСПОРТ ГРОМАДЯНИНА УКРАЇНИ Серия ВА Номер 000007 |
| Разрешение на Оружие(5 / 1) | • Орган: УМВД УКРАИНЫ В ДОНЕЦКОЙ ОБЛАСТИ № 3397 от 13.08.2013 оружие: ПИСТОЛЕТ (НАРЕЗНОЕ) ФОРТ1705 Номер 110273<br>• Орган: УМВД УКРАИНЫ В ДОНЕЦКОЙ ОБЛАСТИ № 3261 от 28.12.2012 оружие: ПИСТОЛЕТ (НАРЕЗНОЕ) WALTHERP38 Номер 3626В<br>• Орган: УМВД УКРАИНЫ В ДОНЕЦКОЙ ОБЛАСТИ № 146 от 26.11.2014 Сроком до 26.11.2014 оружие: КАРАБИН BLASER Номер 2434<br>• Орган: УМВД УКРАИНЫ В ДОНЕЦКОЙ ОБЛАСТИ № 2846 от 10.08.2011 оружие: ПИСТОЛЕТ (НАРЕЗНОЕ) ПСМ Серия ХВ Номер 1635<br>• Орган: КУЙБЫШЕВСКИЙ РОВД Г.ДОНЕЦКА № 146 от 12.08.2010 Сроком до 12.08.2016 оружие: РУЖЬЕ ГЛАДКОСТВОЛЬНОЕ BLASERF3STANDARTCOMPETITION Серия FR Номер 000223<br>• Орган: УМВД УКРАИНЫ В ДОНЕЦКОЙ ОБЛАСТИ № 146 от 12.08.2010 до 12.08.2013 снято с учета 30.09.2013 по причине: ИЗМЕНЕНИЕ МЕСТА РЕГИСТРАЦИИ (МЕСТОНАХОЖДЕНИЯ) оружие: КАРАБИН TAVOR Номер 38800542 |

| | |
|---|---|
| Орган | СУ СЛУЖБЫ БЕЗОПАСНОСТИ УКРАИНЫ |
| Скрылся (дата) | 28.02.2014 |
| Наличие в ДІАЗ стат. док. | 0 |
| Скрылся (страна) | УКРАИНА |
| Обвинен (статья) | СТ.340 Ч.1 |
| Мера пресечения | ПОСТАНОВЛЕНИЕ СУДА О РАЗРЕШЕНИИ НА ЗАДЕРЖАНИЕ С ЦЕЛЬЮ ПРИВОДА |
| Дата санкционирования | 28.02.2014 |
| Заведено | ВНОВЬ ЗАВЕДЕННОЕ |
| Вид розыска | МЕЖГОСУДАРСТВЕННЫЙ |
| Дата пост.карточки на МГР в ДІАЗ | 19.06.2014 |
| Дата утв. постановления о МГР | 18.06.2014 |
| Орган ЄРДР(УД) | ГЕНЕРАЛЬНАЯ ПРОКУРАТУРА УКРАИНЫ |
| ЄРДР(УД) № | 12014100060000228 |
| Дата возбужд. ЄРДР(УД) | 22.01.2014 |
| Дата приостан. ЄРДР(УД) | 18.06.2014 |
| Розыск проводиться по | ОРД |
| ОРД РД № | 5 -2 |
| Дата ОРД, РД | 03.03.2014 |
| Причина розыска | ЛИЦО, СКРЫВАЮЩЕЕСЯ ОТ ОРГАНОВ ПРОКУРАТУРЫ |
| Служба | СБУ |
| Дата рег. в ДІАЗ | 19.06.2014 |
| Фамилия сотр. ДІАЗ | Ольшанская Олена Анатоліївна |
| Примечание | 18.06.2014 был снят по данным СБУ на основании постановления ГПУ от 11.06.2014 про прекращение розыска. 18.06.2014 ГПУ вынесено постановление об отмене постановления о прекращении розыска. ОРД возобновлено - 18.06.2014 ГПУ вынесено новое постановление об объявлении розыска Клюева А.П., обвиняется по ст.27 ч.3, ст.340 УК Украины. |
| Обвинен (статья) | СТ.340 Ч.1 |

# Глава 9

# МИТИНГ 1 ДЕКАБРЯ. БАНКОВАЯ

Утром 1 декабря все люди в городе двигались в одном направлении — к памятнику Шевченко. Ближайшая станция метро «Университет» не справлялась с нагрузкой: слишком плотный был пассажиропоток. Во избежание давки эскалаторы запустили только в одном направлении — наверх. Люди выходили на «Театральной», «Вокзальной», «Золотых воротах» и пешком шли в парк.

Отсюда, как и в прошлое воскресенье, начинался митинг. Но, в отличие от 24 ноября, когда на акцию выходили, как на праздник, беспечную воскресную прогулку, сейчас собравшиеся были очень злы. Очень! О политике не говорили: политика отошла на второй план. Избили студентов, фактически детей, а власть продолжала делать вид, как будто ничего не произошло. Этого украинцы власти не простили. Полмиллиона человек — даже те, кто никогда принципиально не участвовал ни в каких акциях протеста, — вышли на улицы Киева, чтобы сказать: «Не забудем, не простим!».

Никто из собравшихся в то утро в парке Шевченко не мог представить, что власть на это снова ответит силой. Мы требовали уволить министра Захарченко и наказать виновных в избиении детей. Мы не могли знать, что после обеда опять прольется кровь. Что 1 декабря войдет в историю событиями на Банковой. Что уже вечером киевские больницы примут десятки пострадавших от рук «Беркута». Что ночью в суды доставят десятки окровавленных людей — случайных прохожих, которым тут же дадут по нескольку месяцев ареста. Что с понедельника в наш лексикон плотно войдет новый термин — «узники Банковой». Тогда, утром у памятника, нам казалось, что, если вышло полмиллиона, власть это вразумит. Но у власти уже был план.

Большое видится на расстоянии. И сегодня вполне очевидно: **кровавый разгон студентов, события на Банковой, «узники Банковой», последующая подготовка к объявлению ЧП — все это был единый, тщательно выверенный сценарий. Не случайная последовательность событий, как тогда нам, этими событиями захваченными, могло казаться, но однозначно сценарий.**

Забегая наперед, нужно сказать, что сразу после разгона студентов некоторые люди из окружения Януковича пытались на него надавить, образумить, обуздать силовиков. Пока они этим занимались и пока Виктор Янукович, выслушивая их аргументы, согласно кивал, другие его подчиненные занимались подготовкой кровавых событий на Банковой.

## «Майдан наш!»

Вспоминает **Александр Турчинов:**

«Я приехал на Майдан накануне, в субботу вечером, — прикинуть, где можно поставить сцену, — и обошел его весь. На площади работали коммунальщики: монтировали каркас для елки, готовили каток. Место, где избивали майдановцев, по периметру окружили силовики. Тысячи полторы их было. Плюс обнесли площадь заградительными металлическими щитами. Посмотрел я на это, и мелькнула мысль: силового столкновения не избежать. Но утром вышло море людей. Киев встал: сотни тысяч, сотни тысяч... Они шли по бульвару Шевченко, по Крещатику в направлении Майдана. Впереди мы несли огромный флаг Украины. Я шел во главе колонны, с мегафоном».

Чуть позже к колонне присоединились вице-президент Европарламента Яцек Протасевич, бывший его председатель Ежи Бузек, бывший премьер Польши Ярослав Качинский. При виде колонны милиция, охранявшая Майдан, бросилась врассыпную. «Не бейте нас, мы не «Беркут», — кричали милиционеры, отступавшие последними вверх по Городецкого. Впрочем, бить их никто и не собирался.

«Мы зашли на Майдан одними из первых, — вспоминает **Алексей Гриценко.** — Да, я помню, как разбегались милиционеры. На площади стояло несколько единиц коммунальной техники, задействованной в уборке и сооружении новогоднего городка».

Был среди этой техники и грейдер. Запомним это — очень скоро этот грейдер станет одним из главных «участников» событий на Банковой.

Подойдя к Майдану, люди снесли заградительные щиты и в считанные минуты заняли всю площадь. Человеческое море заполнило все огромное пространство площади, но места все равно не хватало. Люди проходили дальше по Крещатику, в направлении Европейской, поднимались на склоны у Октябрьского дворца. Со стороны Бессарабки продолжали двигаться колонны, и конца-краю им не было видно. Посреди Майдана, ближе к консерватории, торчал уродливый каркас — основа той самой «йолки». Какой-то смельчак вскарабкался по нему наверх и прикрепил на верхушке флаг Евросоюза. Его примеру последовали другие отчаянные: «йолку» начали украшать самодельными транспарантами, растяжками. При этом ревностно следили за тем, чтобы нигде не «проскочила» партийная символика.

Лидеры оппозиции наблюдали за происходящим, не скрывая удивления. Еще накануне «отвоевать» Майдан у силовиков казалось им большой удачей. Ведь судебный запрет на проведение здесь митингов никто не отменял.

«При благоприятном раскладе мы думали занять хотя бы Дом профсоюзов», — уточняет **Турчинов**. Но никто не ожидал, что людей выйдет так много, что силовики отступят без боя.

Последнему обстоятельству все радовались, как дети, еще не ведая, что на Банковой — полчища «Беркута» и Внутренних войск, что Кабмин полностью оцеплен ими же, а в переулках правительственного квартала прячутся автозаки.

«На монтаж большой сцены времени не хватало: техника просто не могла проехать в центр из-за плотности толпы. Начинало темнеть, как обычно зимой, довольно рано, поэтому мы просто собрали воедино все наши машины «озвучки», выстроили их квадратом, и получилась импровизированная сцена. Все выступающие вещали с крыш машин. И вот ты стоишь на крыше этого микроавтобуса, говоришь что-то в мегафон, а вокруг тебя колышется человеческое море», — говорит **Турчинов**.

Митинг начался около двух часов. Пока подключали «озвучку», от кружка с лидерами оппозиции отделилось несколько нардепов: Сергей Пашинский, Сергей Каплин, Сергей Дубовой, Андрей Ильенко. Не привлекая к себе особого внимания, они вошли в Дом профсоюзов, и уже через несколько минут здание полностью находилось под контролем оппозиции. Сопротивления никто не оказывал. «Здесь будет штаб», — прокомментировал **Каплин**.

«Во время Оранжевой революции там тоже был штаб. С точки зрения логистики, это идеальный вариант. Здание достаточно большое, отапливаемое и примыкает непосредственно к Майдану. Впоследствии мы «убедили» профсоюзы заключить с нами официальный договор об аренде», — продолжает **Турчинов**.

Впрочем, профсоюзы были не единственным «трофеем» того дня.

«Только наши депутаты и активисты отправились в Профсоюзы, как буквально через минуту пришла информация: одна из колонн по пути следования к Майдану захватила КГГА. Одним из инициаторов этой импровизации была Таня Чорновол, — дополняет **Турчинов**. — У нас, политиков, не было плана брать КГГА, но так получилось, что люди сами захватили здание, и мы просто были поставлены перед фактом. Таким образом, за один день удалось установить контроль и над КГГА, и над Домом профсоюзов. Через несколько дней мы присоединили к ним и Октябрьский дворец. В каждом из зданий была создана своя комендатура».

Аргумент при захвате КГГА был очень простой. Это объект, принадлежащий всем киевлянам, а значит, горожане имеют право свободно находиться там столько, сколько посчитают нужным. Для понимания: ранее доступ в киевскую мэрию имели только работавшие там чиновники. Обычный киевлянин так просто зайти в мэрию не мог.

## События на Банковой. Грейдер для президента

Параллельно с митингом на Майдане начали развиваться события на Банковой.

Банковая — небольшая, полукилометровая улица, практически полностью пешеходная, в самом центре Киева, в сердце правительственного квартала. В Украине термин «Банковая» часто употребляется для обозначения собирательного образа власти. Именно здесь, в доме под пятым номером, расположена Администрация Президента Украины. На момент описываемых событий Банковая представляла собой продолговатый и узкий каменный рукав, с двух сторон защищенный металлическими ограждениями. Со стороны перекрестка с Лютеранской — высокий забор. Со стороны перекрестка с Институтской, чуть повыше, — тоже металлическое ограждение. Еще одна особенность улицы — малое количество обычных дворов, подъездов, подворотен — мест, где можно спрятаться, куда можно отступить или откуда получить помощь. Обусловлено это тем, что жилых домов на Банковой всего несколько, а остальные — административные здания. Здание Администрации Президента строилось в свое время (в конце 30-х годов) для Киевского военного округа и изначально проектировалось особым образом: тут огромные внутренние дворы, несколько выездов и выходов в разные стороны. Таким образом Банковая — это идеально укрепленный, практически неприступный форт. В ходе зимних событий 2014 года этот фактор еще не раз сыграет свою роль.

К обеду 1 декабря весь правительственный квартал был полностью оцеплен и заблокирован силовиками. Саму Банковую где-то посередине обнесли металлическими заграждениями. За заграждениями стояли молоденькие бойцы Внутренних войск. Из амуниции — только каски, даже щитов у них не было. За их спинами — вышколенный и вооруженный «Беркут». Еще дальше, во дворе АП, размещались резервные части.

«Как только люди начали занимать Майдан, мы с друзьями поднялись на Банковую по Институтской. Во-первых, мы хотели проверить, что там происходит. Во-вторых, вверх по Институтской начала отступать коммунальная техника с Майдана. В какой-то момент мы поняли, что не должны ее пропускать, что техника может пригодиться для возведения баррикад и т.д. Действовали импульсивно», — рассказывает **Алексей Гриценко**.

В это время на Банковой закипали страсти. Активно действовали две группы. Первая — специально обученные провокаторы, нацеленные на разжигание конфликта между толпой и милицией. Вторая — обычные граждане, которые их поддерживали. Остальные просто стояли и наблюдали за происходящим.

«Много было хороших ребят, действовавших в запале и не слишком думавших перед этим. Чем настоящие провокаторы и воспользовались», — вспоминает известный украинский музыкант, лидер группы «Тартак» **Александр Положинский**, ставший в силу обстоятельств одним из героев того дня.

От мирных митингующих провокаторов отличали преимущественно маски и балаклавы на лицах. А также красные повязки на рукавах. Эти повязки — знак для милиции: «Не трогать — свои». Руководил ими лидер одиозно-маргинальной партии «Братство» Дмитрий Корчинский. Позже этот факт даже в милиции признали. «К правонарушениям возле АП причастны около 300 радикально настроенных членов организации «Братство», которые действовали под присмотром Дмитрия Корчинского», — официальное сообщение появилось на фейсбук-странице МВД в тот же вечер. Вскоре Корчинского объявили в розыск.

Очень быстро провокаторы пошли на штурм. В первые ряды Внутренних войск летели файеры, петарды, взрывпакеты, булыжники. Один «штурмовик» отличился тем, что вооружился... цепью и, размахивая ею над головой, норовил зацепить кого-то из служивых. Ясно, что штурмовать Банковую не было никакого смысла. Во-первых, в воскресенье админздание пустовало — никого, кроме силовиков, там не было. Во-вторых, идти с фаерами и цепями против стены силовиков — чистое безумие! В-третьих, «штурмовики» чувствовали себя весьма вольготно. На многочисленных видеозаписях хорошо видно, как люди, еще минуту назад бросавшие в милицию файеры, спокойно проходят за кордон силовиков — к ним «в тыл» — и, побыв там какое-то время, возвращаются обратно. Никто их при этом не останавливает. Они свои, все согласовано. В-четвертых, в-пятых и в-шестых...

Кому и зачем это было нужно? Ответ очевиден: **штурм Банковой был выгоден власти. Им нужна была «картинка» для мировых СМИ, чтобы доказать: протест в Украине не мирный, а значит, применение к нему силы оправдано. Введение чрезвычайного положения для жесткого подавления «бунта» тоже оправдано.** И власть сделала все, чтобы эту картинку подготовить. Ведь для инструктажа силовиков и провокаторов, для подтягивания техники требовалось время.

«Это, разумеется, не был сценарий оппозиции. Хотя бы потому, что, как только мирная акция переходит в формат силового противостояния, Европа и весь цивилизованный мир ее уже больше не поддерживают. А их поддержка для нас была очень важна», — комментирует **Турчинов**.

Доказательства тому, что события на Банковой не были случайны и власть имела к этому прямое отношение, появятся уже через несколько дней. Но тогда непосредственно на месте событий еще казалось, что бойню можно предупредить. Поскольку политиков на месте не было, эту функцию взяли на себя общественники.

«Я предпринимал все, чтобы предотвратить штурм. Говорил с людьми, пытался остудить «горячие головы». Старался объяснить, что штурм в таких обстоятельствах не имеет смысла, что это западня. Когда уже казалось, что я склоняю их на свою сторону, из толпы вырывался или же появлялся кто-то из провокаторов, может, даже без маски. «Ты ничего не понимаешь! Мы сейчас возьмем власть в свои руки», — кричал он», — рассказывает **Положинский**.

В это самое время на Банковую приехал тот самый грейдер. Тоже испытанный прием. 18 мая, во время упомянутого митинга оппозиции, по центру города разъезжал БРДМ. К куполу боевой машины были прикручены белые флаги с черепом кролика и двумя перекрещенными морковками — легко узнаваемый почерк низкопробных «чернушников» (технологами их никак не назвать), нанятых Банковой для «троллинга» Яценюка. БРДМ прибыл к месту проведения оппозиционного митинга в сопровождении машины ГАИ. За рулем, как выяснилось впоследствии, был полковник милиции. Однако через три дня, выступая в Верховной Раде, министр Захарченко заявил: БРДМ ехал по центру в составе колонны, которую возглавлял автомобиль Александра Турчинова. И это вопреки огромному количеству видеозаписей, свидетельствующих об обратном. Вопреки тому, что сам Турчинов в это время находился в другом месте, чему тоже была масса свидетелей. Уже тогда власть не особо перебирала методами. Откровенная ложь — самый безобидный из них.

Но вернемся в 1 декабря, к Администрации Президента. Заехав на Банковую со стороны Институтской, грейдер напрямую попер на шеренгу Внутренних войск, которая к тому моменту силами провокаторов не была прикрыта даже металлическими щитами. Тут-то митингующие, до этого безучастно наблюдавшие за происходящим, поняли: происходит что-то не то. Люди разделились на тех, кто пытался остановить намечавшийся штурм, и тех, кто его подзуживал. Первых было большинство, но вторые действовали активнее. Ситуация обострялась с каждой минутой. Журналисты и общественные активисты призывали политиков срочно прибыть на место, чтобы предотвратить бойню. Эти призывы моментально заполнили ленты новостей и соцсети. Депутатам звонили и писали на мобильные телефоны, но никто не откликнулся. Точнее так: откликнулось несколько женщин-депутатов — Александра Кужель, Оксана Продан, — но их усилий было явно недостаточно. Провокаторов как мог сдерживал **Положинский** с друзьями.

«Когда приехал грейдер, ребята начали меня убеждать, чтобы я на него поднялся и говорил уже оттуда. Я отказался. Тогда меня просто взяли под руки и вытолкали на этот трактор. Мне ничего не оставалось, как начать говорить. И «вэвэшников» и протестующих я воспринимал как одно — украинцев, которые не должны начать калечить друг друга на радость врагам и манипуляторам».

На какое-то время Положинскому удалось «притормозить» ход грейдера. Правда, пока он обращался к протестующим, стоя практически на ковше трактора, пространство перед машиной расчистили, и она опять двинулась вперед, на ряды солдат Внутренних войск.

«Я не знаю, какая сила меня подтолкнула, потому что, честно говоря, было очень страшно. Очень! — говорит **Положинский.** — Но я выскочил вперед и встал перед ковшом — лицом к кабине, руки вперед, ладони тоже вперед выставлены. Ко мне сразу со всех сторон бросились люди.

Кто-то — чтобы защитить, кто-то — чтобы оттащить. Началась толкотня, такое преддверие драки. Я помню, что стоял, впившись пальцами в ковш грейдера. Сколько точно это продолжалось, сказать не могу. В какой-то момент почувствовал удары. Сперва по печени, потом по голени, очень так «по-ментовски», ниже пояса».

Тут на Банковой появился **Петр Порошенко:**

«Я как раз закончил свое выступление на Майдане, и тут стали звонить активисты: просили прийти на Банковую. Мы пошли втроем: я, мой старший сын и его друг. Нам даже в голову не пришло, что нужно взять с собой охрану, кого-то из ребят с Майдана (Самообороны тогда еще не было. — *С. К.*), — ведь тут такой драйв, такой позитив, и представить невозможно, что в пятистах метрах отсюда что-то может случиться».

Случилось. А для самого Петра Алексеевича события на Банковой стали моментом, начиная с которого он из обычного оппозиционного депутата стал превращаться в рейтингового электорального политика.

«Поднимаемся вверх, по направлению к Нацбанку. На перекрестке Банковой и Институтской я замечаю небольшую группу людей, которые просто беснуются. Другого глагола нет. Причем беснование их хорошо организовано. И тут же грейдер. В кабине какой-то деятель в балаклаве, который кричит: «Мочи ментов!». Это потом балаклава станет привычным атрибутом майдановцев, а тогда это сразу настораживало, — продолжает **Порошенко**. — Грейдер начинает движение. Я заскакиваю на его подножку. Первая задача — вытащить водителя из кабины. Подключились еще люди, которые там были, и после короткой стычки нам это удалось. Дальше решаем оттеснить провокаторов поближе к стене здания справа, в котором Комитеты ВР, — это позволит сузить территорию конфликта. Когда провокаторы поняли, к чему все идет, начали делать две вещи. Первое: активнее провоцировать силовиков, стоявших в шеренге напротив. Второе: атаковать — бросаться петардами, взрывпакетами, распылять газ из баллончиков.

В какой-то момент слышу: кто-то коротко вскрикнул. Оборачиваюсь — друга моего сына пырнули ножом. Мы его оттуда быстро эвакуировали, а сами продолжали оттеснять провокаторов к стене здания. Нужно было «развести» их с шеренгой правоохранителей — тогда бы исчезла «картинка» (телевизионная. — *С. К.*) и терялся смысл провокации. До стены остается метров двадцать, не больше. В принципе, задача выполнена. И хотя провокаторы активно сопротивлялись, бросали булыжники и т.д., нам удалось их заблокировать под стеной здания.

И вот, **когда опасность столкновения исчезла, силовики начинают штурм.** Причем силовики бьют не провокаторов, которые их оскорбляли, забрасывали камнями, — нет, они бьют обычных людей, наших активистов, которые помогали справиться с провокаторами. Я пытался помешать, пытался добиться, чтобы задержали хоть кого-то из провокаторов — их было человек пятьдесят, не больше, все на виду, очень легко с ними справиться. Но у силовиков был свой план. В довершение всего они пустили мощную струю слезоточивого газа, очень мощную. Толпа отпрянула назад, многие попадали. Большинство людей не понимали, что вообще происходит.

В разгар этой всеобщей сумятицы я вижу, как в арке одного из зданий открываются ворота, и милиция запускает «титушек»-провокаторов внутрь, во двор, чтобы их обезопасить. Ну, это уже последняя капля! Я спрыгиваю с грейдера и пытаюсь пробраться к милиции, чтобы этому помешать. Двигаюсь в облаке слезоточивого газа — почти ничего не видно и очень тяжело дышать. В итоге «выловил» какого-то силовика, он отнекивается, отмахивается от меня. Стало окончательно ясно, что они действовали согласованно и что это была спланированная операция. Сколько все это длилось, сложно сказать. Думаю, минут сорок — час, что-то около того».

Буквально через несколько дней Петр Порошенко передал в МВД и ГПУ сумму доказательств того, что события на Банковой не были стечением обстоятельств.

«Все свидетельства я лично передавал Пшонке. Встреча была короткой. Позвонил, сказал, что у меня есть заявление и я лично хочу его передать. Он пригласил зайти. Я пришел в прокуратуру, мы встретились, я передал материалы, все. Внятного ответа, увы, мы не получили», — сообщает **Порошенко**.

Позже через подконтрольные СМИ власть пыталась приписать авторство случившегося оппозиции. Черное уже привычно называли белым. И хотя никто этому не верил, подконтрольные СМИ давали «правильные» материалы для мониторинга, которые потом ложились на стол первым лицам страны. С тем, чтобы создавать видимость: «В Багдаде все спокойно — на улицы вышла кучка проплаченных оппозицией маргиналов».

### «На колени, мразь!»

Схваткой за грейдер события на Банковой не исчерпались.

«После я вернулся на Майдан. Политики все уже отвыступали и собрались в Доме профсоюзов, — говорит **Порошенко**. — Я рассказал им о происходящем. Сказал, что, первое, я срочно созываю прессу и делаю заявление о том, что видел собственными глазами. На Банковой совершено преступление, и мы не можем оставить это без наказания. Второе, беру подмогу и возвращаюсь на Банковую. Там пострадали люди, их нельзя оставлять одних. К АП вместе со мной пошел Виталий Кличко».

Самое страшное началось, как водится, с наступлением сумерек. Ряды Внутренних войск расступились, из-за их спин выступил «Беркут». Под предлогом противодействия провокаторам «Беркут» применил силу к рядовым митингующим. «Волн» атаки было несколько. Происходило это так: врезавшись в толпу, что стояла ближе всего к кордону Внутренних войск, «Беркут» погнал людей к Институтской. Тех, кто падал, избивали ногами и дубинками прямо на земле. Многие, чтобы себя обезопасить, застывали на месте, подняв вверх руки, — этих тоже валили наземь и жестоко били: по почкам, по голове, по конечностям.

Людей можно было понять: Киев не привык к насилию, никто и представить не мог, что «беркутовец» поднимет руку на безоружного человека, который просто стоит на месте. Но времена изменились. Тех, кто не оказывал сопротивления, избивали как раз с особым ожесточением. «На колени! На колени, мразь!» — самый распространенный рефрен «Беркута», после которого обычно на абсолютно беззащитного человека сыпался град сокрушительных ударов. Многочисленные видеокадры, это зафиксировавшие, долго еще сотрясали Интернет. Мы никак не могли поверить, что подобное произошло в нашей стране, в центре столицы, в ходе мирной акции протеста.

Отличной мишенью оказались журналисты. Их выдавали камеры, а некоторые имели специальные жилеты с крупной надписью *Press*. Сначала били по камерам, прицельно, чтобы разбить (одного удара резиновой дубиной для этого, как правило, хватало), затем — по головам обладателей жилетов. Банковая, как было сказано, не отличается обилием дворов и подворотен, где можно было бы спрятаться. С началом активной фазы противостояния многие фотографы и операторы вскарабкались на декоративное заграждение, отмечавшее фасад одного из зданий. С высоты снимать-то удобнее. Однако пробегавший мимо «Беркут» их оттуда стаскивал и избивал. Крики: «Пресса, пресса!», «Я журналист!» — не действовали. Всего в тот вечер на Банковой пострадало несколько десятков представителей СМИ, в том числе зарубежных: у оператора *Euronews* была разбита голова, аналогично — у журналиста польского телевидения. Кому-то в ноги впились осколки от светошумовых гранат, кто-то наглотался слезоточивого газа, плотное облако которого вилось над Банковой целый день.

Сотрясение мозга, перелом конечностей, выбитые или поврежденные глаза, перебитые пальцы — самые распространенные травмы. Медиков, которые оказывали первую помощь возле «скорых», припаркованных тут же, в самом начале улицы, тоже били. И тоже в основном по голове. До потери сознания. Поэтому единственным верным решением в той ситуации было уносить ноги. Как можно быстрее.

Но тогда на Банковой люди этого не понимали. Сухие цифры статистики говорят: в ходе столкновений пострадало 165 человек. Хотя на самом деле их было гораздо больше. Одних только журналистов — 52 человека. Тех, кого все же вынуждены были забрать в больницы, наутро спешно выписывали, чтобы не «портить отчетность». Избитых, окровавленных протестующих «Беркут» тащил в автозаки. Случайных прохожих, не принимавших участия в протесте, тоже прихватывали — за компанию. В тот вечер задержали девять человек. На них завели 11 уголовных дел. Всем вменяли одно и то же: сопротивление силовикам, нападение на них, посягательство на их жизни. Всем задержанным дали по два месяца ареста. В перспективе им светило от пяти до восьми лет лишения свободы.

В числе задержанных на Банковой был журналист из Днепропетровска Валерий Гарагуц. Его обвиняли в том, что он избил 70 (!) «беркутовцев». На самом деле избили его, когда он оказывал первую помощь другому пострадавшему. Налетели сзади и оглушили ударом дубинки по голове. Потом положили лицом вниз и так держали на стылой декабрьской земле несколько часов. Сквозь марево, периодически приходя в сознание, Валерий видел вокруг себя и других задержанных. Большинство из них, также без сознания, лежали лицом вниз. «Беркут» в это время ставил ботинки на головы своих жертв и так фотографировался. На память. Соответствующие записи позже попали в Интернет. Украинское общество уже в который раз было шокировано.

Дальнобойщику Владиславу Загоровко «беркутовцы» сломали ребра и повредили глаз, да так, что требовалась операция на сетчатке. «Узником Банковой» — так назвали этих людей — стал еще один журналист-волонтер Сергей Нужненко. Его с Банковой повезли не в СИЗО, а в больницу — настолько сильно он был избит. Нужненко еще повезло: большинство жертв «Беркута» не получили вообще никакой медицинской помощи. Многие из них в суде не могли не то что стоять на ногах, даже просто сидеть — они вынуждены были лежать «в клетке» на лавке.

Когда **Порошенко** вернулся на Банковую, там царил полный хаос.

«Все усеяно какими-то обломками, окровавленные люди сидят или на корточках или прямо на земле, прислонившись к стене, кто-то лежит без памяти. И дымка от взрывов, от слезоточивого газа еще не вполне развеялась, — вспоминает он. — Это все начало Банковой. А на Институтской, ближе к Нацбанку, стояла машина ГАИ. Я — к ним. Говорю: я — народный депутат, здесь сейчас было совершено преступление, я требую от вас это зафиксировать. «Гаишник» пятится к машине. «Представьтесь! Я требую!» — кричу ему. Вместо этого он прыгает в машину, и они с напарником быстро уезжают.

Буквально удирают. Звоню 102. Дежурный, едва разобрав, в чем дело, бросает трубку. И так несколько раз. Чуть позже я поехал на Владимирскую, в СБУ. Там двери вообще закрыты намертво, и дежурный отказывается говорить.

Понимаю, сейчас все это кажется наивным, но тогда мы исходили из того, что вот, совершено преступление, и для того, чтобы за него последовало наказание, правоохранители должны его для начала зафиксировать».

Задержания не прекращались и после 1 декабря. Так, активиста Андрея Дзиндзю «взяли» 5-го числа. Его «приняли» средь бела дня — на выходе из метро. Скрутили, надели на голову мешок, затолкали в бусик. По дороге сильно избивали. Суд над Дзиндзей, равно как и над другими активистами, не имел ничего общего с законностью. Более того, через несколько дней задержали и заключили под стражу его адвоката — Виктора Смалия. Якобы за «покушение на жизнь судьи».

Народные депутаты пытались выручить задержанных, взять их на поруки, но все было бесполезно: **власть четко следовала ранее намеченному плану. В том, что он был, ныне сомневаться не приходится.** Задачей власти было пролить побольше крови, показательно жестоко расправиться со случайными жертвами. Так, чтобы запугать общество, чтобы остальным буйным «неповадно было».

Собственно, событиями на Банковой дело не ограничилось. Вечером 1 декабря стало известно: облсоветы юго-востока страны готовятся к проведению срочных сессий. По их результатам все они, как ожидалось, примут типовой документ: обращение к президенту Украины с просьбой ввести чрезвычайное положение «для восстановления конституционного порядка». Проект этого документа даже появился на сайте Одесского облсовета. Аналогичные планировалось рассматривать на сессиях в Кировограде, Донецке, Луганске, Харькове, Днепропетровске, Крыму.

В «Межигорье» — резиденции Виктора Януковича — состоялось совещание президента с силовиками, на котором обсуждалось введение ЧП. Общество начали к этому «готовить». «Это возможно уже с понедельника», — заявил источник в Кабмине информагентству «РБК-Украина». Само «Межигорье», кстати сказать, еще утром в воскресенье оцепили отборные отряды «Беркута». Дорогу на имение перекрыли, а суд запретил проводить в окрестностях любые массовые акции — так, на всякий случай.

Но на Майдане всего этого тогда не знали. По завершении митинга люди начали строить здесь палаточный городок, а территорию самого Майдана ограждать металлическими щитами, которые оставили после себя милиционеры. Ночевать на площади осталось около шести тысяч человек.

# Глава 10

# НАЧАЛО ЭВАКУАЦИИ ИЗ «МЕЖИГОРЬЯ». НОЧНАЯ ВСТРЕЧА С АЛЕКСАНДРОМ ЯНУКОВИЧЕМ

Пока на авансцене – Майдане – бурно развивались события, формировавшие новую украинскую действительность, за кулисами происходили не менее интересные процессы.

Рассказывает **Андрей Сенченко**:

«Я четко понимал, что режим Януковича должен вот-вот закончиться: он себя уже полностью исчерпал. Кроме того, я тогда получил информацию, что уже второго декабря из «Межигорья» специальные банковские машины начали вывозить наличные деньги.

*Почему они, по-вашему, вывозили «наличку» уже второго числа?*

Думаю, с той стороны были приблизительно такие же ощущения. В придачу к ним – данные структур, способных анализировать общественное мнение не только в формате соцопроса. Я так думаю, поскольку эвакуация нескольких грузовых машин с наличными деньгами – операция достаточно серьезная, ее просто так не затевают.

*Вам известно, куда они направились?*

Было несколько машин сопровождения «Кобры», но им буквально через десять километров пути сообщили, что в их услугах больше не нуждаются. Дальше вместе с непосредственно грузовиками, гружеными деньгами, поехали только «Фольксвагены» с затемненными стеклами, внутри которых сидели автоматчики.

*Сколько было этих грузовых машин, знаете?*

Три, кажется».

## «Дом Александра Януковича охраняли автоматчики»

Вспоминает **Андрей Сенченко**:

«Вскоре после разгона студенческого Майдана, буквально через день-два, я позвонил Александру Януковичу и сказал, что у меня такое ощущение: если дальше пойдет в том же духе, то это все в итоге закончится масштабной кровавой бойней. «Да, у меня тоже тревожное предчувствие», — ответил Саша. Он предложил встретиться, обсудить ситуацию. Сказал, что не может выехать из Донецка: слишком занят и постоянно должен находиться на месте. Это, кстати, тоже симптом показательный: значит, там тоже предпринимались какие-то действия — возможно, по спасению активов от возможных последствий. Думаю, он оттуда осуществлял оперативное управление. «Хорошо, — говорю, — не проблема, я могу приехать». Это было второго декабря. Я взял билет на вечерний рейсовый. В Донецке прямо у трапа меня встретил помощник с табличкой «Иванов».

*Поехали в офис «МАКО»?*

Нет, ехали долго, как потом выяснилось, к нему домой. Внутреннее состояние тревоги усилили автоматчики снаружи ограды и на территории. Мы просидели за разговором всю ночь, часов до четырех утра, наверное. Потом я заехал в гостиницу, принял душ, переоделся и первым же самолетом вылетел в Киев.

*Это была частная встреча?*

Безусловно. Я сразу сказал, что меня никто не уполномочивал и все, что я говорю, моя частная позиция.

*Вы хотели ему как-то помочь?*

Нет, я просто пытался нащупать сценарий, реализация которого поможет избежать бойни. Я четко понимал, что разгоном студентов дело не завершится.

*Вы видели в нем объект целеполагания? Субъект переговоров?*

Виктору Януковичу могли побояться доложить объективную картину, а то, что у Александра Януковича было больше активных каналов информации, больше возможностей воспринимать альтернативные точки зрения, — это точно. Для меня было понятно, что единственный со стороны власти, кто может реально повлиять на окончательное решение Виктора Януковича, это Александр Янукович. И когда мы встретились с ним в декабре, я сказал, что не вижу смысла говорить с другими людьми во власти. Подтекст: они все равно ни на что не влияют. «Да, мы знаем им цену», — сказал он. Вспомните, тогда как раз уже Левочкин ходил на Майдан: было понятно, что он готовит себе пути для отступления.

*Каким был разговор?*

Я начал с того, что мои слова — исключительно моя позиция, основанная на моем видении, знании каких-то процессов, ощущениях, в конце концов. И понятно, что у меня и у него это видение, знание и ощущения могут отличаться, причем существенно, как, кстати, и наши источники информации. Ситуация требовала четких, недипломатичных оценок. И вот тогда я сказал, что, на мой взгляд, без кровопролития власть в стране они не удержат (под местоимением «они» подразумевалась команда Виктора Януковича. — *С. К.*). А если пойдут на кровопролитие — удержат, но максимум на несколько недель, и что финал в таком случае будет печален. Это был мой первоначальный тезис. На что он мне ответил, что у него другая оценка ситуации. Президент (в разговоре он всегда именно так говорил о Викторе Януковиче) никогда не пойдет на кровопролитие.

*Уже тогда он видел опасность в происходящем для себя, своего отца и его власти?*

Ну, если бы он ее не видел, не было бы, очевидно, нашего с ним разговора. Природа любой власти такова, что она всегда будет сопротивляться до последнего. **И я говорил ему тогда, что**

**нужно искать варианты мирного отрешения от власти под определенные гарантии** (подразумевались гарантии личной безопасности Виктора Януковича. И на тот момент еще возможные гарантии для его бизнеса и собственности. — *С. К.*). В ответ он сказал, что рассчитывал на серьезный разговор, а услышал фантастические идеи. Мол, «я в детстве тоже любил фантастику, особенно Кира Булычева». Мне не оставалось ничего другого, как предложить допить чай и забыть о нашем разговоре.

Однако Александр решил продолжить, и это было симптомом того, что на самом деле наши оценки ситуации не так уж и разнились. В ходе многочасового разговора мы несколько раз возвращались к теме нереалистичности и необоснованности идеи отрешения от власти. Как будто уже обсудили все, и сказать уже больше нечего, но все заходили на новый круг. Причем по его инициативе. В конце беседы Александр сказал, что проинформирует президента о нашей встрече, как только тот вернется из Китая.

*А как вы вообще с ним познакомились? Расскажите.*

Наше знакомство состоялось в 2010 году, когда по нам, как по оппозиции, уже в полной мере ездил бульдозер власти, а многие мои друзья — как в Крыму, так и в Киеве — уже находились в заключении или в бегах. В Балаклаве есть яхт-клуб, совладельцем которого я являюсь. Этот объект мне дорог просто как крымчанину. И вот в августе на него внезапно начался «наезд». Представьте: люди гуляют по набережной в купальниках — и тут вдруг появляются «эсбэушники» с автоматами (один боец вообще был с ручным пулеметом на плече). Кстати, СБУ в Севастополе тогда возглавлял Якименко. Наезд происходил очень жестко и по всем возможным направлениям: с обысками, отключением электроэнергии и воды — и это в разгар туристического сезона. Все это молва связывала с именем Александра Януковича. И когда я понял, что сейчас в очередной раз дойдет до арестов ни в чем не повинных людей, то просто нашел через одного крымского депутата номер Александра Викторовича и набрал его. Ответил помощник. Я подробно представился. Помощник сообщил, что «Александр Викторович в отъезде, мы передадим». Через несколько дней раздался звонок: «Здравствуйте, это

Александр Янукович». Я сказал ему: «Мы с вами, наверное, из разных миров, и я сразу хочу предупредить, что бесперспективен с точки зрения возможного изменения политической ориентации, но вот есть у нас минимум одна точка соприкосновения — мы оба любим море, Крым, лодки. Если эта точка соприкосновения может служить основой для начала какого-то диалога — давайте говорить. Если нет — будем считать, что этого разговора не было». — «Почему нет, давайте пообщаемся», — отвечает. Мы встретились, я задал ему вопрос: «Что-нибудь из моей собственности в Балаклаве вас интересует?». Он говорит: «Нет, не интересует». — «И мне вашего тоже не нужно», — говорю. Так мы начали общаться.

*А наезды-то прекратились?*

Да. Мгновенно.

*Какое впечатление тогда, в 2010-м, он произвел на вас?*

Однозначно больше позитивное, чем негативное. Я ожидал совершенно другого... Удивило, что он довольно эрудирован, легко поддерживает разговор на самые разные темы. Его речь была чистой, отсутствовали слова-паразиты, бранные слова.

*С 2010-го коммуникация поддерживалась?*

Да, время от времени. Ну, например, он мог позвонить поздно вечером, после какого-нибудь моего эфира и сказать: «Я смотрел ваше выступление, и вот с тем-то и тем-то не согласен». Помню, такой случай был после эфира, посвященного газовому контракту Тимошенко (за который в 2011 году она «получила» семь лет тюрьмы. — *С. К.*). Он сказал, что за поздним обедом включил телевизор и посмотрел, как я защищаю Тимошенко. Сказал, что не верит, будто контракт с «Газпромом» был единственным выходом. Мы немного подискутировали. Не могу сказать, что мы общались часто, тем более — близко. Редкие короткие контакты, иногда обменивались смс-ками или созванивались. Не более того.

*Обычная коммуникация в позитивном залоге, когда надо поддержать контакт.*

Совершенно верно. Но с течением времени я почувствовал, что человек меняется. Это проявлялось почти неуловимо — на уровне интонаций, в оттенках эмоций. Большие деньги всегда имеют свое влияние. Он, как бы это сказать, заматерел.

*Вот вы знакомы с человеком какое-то время и знаете о том, что ему приписывают негативное влияние на отца в отношении осуществления силового сценария. Многие полагают, что именно Александр Янукович был вдохновителем эскалации конфликта. Как вы, исходя из своего опыта общения с этим человеком, это прокомментируете?*

Прежде всего, наше эпизодическое общение не позволяет говорить об опыте. Поэтому мне сложно ответить однозначно... Вот взять, допустим, Захарченко. Я был с ним знаком, еще когда он руководил налоговой. Случались какие-то эпизоды общения. И мне казалось, что после произошедшего на Майдане этот человек — таков он по складу характера — мог бы застрелиться. Но, как показали события последних месяцев, я в нем ошибся. Точно так же, возможно, я ошибся и в Александре».

\* \* \*

С Александром Януковичем мы встретились в июне в Москве — записывали интервью. Прошло уже несколько месяцев после побега из Украины Виктора Януковича и всего его ближайшего окружения. Крым был оккупирован, а на востоке полыхала необъявленная война.

Александр — ключевой персонаж эпохи Виктора Януковича. Узнать его видение происходившего было, безусловно, интересно. Особенно же расспросить о событиях, происходивших внутри тогдашней украинской власти зимой 2013/14. Интервью стало его первой и единственной масштабной прямой речью, опубликованной за все то время, что фамилия Янукович была на слуху. Разумеется, текст вышел весьма сдержанным, но умному — умеющему читать между строк — вполне достаточно. Поскольку изначально он предназначался для книги (на Lb.ua был опубликован ранее лишь ввиду особой общественной значимости), то приводится здесь в полном объеме. Полностью текст этого интервью читайте в разделе «Открытые раны».

# Глава 11

# ОЛИГАРХИ-МИРОТВОРЦЫ

## Янукович считал, что Майдан «запущен» Юлей

Миротворческие усилия предпринимал не только Сенченко. Каждый действовал на своем участке фронта. Рассказывает **Ринат Ахметов**:

> «Когда на улицы впервые вышло множество людей, стало понятно, что относиться к этому нужно серьезно. Я все время тогда об этом говорил, и при личных встречах Виктору Федоровичу: только мирный путь урегулирования ситуации, только мирный.

> *Как он реагировал на подобные реплики?*

> Мне казалось, что слышал. Нет, более того, я убежден в этом... **На следующий день после разгона мы говорили по телефону, и я сказал ему: нужно поступить честно, нужно уволить того, кто виноват в произошедшем. Дословно я сказал: увольте сейчас Захарченко. Увольте, и он вас сам потом за это поблагодарит».**

Но Янукович Ахметова не слушал. Как и многих других. Точнее так: делал вид, что слушал: соглашался, кивал, традиционно симулируя вменяемость, — но поступал все равно по-своему. Кровавые события на Банковой — подтверждение тому.

Рассказывает **Сергей Тарута**:

> «Было понятно, что студенты — только начало, что далее по отношению к Майдану может быть применена жесткая сила. Я начал обзванивать тех, кто, как я считал, может повлиять на ситуацию. В основном это олигархи, ближний круг. Говорил:

давайте встречаться, собираться вместе, вырабатывать какое-то решение. Мы не должны допустить эскалации насилия.

*Это была исключительно ваша инициатива?*

Да, моя. Первым, помню, я позвонил Ринату Леонидовичу... Он говорит: я тут, в Киеве, если можешь — подъезжай. Я подъехал (в офис Ахметова на улице Десятинной. — *С. К.*). Они сидели вдвоем с Колесниковым. Я присоединился. Сказал: давайте думать, надо как-то повлиять на Виктора Федоровича, нельзя допустить, чтобы пролилась кровь. Мы понимали: если Янукович перейдет эту черту, он уже не остановится. Это был долгий разговор. Я рассказывал, что немного знаю ситуацию изнутри — на Майдане у меня было много друзей, знакомых, коллег... Так вот, глядя изнутри, ты понимаешь, что Майдан не особо-то подчиняется лидерам оппозиции, что он по-своему структурирован, управляем и т.д. То есть это общественный запрос. **Но Янукович считает, что Майдан «запущен» Юлей, что она его «вдохновляет»...** Что ж, давайте переговорим с Юлей, выберем посредника. Однозначно: с ней нужно говорить — понять, какова ее роль, понять, что знает она о происходящем, как влияет или не влияет».

Тарута произносит ключевую фразу: «Янукович считает, что Майдан запущен Юлей». Всякому здравомыслящему человеку тогда было понятно: влияние Тимошенко на оппозицию, безусловно, огромно, но к «запуску» Майдана она уж точно не имела никакого отношения. Откуда же тогда подобный стереотип?

«Когда Янукович понял, что народ — не безмолвное племя, что люди напрямую проявляют свою волю, он, конечно, начал искать виновных. Не хотел, да и не мог признать, что единственный виновный происходящего — он сам. Не окружение, не сыновья — он сам. Одной из виновных в его глазах была я», — иронично комментирует **Тимошенко**.

«Вообще, он считал, что все беды от нее. Не оттого, что неграмотно работает «молодая команда», которая страну попросту грабит, но вот именно от Юлии Владимировны. Он полагал, что она — главный режиссер происходящего на Майдане, — поясняет **Тарута**. Такой вывод он сделал после своей последней встречи с гарантом, состоявшейся на Банковой в ноябре —

еще до начала революционных событий. — Я пришел просить за одного человека, которого без всяких обоснованных доказательств засудили на пожизненное. Вдумайтесь! Дело было сугубо заказное, и вот я просил просто разобраться по справедливости. В тот раз мы долго говорили с президентом. Это был такой знакомый нам Виктор Федорович — вальяжный, несколько самодовольный. Одним словом, царь. Он сказал, что договорился с русскими. Что есть якобы какая-то американская компания, которая ему помогает и, мол, у этой компании есть серьезный компромат на конкурента.

*Договорился в смысле поддержки в 2015-м?*

Он не говорил прямо — все только намеками, но я понял, что речь шла о 2015-м. Он всячески демонстрировал, что полностью контролирует ситуацию и уверен в результате.

*А конкурент — Тимошенко?*

Да».

«Вальяжный и самодовольный» — лучшая и вполне исчерпывающая характеристика Виктора Януковича того периода. И он действительно считал Тимошенко своим врагом номер один. Перед ней он испытывал буквально мистический страх и делал все, чтобы как можно надежнее ее изолировать.

В окружении Виктора Януковича было всего три человека, которые в свое время осмелились ему в глаза сказать о недопустимости заключения Тимошенко. Это Ринат Ахметов, Юрий Иванющенко и Александр Лавринович.

«Как мне казалось, у Януковича было огромное желание, чтобы два человека — Тимошенко и Луценко — были в тюрьме», — признается **Лавринович**, работавший с Януковичем долгие годы.

«Я вообще за то, чтобы все были на свободе. Я — за политическую конкуренцию. За разные взгляды, мнения, подходы. Потому что когда есть конкуренция, значит, в стране есть демократия. Значит, страна развивается. А когда в стране нет политической конкуренции, значит, в стране нет демократии», — поддерживает **Ахметов.**

«Я говорил, что человека, связанного с политикой, тем более женщину, в тюрьму сажать нельзя. Я не имел в виду политику, просто общечеловеческие принципы», — комментирует **Иванющенко**.

Но вернемся в первые числа декабря, в офис Рината Ахметова в Киеве на Десятинной.

«После того как я уехал с Десятинной, вечером мы еще созвонились с Ринатом Леонидовичем. Как я понял: он беседовал с Виктором Федоровичем по телефону, но лично тот его не принял. Впрочем, я не настаиваю, это исключительно мои выводы, — продолжает **Тарута**. — Так вот, **из их разговора тоже следовал такой вывод: Виктор Федорович считает, что Юлия Владимировна — главный режиссер и руководитель всего происходящего на Майдане. Мол, это именно она отдает все команды.** И если она, со своей стороны, готова повлиять на Майдан — во избежание радикальных проявлений, то, может быть, и он, со своей стороны...

Ну, мы-то понимали, что это не так — никаких команд Юля Майдану не отдавала. Тем не менее фактор Тимошенко существен. Значит, нужно как-то услышать ее позицию...

Это был общий разговор, без какой-либо конкретики».

## «Я была заложником диктатора»

Какую же в действительности роль играла Тимошенко?

«Я могу подтвердить, что, на мой взгляд, даже находясь в тюрьме, Юлия Владимировна придавала значительные импульсы этим событиям», — говорит **Андрей Сенченко.**

Александр Турчинов — ближайший соратник ЮВТ на протяжении последних двадцати с лишним лет — более прагматичен. Можно, конечно, предположить, что это потому, что после революции и освобождения Тимошенко их пути разошлись. Но такое предположение скорее неверное: этих людей связывает слишком длинная совместная история, и они слишком порядочны по отношению друг к другу. Даже в воспоминаниях.

Итак, говорит **Александр Турчинов**. В его рассказе — действительное описание условий, в которых Тимошенко находилась два с половиной года.

«Власть настолько боялась Юлию Владимировну, что они делали все для того, чтобы изолировать ее от команды и получения оперативной информации. Единственным из доступных ей полноценных каналов информации был телевизор. Именно поэтому, кстати, в разгар революционных событий в Харькове отключили *ТВi* и пробовали ограничить трансляцию «5 канала». Да, на центральных телеканалах тогда была жесткая цензура, но, в принципе, человек понимающий мог сделать определенные выводы. Еще один ее источник — адвокаты. Их, правда, каждый раз обыскивали, пытались изымать документы, письма, но кое-что доносить удавалось. Как любой украинский заключенный, Юля имела право на ежемесячные свидания, но власть делала все, чтобы эти встречи с членами команды или переносились, или вовсе отменялись под разными глупыми предлогами. Они (власть. — *С. К.*) пошли даже на то, что перекроили расписание самолетов на Харьков. Туда рейс поздно вечером, обратно — рано утром. То есть, учитывая тюремный распорядок, чтобы туда и обратно за один день — к ней никак не попадаешь. Остается вариант — машина. Но до Харькова — пять-шесть часов на хорошей скорости. Много не наездишься...

Я это к чему рассказываю. Безусловно, Юля была достаточно информирована и понимала все, что происходило. Но сказать, что она оперативно управляла процессом... Нет, так сказать нельзя — у нее просто не было такой возможности. Да, мы обменивались письмами, записками, но это было один-два раза в неделю, тогда как тут, в Киеве, ситуация менялась едва ли не ежечасно».

Помню, мы с Александром Турчиновым записывали этот фрагмент интервью, а перед глазами у меня стояли события одного дня: 7 апреля 2013 года, Харьков.

Накануне Юлия Тимошенко пригласила журналистов в Харьковскую ЦКБ, чтобы присутствовать при составлении тюремщиками акта о том, что она якобы не желает ехать в суд по очередному своему делу. После вынесения Юлии Владимировне приговора по «газовому делу» против нее возбудили еще несколько дел, в том числе будто бы за причастность к убийству Владимира Щербаня. Однако сама Тимошенко на судах по этим делам уже не присутствовала: ее на них просто не доставляли. Или же она сама не ехала, не желая потом вместо больницы возвращаться в колонию, — впрочем, это не так важно. Факт заключался в том, что она была лишена права на полноценную защиту и намеревалась продемонстрировать это журналистам.

Понятно, что, согласно тюремным правилам, Тимошенко, даже со скидкой на свой статус, не могла приглашать к себе СМИ, тем более в воскресенье. Понятно было и то, что журналисты приедут, но их к ней не пустят. Ничего необычного: типичная Украина времен Виктора Януковича. Все это я, конечно, осознавала. Но когда прочитала призыв ЮВТ к журналистам, внутренний голос подсказал: нужно ехать, что-то там таки будет. И поехала. Как уже упоминал Александр Турчинов, самолеты в Харьков летали разве что по государственным праздникам. Машину брать не хотелось. Оставался один вариант — скоростной поезд «Хюндай».

Через четыре с половиной часа (!) подбираемся к Харькову. Серые горбы абсолютно одинаковых шиферных крыш в мути пригородного неба. Разбитые жирной грязью колеи, бывшие когда-то проселочными дорогами. Медленно-медленно поезд тянется по высокой насыпи. Параллельно ползет старый кривобокий КамАЗ, груженный щебенкой. Метров через триста КамАЗ упирается в затопленный овраг. Посреди оврага торчит обуглившийся столб, некогда служивший, видимо, телеграфным. Дальше КамАЗу пути нет: пыхтит, буксует в трясине. С пригорка к нему кубарем катятся, разбрасывая в стороны комья полиэтиленового мусора, местные псы: брешут, облаивают с усердием. Это видно, но не слышно: стук колес поглощает прочие звуки. Но вот остались позади насыпь, череда оврагов и яров. Небо чернеет, напитывается ночною сыростью, опускается ниже и ниже, стирает горизонт и вливается в землю. «Ремонт подушек» — торжественно оглашает пыльный фасад старой пристанционной хибары. Неужели здесь кто-то ремонтирует подушки? Господи, для чего?

Утром 7 апреля едем в ЦКБ. К больнице ведет совершенно «убитая» дорога. Впечатление такое, что война здесь была еще вчера. А ведь по этому пути не только дипломаты к ЮВТ ездят — Бог с ними, с дипломатами, — тут каждый день снуют «скорые».

Пейзаж угрюмый. Слева жидкая лесополоса с проплешинами березняка. Такие обычно показывают в криминальной хронике, «иллюстрируя» сообщения об убийствах, изнасилованиях, ритуальных расправах и т.д. Справа — приземистый кирпичный морг. Под ним — свалка старых оконных рам и полусгнившего строительного мусора. На горизонте — металлический шпиль телебашни. Если смотреть на эту черноту каждый день, можно сойти с ума.

«Ты знаешь, я даже этого не видела. У меня окна были за-драены. Чтобы солнечный свет не проникал», — скажет мне **Тимошенко** почти через год.

В тот день в ЦКБ мы, конечно, не попали. Потоптались на лест-ничной площадке перед ее этажом, да и спустились вниз. Пока топтались, пришла радостная весть: помилован Юрий Луценко — с минуты на минуту он выйдет из ворот Менской колонии, что на Черниговщине. Тимошенко оставалось сидеть еще десять месяцев. Но тогда она этого, конечно, не знала.

«Я была лишена всех прав. Если все заключенные могли говорить по телефону, и это право давалось им без ограниче-ния — с кем и сколько говорить каждый день, — то я не могла общаться по телефону даже с близкими. Иногда выдавали телефон — под жесточайшим контролем администрации — в дни рождения или дни смерти кого-то из близких, да и то на пару минут, — вспоминает **Тимошенко** о своем тюремно-больничном периоде. — Свидания с моими коллегами по партии тоже не допускались, хотя, повторяю, я имела на это право. Сколько раз впустую приезжали Юра Луценко, Ар-сений Яценюк, Александр Турчинов... Единственное, что оставалось, — встречи с защитниками.

Охрана была многократно усилена, охраняли сотни во-оруженных «беркутов». Даже медперсонал — людей, которые меня лечили, — не допускали ко мне без полного, тотального обыска. Кроме того, постоянно велась видеосъемка. Каждый мой шаг фиксировался. Даже в уборной, в душевой, везде.

Прекратили вывозить меня на судебные заседания, хотя я настаивала. Я понимала, что следующим моим приговором (против Тимошенко, как отмечалось, одновременно велось несколько уголовных дел. — С. К.) будет приговор о пожиз-ненном заключении. Никаких сомнений не возникало. Знае-те, это очень жестокий удар, очень! И невозможно быть к нему готовым. Невозможно принять его так просто. Вне зависимости от того, силен человек или нет. По сути, я была заложником диктатора, и все происходившее со мной воспринимала как неизбежность».

## Тарута: «Юля сказала, что простила Януковича»

В разговоре с Ахметовым и Колесниковым Тарута лишь предположил, что коммуникация с Тимошенко могла бы стать составляющей плана олигархов по «мирному урегулированию». А уже через несколько часов в телефонном разговоре Ахметов дал понять, что общался с Януковичем.

«Предложение по девушке (так в политической тусовке часто называют между собой Юлию Тимошенко. — *С. К.*) согласовано» — была у него такая фраза», — вспоминает **Тарута**.

И дальше:

«Проходит несколько дней. Звонит Пшонка. Я еще удивился: никогда раньше я с Виктором Павловичем в качестве генерального прокурора не общался. Ты, говорит, хотел одну встречу. Набери вот такого-то человека, он все организует. Я даже растерялся — не сразу понял, о чем речь.

*На кого он вас переориентировал?*

На прокурора Харьковской области. Я ему перезвонил. Он: да-да, все организуем, приезжайте. У меня было два пожелания. Первое: чтобы встреча происходила не днем, то есть без свидетелей. Второе: чтобы Юлия Владимировна заранее ничего не знала.

*Когда конкретно состоялась встреча?*

В начале декабря, числа восьмого или седьмого, точно не помню. Я прилетел в Харьков поздно вечером. Меня встретили прокурор области и местный начальник пенитенциарной службы. В больницу ехали в машине этого пенитенциарного начальника. Запомнилась дорога до больницы — какие-то сплошные колдобины, яма на яме. Еще одно впечатление — количество охраны на этаже у Тимошенко. Ведь это ночью все происходило, и тем не менее охраны было несколько десятков человек...

Было важно, чтобы между нами состоялся искренний разговор. Я очень хотел, чтобы она поняла и поверила: я приехал с добрыми намерениями, я не засланный казачок. Палата насквозь прослушивается — всего и не скажешь, только полунамеками...

*Вспомните подробнее саму встречу.*

Условились так, что когда я приеду в больницу, то ее соседку под каким-нибудь предлогом выведут из палаты. Ну чтоб уж наверняка никто ничего не знал. Так все и было. Соседку вывели, захожу я. Первая реакция, конечно, удивление. Она не ожидала. Потом радость встречи, очень светлые эмоции. Это было на второй или третий день после ее выхода из голодовки. Что меня поразило в ней — глаза: чистые, светлые... Я почему-то думал, что она озлоблена, но нет, этого не было совершенно. Она стала мягче, мудрее. Раньше у нее была такая кипучая энергия, переходившая порой в разрушительную... Вот это совершенно исчезло. Мы начали общаться. Очень быстро я понял, что она черпает информацию из множества источников, а не только, как многим могло казаться, из телевизора, и что картина у нее сложилась довольно целостная и ясная.

*Что она просила передать Януковичу?*

«Если есть возможность, передайте, что в душе́ я его простила. Здесь, в тюрьме, на многое смотришь по-другому, многое переоцениваешь. Как многие другие, он сам сейчас себе копает политическую могилу. Я тоже совершала ошибки, но поняла это только сейчас. Скажи ему, что еще не поздно все исправить, что он еще может повлиять на то, как войдет в историю. Если он сделает выводы из случившегося, люди многое ему простят».

*Так и говорила?!*

Да, почти дословно. О Януковиче: «Он должен понять, что общество изменилось, и на эти вызовы нужно реагировать. Если же этого не делать, использовать старые методы — «передавливать», то будет только хуже, люди этого не потерпят». Еще: «Я сделаю все, что смогу, чтобы способствовать мирному разрешению ситуации, но тут очень многое зависит от

Януковича. Он первый должен публично отказаться от применения силы».

Вспоминает **Юлия Тимошенко**:

«Конечно, я не знала заранее о приезде Таруты. Хотя за несколько часов до этого стало понятно: готовится что-то чрезвычайное. Руководство колонии суетилось, стращало медиков, усиливало охрану, обеспечивая секретность нашей встречи. Но еще раз повторяю: чтó именно должно было произойти, я не знала. И когда зашел Сережа Тарута, я была очень, очень рада его видеть. Сугубо по-человечески. Потому что в этой клетке-палате, в которой я находилась, любая весточка с воли, тем более знакомое лицо, было настоящим лучиком света.

*По словам Таруты, вы сказали ему, что простили Януковича. Так ли это?*

Да, правда. Я сказала, что вопрос не во мне, не в моей судьбе и не в том, что Янукович со мной сделал. Я смогла простить в том числе потому, что внутренне была убеждена: он, Янукович, понесет самую страшную кару за все, что совершил по отношению к Украине».

Рассказ продолжает **Сергей Тарута**.

*«Долго общались?*

Долго. Я думал, минут сорок все это займет, а вышло больше трех часов. В принципе, встреча получилась очень позитивной, лучше, чем я ожидал.

*Попробуем ее реконструировать. Вы сказали, что хотели донести до Тимошенко все детали, объективную картину происходящего.*

Как я уже отмечал, меня поразила ее информированность. Она знала о Майдане все, вплоть до активности самых незначительных групп, задействованных в протесте. Из телевизора или от адвоката Власенко подобные сведения не почерпнешь. Со своей стороны, я сказал ей, что лидеры оппозиции не имеют полного влияния на Майдан, что они скорее дипломаты, этакое вспомогательное звено.

*Как она отреагировала на это?*

Как на данность — согласилась.

*Какой была, на ваш взгляд, ее степень влияния на Майдан в тот период?*

Непосредственная? Очень незначительная. Очень. Это лично мое мнение.

*А на лидеров оппозиции?*

Что касается лидеров оппозиции, то в них она была разочарована.

*Чего она ждала от них, как вам кажется?*

Думаю, более жесткой, слаженной позиции. Скорее всего, она примеряла на них действия, которые бы сама предпринимала, будь она на свободе. Она повела бы всех за собой. Но они — не она. С другой стороны, я говорил ей, что ситуация очень сложная, что ни в коем случае нельзя нагнетать, потому что это может вылиться в еще большую радикализацию. Тем более у них (противоположной стороны. — *С. К.*) силы достаточно».

И вновь слово **Юлии Тимошенко**:

«Мы говорили с Тарутой о том, что сложившуюся ситуацию может разрешить только один человек. Тот самый, который стал первопричиной вспышки. Что он должен признать свои ошибки, подписать Соглашение об ассоциации, должен извиниться перед людьми, сделать кадровые выводы и начать менять страну так, как этого ожидали украинцы. Хотя мы оба, конечно, понимали, что это невозможно, что Янукович на это никогда не пойдет.

*Как он сформулировал цель своего приезда?*

Сказал, что прорвался ко мне потому, что все надеются (во власти. — *С. К.*), что он сможет уговорить меня повлиять на процессы, остановить протест и начать договариваться. Я сказала, что договариваться, в принципе, невозможно без того, чтобы президент предпринял конкретные четкие шаги, чтобы подписал ассоциацию, ну и далее все, о чем я уже говорила. Вместе с тем я сказала Сергею: уверена в том, что Янукович моих советов не услышит, что он не прислушивается ни к народу, ни даже к немногочисленным здравым голосам, которые были в его окружении. В лучшем случае, сказала я, Янукович в результате всего этого просто останется в живых, в худшем — будет изгнан из страны и сполна выпьет чашу ответственности.

*Какой-то фидбэк после встречи с Тарутой был у вас?*

Нет. Ничего».

## «Юля была более радикальна, чем лидеры «Правого сектора»

*«Что вы рассказали Ахметову об этом разговоре?* — спросила я у **Таруты.**

Описал в общих чертах. Главный его вопрос был: владеет ли она информацией? Я ответил утвердительно. Второй вопрос: готова ли она содействовать мирному диалогу? Снова утвердительный ответ. Общий вывод: Юля прекрасно информирована, знает обо всем происходящем в мельчайших деталях, но у нее нет непосредственного влияния на Майдан. При этом она понимает, что Майдан — это гражданская платформа, общественный запрос, а не политическое явление, и относиться к этому надо соответствующе. Со своей стороны, она готова не совершать резких жестов, не призывать к немедленному свержению власти и обеспечить урегулирование конфликта.

*Что он ответил?*

Поблагодарил за информацию, сказал, что попробует ее донести (имеется в виду наверх. — *С. К.*). Все. После этого обратной связи у меня уже не было».

В отличие от Рината Ахметова, **Александр Турчинов** о встрече Таруты с Тимошенко не знал.

«Что касается ее позиции, то она была достаточно радикальной. Юлия Владимировна была в своем репертуаре: она не искала простых путей и была, пожалуй, даже более радикальна в предложениях, чем, например, лидеры «Правого сектора» в своих интернет-интервью времен Майдана.

*Радикальна — это как? Например?*

Например, она была убеждена, что, если бы первого декабря мы пошли на штурм Банковой все вместе, уже тогда можно было бы одержать победу».

**Тимошенко** это подтверждает:

«Да, я считала и считаю, что свержение Януковича нужно было осуществить в тот первый день массового протеста, после избиения студентов. Политические лидеры обязаны были разделить собравшихся людей на группы и направить их на взятие ВР, Кабмина и Администрации Президента, еще часть должна была остаться на Майдане. Одновременно нужно было поднимать волну протеста в регионах. Когда власть была растеряна, разбита, дискредитирована и практически обескровлена морально, и воля ее была нулевой, здесь должна была сработать мощнейшая координация со стороны политиков, нужно было реально брать власть в свои руки, а не ждать долгие три месяца, окончившиеся человеческими жертвами. У людей были тогда силы, возможности, не нужно было строить баррикады, нужно было просто занять административные здания, огласить досрочные президентские выборы, взять ЦВК и начать проводить эти выборы».

**Турчинов** с Тимошенко не согласен. Как мы знаем, 1 декабря он был на Майдане и понимал, что хоть людей и много, но настроены они слишком миролюбиво, чтобы брать «почту, телефон и телеграф».

«Я пытался ей тогда это объяснить. Теоретически захватить Банковую хотя и сложно, но с большими потерями среди протестующих возможно. Однако захватить помещение еще не значит взять власть. Более того, ну, пошли бы мы на такой сценарий, и что дальше? На Банковой бы пару дней продержались, да. Но Янукович в таком случае получил бы все легитимные основания для силового уничтожения акции протеста, а мы были бы объявлены террористами. И, с точки зрения международного сообщества, это, в общем, было бы недалеко от истины».

# Глава 12

# ПАРЛАМЕНТСКИЕ МАНЕВРЫ

Был ли шанс урегулировать возникший кризис в политической плоскости? Был. Это мог сделать парламент, если бы в Украине Виктора Януковича парламент был субъектом, самостоятельным центром принятия решений.

Вариантов урегулирования кризиса в законодательном органе существовало три:

— отставка Азарова и его Кабинета;

— возвращение к Конституции 2004 года;

— импичмент президента Януковича.

## Отставка Азарова

«Поначалу Майдан требовал отставки Азарова и Захарченко — наказания виновных в разгоне студентов. Если бы даже одного только Захарченко тогда уволили, протесты вполне могли на этом затихнуть. Но этого не случилось», — говорит **Александр Турчинов**.

Кроме очевидных политических, для смещения Кабмина имелся ряд экономических предпосылок. Формальным поводом мог стать и провал евроинтеграционного курса, за что сам Янукович отвечать не хотел. Словом, причин, в том числе позволявших Януковичу «сохранить лицо», было достаточно. Но Виктор Янукович предпочел оставить все, как есть. По двум причинам.

**Первая причина**. Виктор Янукович был таков, что не мог позволить себе проявление слабости. Даже во благо. А увольнение «своего» премьера под давлением протестующих он считал именно слабостью. Не мудростью, не дальновидностью, а слабостью. И хотя у Виктора Федоровича с Николаем Яновичем давно накопилась сумма взаимной усталости, неприязни, Азаров был для Януковича понятным младшим подручным в деле «управления» страной. Не партнером — подручным.

«Он был предан президенту, выполнял все его указы и распоряжения, — вспоминает близкий друг Николая Яновича **Владимир Рыбак.** — Помню 2012 год, только прошли выборы, мы сидели втроем: Янукович, Азаров и я. Янукович спросил, где бы я хотел работать: в парламенте или правительстве. Я ответил, что в парламенте. Тот же вопрос был задан Азарову. Он тоже сказал, что предпочитает парламент. На это Виктор Федорович говорит: «Нет, постойте, вы работали на то, чтобы я стал президентом. И сегодня мне нужна поддержка правительства, поэтому я попрошу вас остаться там и работать до 2015 года». Тем самым он как бы гарантировал Азарову работу до 2015-го».

Но дело было, повторимся, вовсе не в гарантиях, а в нежелании идти на компромисс. В этом был весь Янукович: чем больше его убеждали, что компромисс необходим, тем больше он настаивал на своем. Не словом — делом, слова-то он научился говорить правильные.

**Вторая причина**. В случае отставки Азарова возникла бы необходимость в последующей ротации элит. Новый премьер означал бы существенные перестановки в Кабинете в целом. Дело в том, что борьба за власть в Украине всегда была борьбой за управления коррупционной вертикалью. Всякий правитель, приходя к власти, распределял между вассалами коррупционные потоки, создавая столь специфическим образом некое подобие внутренней конкуренции, системы «сдержек и противовесов». И только Виктор Янукович, получив власть, эту вертикаль монополизировал. «Держатели» кабминовских рычагов были представителями очень узкого круга олигархов, близких к президенту — буквально на пальцах одной руки можно пересчитать. В 2012 году, в процессе заполнения кадровой «шахматки» Кабмина Азарова, Банковая четко соблюдала ею же самой установленные пропорции. Если на одном направлении, допустим, усиливалась «семья», на другом неизбежно «возвышались» «ахметовские», третью «линию» отдавали группе «РосУкрЭнерго» и т.д. Пропорции соблюдались четко, хотя внешнему наблюдателю это и не всегда было заметно. Тем не менее даже одна самая, казалось бы, незначительная отставка способна была нарушить общую гармонию, обвалив «карточный домик». Ну а проводить ротацию всего Кабмина — долго, сложно и утомительно.

Заниматься этим Виктору Януковичу было откровенно недосуг. Олигархи — держатели миноритарных акций в его империи (даже самые статусные) — могли повести себя непредсказуемо. В результате 3 декабря «за» отставку Николая Азарова в парламенте высказались всего 186 депутатов. Для успешных 226 не хватало голосов «регионалов», в том числе тех, кто накануне выказывал готовность голосовать «за» — даже публично, как, например, Сергей Тигипко и его люди. Вопрос был провален и на текущей парламентской сессии подниматься вновь больше не мог.

## Возвращение к Конституции 2004 года

Рядовой читатель вряд ли помнит события октября 2010 года. Именно тогда в Украине произошел де-факто конституционный переворот, который, впрочем, в силу ряда обстоятельств почти никто не заметил.

Для понимания — краткая предыстория. Конституция Украины была принята в 1996 году. В декабре 2004 года в ходе так называемого «пакетного голосования» (предусматривавшего также «третий тур», закрепивший победу Виктора Ющенко) Основной Закон существенно изменили. В историю это войдет под кодовым названием «конституционная реформа». Сия «реформа» существенно сокращала полномочия Президента и, как следствие, добавляла их Кабмину и парламенту. Если прежде Украина была президентско-парламентской республикой, то теперь становилась парламентско-президентской. Реформа вступала в силу через год. Теоретически Виктор Ющенко на протяжении всего 2005 года мог воспользоваться масштабными президентскими полномочиями для осуществления реформ. Практически он этого не сделал.

В 2010 году страну возглавил Виктор Янукович. «Дело не в полномочиях, а в личностном факторе», — говорили тогда многие. Так, в общем, оно и было. Однако в октябре 2010 года Конституционный суд внезапно принял решение о возвращении к Конституции образца 1996 года, поскольку, дескать, в 2004-м голосование происходило с нарушениями. Спорность такого решения была очевидна уже тогда, однако новоизбранному президенту это простили. Не говоря о том, что мало кто, кроме узкого круга людей непосредственно в политикуме, понял, что вообще произошло. Однако с той минуты Виктор Янукович получил право единолично назначать губернаторов, глав НБУ, СБУ и ГПУ, ключевых ведомств, вносить в парламент представление на назначение премьера и т.д. То есть получил полномочия, существенно больше тех, под которые его избрали президентом.

Осенью 2010 года рейтинг Виктора Януковича был настолько высок, что в его команде случилось головокружение от успехов — решение Конституционного суда даже не оформили должным образом.

«Это решение должно было быть имплементировано Верховной Радой, — пояснял **Давид Жвания**, разработчик подробного парламентского сценария для выхода из кризиса. — Только парламент может изменять Конституцию, а никак не суд. Не говоря о том, что в том конкретном решении были позиции, которые вообще требуют проведения референдума. Однако Верховную Раду проигнорировали».

В связи с этим ВР предлагала простой, но эффективный сценарий выхода из критической ситуации: вернуться к Конституции 2004 года. Так, словно ничего и не было.

«Просто завтра мы садимся и начинаем писать коалиционное соглашение, согласно которому в парламенте формируется широкая коалиция. Эта же коалиция назначает правительство, распределяет ключевые должности, номинирует губернаторов и т.д., — уточняет **Жвания**. — Далее подаем иски в Верховный суд, который должен подтвердить нашу правоту».

«Сценарий Жвании» был довольно внятен. Более того, в обсуждениях «офф-рекордз» даже юристы Банковой признавали его правоту. Вместе с тем этот план имел два слабых места.

**Первое**: что делать с многочисленными решениями, принятыми Виктором Януковичем после решения КСУ от октября 2010 года? По логике Жвании, все они были нелегитимны. Однако закон обратной силы не имеет. Кто и как устанавливал бы: что принимали с нарушением Конституции, а что — нет? И на какую из двух Конституций при этом ориентироваться?

**Второе**: принял бы этот сценарий Виктор Янукович? Ведь речь шла, по сути, о необходимости признания им своих ошибок и передачи основных рычагов управления страной Верховной Раде. И это вплоть до 2015 года, а там перспективы вообще не ясны. Разумеется, в системе координат Виктора Януковича подобное было неприемлемо. Это означало капитуляцию еще более позорную, чем отставка Азарова. «Сценарий Жвании» не сработал.

## Импичмент президента

К смещению президента Януковича активно призывал Майдан. Но, с юридической точки зрения, это было невозможно. Закона об импичменте не существовало, и принимать его депутаты не собирались. Конституция предусматривала несколько вариантов досрочного прекращения президентских полномочий, однако процедура была слишком запутанной и заведомо нереализуемой. К тому же она опять-таки требовала подтверждения законом.

\* \* \*

Сам Янукович за парламентскими баталиями не следил. Они его не интересовали. Знал: все под контролем. 3 декабря президент отбыл с государственным визитом в Китай, как будто в его родной стране все было в порядке.

# Глава 13

## МАЙДАН КАК ЗАПОРОЖСКАЯ СЕЧЬ

После событий 1 декабря Майдан быстро структурировался и зажил полноценной жизнью. По меткой характеристике российского журналиста Аркадия Бабченко, «Майдан — это Запорожская Сечь, та самая, о которой все мы читали у Гоголя». Уже позже, в интервью для этой книги, Юлия Тимошенко назовет Майдан «обществом будущего». Обе характеристики предельно верны — точнее не скажешь. В эпицентре украинской столицы образовался пятачок абсолютной свободы; место, причастностью к которому каждый дорожил, каждый старался быть здесь полезен — хоть большим вкладом, хоть малым делом. Место, в котором справедливость, базовые человеческие права ценились превыше всего. На Майдане было все то, чего украинцам так не хватало в обычной жизни. И не было того, против чего они восстали — коррупции, мздоимства, чиновничьего беспредела.

Из воспоминаний **Александра Турчинова**:

> «После первого декабря по периметру нашего Майдана выросли баррикады. Первая и основная — на Крещатике, на уровне Дома профсоюзов. Вторая — в начале Институтской, под мостом. Третья отсекала подходы к Почтамту. Была также верхняя баррикада на Михайловской и дальняя — у КГГА.

> Весь этот периметр необходимо было кому-то удерживать. Но тут возникала проблема: на акции-то людей приходили сотни тысяч, а вот постоянно на Майдане оставалось не так много добровольцев. Бывало, что по ночам их количество падало до трех-пяти тысяч, и это уже не позволяло держать

периметр. Пришлось перекрывать разрывы партийным активом из регионов. Организовывали их приезд в Киев с тем, чтобы было кому дежурить на Майдане.

Во-первых, это на какое-то время решило проблему. Во-вторых, влило в протест новые силы. Активисты возвращались в регионы, приобретая опыт и навыки организации майдановского движения.

*Арсен Аваков вспоминал, что когда вы зашли в Дом профсоюзов, нужно было где-то собраться — посоветоваться. Нашли комнату, которая не была закрыта, а под рукой даже бумаги нет. На столе лежала обычная салфетка. И вот вы взяли эту салфетку и начали быстро набрасывать расположение «наших сил» на Майдане, оперативный план действий и т.д. Аваков говорит, что эту «историческую салфетку» сохранил.*

Да, был такой случай. На этой салфетке я пометил место расположения сцены, обозначил места, где надо устанавливать палатки и строить баррикады.

*Тогда же политики распределили между собой обязанности.*

Для координации действий создали Штаб национального сопротивления. Сопредседателями стали лидеры трех оппозиционных партий — Арсений Яценюк, Виталий Кличко и Олег Тягнибок, а я был избран координатором штаба, то есть непосредственным его руководителем.

*По сути, вы штабом и руководили.*

Ну да, поручили, как «опытному товарищу» (улыбается. — *С. К.)*. В принципе, все наши действия были согласованы, но практическое разделение полномочий было такое: лидеры партий отвечали за идеологическую, политическую составляющую, я — за «полевую», организационную работу.

Сначала было довольно сложно. Людей — море, а палаток, для того чтобы разбить полноценный лагерь, остро не хватает. Никто ведь не был готов к такому масштабному повороту событий. Но действовать приходилось быстро. Как раз резко похолодало, повалил мокрый снег... В результате мы достаточно быстро взяли под контроль еще и Октябрьский дворец — протестующим нужно было где-то размещаться.

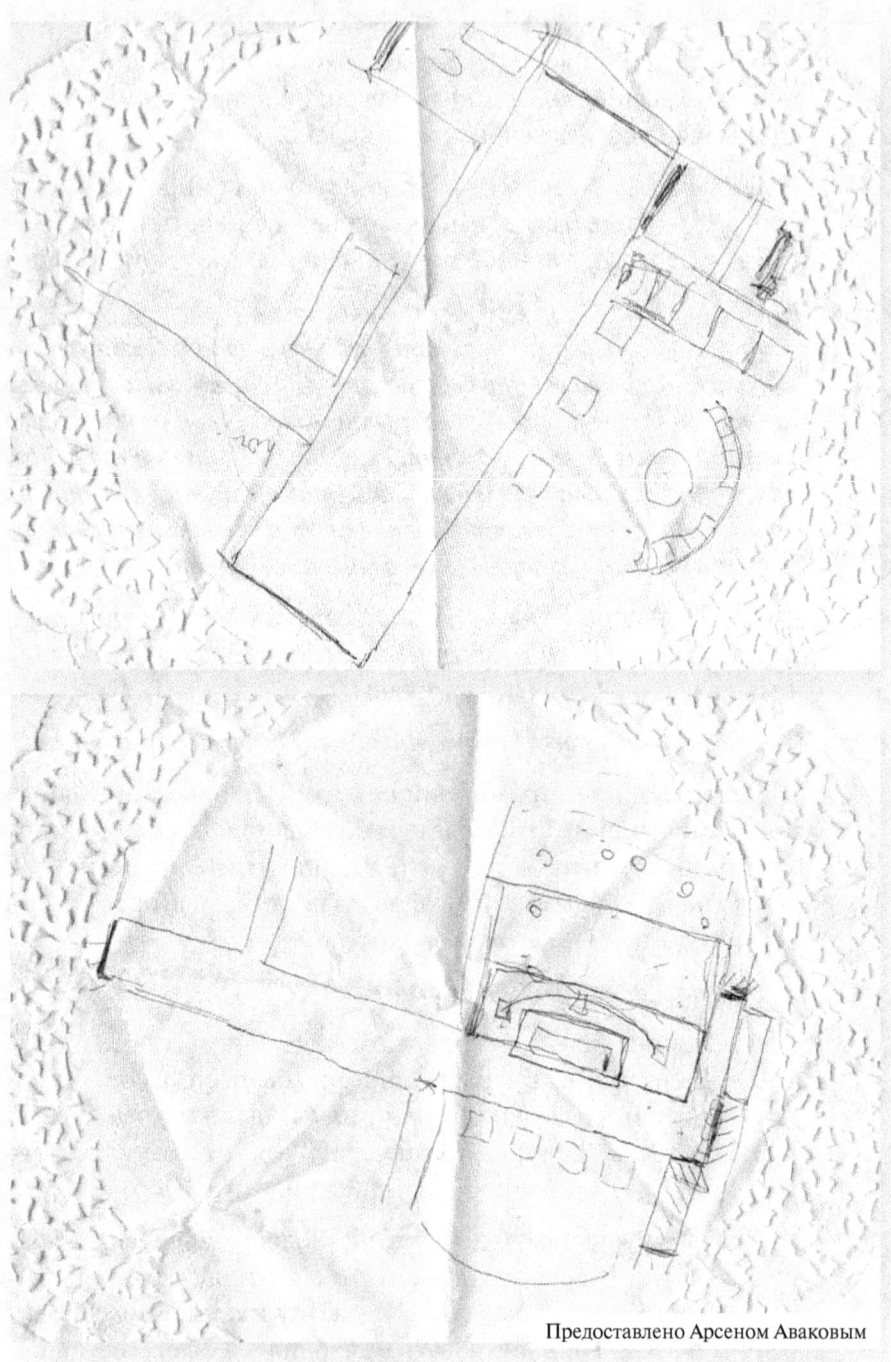

Предоставлено Арсеном Аваковым

*«...Когда первого декабря оппозиционеры зашли в Дом профсоюзов, нужно было где-то собраться — посоветоваться. Нашли комнату, которая не была закрыта, а под рукой даже бумаги нет. На столе лежала обычная салфетка. Турчинов взял эту салфетку и начал быстро набрасывать план действий — схему Майдана, место расположения будущих баррикад и т.д. Арсен Аваков исторические салфетки сохранил»*

*Давайте продолжим о распределении обязанностей.*

Андрей Парубий, с его опытом работы комендантом палаточного городка еще на Европейской площади, стал комендантом палаточного городка на Майдане. Степан Кубив — комендантом Дома профсоюзов, Андрей Сенченко и Людмила Денисова возглавили комендатуру Октябрьского дворца, «свободовец» Эдуард Леонов — комендатуру КГГА.

У каждого был свой участок ответственности, при этом Парубию достался самый сложный — периметр городка нужно было защищать, следить за порядком на его территории и т.д. И вот ему в помощь были быстро сформированы отряды из числа протестующих. Сначала это была просто охрана Майдана, патрулировавшая территорию. Затем, по мере увеличения численности майдановцев, охрана разбилась на сотни, у каждой из которой появился сотник. Уже из них выросли сотни Самообороны.

На этом этапе, кроме вышеперечисленных лидеров партий, меня, комендантов всех помещений и Парубия, в штаб входили: мой заместитель по штабу Сергей Пашинский, руководитель медицинской службы, два зама Парубия по Самообороне — Левус и Величкович, отвечавший за дипломатическое направление Борис Тарасюк, были еще руководители группы логистики — отвечающие за организацию питания, поставку продуктов, дров, обеспечение гигиены и т.д., комендант сцены — Игорь Жданов, ну и наш незаменимый ведущий — Женя Нищук. Вот и весь штаб.

*Будучи политиком более чем опытным, после событий первого декабря вы не могли не понимать, что этот протест так просто уже не закончится. Что после разгона студентов и избиения людей на Банковой украинцы так просто не успокоятся. Но вы точно не предполагали, что все обернется падением режима и бегством Януковича.*

Сто процентов!»

## Дальние баррикады

8 декабря состоялось очередное вече, в ходе которого было принято решение о «расширении Майдана». Таким образом, баррика-

да появилась уже в Крепостном переулке, еще одна — на углу Богомольца и Шелковичной, недалеко от МВД.

На Бессарабке разгневанные демонстранты повалили памятник Владимиру Ленину. Так погиб один из главных в Киеве символов «совка» и прошлой эпохи. Ночью того же дня «запчасти» от Ленина уже были выставлены на продажу в Сети.

«Почему начали расширяться? В будни и ночью, как я уже говорил, людей было мало, критично мало — и для того, чтобы протест продолжался, развивался, мы должны были демонстрировать силу. Должны были наступать. Отсюда возникла идея с «дальними» баррикадами — мы их так называли, — продолжает **Турчинов**. — И в воскресенье было выдвинуто главное требование — отставка Януковича! После вече мы пошли на Богомольца, в Крепостной. Надеялись, что этот импульс станет новым этапом противостояния, вовлечет людей. Вече было, как всегда, многолюдным. Десятки тысяч людей пошли строить новые баррикады. Но стояли сильные морозы, валил густой снег, и ночью большинство снова ушло.

В результате эти баррикады мы продержали чуть больше суток. Силовики довольно быстро их «отжали». Их это вдохновило и наверху, видимо, было принято решение попытаться зачистить Майдан полностью. Они-то знали, что ночью людей на Майдане немного, вот и рассчитывали быстро справиться».

## Власть «налаживает диалог»

Когда 3 декабря Виктор Янукович отправился с визитом в Китай, многие удивлялись: как он решился оставить страну в такой час, когда вся она была охвачена многотысячными митингами и протест все больше распространялся в регионы?

На самом деле Виктор Янукович оставался верен своему модус-операнди. Человек, не любивший брать на себя ответственность, рассчитывал переложить ее на подчиненных — так, чтобы он вернулся из длительного вояжа, а Майдана, который так его нервировал, больше бы не существовало. И проблем бы не было. Чтобы «сами собой» испарились.

Угадывая «хотелки» лидера, подчиненные рьяно взялись за дело.

Против участников протестных акций оперативно возбудили 53 уголовных дела. Следователи прокуратуры собирали данные о студентах и преподавателях, участвовавших в волнениях. Народных депутатов Арсения Яценюка, Арсена Авакова, Сергея Пашинского, Николая Княжицкого и даже музыканта Александра Положинского вызвали на допрос в прокуратуру. Все они проходили в деле как «активные участники протестных акций». Всем светил реальный срок.

Под парламентом едва ли не ежедневно Партия регионов собирала альтернативный митинг — «за мир и стабильность». На митинг свозили проплаченных активистов. Сами акции охранял «Беркут».

Ведущие новостные сайты страны, в том числе Lb.ua, подвергались жесточайшим хакерским атакам — слаженным и интенсивным. Было понятно, что предпринимаются и координируются они из единого центра и с единой целью: изолировать граждан от получения объективной информации. В ту зиму Интернет стал основным ее источником. В ту зиму Интернет стал одним из главных врагов власти.

9 декабря СБУ совершила налет на офис оппозиционной партии «Батькивщина». Срезали «болгаркой» ворота и ворвались во двор. В ходе короткого и ожесточенного штурма из офиса вынесли компьютерные серверы. Позже, «на основании полученных с серверов данных», оппозиционеров попытаются обвинить в экстремизме.

«Узники Банковой» продолжали сидеть.

На этом фоне заверения официальных представителей власти о том, что они хотят «наладить диалог» с обществом, выглядели откровенным издевательством.

10 декабря с целью способствовать урегулированию конфликта — в Киев прибыли замгоссекретаря США Виктория Нуланд и вице-президент Еврокомиссии Кэтрин Эштон. У них был намечен ряд встреч с представителями власти и оппозиции.

## ГРАФІК НІЧНОГО ЧЕРГУВАННЯ НАРОДНИХ ДЕПУТАТІВ УКРАЇНИ
### (з 23.00 до 07.00 ранку)

| 19–20 Четвер-п'ятниця | 20-21 п'ятниця-субота | 21-22 субота-неділя | 22-23 неділя-понеділок | 23-24 Понеділок-вівторок | 24-25 Вівторок-середа | 25-26 Середа-четвер | 26-27 Четвер-п'ятниця | 27-28 П'ятниця-субота | 28-29 Субота-неділя | 29-30 Неділя-понеділок | 30-31 Понеділок-вівторок |
|---|---|---|---|---|---|---|---|---|---|---|---|
| Група Шлемко Д.В. | Група Тарасюк Б.І. | Група Арсєв В.І. | Група Аваков А.Б. | Група Сас С.В. | Група Іванчук А.В. | Група Тарасюк Б.І. | Група Арсєв В.І. | Група Аваков А.Б. | Група Сас С.В. | Група Шлемко Д.В. | Група Арсєв В.І. |
| Апостол Михайло | Бригінець Олександр | Бондарєв Костянтин | Головко Валерій | Кальченко Валерій | Андріївський Дмитро | Бригінець Олександр | Бондарєв Костянтин | Головко Валерій | Кальченко Валерій | Апостол Михайло | Бондарєв Костянтин |
| Бойко Володимир | Гриневич Лілія | Дубовой Олександр | Данілов Віталій | Кириленко Іван | Васюник Ігор | Гриневич Лілія | Дубовой Олександр | Данілов Віталій | Кириленко Іван | Бойко Володимир | Дубовой Олександр |
| Гладій Василь | Грищенко Анатолій | Кужель Олександра | Дзензерський Денис | Кожем'якін Андрій | Князевич Руслан | Грищенко Анатолій | Кужель Олександра | Дзензерський Денис | Кожем'якін Андрій | Гладій Василь | Кужель Олександра |
| Деревлянний Василь | Джемілєв Мустафа | Кучерук Микола | Княжицький Микола | Куріпіль Степан | Луценко Валерій | Джемілєв Мустафа | Кучерук Микола | Княжицький Микола | Куріпіль Степан | Деревлянний Василь | Кучерук Микола |
| Ілик Роман | Ємець Леонід | Лук'янчук Руслан | Купрейчик Ірина | Сушкевич Валерій | Луценко Ірина | Ємець Леонід | Лук'янчук Руслан | Купрейчик Ірина | Сушкевич Валерій | Ілик Роман | Лук'янчук Руслан |
| Лукашук Олег | Катеринчук Микола | Полочанінов Володимир | Медуниця Олег | Томенко Микола | Москаль Геннадій | Катеринчук Микола | Полочанінов Володимир | Медуниця Олег | Томенко Микола | Лукашук Олег | Полочанінов Володимир |
| Пазіняк Василь | Королюк Валентин | Вознюк Юрій | Шевченко Андрій | Федорук Микола | Пишний Андрій | Королюк Валентин | Вознюк Юрій | Шевченко Андрій | Федорук Микола | Пазіняк Василь | Вознюк Юрій |
| Сікора Ольга | Оробець Леся | Лунченко Валерій | Шульга Володимир | Фишук Олександр | Ярема Віталій | Оробець Леся | Лунченко Валерій | Шульга Володимир | Фишук Олександр | Сікора Ольга | Лунченко Валерій |
| Федорчук Ярослав | Стойко Іван | Зубко Геннадій | Донець Тетяна | Швець Віктор | Стець Юрій | Стойко Іван | Зубко Геннадій | Донець Тетяна | Швець Віктор | Федорчук Ярослав | Зубко Геннадій |
| Шкварилюк Володимир | Чорноволенко Олександр | Слюз Тетяна | Одарченко Юрій | Яворівський Володимир | Петренко Павло | Чорноволенко Олександр | Слюз Тетяна | Одарченко Юрій | Яворівський Володимир | Шкварилюк Володимир | Слюз Тетяна |
| Дірів Анатолій | Бричченко Ігор | Фасрмак Сергій | Тертодій Сергій Хмич | Павловський Андрій | Немиря Григорій | Бричченко Ігор | Фасрмак Сергій | Тертодій Сергій Хмич | Павловський Андрій | Дірів Анатолій | Фасрмак Сергій |
| Хміль Михайло | | | | | | | | | | Хміль Михайло | |

План дежурства народных депутатов на Майдане во второй половине декабря 2013 года. Предоставлено Арсеном Аваковым

# Глава 14

# ВТОРОЙ РАЗГОН МАЙДАНА

Прогноз Александра Турчинова сбылся. После того как силовики «отжали» у протестующих «верхние баррикады», освободив правительственный квартал, они решили повторить «успех» на самом Майдане — «зачистить» и его.

Штурм наметили на ночь с 10 на 11 декабря. Оппозиционеры об этом узнали.

«Информация поступила накануне днем. Даже сейчас я не стану называть наш источник. Видимо, было принято политическое решение о «зачистке», — вспоминает **Арсен Аваков**. — Всю вторую половину дня наши депутаты — те, кто имел собственные неформальные связи с представителями тогдашней власти, — пытались всех убедить, что штурм ни в коем случае допустить нельзя, что это просто безумие. Уже к вечеру мой источник на это мне сказал, что штурм неизбежен, дескать, «наверху планка упала».

Осознав, что атака неотвратима, нардепы — те, кто не струсил (а таковых было немало), в штабе проводили совещания с Самообороной Майдана — готовились.

Все ждали наступления ночи.

Однако около 11 часов вечера поступила команда «отбой». Мол, «зачистка» отменяется. Вздохнули с облегчением — стали разъезжаться по домам.

## «Сегодня, похоже, будет беда»

Рассказывает **Петр Порошенко**:

«Я вышел из штаба одним из последних — около часа ночи. Моя машина стояла внизу, на углу Михайловской и Костельной. Успели проехать вверх буквально несколько метров (другого пути с Майдана тогда не было. — *С. К.*), до того места, где начинается развилка и где одностороннее движение. Тут вижу, сверху, от костела, на нас движется сплошная стена «Беркута». Я сказал водителю остановиться и развернуть автомобиль поперек дороги. Мы включили видеорегистратор, и я вышел им навстречу (Костельная — крутая и довольно узкая улица. Одна машина способна полностью заблокировать здесь движение транспорта и даже существенно затруднить движение пешеходов. Следует также учитывать, что в ту ночь был снегопад. — *С. К.*). Командир «Беркута» говорит: «Петр Алексеевич, у нас команда — идти на Майдан. Вы нам перекрыли дорогу. Что делать будем?» — «У вас, — отвечаю, — два варианта. Первый — меня убить. Второй — тараньте джип». — «Нет, — говорит, — оба варианта — не то». И пошел начальству звонить, советоваться. А я так и стою посреди Костельной, валит густой снег, напротив меня — эта стена «Беркута», их начальник там кого-то набирает. Ясно, что они двигались на «зачистку» Майдана. Ясно, что они все равно не остановятся, и нужно стягивать силы. Я не терял времени — сделал несколько звонков. Первый — Виктории Нуланд, она как раз была в Киеве. Затем — Арсению Яценюку и Виталию Кличко. Я дозвонился Томбинскому (послу ЕС в Украине. — *С. К.*), попросил его также связаться с Кэтрин Эштон. Дал знать о происходящем Андрею Парубию — попросил всех поскорее созывать на Майдан. Счет шел на минуты».

Пока Порошенко дозванивался, кому мог, командир «Беркута» свои переговоры уже завершил. Короткая команда, и бойцы выстраиваются в «свинью».

«В колонну — стройся! Машину Порошенко обходить по двое!» — услышал я, — продолжает **Порошенко**. — И действительно: они начали меня просто обходить, образовав вокруг кольцо. Я оставил машину на водителя, а сам поспешил на Майдан.

Пока спускался к баррикадам — сделал еще несколько звонков. Так информация попала в СМИ. «5 канал» начал прямую трансляцию с места событий. И это сыграло решающую роль».

Без десяти час ночи **Андрей Шевченко** зашел в ресторанчик неподалеку — поужинать. Только сделал заказ — пришла информация о начале разгона. Отменил заказ — побежал вниз.

«Возле нашей первой баррикады — на Михайловской — целое полчище «Беркута», все черным-черно от их шлемов. Напрямую уже не пройти. Но оставалась маленькая лазейка под стеной Дома профсоюзов. Мы с Турчиновым в нее просочились — так и удалось попасть на нашу сторону баррикады», — вспоминает.

«Итак, диспозиция: баррикада на Михайловской. Перед ней — «Беркут», за ней — люди. На самой баррикаде сверху стоят лидеры оппозиции, народные депутаты — пытаются уговорить «Беркут» отступить. Но ясно же, что это бесполезно и отступать они не собираются и настроены весьма агрессивно. Тогда в какой-то момент Яценюк говорит: «Пошли!» — и прыгает с баррикады вниз. Он спрыгнул первым, за ним — Кличко, Пашинский, я, еще несколько человек, за нами сразу выстроилось несколько рядов Самообороны.

Все мы оказываемся перед баррикадой, лицом к лицу с «Беркутом». Расстояние между нами — метра полтора. Думаю, это был один из решающих моментов, потому что, вы же помните, с внешней стороны баррикада была опутана колючей проволокой, торчали куски арматуры и т.д. То есть, если бы «Беркут» пошел на штурм, из всех нас — оппозиционеров — получилось бы кровавое месиво, не иначе: отступать-то нам было некуда».

В два часа ночи ситуация казалась критической. Силовиков было слишком много, протестующих — слишком мало. «Киев, вставай!» — разносилось со сцены. Колокола Михайловского собора били тревожный набат. Слышно было, говорят очевидцы, даже на Левом берегу. В последний раз этот город слышал тревожный звон ночных колоколов во времена татаро-монгольского нашествия. Невозможно было представить, что подобное повторится в XXI веке. Повторилось.

«Но власть опять не все рассчитала. Не рассчитала, что это — Киев, что есть СМИ, Интернет. Очень оперативно сработали журналисты: «5» и «24» телеканалы вели прямую трансляцию происходящего, — констатирует **Турчинов**. — Все сайты оперативно обновлялись. Мы забили тревогу, обратились к киевлянам. И Киев вышел! Ночью! Метро уже не работало, дороги частично были перекрыты, частично движение было затруднено из-за снегопадов, но все равно люди шли и шли. Как только узнавали о попытке разгона — устремлялись на Майдан».

Еще недавно полупустая площадь начала постепенно заполняться. Прибывающим выдавали оранжевые строительные каски. В ту пору силовики еще не применяли боевого оружия, в основном — резиновые дубинки, изредка — светошумовые гранаты, петарды и взрывпакеты. Так что простенькие каски разнорабочих были очень даже кстати. Новоприбывшие выстраивались в шеренги возле баррикад и стояли так, взявшись за руки. Между ними и силовиками мелькали священники — уговаривали последних не идти на штурм, первых — не провоцировать конфликт. Однако силовики уговоры игнорировали. Людей сперва не били, просто давили, напирая массой. Уже потом в ход пошли дубинки — лупили по коленям, по головам; нарушали плотность рядов, выдергивая из строя отдельных активистов.

Вспоминает **Петр Порошенко**:

«На Майдане не было страшно. Ни разу. Срабатывало «чувство плеча», осознание того, что нас тут тысячи. Со стороны, по телевизору, «картинка» была значительно страшнее.

В какой-то момент мне звонят ребята с «5 канала», говорят: у нас оборвалась прямая трансляция. На морозе быстро разрядилась батарея в камере, запасные батареи наши сотрудники подвезли, но их не пропускают сквозь строй «Беркута». Мы с Юрой Стецем выходим из шеренги и движемся по направлению к Европейской площади — забрать батарею и передать ее оператору. А на Европейской — несколько рядов «Беркута», снаружи — киевляне, которые подоспели на место событий, но которые тоже не могут прорваться. И тут — мы. Чуть ли не по головам «Беркута» я прорываюсь к нашим — батарею забрать и назад. А люди-то, которые с той стороны, этого не знают — думают, что я пытаюсь выбраться из месива. И тут одновременно несколько голосов мне кричат: «Куда?! Назад!». Мол, что же ты — с поля боя. Меня тогда, помню, очень это воодушевило, появилось ясное осознание того, что в эту ночь мы точно выстоим.

Я забрал батареи, передал их техникам, а тут жена звонит. «Ты на Майдане?» — спрашивает. Как бы, думаю, ей так ответить, чтобы не волновалась. Но схитрить невозможно: вокруг шум, крики — все слышно. «На Майдане», — говорю. «Ну, слава Богу!» — отвечает Марина. Это тоже было таким важным моментом».

Стояние перед михайловской баррикадой тем временем продолжалось. Маневр Яценюка, спрыгнувшего с баррикады, силовиков явно озадачил — опять побежали звонить «наверх», «советоваться». Депутаты в это время убеждали «Беркут» не выполнять преступные приказы. Мегафон был у **Андрея Шевченко**.

«Рядом со мной, — вспоминает **Шевченко**, — стоял Володя Кличко. «Дай-ка мне мегафон», — говорит в какой-то момент. Я отдал со словами: «Ты хоть представься им, кто ты». Володя был в настроении: «Говорит Владимир Кличко. Кто смотрел мой бой с Поветкиным — поднимите руку».

***Кто-то поднял?***

Нет, но «беркутовцы» начали смеяться. Это разрядило атмосферу. Пока мы там стояли, были бойцы, которые — пока командир не видит — просили сфотографироваться с Кличко.

Володя пытался шутить. Когда началась толкотня, он кричал: «Не трогайте моего брата, я за него заступлюсь».

***Тем не менее в конечном счете вас, депутатов, от баррикады оттеснили.***

Да. Мы стояли так — друг напротив друга — часа полтора, все это уже затягивалось, руководство «Беркута» долго там с кем-то перезванивалось, мы сами с ними тоже говорили и в итоге решили, что мы, депутаты, разведем на пару метров «Беркут» и Самооборону, создадим «гуманитарный коридор». Тут все расслабились немножко, начали курить, прибежали девочки с чаем, раздавали его и нам и «Беркуту». Откуда ни возьмись, появился Шуфрич, другие депутаты ПР.

Казалось, все уже позади. Но тут ни с того ни с сего слышится команда: «Стройся! Вперед!». В одну минуту «Беркут» зашел к нам с тыла, взял в кольцо и оттеснил — мы и опомниться не успели. Очень технично сработали. Вместе с нами в кольцо взяли того же Шуфрича, и видно было, что ему это очень неприятно. В итоге нас оттеснили к стене Дома профсоюзов.

Их план был понятен, да и информация накануне была, что им важно расчистить проезжую часть. Думаю, они специально это запускали, чтобы мы не очень-то защищали проезжую часть. Поломало их планы, как я сказал, то, что вожди вышли вперед, и это минимум на несколько часов задержало штурм михайловской баррикады».

Были и забавные моменты:

«Когда «Беркут» начал штурм михайловской баррикады, там, в стороне, стояло несколько биотуалетов. И вот эти будочки-биотуалеты перевернулись, — добавляет **Шевченко**. — Ну, и «Беркут», недолго думая, двинулся по ним. Хотели использовать их как «подножку», возвышение для штурма баррикады. Однако они не рассчитали, что будочки эти не очень прочные. В итоге те первые силовики из шеренги, что наступали, попросту провалились в эти биотуалеты, все их содержимое выплеснулось на них и тех, кто оказался рядом. Естественно, задние ряды притормозили, началась свалка...»

Сметя михайловскую баррикаду за несколько минут, силовики принялись за баррикаду на Институтской.

Среди «воинов Институтской» был и **Александр Положинскиий**. Он пришел сюда вместе с другом и очень быстро оказался в первом ряду защитников баррикады.

«Тактика была простая: держать строй, не позволять никого из своих «выдернуть» из строя, при этом стараться «выдернуть» кого-то из «вэвэшников». Как правило, их «выдергивали» группами — несколько человек наших брали их в кольцо, оттесняли от их строя, а потом, разъединив между собой, передавали в тыл. В тылу их не били, но отбирали щиты и палки, иногда еще шлемы, налокотники, наколенники. И так, «разоруженными», отправляли назад, к своим».

За спинами силовиков орудовали коммунальщики. Подозрительно похожие на переодетых милиционеров и «титушек», они демонтировали остатки баррикад — так, чтобы из оставшихся «запчастей» нельзя было бы построить новые укрепления.

От Нацбанка подъехала машина с лебедкой. Задумка была зацепить фрагмент баррикады и так ее развалить. Чтобы этого не допустить, активист Татьяна Чорновол обмоталась железным тросом лебедки. Если бы ее включили — Таню перерезало бы пополам. Еще несколько нардепов легли под колеса коммунальной машины — чтобы та не могла двинуться с места.

Рассказывает **Андрей Сенченко:**

«Буквально в нескольких метрах от меня, на Институтской, с их (силовиков. — *С. К.)* стороны стоял генерал-лейтенант Сергей Конопляник (он тогда был первый замкомандующего Внутренних войск). Именно он руководил бойцами.

И по его эмоциям, по обрывкам телефонных звонков я наблюдал, как менялись настроения тех, кто отдавал приказы.

Мы с Конопляником знакомы еще по Крыму. В бытность мою вице-премьером он возглавлял Крымское территориальное командование Внутренних войск. У нас добрые давние отношения. И вот так получилось, что на Институтской мы оказались по разные стороны баррикад.

Еще в самом начале этого эпизода противостояния он отвел меня в сторону и говорит: «Ты знаешь, сегодня, похоже, будет беда». То есть, по-видимому, изначально команда была очень жесткая.

*Он не сказал, какая именно?*

Нет. Ну, надо же понимать его положение. Де-факто он предупредил меня. Он очень сильно рисковал. Вообще, лично к нему вопросов никаких. Сергей — человек порядочный, он сейчас уволился, живет своей жизнью.

Потом я старался держать его в поле зрения. Как я уже говорил, он осуществлял оперативное командование, и ему постоянно поступали звонки. Он отходил в сторону, говорил, а зачастую просто подолгу слушал абонента в трубке.

### С кем он говорил, вы знаете?

По всей видимости, с Шуляком (на момент описываемых событий Станислав Шуляк — командующий Внутренними войсками МВД Украины. — *С. К.),* но точно мне неизвестно.

После этого он делал мне знак головой — мол, еще колебания. И вот колебания были раза два-три, то в одну, то в другую сторону — ситуация то резко обострялась, и казалось, что нас сейчас просто сметут, то волна откатывала назад. В один из самых острых моментов Сергей сказал, что со стороны Европейской пойдут «коробочки» (БТРы) и все эти ваши баррикады разнесут просто за секунды».

Сейчас об этом вспоминается с улыбкой, но в ту ночь перед глазами вставали сцены из старого фильма «Вий». Черные шлемы «Беркута» и Внутренних войск создавали устойчивые ассоциации с нечистой силой, со всех сторон налетевшей на светящийся круг площади. Надрывный звон колоколов Михайловского собора усиливал это впечатление. У всех была одна мысль: выстоять до утра, только бы продержаться. До первых петухов. И хотя никаких петухов в центре города, разумеется, не было, перелом в противостоянии наступил ранним утром, как раз в то время, когда — по всем законам жанра — нечистая сила теряет свою власть.

«Очень быстро киевляне, подходившие к площади со всех сторон, фактически взяли во второе кольцо самих силовиков. Власть рассчитывала, что протестующих будет пять — семь тысяч и с ними можно быстро справиться. Но когда буквально за пару часов на Майдане собралось несколько десятков тысяч человек, это была для них неожиданность», — отмечает **Турчинов**.

В 6 утра над городом забрезжил мутный зимний рассвет. На Майдане собралось уже более 15 тысяч протестующих. Их численность значительно превосходила количество силовиков, и те — под напором киевлян — вынуждены были отступить.

«Когда рассвело, огляделись по сторонам и увидели десятки тысяч людей вокруг. Десятки тысяч оранжевых строительных касок против черных лоснящихся шлемов. Все это — в первых лучах солнца. Сюрреалистичная картина, как вселенская битва добра и зла», — говорит **Шевченко**.

## «Чей приказ? Захарченко»

Петр Порошенко подметил верно: **«Беркуту» была дана команда, и он не мог ее не выполнить**.

Вот еще один отрывок из его прямой речи:

> «В разгар противостояния я «выдернул» с той стороны одного из старших офицеров. «Чей приказ?» — спрашиваю. Он мне прямо сказал: «Захарченко». Хотя, конечно, официальных сведений нет».

**Арсен Аваков** придерживается того же мнения:

> «То, что Захарченко руководил напрямую, это очевидно. По-другому просто не могло сработать. Был Шуляк, был Крикун, — но все замыкалось на Захарченко».

Дополнительное подтверждение — слова Сенченко. Звонки, поступавшие Конопляннику, свидетельствуют: «генеральная линия» колебалась, начальство склонялось то к одному, то к другому решению — от «жесткой зачистки» до «тихого отступления».

Уже на следующий день **после случившегося дипломатические круги, основываясь на своих источниках информации, приписывали «авторство» второго разгона Александру Януковичу и Виталию Захарченко**. Приписывали, понятное дело, непублично. Никаких предметных доказательств тому не предоставлялось.

Действительно, сотня косвенных доказательств никогда не заменит одного прямого, но иногда срабатывает элементарная логика.

Говорит **Александр Попов**:

> «...Ясно, что СНБО — просто по роду своей деятельности — должен был владеть всей информацией. Ясно и то, что, поскольку в конфликте участвовали сотрудники милиции и представители Внутренних войск, отвечать должно МВД».

Теперь вспоминаем. СНБО тогда возглавлял Андрей Клюев, МВД — Виталий Захарченко. Ни тот, ни другой не понесли ответственности за разгон студенческого Майдана.

Видимо, они были еще нужны, и **в ночь с 10 на 11 декабря делали то, что не сумели завершить в ночь с 29 на 30 ноября**.

## Штурм мэрии

Утром 11 декабря, как только заработал метрополитен, людей на Майдане стало еще больше. И хотя центральные станции метро были закрыты, а автомобильные дороги в центр — перекрыты, люди продолжали прибывать.

По итогам ночи на счет силовиков зачислилась ликвидация баррикад со стороны Европейской площади, Михайловской улицы и Крещатика. Мэрия и Дом профсоюзов по-прежнему оставались под контролем протестующих.

В начале девятого силовики отступили от Дома профсоюзов. Только по Костельной вверх — тем же путем, что пришли на Майдан ночью, отходили больше тысячи бойцов. За ними понуро плелись милицейские автобусы. С Крещатика в сторону Европейской площади уходила группа снайперов. «В случае чего» снайперы готовы были расстрелять Майдан, прикрывая «коробочки» — БТРы, о которых Конопляник говорил Сенченко.

Но конфликт на этом не исчерпался. На Крещатике, возле мэрии, по-прежнему находилось несколько отрядов «Беркута».

«Они были очень озлоблены. Силовики рассчитывали на быструю победу, да не сложилось. И вот утром они решили хотя бы КГГА отбить. Октябрьский взять не получилось, Дом профсоюзов — тоже, так хоть какой-то трофей», — говорит **Александр Турчинов.**

«Я находился там в это время. Неожиданно к входу в мэрию подъехали три автобуса с «Беркутом» и остановились, заблокировав его. Все! Ситуация зависла! Что они дальше намерены делать, не было понятно», — вспоминает активист **Игорь Луценко.**

Скоро стало ясно: «Беркут» ожидает подкрепления.

Оно спешило со стороны Бессарабки, но его не пропустили киевляне. Образовав живую стену, люди перегородили Крещатик. Упершись в нее, автобусы подкрепления развернулись и уехали.

Кроме изнуренных ночными событиями майдановцев, у стен КГГА собрались киевляне. Вместо того чтобы отправляться утром в офисы, они вышли на защиту протестующих. Всего около двух с половиной тысяч человек.

«Рассерженные мужчины в дорогих пальто. Впечатление было такое, что вышли все офисы в центре. Даже те, кто никогда раньше не приходил на митинги», — вспоминает мой коллега **Олег Базар**, который в то утро тоже был под КГГА.

Часть митингующих перегруппировалась и начала строить на перекрестке у ЦУМа баррикаду. Инициатором выступил **Игорь Луценко**:

«Мы — я и еще несколько ребят — стали перетаскивать скамейки и мусорные баки на проезжую часть Крещатика. К нам присоединилась почти тысячная толпа, до этого не понимавшая, откуда ждать наступления милиции. Нашей задачей было не пропустить «Беркут».

Мэрия — внушительное десятиэтажное здание, возведенное вскоре после войны. Взять приступом его не так-то просто, но для подготовленного «Беркута» это был вопрос времени. Забаррикадировавшиеся внутри это понимали. Понимая — прибегли к крайним мерам. Когда прибывший в автобусах «Беркут» начал штурм, они свесили с окон второго этажа рукава пожарных брандспойтов и щедро принялись поливать водой атакующих. Других средств защиты просто не было. «Беркут» вынуждено попятился. Крыльцо мэрии — широкая гранитная платформа, прихваченная утренним морозом, моментально превратилась в каток.

Взявшись за руки, люди стеной пошли на «Беркут»: применили излюбленную тактику силовиков, попросту оттеснив их от мэрии. На видео хорошо видно, как «Беркут» отступает под напором толпы. Применять грубую силу средь бела дня наглости у бойцов не хватило.

«Командир «Беркута» понимал, что против его бойцов — пять тысяч народу, и в случае столкновения последствия могут быть самые непредсказуемые. Лично мне кажется, **начальники сознательно направили «беркутовцев» под КГГА, чтобы их там «порвали» «для картинки».**

Этот командир все время созванивался с начальством, запрашивал команду отойти, но ему говорили: «Ждите, ждите». И это при том, что мы сделали им коридор. Они отступили только тогда, когда кто-то из митингующих бросил под один из автобусов, заграждавших вход в мэрию, дымовую шашку. И водитель, уже не особо оглядываясь на приказы, просто бросился спасать технику — вскочил в кабину и отогнал машину прочь», — говорит **Андрей Шевченко**.

«Силовики вынуждены были отступить. Это была первая серьезная победа. Люди это почувствовали. С этого момента опять начался подъем в протесте, который до этого уже понемногу шел на спад», — резюмирует события ночи 10 и утра 11 декабря **Александр Турчинов**.

## Smoke screen

Реакция мира на ночные события в центре украинской столицы не заставила себя долго ждать.

Уже в 8 часов по киевскому времени **госсекретарь США Джон Керри** выступил с резким заявлением. Автором этого заявления была **Виктория Нуланд,** которую среди ночи, как мы знаем, разбудил звонок Петра Порошенко.

«Соединенные Штаты Америки выражают возмущение в отношении решения украинской власти задавить мирный протест на киевском Майдане спецслужбами, слезоточивым газом и дубинками, а не уважением к демократическим правам и человеческому достоинству», — говорилось, в частности, в тексте.

Сама Нуланд совершила беспрецедентный — как для дипломата ее уровня — поступок: в сопровождении посла США в Украине отправилась на Майдан раздавать печенье и пирожки митингующим.

Что это значило в переводе с дипломатического языка на обычный, было понятно всем, кроме Виктора Януковича, который на встрече с сенатором-республиканцем Джоном Маккейном (через несколько дней) в ответ на реплики гостя относительно необходимости соблюдения демократических принципов ответил просто: «Вы же нас в футболе засудили!». Дескать, о чем с вами вообще можно разговаривать!

Очевидно, Виктор Федорович имел ввиду матч Франция — Украина, состоявшийся 19 ноября, в ходе которого ФК «Шахтер»

21 ноября 2013 года премьер-министр Николай Азаров объявил о приостановлении подготовки подписания Украиной Соглашения об ассоциации с Европейским Союзом. В тот же вечер несколько сотен киевлян — в знак протеста — собрались на Майдане Независимости

24 ноября 2013 года прошел первый массовый митинг в центре столицы. В поддержку европейского выбора страны собрались сотни тысяч людей. Политический актив — на Европейской площади, общественный — на Майдане

По завершении основного митинга под Кабмином произошли первые стычки. Силовики применили слезоточивый газ

После встречи с Владимиром Путиным
в подмосковном бункере Виктор Янукович начал вести
себя алогично — как человек, чем-то очень сильно
напуганный. На Вильнюсском саммите
он совершил прыжок в пустоту

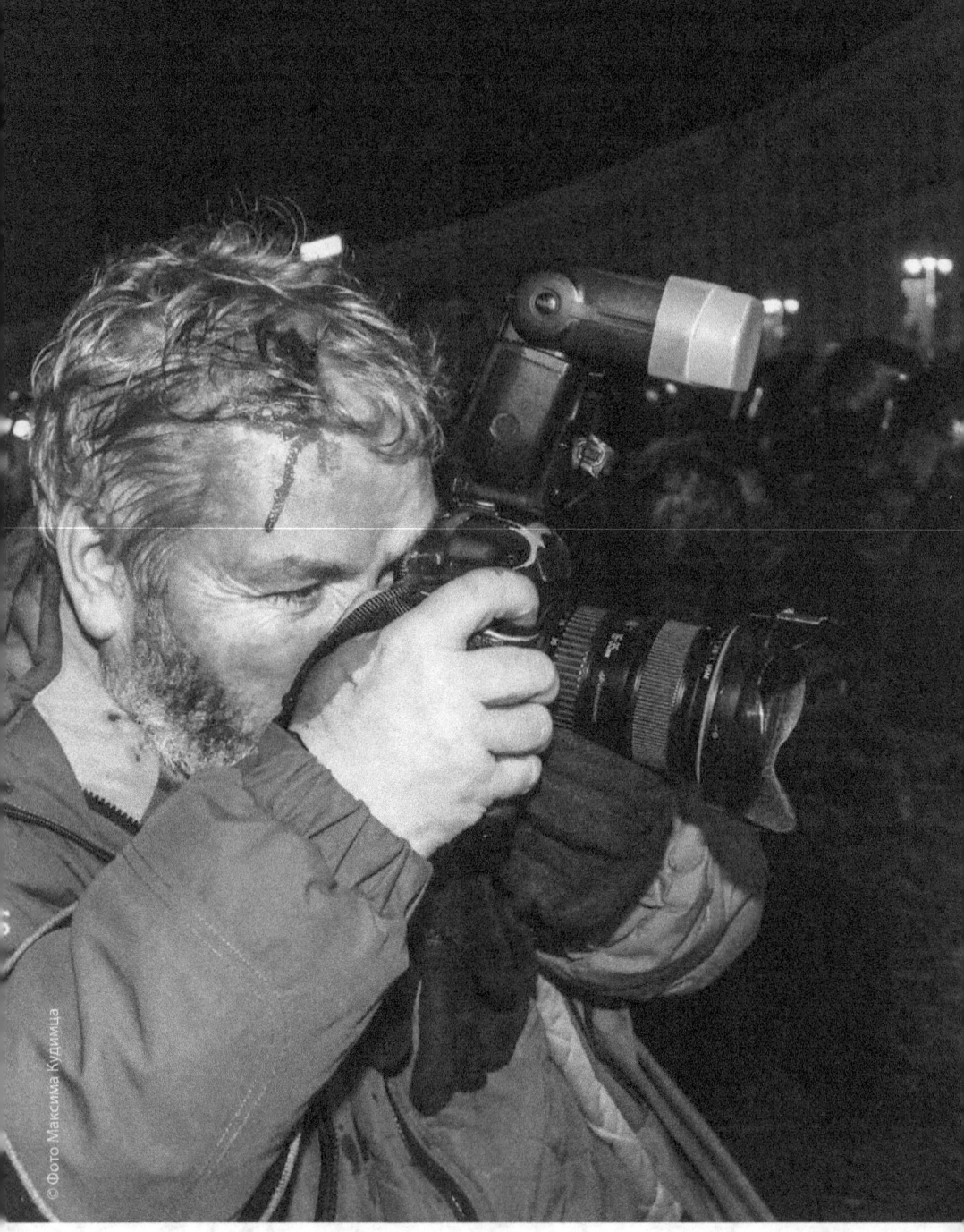

29 ноября 2013 года оппозиционеры попытались завести на Майдан две машины со своей «озвучкой» — накануне общественники попросили их «принять» протест. «Озвучку» заблокировал «Беркут» — «тренировался» перед предстоявшим ночью разгоном студентов. Между защитниками автобусов и силовиками произошло несколько отчаянных столкновений, в ходе которых, в частности, пострадал фотограф агентства *Reuters* Глеб Гаранич — ему разбили голову милицейской дубинкой, но он, несмотря ни на что, продолжал снимать

После избиения студентов в центр Киева выплеснулось более миллиона разгневанных горожан. Нам тогда казалось: это должно подействовать на власть отрезвляюще. Но власть уже подготовила продолжение кровавого сценария: бойня на Банковой планировалась заранее. На фото — внефракционный депутат Петр Порошенко пытается сдержать движение грейдера, атакующего позиции силовиков перед Администрацией Президента. Уже через полтора часа Банковая подвергнется «зачистке» — «Беркут» будет жестоко избивать и захватывать в заложники всех, кто подвернется под руку

8 декабря 2013 года в самом центре Киева митингующие свергли с пьедестала памятник
Владимиру Ленину. По всей Украине начался
«ленинопад»: в крупных областных центрах и
маленьких городках люди крушили символы
советского прошлого

В ночь с 10 на 11 декабря 2013 года власть повторно попыталась «зачистить» Майдан «под ноль». Несколько тысяч силовиков теснили протестующих со всех сторон площади. Метро не работало, основные дороги были перекрыты, тем не менее киевляне спешили на подмогу Майдану – их созывал звон колоколов Михайловского монастыря, доносившийся даже до спальных районов на левом берегу Днепра. Последний раз этот город слышал набат во времена монголо-татарского нашествия

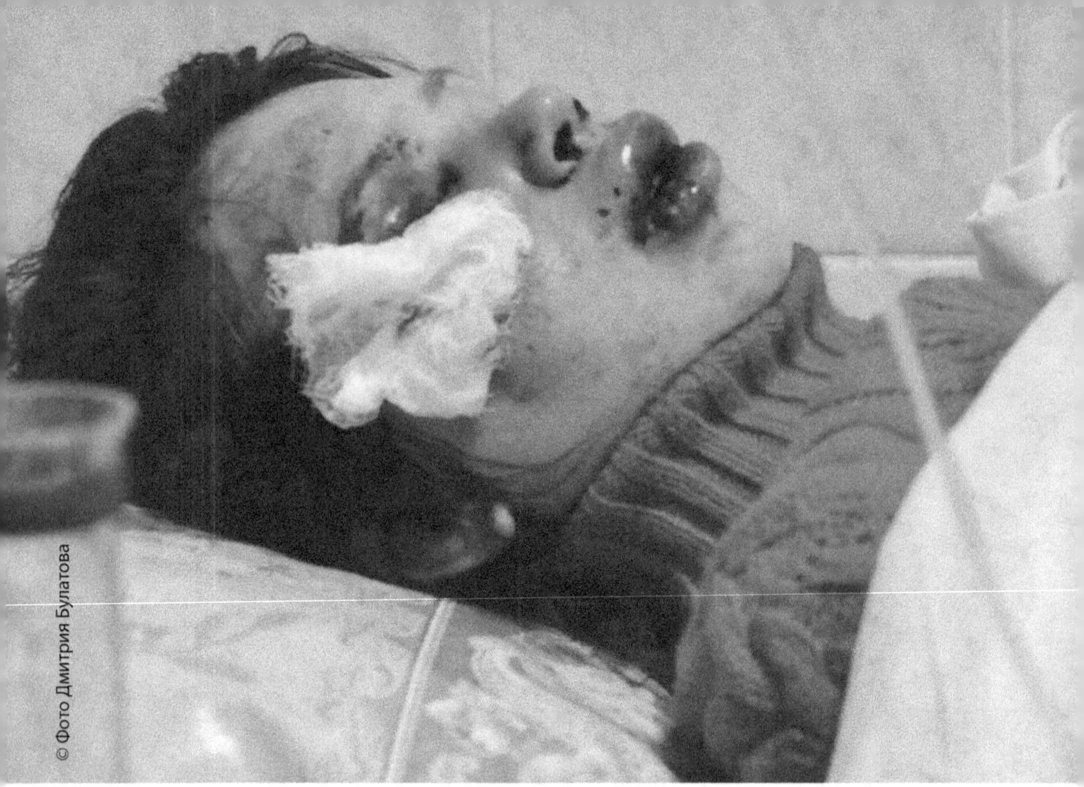

© Фото Дмитрия Булатова

В ночь на 25 декабря 2013 года было совершено покушение на Татьяну Чорновол. На фото – активистка через несколько часов после нападения

Новогодняя ночь 2014 года на Майдане. Сто тысяч человек зажгли огоньки мобильных телефонов, исполняя гимн Украины

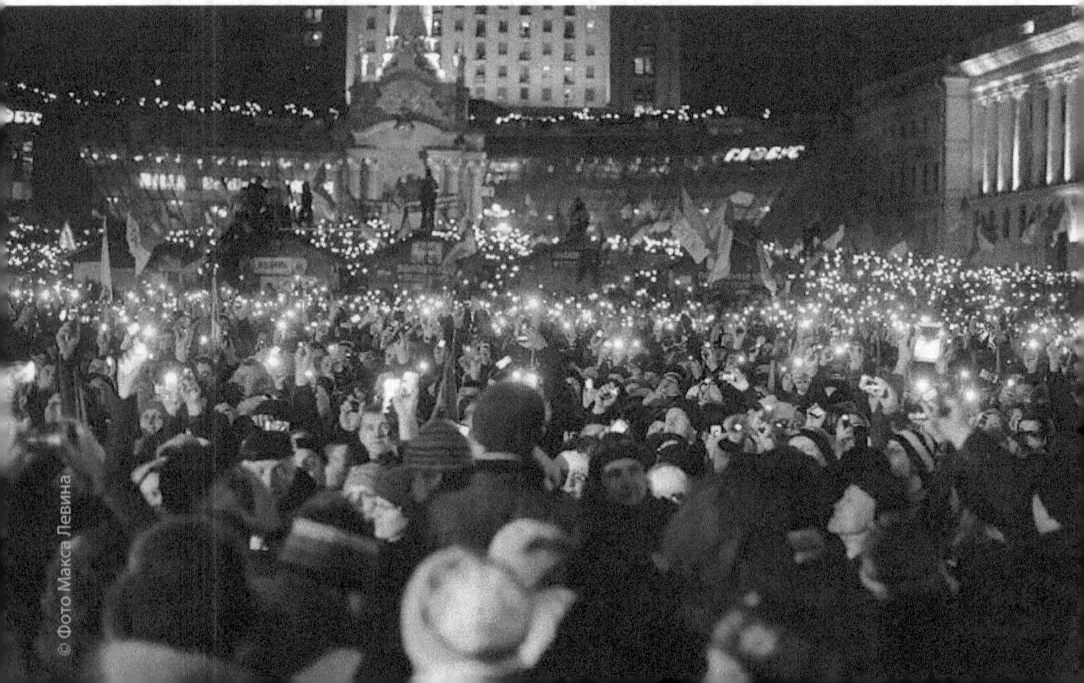

© Фото Макса Левина

проиграл со счетом 3:0. Причиной поражения, как многие тогда полагали, стали в том числе спорные решения арбитра.

Какое все это имело отношение к американскому сенатору — вопрос риторический. В картине мира Виктора Януковича футбол занимал место куда большее, чем народ родной страны.

Сам Янукович попытку разогнать Майдан никак не комментировал. Вместо него это сделал Николай Азаров. Власть «не применяла и никогда не будет применять силу к гражданам», — сказал премьер-министр, а ночные события были продиктованы необходимостью... расчистить улицы от снега. О том, что после ночных событий 15 человек оказались в больницах (в том числе правоохранители. — *С. К.*), Николай Янович умолчал.

Ситуация складывалась шизофреническая. Всем вокруг Янукович твердил, что не хочет применения силы, но действовал с точностью до наоборот.

Чуть позже, перед Новым годом, тот же Маккейн метко охарактеризовал «мирные» мантры Виктора Федоровича как *smoke screen*.

## Обновление Майдана

Майдан тем временем зализывал раны. С самого утра на площадь съехались десятки тысяч рядовых киевлян. После ночного штурма люди затеяли уборку территории — разбирали остатки баррикад, очищали от снега тротуары. Мужчины разбивали лопатами наледь, женщины собирали все это в мешки. Соседние с Майданом улицы, на которых привычно орудовали коммунальщики, были отнюдь не так чисты.

Уже к обеду на месте прежних выросли новые баррикады — выше и крепче. Особенно постарались с наклонной баррикадой на Институтской. С внешней стороны ее привалили мешками с песком, которые облили водой. Получилась неприступная ледяная стена.

Те, кто не мог заниматься физическим трудом, упорядочивали медпункты, хлопотали на кухне. Женщины и пенсионеры несли Майдану провиант, теплые вещи. Еды было столько, что можно было кормить целую армию, причем довольно долго.

В регионах формировались автоколонны для движения на Киев. Со всех концов страны люди ехали на Майдан — поддержать протест. В Львовском горсовете прекратила свое существование фракция ПР — ее покинули все депутаты. В Донецке собирали теплые вещи и респираторы для Майдана. Мобилизацию объявили харьковчане. И только парламент Крыма призвал жителей полуострова «сплотиться и дать отпор антигосударственным силам в Киеве».

«После той ночи мы поняли, что в следующий раз дубинками силовики больше не ограничатся, что нужно готовиться к серьезному штурму и серьезному противостоянию, — говорит **Турчинов**. — Мы закупили тогда огромное количество строительных касок, противогазов, средств индивидуальной защиты. Также заказали щиты — Андрей Иванчук с этим помог, организовав кустарное производство. Эти первые щиты, конечно, были простейшей конструкции — из материала, который обычно используют для сооружения заборов, — тем не менее это была защита от дубинок «Беркута». Их украшали красные кресты наподобие рыцарских (очевидно, в мирной жизни сходная амуниция предназначалась для игр по историческим реконструкциям. — *С. К.*).

Самооборона начала усиленные тренировки: как отражать атаки «Беркута», как вести себя в случае столкновений. Майдан напоминал большой тренировочный лагерь».

Власть реагировала в свойственной ей манере. Партия регионов тоже объявила о мобилизации своих сторонников. Бюджетников и «профессиональных демонстрантов» везли отовсюду. Из одного только Запорожья в столицу выехал спецпоезд с «митингующими». Общая численность пассажиров — более тысячи человек.

Одновременно наращивалось количество силовиков. По информации депутата-оппозиционера Виктора Чумака, по состоянию на 13 декабря в столице сконцентрировались 14 тысяч правоохранителей. «Это четыре тысячи сотрудников «Беркута», восемь тысяч представителей Внутренних войск и полторы — две тысячи ППС (патрульно-постовой службы)», — говорил тогда Чумак. «Титушек» он насчитал 1,5 — 2 тысячи.

Силовиков размещали в домах отдыха и пансионатах под Киевом, причем официальные лица этого даже не скрывали.

Антитеррористический центр СБУ был приведен в состояние повышенной боевой готовности.

На выходные, 14-15 декабря, в Киеве анонсировался двухсоттысячный провластный митинг — «альтернатива» Майдану. Причем задачи по обеспечению его питанием и топливом возложили на Министерство обороны. Палатки и полевые кухни, установленные в Мариинском парке, обслуживало Министерство по чрезвычайным ситуациям.

Было понятно, что в случае появления в центре Киева большого количества сторонников власти, пусть даже «наемных», возможны их столкновения с майдановцами. А это чревато непредсказуемыми конфликтами, которые, в свою очередь, могут стать поводом для жесткой «зачистки» демонстрантов и даже для последующего введения ЧП.

Впоследствии регионалы сумели собрать в свою поддержку только пять тысяч приезжих. По завершении акции, проходившей в тесном кольце из «Беркута», митинг бело-голубых был объявлен бессрочным и переместился в Мариинский парк.

# Глава 15

# ПОСЛЕДНИЙ ТРИУМФ ВИКТОРА ЯНУКОВИЧА

Протесты набирали обороты, колосс власти шатался. «Регионалы», члены парламентской фракции ПР, находившейся в большинстве, это чувствовали и заметно нервничали. Особо нервничали потому, что вышестоящее руководство никак с ними эту тему не обсуждало, не пыталось наметить дальнейший план совместных действий и т.д. «Большевики» пребывали в полной информационной изоляции. Они не знали, что отвечать журналистам; не знали, как вести себя с коллегами; не понимали, как планировать собственное будущее. И это их порядком злило.

## Партия регионов: кукольный бунт

Наконец 16 декабря, в понедельник, впервые за долгое время состоялось совместное заседание парламентской фракции «регионалов» и членов правительства. Состоялось не потому, что регионалы роптали, — нет, — это случилось только потому, что такой диалог нужен был власти. На 17 декабря в Москве была намечена очередная встреча Виктора Януковича и Владимира Путина, на которой планировалось подписание очередных никому — до поры до времени — не известных договоров. Планировалось, что приблизительную суть договоров Азаров сообщит фракции. Так и случилось. Нацепив на переносицу очки, Николай Янович принялся монотонно бубнить ничего не значащие фразы. По ходу этой политинформации несколько нардепов умудрились даже задремать. «Абсолютно рамочное соглашение. Ни о чем. Ничего конкретного. О цене на газ — ни слова», — делились потом в приватных разговорах.

Когда началось обсуждение, несколько депутатов выступили с разгромной критикой правительства. Первый вице-премьер — «семейный» Сергей Арбузов сидел здесь же, в первом ряду, и большинство упреков предназначалось ему. Все больше раздувая щеки, Арбузов молчал. Азаров отбивался обещаниями «дать задачу разобраться». Чиновники делали вид, что слушали депутатов. Депутаты убеждали себя в том, что их услышали. По очкам, как обычно, выиграла Банковая.

## Трофей Виктора Федоровича

17 декабря стало для Виктора Януковича большим днем. Последним днем его президентства, когда он чувствовал себя триумфатором. В тот день Янукович и Путин увиделись в Москве. На встрече были реализованы договоренности, достигнутые ими еще в Сочи. Те самые, о которых сообщал в своем знаменитом «твите» редактор *The Economist* Эдвард Лукас. А именно:

- Цена российского газа для Украины была снижена на треть (до 268,5 доллара за тысячу кубов с 2014 до 2019 года). Снижение, правда, планировалось не одномоментно, а поквартально, однако на подобные мелочи внимания предпочитали не обращать.

- Россия подтвердила намерение выдать Украине кредит посредством покупки украинских ценных бумаг на 15 миллиардов долларов США. При этом деньги планировали взять из Фонда национального благосостояния, что очень не понравилось рядовым россиянам.

- Украина и Россия договорились «теснее координировать внешнеполитические шаги». Как это возможно, учитывая, что речь шла о двух независимых государствах, не уточнялось.

Приметно, что утром в киевский аэропорт «Борисполь» Януковичу пришлось добираться вертолетом. Вдоль трассы его ждал пикет майдановцев, встречаться с которыми он не хотел. Зато обратно он возвращался триумфатором. Теперь у него было достаточно аргументов для того, чтобы оправдать факт неподписания СА с ЕС. Николай Азаров тут же принялся нахваливать договоренности, достигнутые с Россией. По словам Азарова, если бы не эти самые договоренности, Украину бы уже буквально завтра настиг экономический коллапс.

Уже через пару дней Николай Янович истратит первые три миллиарда российского транша на социальные выплаты. И коллапс таки наступит — но не для экономики, а для власти Виктора Януковича, которому в январе вновь срочно понадобятся средства (гасить следующие соцвыплаты рассчитывали из этих же источников), но в Москве ехидно ответят, что о подписанном договоре, да, конечно, помнят, но никак, увы, не могут и рубля дать, пока в Киеве «такой бардак».

Учитывая особенности подписанных соглашений, нет ничего удивительного в том, что Виктор Янукович обещанных денег не получил. Особенности эти состоят в том, что соглашения на самом деле были не стратегические, а ситуативные. Проще говоря, **это была разовая «помощь» Кремля «братскому» режиму**. Владимир Путин публично и прямо об этом заявил — в противовес Виктору Януковичу, вещавшему о великих свершениях отечественной дипломатии. На это указывал ряд косвенных признаков. Один из них — упоминавшаяся договоренность о ежеквартальном (!) пересмотре цены на газ. Москва просто держала Киев «на крючке» до тех пор, пока ей самой это было выгодно.

# Глава 16

# МАЙДАН: КРИЗИС ЦЕЛЕПОЛАГАНИЯ. НАПАДЕНИЕ НА ЧОРНОВОЛ

В Москве власть наконец-то оснастила себя аргументами, почему Европа — это плохо, а Россия — хорошо. Увы, Майдан не мог ей ответить тем же. У лидеров оппозиции случился кризис целеполагания — все сложнее становилось объяснять людям, как, сколько и за что они должны стоять. За почти месяц стояния сменилось уже немало лозунгов, от раза к разу они становились все радикальнее, но все игнорировались — власть давала понять, что ни во что Майдан не ставит и считаться с ним не собирается. Люди винили в этом, прежде всего, оппозиционных политиков (больше было некого) и все меньше им верили. Между оппозиционерами и активистами зрело взаимное недовольство. Активисты, впрочем, ничего внятного предложить тоже не могли. Реализуемого и действенного — уж точно. Диагноз был ясен: «болезнь роста» зарождающегося гражданского общества. Которое ее очень быстро, кстати, переросло. Но тогда казалось, что хворь неизлечима.

Власть по этому поводу тихо злорадствовала, дожидаясь, когда Майдан расколется изнутри, а протест сойдет на маргинес. Пока же этого не случилось, действовала партизанскими методами. Активистов, возивших Майдану воду, дрова, еду, теплые вещи, задерживали, «разоружали» и строго-настрого «предупреждали». Уже через неделю «предупреждения» сменились жестокими избиениями. Лидеров Майдана из числа оппозиционеров готовились «закрывать». Наличие у них депутатской неприкосновенности никого особо не смущало. Законы в Украине попирались давно и основательно: правда была на стороне силы.

В «расстрельном списке депутатов» значились фамилии Александра Турчинова, Арсения Яценюка, Олега Тягнибока, Сергея Пашинского, Андрея Ильенко, Юрия Михальчишина и «ударовца» Сергея Каплина, который сообщил об этом в своем блоге на Lb.ua. Собственные источники в органах правдивость его слов подтверждали. Формальный предлог — статья 109 «захват власти». Срок по ней — довольно серьезный. Кроме того, под дамокловым мечом ареста ходили Сергей Власенко и Александра Кужель.

СБУ по просьбе одиозного регионала Царева запретила въезд в Украину 36 иностранцам. Царев заподозрил их в «консультировании оппозиции с целью дестабилизации ситуации в стране». Служба безопасности Украины ему охотно поверила. В число «неблагонадежных» попали в том числе Михаил Саакашвили и Александр Росс. Следующим логичным шагом должно было стать закрытие границы «на выезд». Причем не для отдельных оппозиционеров (что уже успешно практиковалось), но для широкого круга «недовольных» всех мастей.

## Покушение на Татьяну Чорновол

В ближайшее воскресенье, 22 декабря, состоялось очередное вече, в ходе которого объявили о создании общественного объединения «Майдан» — надпартийного объединения, к которому призывали присоединиться всех прогрессивных украинцев. Голосовали митингующие поднятием руки — народовластие в действии. На базе новосформированного объединения сразу укомплектовали Раду Майдана — совещательный орган активистов и общественников. Сперва политики советовались с ними сугубо номинально, но в самые кровавые дни февраля 2014 года Рада Майдана еще сыграет свою роль. И хотя идею ОО «Майдан» критиковали, 22-го расходились на позитиве.

А уже утром 25-го Майдан разбудила ужасная новость. Ночью на активистку и одного из лидеров общественников **Татьяну Чорновол** было совершено нападение. Зверски избитая, с изуродованным лицом, она чудом осталась жива.

«Накануне мы с ребятами из Автомайдана ездили к поместьям Пшонки, Захарченко и Медведчука, — рассказывает Таня. — Преследование я заметила еще тогда, но от него удалось избавиться. Меня это воодушевило. Сбросила два «хвоста» подряд — теперь, казалось, уже ничего не страшно».

Почти весь декабрь Таня жила на Майдане: возвращаться домой из-за угрозы ареста было слишком опасно. Несколько раз ночевала в душевой в КГГА. Но поздно вечером 24-го она таки решилась: утром у ее младшего сына Устима планировался утренник в детском саду, и мама никак не могла его пропустить. Едва выскочив на трассу — Чорновол живет за городом, — заметила автомобиль преследователей. Черный джип шел на таран, вытесняя ее с дороги. Началась отчаянная гонка, и в конце концов Танина малолитражка сдалась. Ее вытащили из машины и стали избивать.

«Били, чтобы убить, — прицельно по голове, точнее, в висок. В какой-то момент я почувствовала, что от удара мой нос просто проваливается куда-то вглубь, исчезает. Это последнее, что я помню. Все».

Таню нашли через несколько часов в придорожном кювете: внимание привлекла ее раскуроченная машина, брошенная посреди дороги с распахнутыми дверьми. Сотрясение мозга, переломанный в нескольких местах нос, повреждение лицевых костей, многочисленные гематомы, ушибы. От лица осталась половина, вторая была сплошное кровавое месиво. Один из лидеров оппозиции, Сергей Пашинский, назвал случившееся «покушением на убийство». И, в общем, он был недалек от истины.

«Она лежала на морозе, и кровь шла в легкие. Еще бы час — и все. Повезло: вовремя довезли», — скажет мне ее муж **Николай Березовой**, когда приду через пару дней проведать ее в отделение интенсивной терапии. Он пошел меня провожать, и мы долго еще стояли в коридоре. В палате при Тане такие разговоры, разумеется, не вели. Она бодрилась, и ее как могли поддерживали. Самому Коле оставалось жить восемь месяцев. В августе он погибнет на востоке, неподалеку от родной Горловки, которую так хотел освободить от сепаратистов и русских наемников. Не успел.

## Месть власти

Утром 25 декабря весь Майдан был обклеен снимками Тани «до» и «после». Казалось, мы ко всему уже привыкли, сложно было чем-то шокировать, но цинизм произошедшего не вмещался в голове даже у видавших виды. Впервые так жестоко обошлись с молодой женщиной. В органах, естественно, тут же заявили, что случившееся может быть: а) следствием дорожного конфликта; б) хулиганством; в) спланированной провокацией оппозиции. Последнюю версию акцентировали особенно и незамедлительно вызвали на допросы нескольких депутатов-«меньшевиков».

Автомайдан, с которым Таня совершила множество рейдов и одним из вдохновителей которого была, задумал символическое возмездие. В воскресенье, 29 декабря, несколько сотен автомобилей направились колонной к «Межигорью». Это был один из самых массовых выездов Автомайдана. Рассказывает **Алексей Гриценко**:

> «Межигорье» стало символом тогдашней власти и всего зла, которое она несла. Мы знали, что команды по Тане и другим активистам идут оттуда. Поэтому мы решили предупредительно показать, что от нас не спрячется никто и нигде».

Эта акция стала вехой для самого Автомайдана. По ее завершении его лидеров начали с новым ожесточением таскать на допросы. А уже через пару недель лидер движения Дмитрий Булатов будет похищен. Активиста обнаружат под Киевом почти через неделю, когда надежды найти его живым практически не останется, — изможденного, со следами пыток (Булатова распинали на двери, отрезали ему часть уха, многократно избивали и т.д.). Ему посчастливилось добрести до сельской хаты, в которой ему не побоялись открыть дверь. Оттуда его и забрали друзья.

Учитывая широкий общественный резонанс дела Чорновол, нападавших быстро задержали. Ими оказались простые парни — даже не «титушки». До случившегося они никогда не слышали о Чорновол. Было ясно: эти ребята на коротком поводке у милиции (по каким-то причинам), их использовали «в темную», само нападение — заказ.

Вообще, «карательные батальоны» со второй половины декабря значительно активизировались. Они массово похищали активистов, запугивали, избивали, врывались «с обыском» в квартиры и дома. Иногда это были переодетые силовики, иногда «титушки», иногда они действовали в тандеме. Но «титушек», конечно, было большинство.

«На криминальном терроре стоит остановиться отдельно. Налицо — отлично подготовленные бригады штурмовиков, аналогичные отрядам СА (нем. *Sturmabteilung,* СА — парамилитарные формирования нацистской партии Германии, «войско партии», нацелено против демократического строя Веймарской республики, служили для силового подавления политических противников. Отряды СА сыграли существенную роль для захвате власти в стране) в нацистской Германии и эскадронам смерти в Латинской Америке 60-х годов. Очевидно, что эти группы «титушек» создавались не за один день, — не исключено, что многие из них основаны еще в 90-е годы людьми, которые как раз сейчас находятся во власти. Скорее всего, штурмовики готовились под выборы 2015 года с целью удержания власти любой ценой, а в текущей ситуации просто оказались очень удобным ресурсом устрашения и провокаций. Судя по информации украинских СМИ, данные отряды хорошо финансируются и зачастую координируются местными властями ряда регионов юго-востока Украины, например в Харькове или Одессе. Всего за месяц Евромайдана штурмовики успели совершить не один десяток акций прямого насилия, совершая поджоги автомобилей, захватывая дома и квартиры активистов Евромайдана, избивая активистов и журналистов», — отмечалось в одном из аналитических материалов **экспертов Института Горшенина** того периода (был опубликован на Lb.ua 9 января 2014).

\* \* \*

Несмотря на все ужасы, пережитые в первый месяц зимы, в последних числах декабря Майдан понемногу готовился к Новому году. Упорядочивалась территория, составлялась специальная концертная программа, обсуждалось праздничное меню. В ночь с 31 декабря на 1 января на Майдане выступил «Океан Эльзы», также ставший одним из символов Революции Достоинства. Вся огромная площадь, включив огоньки мобильных телефонов, пела гимн Украины. Это было незабываемое зрелище и незабываемое чувство сопричастности к рождению настоящей нации. Очень хотелось верить в лучшее.

# ЯНВАРЬ
## 2014

Часть вторая

# ХРОНИКА СОБЫТИЙ

10 января, ночь с 10-го на 11-го — вынесение приговора «васильковским террористам». Столкновения между «Беркутом» и активистами-автомайдановцами, после которых «Беркут» решил отомстить.

10-е числа января — встреча Сергея Арбузова, Петра Порошенко и Штефана Фюле в Брюсселе. Арбузов пытался возобновить «торги» по ассоциации.

16 января — «ручное» голосование за «диктаторские законы», событие, разделившее революцию на «до» и «после».

19 января — начало столкновений на улице Грушевского.

21 января — Виктор Янукович задумал введение чрезвычайного положения в связи с событиями на Грушевского.

22 января — День соборности Украины. Произошло сразу три важных события.

Первое: на Грушевского погибли три активиста. Все трое были застрелены с близкого расстояния — около трех-четырех метров, тогда как до кордона силовиков было 20 — 25 метров.

Второе: утром состоялось заседание Кабмина, на котором было принято незаконное решение о расширении полномочий силовиков, выступающих против Майдана. Кроме того, Кабмин разрешил МВД принять на вооружение гранаты, ранее прибывшие из России спецбортом под видом «гуманитарной помощи».

Третье: власть пыталась спровоцировать штурм Украинского дома митингующими. Наряду с первыми смертями это должно было стать формальным поводом для введения ЧП. Спецоперация, однако, сорвалась.

23 января — протест перекинулся в регионы. Запылали Луцк, Львов, Ровно, Житомир, Черкассы, Запорожье и др.

25 января — на очередных переговорах в формате «власть — оппозиция» Виктор Янукович предложил Арсению Яценюку стать премьер-министром. Вечером того же дня митингующие все-таки пошли на штурм Украинского дома. Чудом обошлось без человеческих жертв.

26 или 27 января — состоялась первая тайная встреча Александра Турчинова и Виктора Януковича.

28 января — премьер Николай Азаров отправлен в отставку.

29 января — Верховная Рада проголосовала за президентский вариант Закона Украины «Об амнистии участников массовых акций». Закон подразумевал, что протестующие должны освободить улицы и админздания. Оппозиция назвала его неприемлемым, Майдан отказался выполнять. Изначально депутаты ПР готовы были поддержать этот законопроект в авторстве оппозиции. Узнав об этом, разгневанный Янукович приехал в парламент и устроил своим депутатам грандиозный скандал с криками и угрозами.

# Глава 1

# ШЕСТЬ ЛЕТ ЗА НЕПОВАЛЕННОГО ЛЕНИНА

Открытие политического сезона-2014 в Украине состоялось в облупленных стенах Святошинского районного суда, в отдаленном районе столицы. 10 января здесь должны были вынести приговор так называемым васильковским террористам. Это были два депутата и один помощник депутата Васильковского горсовета. Все трое члены националистической организации «Патриот Украины». Обвинялись они в намерении якобы повалить, точнее подорвать, памятник Ленину в Василькове. Это при том, что на одной из центральных площадей Киева Ленина уже месяц, как повалили разгневанные граждане. Впоследствии «ленинопад» охватит всю страну. Но в январе 2014-го за намерение, которое, кстати, никак не было доказано (вещдоки отсутствовали, а главный свидетель отказался на суде от показаний, объяснив, что на допросах на него давили «эсбэушники»), прокуратура просила дать всем троим по девять (!) лет.

В поддержку «террористов» под судом собрался небольшой митинг — около двухсот человек. Узнав о приговоре суда — по шесть лет каждому, — разгневанные люди попытались перегородить выезд автозаку, использовав для этого дворовые скамейки и мусорные баки. Из-за этого произошла стычка с «Беркутом», проявившим немотивированную агрессию. Были жестоко избиты активисты, в том числе и некоторые журналисты. Фотокору Lb.ua Максу Левину прицельным ударом дубины разбили камеру, чтобы не мог снимать, — при этом силовики прекрасно понимали: перед ними журналист. Другого фотокорреспондента, Алексея Чернышова, избили так, что пришлось вызывать «скорую». Поколотив людей, «Беркут» погрузился в автобусы и спокойно покинул место событий. Вспоминает **Игорь Луценко**:

> «Они не рассчитывали, что их будут преследовать. Я был свидетелем, как, отъехав от суда совсем недалеко, они притормозили на остановке общественного транспорта возле Святошинского РОВД. Там были кофейные киоски, и «беркуты» просто пили кофе, переводя дух после тяжелого рабочего дня: стояли там спокойно, болтали, расслабленно курили».

Весть разнеслась быстро. Со всех концов Киева в Святошин устремились автомайдановцы. «Беркутовцев» догнали — машины Автомайдана заблокировали их автобусы на проспекте Победы. Бойцы забаррикадировались внутри. Единственное требование к «Беркуту» было такое: выйти из автобусов без шлемов и щитов, а дальше — на все четыре стороны. Открыть лица важно было для того, чтобы опознать тех, кто непосредственно бил людей. Силовики упирались: снимать шлемы отказывались категорически. Переговоры с милицейским начальством и ситуативные стычки продолжались несколько часов. Беркутовским автобусам прокололи шины, чтобы они не смогли скрыться. Ближе к полуночи на место происшествия приехал Юрий Луценко — утихомирить людей и поговорить с силовиками. Вместо этого ему самому в ходе очередного столкновения дубинкой разбили голову. Всю следующую неделю Луценко провел в реанимации с сильнейшим сотрясением мозга. Таких, как Луценко, было одиннадцать человек с обеих сторон. Все тяжелые — кого-то пришлось госпитализировать, а остальные, опасаясь за собственную безопасность, от госпитализации отказались.

Наконец в два часа ночи измотанные противостоянием «беркутовцы» начали понемногу покидать автобусы. Иного выхода у них просто не оставалось — не ночевать же там. Кто-то добровольно открывал лицо, кто-то нет, и тогда активисты силой пытались срывать маску. Вновь вспыхивали драки.

> «Выход без масок и шлемов под давлением толпы они восприняли как колоссальное унижение. И, судя по дальнейшим событиям, твердо решили за это отомстить», — отмечает **Игорь Луценко.**

Увы, эта констатация точная. Самого Луценко похитят через одиннадцать дней. В ходе противостояния на Грушевского 21-го числа будет ранен Юрий Вербицкий — возле него взорвется граната, будет поврежден глаз. Луценко вызовется отвезти его в больницу. Там-то, прямо на глазах у врачей, их и похитят. Вывезут за город, изобьют. Луценко потом бросят в лесополосе, но он сумеет дойти до дороги, где его и подберут. Вербицкий не сможет — умрет от побоев и переохлаждения в нескольких километрах от места, где нашли Игоря.

«Я уверен, что произошедшее со мной и то, что происходило потом с Автомайданом — налеты, погромы, избиения и аресты активистов, — не что иное, как месть милицейской системы», — подчеркивает **Луценко**.

# Глава 2

# ПОСЛЕДНИЙ ДЕНЬ АРБУЗОВА В БРЮССЕЛЕ

«Ситуативность любых договоренностей гораздо более соответствует стилю и духу внешнеполитических маневров, которые вот уже как четыре года исповедует Виктор Янукович. И именно этому духу совершенно не соответствовало СА с Евросоюзом — как история более долгоиграющая и стратегическая».

Это один из тезисов, изложенных экспертами Института Горшенина относительно «договоренностей 17 декабря» в большом аналитическом материале *«Некоторые оценки развития украино-российских отношений в 2013 году»*. Эксперты оказались правы. В привычной для него манере Виктор Янукович продолжал играть на два фронта. Сразу после Москвы он обратился к Западу, где также рассчитывал урвать хоть что-то. Поскольку сам он в Брюссель ехать уже не мог — его бы там просто никто не принял, — послал на неформальные переговоры первого вице-премьера Сергея Арбузова. Произошло это в начале января.

Арбузов с радостью согласился. В его непримиримой подковерной борьбе с Андреем Клюевым ему важно было доказать президенту, что именно он, Арбузов, самый оборотливый переговорщик, искусный дипломат, умеющий выполнять поставленные задачи. Словом, идеальный кандидат в премьер-министры.

Рассказывает **Петр Порошенко**:

«Арбузов позвонил Фюле с просьбой о встрече. Мол, у нас опять все поменялось, и мы готовы возобновить диалог, — хочу это обсудить. Арбузов утверждал, что действует по поручению

Януковича. Фюле набирает меня — просит подъехать, так как не хочет встречаться с Арбузовым один на один. Я соглашаюсь. Узнав об этом, Арбузов заявил: «Если будет еще и Порошенко, я встречаться не стану». Уперся! В итоге он со своей делегацией прибыл в Брюссель, но Фюле его не принял до тех пор, пока не появился я».

Тут надо уточнить, что Петра Порошенко можно смело назвать «главным дипломатом Майдана». Используя многочисленные горизонтальные связи, накопленные за годы политической деятельности, по ходу Революции Достоинства он регулярно встречался, официально и неофициально, со всеми мировыми лидерами, имевшими отношение к «украинскому вопросу». Формально Порошенко тогда был просто внефракционным депутатом. Он не принадлежал к тройке предводителей оппозиции, что давало ему дополнительные бонусы — он не нес ответственности за промахи, непопулярные решения Кличко, Яценюка и Тягнибока, а воспринимался как эффективный переговорщик.

«Захожу в кабинет, там сидит Арбузов и рассказывает Фюле, что Украина-де намерена подписывать Соглашение с ЕС, но надо же как-то договориться, давайте обсудим то и то... Одним словом, торговался, — продолжает **Порошенко**. — Я его слушал-слушал, потом говорю: «Не пытайся играть здесь какую-то свою игру. Ты хочешь, чтобы Украина подписала Соглашение?» — «Да, говорит, хочу». — «Тогда выйди сейчас к журналистам и заяви об этом. Прямо сейчас!» Надо было видеть выражение его лица! «Я, — говорит, — не имею полномочий от президента». — «Если не имеешь полномочий, зачем ты сюда приехал и людям голову морочишь?» На это он отвечает, что у него полномочия для переговоров, а не для публичных заявлений.

Я настаиваю: «Если ты честен и открыт — выйди и заяви, что лично ты, первый вице-премьер, — за подписание Соглашения с ЕС». (Не говоря уже о том, что это снимет напряжение на Майдане.) «Уберите Захарченко и подпишите Соглашение — все, больше ничего делать не надо», — убеждаю его. Двадцатого января в Брюсселе должно было состояться заседание министров иностранных дел стран ЕС, и вот на этом заседании Янукович вполне мог бы подписать Соглашение об ассоциации.

«Так ты «за» подписание?» — напираю я на Арбузова. Он сидит растерянный, не зная, как выкрутиться. Тогда обращаюсь к Фюле: «Господин Фюле, не могли бы вы сейчас же переговорить с Эштон, Баррозу, Шульцом и договориться о том, что, если Украина подтвердит свое намерение подписать Соглашение, ей сделают официальное приглашение на саммит, и Виктор Янукович приедет для подписания?» Фюле к такому повороту событий готов не был.

Мы вышли в коридор. Я говорю ему: «Штефан, Арбузов блефует, никакого подписания не будет, но мы должны сейчас додавить, отыграть по полной, чтобы они потом не могли использовать даже малейшую «отмазку-отговорку». — «Я не уверен, что мы, Европа, готовы дать согласие на подписание двадцатого», — отвечает. Я прошу его: «Штефан, скажи ему, что вы готовы, давай поставим их в ситуацию, при которой уже не будет путей к отступлению. Ради нашей страны, нашего народа, я вас очень прошу, сделай это!»

Фюле на уговоры согласился. Европейские источники Lb.ua подтвердили: в ходе консультаций с лидерами ЕС Штефан Фюле получил их согласие на то, чтобы дать Украине «второй шанс» и предоставить возможность подписания СА 20 января. И снова прямая речь **Порошенко**:

«Арбузова очень смутило происходящее. Он не знал, что делать, начал что-то говорить о том, что вот, вернется в Киев и постарается уговорить Януковича. «Нет, — отвечаю, — этого уже не будет. Запомни этот день — это последний день, когда ты в Брюсселе и когда тебя тут принимают». — «Что делать?» — спрашивает. «Позвони Януковичу, изложи ситуацию. А потом выйди вместе с Фюле и со мной на пресс-пойнт и заяви, что украинская делегация готова прибыть и двадцатого подписать. Есть, — говорю, — еще один вариант». — «Какой?» — «Не звони Януковичу. Заяви сейчас, что ты сам парафировал текст от имени Украины». Он весь пригнулся: «Что мне за это будет?» — «Будет в том случае, если ты этого не сделаешь. Не сделаешь — значит, ты действительно последний день в Брюсселе».

Так оно по факту и получилось. Хотя тогда, в начале января, все было еще не столь очевидно, да и вообще не ясно, чем закончится.

# Глава 3

# ДИКТАТОРСКИЕ ЗАКОНЫ. ТОЧКА НЕВОЗВРАТА

«У Революции Достоинства были определенные периоды развития. Так, с тридцать первого декабря по девятнадцатое января в политике всегда «мертвый сезон», — говорит **Петр Порошенко**. — Страна отмечает новогодние, рождественские, крещенские праздники. Люди расслаблены, настроены миролюбиво, добродушно и уж точно не склонны к протестным акциям. Власть это очень точно рассчитала. Они были уверены, что их риторика о получении кредита, о новых ценах на газ сработает. Они были уверены, что в этот временной отрезок им точно не нужны никакие переговоры с протестующими, никакие послабления».

16 января Верховная Рада собралась на заседание для принятия бюджета на 2014 год. Проголосовать за него в декабре депутаты не смогли. Оппозиционеры с утра заблокировали парламентскую трибуну. Требования прежние: отставка Виталия Захарченко, наказание винновых за применение силы к Майдану. Пока их не выполнят, они были твердо намерены не допускать голосования. Вообще никакого. Но у Банковой были другие планы — бюджет служил лишь ширмой.

Присутствовать в то утро в зале обязали абсолютно всех депутатов парламентского большинства. Даже тех, кто появлялся редко, — разве что по особым случаям. Один из них **Юрий Иванющенко**:

«Это был один из немногих дней, когда меня очень попросили приехать в Раду. Ну, попросили и попросили! Почему, какие законы планировались к принятию, я естественно не знал. И очень удивился, когда рядом со мной оказался Калетник».

В отличие от остальных депутатов, Владимир Рыбак знал. И потому попросил... оппозицию заблокировать его в собственном кабинете. Оппозиционеры восприняли это как шутку — они бы и так его заблокировали, а тут «акт доброй воли». Публично, конечно, Владимир Васильевич никогда этого не признает, но дело обстояло именно так.

Подтверждает **Петр Порошенко**:

> «Да, Рыбак сам просил, чтобы его заблокировали, и мы решили, что делать это будут женщины-депутаты. Схема ясна: без Рыбака заседание просто не откроется».

Мотивация Рыбака проста: понимая, что предстоит, и не желая в этом участвовать, он использовал единственно возможный предлог для своего отсутствия в зале.

Но тут власть включила «план Б». В какой-то момент в той части зала, где располагался сектор «регионалов», аккурат под ложей прессы (что значительно затрудняло обзор представителям СМИ) произошло странное оживление. Это появился вице-спикер, коммунист Игорь Калетник. Его кабинет тоже блокировали, поэтому в кулуары, соединяющиеся с залом, Калетник пробирался... через крышу.

> «Первому заместителю председателя Верховного Совета пришлось выбираться из своего кабинета через окно и крышу парламента. И надо отдать должное мужеству этого человека, который, рискуя жизнью, обеспечил открытие и проведение этой, подчеркиваю, уникальной за всю историю Украины сессии Верховного Совета», — с гордостью написал потом в Фейсбуке премьер Николай Азаров, по-прежнему называвший Верховную Раду на советский манер — Верховным Советом.

16 января перед Калетником поставили откровенно преступную задачу, но ему, в отличие от Рыбака, даже в голову не пришло попытаться увильнуть от ее выполнения. В ту минуту в повестке дня значился единственный вопрос — принятие бюджета. Однако, идя в зал, Калетник наверняка знал, что «провести» ему предстоит не только бюджет. Рассказывает **Вадим Новинский**:

«Я помню Согласительный совет накануне: мы обсужда-ем, как быть с бюджетом, как тут один из наших высокопо-ставленных говорит: «Это все вообще не важно, важно будет другое. Вы увидите, как изменится страна». Я не понял, чест-но говоря, почему бюджет — это не важно, и с чего вообще такая фраза, но почему-то ее запомнил».

В разговоре на тему законов 16 января **Владимир Рыбак**, разуме-ется, все опровергает. Опровергает, что утром ему уже было извест-но о том, что Калетник «достанет из рукава» еще пять «внеплано-вых» законов:

«На тот момент я этого не знал. Бюджет-2014 предусма-тривал долгую процедуру рассмотрения, и до законов, может быть, не дошли бы».

Опровергает, что Калетник никогда бы сам, без «отмашки», не ре-шился на подобное:

«Насчет «отмашки» я не знаю, это вы у него спросите».

Опровергает, что дал такую «отмашку» Калетнику:

«Я ему такого поручения не давал. Была утверждена по-вестка, и он шел в соответствии с Регламентом. Законы прошли обсуждение в Комитетах, — продолжает **Рыбак**. — То есть процедура была соблюдена».

В действительности изначально на повестке дня, как уже отме-чалось, был только один пункт — принятие госбюджета. Заседание началось в 11 с чем-то утра. И только через час в повестку дня были «внесены дополнительные вопросы» — собственно, диктаторские законы. Внесены в нарушение установленных процедур, вопреки Регламенту, то есть незаконно.

Рыбак также опровергает, что Янукович трижды, пока Калетник был в зале, звонил ему в кабинет, интересуясь ходом событий:

«Он спрашивал только о бюджете: рассмотрели, мол? Читайте Регламент — там все четко написано. Если глава ВР не может по каким-то причинам вести заседание, его ведет первый зам. И если невозможно проголосовать с помощью электронной системы «Рада», принимается решение о голо-совании «любым другим способом».

### Но Рада не принимала решения о «ручном голосовании»!

Вопрос к тому, кто вел заседание. Сегодня этим занимаются следственные органы, поэтому пусть они свое слово скажут».

Задать эти вопросы самому Калетнику возможности, увы, не представилось. После победы Революции Достоинства он спешно покинул Украину. Весной его много раз видели в Москве, в компании других «политических эмигрантов». Позже видели и в Киеве, но после того, как против Калетника возбудили уголовное дело, он исчез вновь. Попытки выйти на связь результата не имели. Где он сейчас и что с ним — достоверно неизвестно. Впрочем, это и не суть важно — очевидно, в той ситуации он был лишь пешкой, безвольным исполнителем. Вспоминает **Андрей Шевченко**:

«Когда началось это голосование руками, мы, оппозиция, были растеряны. Почти никто толком не понимал, что происходит и, соответственно, не знал, как действовать. Так унизительно — это чувство полного бессилия, когда ты понимаешь, что ничего не можешь сделать, никак помешать».

Но не только оппозиционеры не понимали сути происходящего, **провластные депутаты тоже не понимали, за что голосуют**. В зале стоял невообразимый шум, то тут, то там вспыхивали драки. В какой-то момент «большевики» начали синхронно поднимать руки вверх — вроде как «за». Некоторые особо рьяные регионалы поднимали вверх две руки одновременно — это хорошо видно на многочисленных видеозаписях. Впрочем, руки эти никто особо не считал. Даже просто «для приличия». Таким образом, всего за несколько минут был принят пакет законов. Целых одиннадцать штук. Правда, последние два ставились на голосование уже после перерыва в присутствии Владимира Рыбака и посредством электронной системы «Рада» — как и положено.

«Первый был закон об амнистии майдановцам, второй — о создании в парламенте профильной временной специальной комиссии. Оппозиционеры потом заходили в кабинет, благодарили, что я эти законы провел. Люди сидели в тюрьмах, и мы обязаны были их вызволить», — уточняет **Рыбак**.

Говорит **Петр Порошенко**:

«Уже после голосования Калетник выходит в кулуары — со стороны ПР и КПУ. Я как раз в ту минуту там находился. «Ну, что? Что теперь будет?» — бросается он ко мне. «Все», — отвечаю. «В смысле, все?» — «В прямом смысле. Конец тебе как политику. И вообще. Ты понял, что совершил?» И тут у него в глазах появляется не просто страх, а паника. По крыше в зал ему не страшно было пробираться, а вот тут сообразил наконец, что к чему».

Вскоре после полудня третья сессия парламента была объявлена закрытой, и депутаты разошлись на каникулы.

«Когда разобрались, за что мы проголосовали, во фракции начался страшный скандал, — рассказывает один из видных «регионалов», просивший не указывать его имя даже сейчас. — **Нас просто использовали «в темную».** Рыбак утверждал, что **на принятии законов настаивал Янукович, что он ему звонил несколько раз** (см. выше. — *С. К.*). **Мол, сам он ни при чем».**

## За что проголосовали

Итак, кроме госбюджета, 16 января были приняты 11 законов. Их положения устанавливали:

- Запрет деятельности СМИ без государственной регистрации.

Эта норма была фактическим приговором всему украинскому Интернету. Дело в том, что отечественное законодательство тогда не содержало, да и сейчас еще не содержит, термина «электронные СМИ». Таким образом, интернет-СМИ как бы не существовали — они автоматически оказывались вне закона. Некоторые крупные электронные издания были зарегистрированы как информационные агентства, но ясно было, что этот «иммунитет» им если и поможет, то ненадолго. Истинная задача этой нормы — полностью зачистить не угодное власти медиапространство — была ясна и очевидна.

- Уголовную ответственность за клевету: штраф, исправительные работы или ограничение свободы до 2 лет.

«Клеветой» могла считаться любая новость, любой текст, любой заголовок, хоть чем-то не понравившиеся представителям власти. Не говоря уже о комментариях, которые оставляют на сайтах пользователи. Судебная система в Украине времен Виктора Януковича работала так, что вполне могла это обеспечить.

- Уголовную ответственность за «экстремизм» — создание и распространение материалов, призывающих к свержению режима.

Таковым вполне могли назвать любое цитирование оппозиционных политиков.

- Запрет на движение транспортных средств в колонне более пяти (без согласования с ГАИ). Санкция — административная ответственность, максимальное наказание — лишение прав на 2 года, изъятие машины.

Норма, направленная против Автомайдана. Заодно под ее действие попадали свадебные и похоронные кортежи.

- Существенные ограничения на участие граждан в мирных митингах. Так, за использование средств, «затрудняющих идентификацию лица» (читайте: балаклавы, маски, защитные шлемы и т.д.), предусматривался штраф и арест на 15 суток. Аналогичное наказание за несанкционированную установку палаток, сцен, звукоусиливающей аппаратуры, использование открытого огня (бочек для обогрева), пиротехники и т.д.

- Уголовную ответственность за блокирование государственных зданий (до 5 лет).

- Уголовную ответственность за незаконный сбор и распространение информации о сотруднике правоохранительных органов и его родственниках.

Норма, направленная против активистов, распространявших в Интернете, а также в виде листовок информацию о продажных судьях и силовиках, участвовавших в акциях против демонстрантов (о тех, кого удалось опознать).

- Понятие «иностранный агент».

Норма затрагивала многочисленные общественные, неправительственные организации и даже СМИ, работавшие благодаря зарубежным грантам, а также правозащитников. Отныне поле их деятельности существенно сужалось.

- Упрощение снятия депутатской неприкосновенности.

Норма, направленная против депутатов-оппозиционеров, для которых иммунитет оставался единственной защитой от политических арестов (см. в предыдущих главах о готовившихся арестах).

• Заочное судопроизводство.

Норма, разрешавшая выносить человеку приговор заочно. Распространялась в том числе на Юлию Тимошенко, которую уже более полугода не доставляли на суд по ее делу, а теперь могли законно осудить без ее присутствия.

• Существенные ограничения для использования всех видов связи.

Так сим-карты для мобильных устройств предполагалось продавать отныне только по паспортам. В свою очередь, интернет-провайдеров обязывали отключить от сети клиентов, «распространяющих незаконную информацию». Решения суда для этого не требовалось — достаточно было «решения эксперта». Какого эксперта и на каком основании выносилось такое «решение», законы не уточняли. При этом соответствующее «шпионское» оборудование операторы должны были устанавливать за свой счет.

## Украина превращается в диктатуру

Это лишь краткий перечень норм «диктаторских законов». При желании его, увы, можно продолжить. Власть апеллировала к тому, что сами по себе законы не так уж страшны, — их аналоги действуют по всему миру, в куда более демократических странах, чем Украина. Министр иностранных дел Леонид Кожара договорился даже до того, что назвал законы необходимыми для «имплементации в украинском законодательстве ряда норм, которые уже существуют в законодательстве большинства европейских государств».

Организация *Transparency International* выразила другую точку зрения, указав, что принятие этих законов превратит Украину в диктатуру. Было совершенно ясно, что все эти нормы направлены против гражданского общества, прав и свобод украинцев в целом и против Майдана в частности. Было ясно, что власть пошла в наступление и намерена действовать решительно.

Вечером того же дня **Владимир Рыбак** подписал диктаторские законы и отправил их на визирование президенту.

«Как же я мог их не подписать? Согласно Регламенту, я по закону был обязан подписать. А что касается президента — это к нему вопрос», — отмахивается он.

«Я позвонил Януковичу сразу же после того, как узнал о принятии этих законов, — вспоминает **Ринат Ахметов.** — Я сказал: эти законы не нужны Украине, не подписывайте их, наложите вето.

*Что он ответил?*

Ничего. Промолчал».

Но законы «принимались», разумеется, не для того, чтобы их не подписывали. Той же ночью Виктор Янукович поставил под ними свой автограф. А к вечеру 17 января тексты документов появились на официальном сайте главы государства. 21-го они были опубликованы в официальных СМИ и вступили в силу.

## Без права на профессию

Что произошло в Раде, стало более или менее понятно только к вечеру 16 января. Мы с моим напарником, главным редактором Lb.ua Олегом Базаром, сидели в нашем кабинете и думали о том, что сказать коллективу. Объясниться было необходимо. Но мы, люди, работающие со словами, не находили слов. Ясно было только одно: мы остались без профессии. Без прав на профессию в Украине. Вообще. Мы все могли выключать компьютеры и идти домой. Навсегда. Диктаторские законы делали невозможным существование независимых СМИ в Украине. Ясно было, что Интернет сметут первым. И сколько мы при таком раскладе проработаем — неделю, две, — вопрос исключительно времени и расторопности правоохранительных органов. Уже имея печальный опыт двух с половиной уголовных дел против Lb.ua при Януковиче (третье удалось купировать в зачаточной стадии), иллюзий мы не питали. Это чувство липкой беспомощности я запомню на всю жизнь.

# Глава 4

# ГРУШЕВСКОГО

Пространство свободы в Украине сжалось до пределов Майдана. В буквальном смысле. Всем, кто физически находился на Майдане, отступать теперь было некуда, да и невозможно. Каждому — от простого митингующего до народного депутата — светила статья за экстремизм. Автомайдан не мог больше совершать свои рейды. Журналисты не могли работать и свободно передавать информацию.

## Призыв Сергея Кобы

На самом Майдане протестующие укрепляли баррикады. Во Львове формировались колонны активистов, выезжавших на подмогу столичному митингу. Автомайдановцы заявили, что не прекратят своих акций несмотря ни на что. Рассчитывая запугать и сломить людей, власть их сплотила и озлобила. Эффект оказался полностью противоположным. Пришло простое и ясное понимание: или они нас, или мы их.

Пришло ко всем, кроме, как казалось рядовым майдановцам, лидеров оппозиции. Утром 19 января известные украинские мыслители, общественные деятели, представители науки и культуры опубликовали адресованное оппозиционной тройке открытое обращение. Подписантами выступили Вячеслав Брюховецкий, Тарас Возняк, Ярослав Грицак, Сергей Жадан, Евгений Захаров, Иосиф Зисельс, Мирослав Маринович, Александр Пасхавер, Мирослав Попович.

«Нынешний режим узурпировал власть и заблокировал все пути правового и демократического решения общественно-политического конфликта. Планы господствующего режима в Украине и Кремля очевидны: «зачистка» демократии в Украине и ее порабощение. Их политтехнологическим сценариям противостоит вдохновенная сила Майдана — достаточно организованная, чтобы не создавать впечатления «анархии и хаоса», однако и слишком уязвимая, поскольку не возглавлена единым политическим руководством.

В этих условиях вам, лидерам оппозиции, и дальше вести необъявленную предвыборную кампанию с прицелом на 2015 год — преступно. Волей Божьей все вы являетесь признанными политическими лидерами, каждый из которых поддерживает определенный сегмент протестного поля Украины. Мудрость и профессионализм политической элиты Украины будут оценивать по тому, удастся ли ей преодолеть искушение атаманства и объединить упомянутые сегменты в одну стратегически мобилизованную протестную «армию», — отмечают подписанты.

«Эта «армия» может иметь структурно разные «полки», но «полководец» должен быть один. Не кандидат в Президенты, а единый лидер движения сопротивления диктатуре. Сегодня наступил момент истины: вы или сможете выбрать единого лидера, обеспечив ему исполнительное послушание своих команд, или вынуждены будете сойти со сцены», — отмечалось в обращении.

Охарактеризовать сложившуюся тогда ситуацию более точно и емко сложно. Людей раздражала компромиссная мягкотелость оппозиционеров. Люди были измотаны и возмущены тем, что власть игнорирует их. Люди требовали активного действия. Диктаторские законы стали последней каплей.

19 января на Майдане состоялось традиционное вече. Виталий Кличко со сцены объявил досрочные президентские выборы. Дату и механизмы их проведения уточнять, естественно, не стал. Яценюк — создание Конституционного собрания, которое напишет новую Конституцию. Олег Тягнибок анонсировал формирование Народной рады — объединения всех оппозиционных депутатов, которые начнут формирование альтернативных органов власти. Случись это в декабре, лозунги, несомненно, людям бы понравились. Но в январе этого было уже недостаточно. Требовалось действие — конкретное, осязаемое действие.

Поясняет **Игорь Луценко**:

«В те дни невосприятие политиков Майданом достигло максимума. В ходе веча я стоял неподалеку от ребят из «Правого сектора» и слышал, как они неодобрительно отзывались об услышанном со сцены, как освистывали лидеров. Терпение закончилось».

В какой-то момент на сцену поднялся один из лидеров Автомайдана – Сергей Коба. Выступление его было коротким и очень эмоциональным:

«У нас есть три лидера оппозиции, которые называют себя лидерами. Но они никак не могут определить между собой одного, который возьмет на себя ответственность. Поднимите руку, – обратился Коба к площади, – кто хочет, чтобы был один лидер?»

Над Майданом взмыл лес рук.

«Пусть они решат, пусть выберут одного, и мы пойдем за этим одним лидером. Кто согласен – поднимите руку».

И снова лес рук.

«Спасибо. Пусть они определяются. А мы через полчаса идем к Верховной Раде и будем там стоять. Будем стоять, пока все эти депутаты не приедут и не отменят эти позорные законы. Каждый должен прийти в зал и отменить этот закон. Еще раз повторяю: если за полчаса они не определятся с лидером, мы все идем к Раде и будем стоять там до победного. Только мирным путем, я не призываю к провокациям, только миром».

«Кровавый рубеж – он всех удерживал. Нас больше, их – меньше, но он был, существовал. Именно поэтому я всегда так резко высказывался о провокаторах с нашей стороны, которые подстрекали людей», – говорит **Сергей Пашинский**.

«Зайти в помещение – не значит получить власть. Все, кто призывает вас к штурму, – провокаторы», – пытался «отыграть» ситуацию Яценюк, обращаясь к площади.

Буквально через несколько часов другие лидеры Автомайдана – Дмитрий Булатов, Сергей Поярков и Андрей Телиженко выступили с официальным заявлением. По их словам, позиция Кобы не была с ними согласована. Вообще, многие тогда считали, да и сейчас считают ее провокацией «специально обученного человека». Так это или нет, но призыв Кобы сыграл свою роль в истории.

Дважды повторять не пришлось. Сразу по завершении веча несколько тысяч человек двинулись к Верховной Раде. Среди них активисты Автомайдана, агрессивно настроенные граждане и представители Самообороны, которые по приказу Парубия должны были охранять действо, стараясь не допустить провокаций.

## «Правый сектор» и «черти»

Подойти к парламенту пытались с разных сторон: по Институтской, сверху — со стороны Мариинского парка и Крепостного переулка, снизу — с улицы Грушевского. Сам Мариинский силовики заблокировали еще неделю назад — с тех пор как сюда вернулся Антимайдан. Теперь границы блокады расширились. Нижняя линяя обороны силовиков проходила по самому подолу улицы Грушевского — в том месте, где она соприкасается с площадкой перед стадионом «Динамо» и Мариинским парком.

У этой границы было припарковано несколько автобусов, на которых прибыл «Беркут». Чуть правее стояла военная машина. Теперь силовики использовали автобусы в качестве дополнительного заграждения. Агрессивно настроенные митингующие, стремясь прорваться по Грушевского наверх, быстро оттащили автобус в сторону. То тут, то там вспыхивали стычки. Силовики сперва старались не ввязываться в противостояние напрямую, оттесняя нападавших с помощью щитов, однако очень скоро в ход пошли резиновые дубинки.

Внезапно в эпицентре противостояния появился Виталий Кличко — пытался остудить «горячие головы». Вместо этого «остудили» его. В буквальном смысле — облили из огнетушителя. Свои же. **Впервые народный гнев вылился не только на силовиков, но и на головы лидеров оппозиции.**

> «На Майдане мы держали все под контролем, но Грушевского — это был уже самостоятельно функционирующий и саморегулирующийся механизм, — отмечает **Турчинов**. — У штаба никто не спрашивал, что кидать и в кого кидать. Хотя надо отметить, что через несколько дней это уже был не хаос. Появились новые полевые командиры, начали формироваться

новые группы и отряды активистов. Я поставил перед Андреем Парубием задачу придать процессу на Грушевского хоть какой-то формат управляемости. Самооборона Майдана смогла обеспечивать его координацию, но не более того».

Ситуация все больше накалялась. Силовики старались отбить захваченные митингующими автобусы — в толпу одна за другой полетели светошумовые гранаты. В первых рядах стояли моденькие солдаты Внутренних войск — именно на них, практически безоружных, приходились основные атаки демонстрантов. За спинами «вэвэшников» — до зубов вооруженный «Беркут». Время от времени «беркуты» группировались человек по десять и, внезапно выскакивая из-за спин «вэвэшников», набрасывались на демонстрантов. Тактика та же, что применялась 1 декабря на Банковой.

В четыре часа начало смеркаться. На Европейской площади появилось полтора десятка «скорых» — готовились принимать раненых. «Беркут» заметно активизировался. Явственно намечался разгон. Действуя на упреждение, майдановцы подожгли один из милицейских автобусов. Веселым заревом он запылал на площадке перед стадионом «Динамо». Передний ряд «вэвэшников» отступил на пару метров вверх. Происшествие явно спутало планы и карты.

Возникшее замешательство митингующие использовали для разбора брусчатки (сама улица Грушевского вся вымощена брусчаткой, тротуары — плиткой, так что запас боеприпасов был). Некоторые особо сметливые выламывали металлические прутья из ограды стадиона, чтобы использовать вместо палок.

«Одновременно атаковали милицию сперва не больше пятнадцати — двадцати человек. Они, как осы, неслись вперед, бросая брусчатку и «коктейли Молотова», — говорит очевидец **Олег Базар**. — Группы атакующих непрерывно менялись — долго находиться «на передовой» было практически невозможно: «беркуты» отвечали светошумовыми гранатами и слезоточивым газом. Не меньше тысячи — полторы человек стояли в некотором отдалении за спинами атакующих — поддерживали их ободряющими выкриками, но сами в бой не ввязывались. Именно их присутствие, похоже, удерживало «Беркут» от контратаки: смести несколько десятков человек на самом деле несложно, но что делать с тысячей? В какой-то момент между «зеваками» и атакующими стала одна из сотен Самообороны. Их задача, как объяснил мне их командир, — в случае, если «Беркут» пойдет вперед, сдержать его на какое-то время, позволив основной массе людей отойти поближе к Майдану».

Принято считать, что на Грушевского решающую роль сыграл впервые проявивший себя в полную силу «Правый сектор».

«На Майдане было много сотен Самообороны. Одна из них сформировалась на базе «Тризуба» имени Степана Бандеры, в ней состояло порядка семидесяти — восьмидесяти человек, — констатирует **Турчинов**. — К ним также присоединялись ребята из нескольких других организаций правой направленности. Но поскольку между ними были какие-то различия, не все «правые» хотели примыкать именно к «Тризубу», поэтому решили взять для своей сотни новое название. Так появился «Правый сектор».

Но я не могу сказать, что эта сотня Самообороны Майдана чем-то особо выделялась среди других. Основное отличие было в том, что, кроме достаточно профессионального сопротивления силовикам, чем занимались все сотни, «Правый сектор» еще занимался и активной информационно-политической работой, позиционируя себя как новую политическую силу».

Об активистах Грушевского, которых он, впрочем, избегает называть «Правым сектором», указывая, что его как такового тогда еще не существовало, говорит **Арсен Аваков**:

«Грушевского возникло как спонтанный протест. Вспышка, которую лидеры Майдана в тот момент не одобряли. Актив Самообороны — тоже. Получается, это была такая отдельно взятая радикально настроенная группа, которая никому не подчинялась и никого не слушалась. Кличко и Тягнибок пришли к ним — пытались переговорить, но успехом это не увенчалось.

Помню, я тоже пришел на Грушевского к этим ребятам. Они держались совершенно особняком — чувствовали себя этаким передовым отрядом. Между собой мы называли их «черти», потому что все они с ног до головы — были в копоти. Постоянно горели шины, а они же там безвылазно сидели —

практически не уходили с баррикад — и в результате все покрылись этой черной копотью. Первая линия обороны на Грушевского — полуземлянки, полусхроны. Сидят там эти ребята — «черти», — все, опять-таки, в копоти. И настроены очень решительно».

После шести вечера за спинами «Беркута» замаячил водомет. Уже через несколько минут его включили на полную мощность, направив на протестующих. И это при десяти градусах мороза (украинское законодательство запрещает использование водометов при минусовых температурах). Отскочив на безопасное расстояние, люди кричали: «Крещение!» (дело происходило в день великого праздника Крещения Господня). Никто не отступал. Водомет применили снова, и вновь все повторилось один в один.

Пятачок «нейтральной территории» между митингующими и силовиками на глазах покрывался ледяной коркой, образовывая линию фронта. «Беркут» травил слезоточивым газом. Митингующие уже вовсю использовали брусчатку и «коктейли Молотова» — впервые с момента начала Революции Достоинства. Со стороны силовиков летели светошумовые гранаты и — тоже впервые — резиновые пули. Одному майдановцу такая пуля выбила глаз, другому взрывом гранаты оторвало кисть руки.

Вечером на Грушевского находилось около десяти тысяч человек. Начали строить баррикаду. Только так можно было защититься от огня, лившегося со стороны силовиков. Пока строили, подожгли шины — также впервые. Их черный едкий дым мешал «Беркуту» вести прицельный огонь по митингующим. В 23 часа на Грушевского приехали БТРы. В ответ митингующие подожгли уже все милицейские автобусы. Теперь противоборствующие стороны отделяла друг от друга полоса сплошного пламени.

Количество раненых росло в арифметической прогрессии. С обеих сторон их было больше сотни. В их числе — Андрей Парубий. У «Беркута» закончились носилки. «Скорые» не успевали принимать пострадавших. Трем активистам в результате столкновений пришлось удалить глазные яблоки. Все из-за тех же резиновых пуль.

В два часа ночи «Беркут» вновь совершил наскок на ряды митингующих и уволок в автозаки несколько десятков человек. Бой на Грушевского продолжался всю ночь.

Утром 20 января улица представляла собой кадр из фильма об Апокалипсисе. Весь ее периметр — от колоннады стадиона «Динамо» слева до стены дома справа — перегораживала наспех сколоченная баррикада. За баррикадой — «нейтральная полоса». На «нейтралке» высились обугленные остовы автобусов. После «душа» из водометов они обледенели, и теперь с крыш свисали остроносые сосульки — черные от копоти пылавших шин. Еще чернее была стена дома, выходившего фасадом на «нейтралку». «Тут живут люди», — гласила растяжка, появившаяся на двух балконах.

Силовики время от времени обстреливали какой-то из участков баррикады. Из-за баррикады им отвечали булыжниками и петардами.

На Майдане началась всеобщая мобилизация: улица Грушевского требовала подкрепления. Силовики тоже укрепились — несколько отрядов «Беркута» разместились на склонах Мариинского парка. Днем было более или менее спокойно. Новый виток противостояния начался уже традиционно с наступлением сумерек. Правда, к тому момент майдановцы успели смастерить нечто среднее между катапультой и требушетом — дальность стрельбы «коктейлями Молотова» и булыжниками теперь кратно увеличивалась. В ответ «беркутовцы» задержали еще несколько человек — кого сумели поймать. Ловили и ночью, взобравшись на тринадцатиметровую колоннаду стадиона «Динамо». Один из майдановцев с этой верхотуры упал. Выжил ли он и какова его дальнейшая судьба, доподлинно неизвестно.

Начавшись 19 декабря после обеда, бои продолжались 20-го и 21-го. Особенно жестокие — с наступлением темноты.

21 декабря впервые — со ссылкой на источники — появилась информация о том, что Виктор Янукович в связи с происходящими событиями рассматривает вариант введения чрезвычайного положения. И для этого уже в ближайшее время может быть досрочно созвана Верховная Рада. С Радой, правда, не сложилось: большинство депутатов-«большевиков» находились на каникулах далеко от Киева, и «отозвать» их в столицу было делом далеко не простым. Впрочем, согласно украинским законам, президент при

помощи СНБО и сам мог ввести ЧП. ВР требовалось это решение одобрить в течение трех дней. Что будет, если за три дня этого не произойдет, украинские законы не уточняли.

Дальнейшие события 22 января, разворачивавшиеся как в кулуарах власти, так и на самом Майдане, должны были послужить окончательным аргументом для введения ЧП. Банковая спланировала все очень тщательно.

# Глава 5

# ЖИЗНЕВСКИЙ, НИГОЯН, СЕНИК — РИТУАЛЬНЫЕ СМЕРТИ

«В этом районе была масса камер. У меня вопрос: почему на видео есть все, кроме момента их смерти? Почему нам не предоставляют видеодоказательств? Еще момент: характер ранения. Судя по описаниям ранений, представленным в СМИ, их застрелили с близкого расстояния. Что это значит? Значит, на Грушевского их принесли, а убили где-то в другом месте».

Эти слова летом 2014 года мне сказал один из верховных представителей власти Виктора Януковича. Беседовали «офф-рекордз» — просто обменивались мнениями. Ключевая фраза: «застрелили с близкого расстояния». От этих его выводов я тогда только отмахнулась. Думала, изобретает для себя очередную «отмазку». Теперь, собрав всю информацию о первых смертях на Майдане, понимаю: он знал, о чем говорил, и выводы сделал не на пустом месте.

22 января в 5.30 утра возле колоннады стадиона «Динамо» был застрелен двадцатилетний Сергей Нигоян. Свинцовая картечь прошила ему грудную клетку. Нигояна подхватили и понесли в медпункт на Грушевского. Там он и скончался. Помочь ему было никак нельзя. Смерть наступила в 6.30. Непосредственные свидетели смерти Нигояна — те, кто видели, как он упал, кто подбежал к нему первым, кто нес к медикам, — следствием не установлены. И вряд ли уже они когда отыщутся.

В 8 утра пуля остановила сердце двадцатипятилетнего белоруса Михаила Жизневского. Парня нашли между сгоревшим автомобилем с кунгом и автобусом. Одна из камер наблюдения, установленная на Грушевского, зафиксировала последние секунды его жизни. Вот он стоит на баррикаде со щитом. Камера разворачивается на новый полукруг (видеонаблюдение велось не за определенной точкой, а последовательно за периметром), а когда возвращается в исходную точку — Жизневский уже лежит на земле. Парень погиб на глазах у друзей: пуля прилетела (но не напрямую, а как бы со стороны) из сектора, где никого, кроме силовиков, не было. Вначале МВД сообщило, что это была охотничья пуля. На самом же деле это оказалась пуля, используемая силовиками для остановки автомобилей. Это позже установит следствие.

22 января на Грушевского была еще одна жертва — Роман Сеник. В него стреляли на баррикаде в 13.30. Скончался Сеник в больнице 25 января. В его теле тоже была обнаружена пуля, используемая для остановки автомобилей.

Следствие выяснит, что во всех троих стреляли с близкого расстояния — около трех-четырех метров. При этом позиции силовиков находились минимум в 20-25 метрах от тех мест, где погибли ребята.

Могли ли активисты быть застрелены преднамеренно, кем-то переодетым «под майдановца» в толпе? Могла ли их смерть планироваться как «спусковой крючок», предлог для неких последующих действий власти?

Теперь уже ответы очевидны. Попытаемся восстановить канву происходившего.

## Российские гранаты как «гуманитарная помощь»

19 января днем, сразу после начала столкновений на Грушевского, Виталий Кличко поехал в «Межигорье» к Виктору Януковичу — просить его начать диалог для урегулирования ситуации. Утром 20-го Янукович поручил создать профильную рабочую группу. Со стороны власти в нее вошли Андрей Портнов, Елена Лукаш и Андрей Клюев. Оппозиция делегатов присылать отказывалась, требуя личного участия в разговоре Виктора Януковича. Переговоры все-таки состоялись после обеда 22-го. Между этими двумя датами

произошло много важных событий, о которых необходимо рассказать отдельно.

Итак, первое — **улица Грушевского**. Как было сказано, столкновения силовиков и демонстрантов продолжались тут практически нон-стоп. Рано утром 22 января силовики внезапно предприняли короткую, но жестокую атаку. Митингующих отогнали до Европейской площади. Баррикаду на Грушевского почти полностью разрушили. Уничтожили также один из медпунктов, обустроенных на Грушевского. Заскочив в помещение, бойцы «Беркута» битой разбили стекла и набросились на врачей, пытавшихся эвакуировать пострадавших. Одному из них «беркутовец» преднамеренно выстрелил в ногу. «Сначала он целился мне в лицо, но потом, опустив оружие, выстрелил в ногу. Конечно, они могут сказать, что это произошло случайно. Но он смотрел мне в глаза, поэтому это было сделано умышленно», — сказал медик.

Возвращаясь на позиции, «Беркут» уводил с собой «пленных». Этих людей сперва жестоко избивали, потом запихивали в автозаки и отправляли в СИЗО. Некоторые уже были избиты настолько сильно, что не могли самостоятельно передвигаться, — тогда «Беркут» связывал их не пойми откуда взявшимися у них веревками и волоком тащил по снегу. Минимум сорок человек в то утро были задержаны таким образом. Еще двадцать одного пленника вывезли за город, избили, раздели и бросили в таком виде на морозе.

Пока на Грушевского происходило побоище, Виктор Янукович молился в Киево-Печерской лавре. Это был торжественный молебен, посвященный Дню соборности Украины. «Церковь с вами до конца, как Симон Киринейский», — обратился к Януковичу одиозный наместник Лавры Павел Лебедь, сравнив тем самым Януковича с Христом. После в эфире появилось обращение Виктора Федоровича к народу Украины по случаю праздника. На Грушевского убивали людей, а президент как ни в чем не бывало вещал о «модернизации, политике социальной справедливости и свободной жизни». Это было слишком цинично даже для Януковича.

Утром в столице начались суды над задержанными активистами. Среди задержанных преобладали случайные прохожие, студенты, даже подвернувшиеся под руку журналисты. Всех их судили уже по новым законам — диктаторским. Всем давали по два месяца ареста.

В это же самое время в **Кабмине происходили очень интересные события.** Это **второе**, на что нам следует обратить внимание. На заседании Кабмина замглавы МВД Сергей Лекарь с голоса внес вопрос (то есть в предварительно составленной повестке дня он не содержался), одобрение которого предусматривало:

1) принятие на вооружение МВД дополнительных спецсредств, отмену температурных ограничений для использования водометов;

2) разрешение силовикам перекрывать улицы в случае необходимости, когда речь идет об обеспечении общественного порядка.

Оба предложения Кабмин одобрил.

Что это значит? Дело в том, **что украинское законодательство не позволяло силовикам перегораживать улицы под каким бы то ни было предлогом. То есть изначально улица Грушевского перекрывалась ими незаконно.** В конце января во власти решили исправить недочет.

Что касается спецсредств, то тут история интереснее. Во второй половине января по указанию Виталия Захарченко начальник департамента материального обеспечения МВД Зинов отбыл в Российскую Федерацию. 21 января с военного аэродрома «Чкаловский», что под Москвой, в воздух поднялся борт Ан-12. Согласно накладной Министерства внутренних дел РФ, на борту находилось 6020 единиц спецсредств. А именно:

— 1050 шт. светошумовых гранат «Факел-С»;

— 480 шт. гранат «Заря-2»;

— 480 шт. гранат «Пламя-М»;

— 2520 шт. ручных дымовых гранат белого дыма РДГ-2;

— 495 шт. ручных раздражающих гранат РГР;

— 495 шт. ручных раздражающих повышенной мощности гранат;

— 500 шт. ручных аэрозольных гранат.

Борт приземлился в киевских «Жулянах». Ценный груз сопровождал лично Зинов. Он же курировал погрузку-выгрузку и доставку к месту хранения в Киеве. Приметно, что в сопроводительных документах груз значился как «гуманитарная помощь».

Данные спецсредства решением Кабмина от 22 января были приняты на вооружение МВД. Собственно, это те самые гранаты, которыми «Беркут» забрасывал митингующих. Те самые гранаты, к которым «Беркут» научился крепить гвозди-болты-гайки, что значительно увеличило их поражающую мощь. Просто тогда мы о «гуманитарном грузе» не знали. Более того, о нем мало кому было известно до сих пор — **в полном объеме данная информация публикуется впервые.**

Но и это еще не все. Поскольку бои на Грушевского были слишком отчаянные, доставленных спецсредств не хватило. Тогда 24-го числа Зинов привез новую «партию». На сей раз, согласно второй накладной МВД РФ, на аэродроме «Гостомель» выгрузили 7386 единиц спецсредств. А именно:

— 450 шт. светошумовых гранат «Факел-С»;

— 560 шт. гранат «Заря»;

— 560 шт. гранат «Пламя-М»;

— еще 460 шт. «Пламя-М» (чем они отличаются, накладная не уточняла, но функционал тот же);

— 4020 шт. ручных дымовых гранат белого дыма РДГ-2;

— 216 шт. 40 мм прицелов акустического и светозвукового действия;

— 600 шт. гранат раздражающего и светошумового действия «Дрофа»;

— 500 шт. ручных аэрозольных гранат «Дрейф-2».

Все вышеуказанное добро было принято на вооружение МВД и использовалось сначала на Грушевского, а позже, в феврале, в решающем противостоянии на Майдане.

По сути, эти два решения Кабмина обеспечили значительное расширение полномочий силовиков. Оба они были незаконны. При их принятии не были соблюдены даже элементарные формальности. Дело в том, что для принятия Кабмином какого-либо решения «добро» должны дать все ключевые министерства. В данном случае «добро» было получено только от Минздрава и Миндоходов. Кроме того, согласно украинскому законодательству, еще требовалось провести исследования, свидетельствующие о безопасности применения указанных спецсредств для здоровья граждан. Разумеется, такие исследования проведены не были.

После смены власти правоохранительные органы возбудили соответствующее уголовное дело, главными фигурантами которого стали Азаров, Лекарь, Зинов и еще один зам Захарченко — Виктор Ратушняк. Ведомство Ратушняка — департамент общественной безопасности — готовило по указанию шефа вышеназванные проекты незаконных постановлений.

Ратушняк и Азаров, как мы знаем, сбежали и сейчас находятся в Российской Федерации, аналогично — Зинов (его следы ведут в Крым). Сергей Лекарь — в Киеве, под домашним арестом, дает показания по делу.

## Регионы: пожар на флангах

22 января переговоры власти и оппозиции закончились ничем. От власти в них участвовали, как и было заявлено, Лукаш, Портнов, Клюев, а также сам Янукович, от оппозиции — тройка лидеров. **За сам факт встречи Майдан освистал Кличко, Яценюка и Тягнибока.** Люди были настроены категорично: никаких переговоров с властью. Вообще никаких. Но у политиков — свои мотивы. И 23-го переговоры продолжились.

За эти сутки демонстранты на Грушевского пережили еще три атаки «Беркута». Ночью в Киеве началась охота силовиков на Автомайдан — та самая месть, о которой говорил Игорь Луценко. Автомайдановцев отслеживали; вытаскивая из автомобилей, жестоко избивали; их машины крушили. За одну только ночь были жестоко избиты 15 человек и искорежены девять машин в центре столицы.

Днем 23 января запылали регионы. Обладминистрации попытались захватить во Львове, Ровно, Житомире, чуть позже — в Черкассах, Запорожье и других городах. Граждане явственно демонстрировали, что больше не намерены терпеть эту власть и признавать ее легитимной.

«На Банковой проходило совещание, вновь обсуждалось введение военного положения на всей территории страны, — говорит **Турчинов**. — Мы понимали, что в Киев стянуто слишком много силовиков, и мы можем попросту не удержать ситуацию, поэтому приняли решение идти ва-банк. На заседании штаба было принято решение о региональном наступлении. Протесты были активизированы в ряде областей Украины. Так был установлен контроль над областными администрациями и городскими советами во многих центральных и во всех западных областях. Власть не могла с этим эффективно бороться, так как все резервы силовиков были стянуты в Киев».

В Интернете появилось видео издевательств силовиков над Михаилом Гаврилюком. Казак Гаврилюк, как его прозвали в народе, входил в одну из майдановских сотен, был очень активен на Грушевского — едва ли не лучше остальных метал «коктейли Молотова». Силовики его подкараулили и при первой же возможности похитили. На «своей» части Грушевского они раздели его догола, избили и выгнали на мороз, где с ним — нагим — фотографировались. В принципе, это было продолжение истории, когда в ночь с 19 на 20 января озверевший «Беркут», не зная, как выместить скопившуюся ярость, вытащил из одного из домов на Грушевского строителей, которые делали там ремонт и просто остались ночевать. Их тоже избили, раздели, облили на морозе водой и в таком виде отправили в сторону баррикады майдановцев. Но сюжет с Гаврилюком запомнился больше. В считанные часы казак стал народным героем, а менее чем через год даже был избран в Раду по мажоритарному округу.

## Янукович предлагает Яценюку стать премьером

24 января Виктор Янукович встречался с представителями церквей. На встрече он пообещал уволить всех причастных к событиям ночи с 29 на 30 ноября — дошло-таки через два месяца. В тот же день Андрей Клюев был назначен главой Администрации Президента. «Оргвыводы» Виктор Федорович понимал своеобразно.

А на Грушевского продолжались бои. Горели шины. К Киеву подъезжали автобусы «Беркута» из Донецка и Запорожья. Львовские силовики ехать в столицу отказывались — писали рапорты об увольнении. Активистов массово задерживали и отправляли за решетку. Суды превратились в конвейер. Так, один из киевских районных судов, Оболонский, начал слушать дела активистов в пятницу, 24 января, в обед, а закончил под утро в субботу, 25-го. В два часа ночи был вынесен приговор 72-летнему пенсионеру Николаю Пасечнику. Активист обвинялся в... избиении «Беркута». Деду «дали» два месяца под стражей.

25 января в ходе очередных переговоров **Виктор Янукович предложил Арсению Яценюку возглавить правительство, а представителям оппозиции войти в его состав.** Кроме того, Янукович согласился на внесение изменений в Конституцию — превращение Украины из президентско-парламентской в парламентско-президентскую республику. **Плюс оппозиция и власть договорились о формате «компромисса»: власть отпускает всех задержанных заложников, а оппозиция обеспечивает освобождение захваченных админзданий.**

Обе стороны полагали, что выторговали для себя крайне выгодные условия. Так, Янукович был совершенно уверен, что стать «марионеточным» премьером Яценюк не захочет, зато его, Виктора Федоровича, ни Запад, ни либеральные граждане не смогут упрекнуть в том, что он не считается с оппозицией. Он ведь предложил, а кто им, оппозиционерам, виноват, что они отказываются?

Надо сказать, в оппозиции были сторонники — и немало — премьерства Яценюка. Кто из трусости («если не согласимся — завтра нас всех убьют»), кто из жадности (не будем показывать пальцем), но, слава Богу, самому Арсению Петровичу хватило ума от «предложения» отмежеваться.

Что до «компромисса», тут тоже все было предельно просто. Власть захватывала заложников именно для того, чтобы ими потом «торговать». Вместе с тем события в регионах Банковую действительно волновали. Освобождение всех обл民администраций, а также ключевых зданий в центре столицы было для них принципиальным.

Перед Майданом оппозиционеры отчитались на мажорных нотах, но их снова освистали. Нет, это было не освистывание — настоящая обструкция! «Поймите, наши побратимы сидят в тюрьмах! Мы обязаны их вызволить!» — эмоционально доказывал Тягнибок в толпе уже на Грушевского. «Если сделаем хоть шаг назад — конец всем. И нам и побратимам», — отвечали люди, обзывая лидера «Свободы» нехорошими словами.

## «Брошенный в закрытом помещении «коктейль Молотова» просто разнесет все вдребезги»

В обед 25 января демонстранты с Грушевского заметили странные маневры силовиков возле Украинского дома.

> «С первого дня протестов в Украинском доме сидели менты, — говорит **Андрей Шевченко**. — Мы, оппозиционеры, об этом знали. Но они себя никак не проявляли, активных шагов не предпринимали, поэтому мы делали вид, что не замечаем их. Грубо говоря: они не трогали нас, мы — их. Ротация происходила в темное время суток — чтобы не привлекать внимания. А тут представьте: разгар событий на Грушевского, уже есть убитые, и вдруг посреди бела дня в Украинский дом заходят силовики. По сути, это был тыл Майдана. Понятно, что подобное спровоцировало людей. Думаю, расчет был на то, что митингующие возьмут здание приступом и ментов просто перебьют. Во-первых, это «картинка», а во-вторых — повод для силовых действий против Майдана. Мое мнение: это была спланированная провокация со стороны власти».

Правоту Шевченко подтверждает то, что впервые силовики были зафиксированы в Украинском доме еще 22 января. Средь бела дня начались все те же непонятные маневры. Но **22-го люди не «клюнули», а 25-го наживка «сработала».** Это ясно указывает на то, что заброшена она была не случайно. Попытку штурма здания майдановцы предприняли ближе к вечеру. В Украинском доме забаррикадировались силовики, и протестующие решили во что бы то ни стало их оттуда «выкурить». **Андрей Шевченко** продолжает рассказ:

> «То, что я увидел на подступах, меня ужаснуло. Люди были чрезвычайно сильно заведены. Пробрался к входу, встретил там Парубия, который с трудом удерживал ситуацию. Я взял мегафон, обратился к людям, призывая успокоиться, но меня почти не слушали. Было понятно: штурм — вопрос времени. Я связался с коллегами; на место прибыли Тарас Кутовой и Виталик Кличко. Из активистов был Алексей Мочанов, и его заслуга в том, что в тот вечер все закончилось мирно, очень велика. Леша был главным переговорщиком. Он постоянно курсировал между нами и милиционерами, которые там забаррикадировались. Важно отметить, что большинство из

них были «кабинетными» операми, какими-то штатными сотрудниками Шевченковского РОВД. Бойцы среди них, наверное, тоже были, но в меньшинстве.

И вот после очередного раунда переговоров Леша говорит: «Настрой у ментов решительный. Их начальник сказал, что, если начнется штурм, они будут прорываться наружу, что у них при себе девять-десять светошумовых гранат, и он, начальник, конечно, понимает, что всех своих людей не выведет. Но сколько выведет, столько выведет, а гранаты обеспечат коридор.

**Девяти-десяти гранат было явно недостаточно для того, чтобы рассеять трехтысячную толпу, которая там собралась.**

Плюс те, кто стоял на Майдане и мог быстро присоединиться. И вот я, Мочанов, Кличко и Кутовой снова идем на переговоры. У входа дежурят силовики — первая шеренга. Они размыкают щиты, пропуская нас в середину. Тут же у нас за спинами эти щиты смыкаются. Проходим в центральный холл Украинского дома — в ту его часть, что в углублении. Обернувшись назад, я вижу такую апокалиптическую картину: внутри все полностью разгромлено, пол усыпан битым стеклом, камнями, каким-то мусором, все это залито водой из пожарных гидрантов, а сквозь оконные проемы видны наши майдановцы, — уже были первые смерти, и люди очень злы, многие ослеплены жаждой мести и еле сдерживаются. С минуты на минуту они могут сорваться и ринуться внутрь. И ты понимаешь, что это чревато кровавым побоищем, когда уже никто не будет разбирать, где свой, а где чужой.

Мы потихоньку продвигаемся внутрь здания. Идем почти наощупь: Украинский дом полностью обесточен, главный источник света — разбитые окна фасада. В глубине забаррикадировались менты с этими своими гранатами. Причем — повторю еще раз — большинство из них не являлись «боевым звеном» — обычные «кабинетные». У них даже не было боевого оружия — во всяком случае, я его не видел».

На **Арсена Авакова** внутренность Украинского дома тоже произвела сильное впечатление:

«Не стойте на открытом месте, за колонну зайдите — простреливается», — говорит мне один сотник. Не по себе, конечно, становится, когда такое слышишь. И вот передо мной открывается картина: с одной стороны — паренек из Внутренних войск, молоденький совсем, с брандспойтом в руках. Напротив несколько майдановцев с «коктейлями Молотова». И все понимают: одно неверное движение, одна искра, и брошенный в закрытом помещении «коктейль Молотова» просто разнесет все вокруг вдребезги. Трупы будут точно — никто не скроется, все будет охвачено пламенем».

И вновь прямая речь **Андрея Шевченко**:

«Люди на улице постоянно кричали: мы даем вам еще десять минут, еще пять, и мы начнем штурм. В тот момент в их глазах мы, народные депутаты, которые вели переговоры с милицией, выглядели не меньшими негодяями и предателями, чем сама милиция.

Переговоры мы вели о том, как обеспечить милиции безопасный отход и избежать бойни. Майдановцы настаивали на том, что если и выпускать их, то только без щитов. Но силовики категорически отказались, сказав, что щиты не бросят. Попрепирались с ними немного, но было ясно, что это безрезультатно. В итоге решили, что откроем боковой вход и сделаем там коридор в сторону Владимирской горки. И мы, депутаты, побежали на улицу — разбирать забаррикадированную боковую дверь. Майдановцы завалили ее всяким хламом, арматурой, «чтоб ментам не вырваться». Мочанов остался внутри — почти заложником. Парубия к тому времени уже не было — он получил ранения в обе ноги.

Мы в горячке разбирали завал, и наконец все было готово. Виталий Кличко звонит милиционерам: «Вы готовы выходить?» — «Готовы». — «Давайте». Дергают за ручку — ничего. Оказалось, мы не те двери освободили. Тьфу ты! Побежали к соседней двери, начали расчищать ее. Для этого опять понадобилось время, а толпа все напирала».

Каким-то чудом конфликт в Украинском доме разрешился благополучно. В четыре утра две сотни милиционеров покинули его стены, и здание заняли майдановцы.

«Это была одна из самых утомительных и тяжелых ночей Майдана, — суммирует **Аваков**. — Повторяю: пол был весь залит водой, а на улице крепкий мороз. Уже через час ты ни ног, ни рук просто не чувствуешь. В какой-то момент становится просто все равно — лишь бы хоть как-то все разрешилось. Несколько раз я звонил Якименко — просил дать им команду к отходу. На что он очень уклончиво отвечал, что сделать этого не может. Намекал, что ими командует напрямую Захарченко».

Дело в том, что с Якименко **Аваков** контактировал непосредственно накануне описываемых событий.

«В те дни и я, и все оппозиционеры, которые хоть как-то коммуницировали с представителями власти, пытались договориться, чтобы отпустили всех наших задержанных — а их было больше двухсот человек. Мне было поручено вести переговоры с главой СБУ Якименко — я встречался с ним несколько раз. Также несколько раз я встречался с Арбузовым».

## ЧП. Тайная встреча Турчинова и Януковича

Итак, что мы имеем.

22 января, в День соборности Украины, на Грушевского были застрелены три человека. Есть все основания полагать, что они не стали жертвами противостояния, но что застрелили их специально «к дате». Так, чтобы их гибель стала предлогом для запуска чрезвычайного сценария.

Ясно, оппозиции это было невыгодно. Конечно, можно городить мистические версии про «третью сторону» будто бы вмешивавшуюся в конфликт, но никаких доказательств (даже чего-то, хоть относительно похожего на доказательства) они не имеют. Посему, ответ относительно «авторства» убийств на поверхности — это было делом рук власти.

22 января прошло заседание Кабмина, решением которого были значительно расширены полномочия силовиков. Более того, МВД приняло на вооружение «гуманитарную помощь» из РФ — гранаты.

22 января должно было состояться побоище возле Украинского дома — власть для этого сделала все. Похоже, кроме трех демон-

странтов, «в жертву» собирались принести еще и две сотни подчиненных Виталия Захарченко.

Причинно-следственная связь между этими точками очевидна.

**Власть всерьез намеревалась ввести чрезвычайное или военное положение.** Всерьез! Это не было «страшилкой» оппозиции, как многие тогда думали. Единственная загвоздка — необходимость получить подтверждение Верховной Рады. После того как регионалов использовали «в темную» 16 января, успех данного мероприятия вызывал сомнения. Фракция могла взбунтоваться. Голосовать «в слепую», «потому что так надо», точно никто не стал бы. Но поскольку законность, как уже неоднократно подчеркивалось, в ту пору соблюдалась весьма условно, на Банковой, а также в «Межигорье», в более узком кругу, вероятность введения ЧП обсуждалась предметно.

Зная об этом, посольства сразу нескольких стран — крупных геополитических игроков — разослали по аффилированным ведомствам (вплоть до полузакрытых школ, где обучались дети их сотрудников) подробную инструкцию о том, как вести себя, что предпринимать, когда будет парализован транспорт, отключена связь и т.д. То есть в случае введения ЧП. Рассылку подобных инструкций «на всякий случай» — без наличия реальной угрозы — дипломатическая практика не предусматривает.

> «К такому решению его (Януковича. — *С. К.*) подталкивали, и все к этому было готово, — в этом я убежден», — подтверждает **Ринат Ахметов**, наблюдавший ситуацию изнутри.

Что удержало Януковича от радикального шага, Ахметов явно знает, но говорить отказывается. Возможно, потому что, по мнению многих в окружении, этим «сдерживающим фактором» выступил он сам. Сегодня проверить это наверняка возможным, увы, не представляется.

Рассказывает **Александр Турчинов**:

> «Было закрытое совещание СНБО. Готовилось решение о введении военного положения для использования против Майдана последнего аргумента — армии. Янукович лично ставил задачу полностью «зачистить» Майдан. Всех зачинщиков схватить, задержать, если надо, уничтожить. Саму площадь

полностью оцепить и весь актив «зачистить». Специально для этого освобождались места в СИЗО.

**Почему же команда гаранта не была выполнена?**

Потому что генералы силовиков понимали: Майдан уже не тот, что в первые недели, и сейчас он будет жестко противодействовать и стоять до конца. Они понимали, что даже введение военного положения, стягивание к Майдану войск не позволит очистить его так, чтобы при этом не полегло тысячи полторы-две человек. Майдан оказался бы просто по колени в крови. В буквальном смысле. Разумеется, никто не хотел пачкать руки в крови. Как могли, они избегали этого, но саму команду, понятно, не оспаривали. Тогда никто не смел возражать Януковичу.

И вот на этом этапе сами силовики — в обход тройки наших политических лидеров — вышли на меня с предложением о встрече с Януковичем. Как бывший глава СБУ, я был для них человек понятный, пользующийся в силовых структурах, несмотря ни на что, определенным уважением. Им нужен был тот, кто не побоится сказать Януковичу правду. Это было в двадцатых числах января — как раз на этапе принятия решения о введении военного положения. Итак, на меня вышли силовики, рассказали о подготовке к введению военного положения, попросили попробовать поговорить с Януковичем относительно того, что это не даст ничего, кроме моря крови и взрывоопасной ситуации на международном уровне. Нам устроили встречу.

В тот раз... он сильно нервничал — это было заметно. Заметно было, что он еще не принял окончательного решения и колеблется. Обычно он был по-барски надменный и самоуверенный, а тут с трудом сдерживал эмоции. Думаю, устные-то команды он уже выдал, но от него требовали письменных — чтобы ясно было, кто отвечает за кровь. А письменные он давать не хотел и из-за этого злился.

**О чем вы говорили конкретно?**

Я попытался спокойно описать ему происходящее, но он сразу же перебил: «У вас там бандиты, вы убиваете милицию, вы перешли черту, вас всех надо посадить...» Ну, такой вот поток, и слова не вставишь. Я слушал-слушал, потом говорю: «Смотрите, все, о чем вы сейчас рассказываете, — неправда. Я не знаю, кто вас в этом убедил. Мы не используем оружия, но будем стоять до конца. Если решите применить против Майдана силу, мой прогноз — минимум тысяча трупов. Вы зальете Крещатик кровью. Вы двинете на нас танки, а люди просто возьмутся за руки и будут стоять — никто не побежит. Эту кровь вы уже никогда не смоете. Вы к этому готовы?»

*Что он на это ответил?*

Он долго молчал. Потом начал говорить более примирительно. Что мирному протесту нужно отмежеваться от экстремистов. То есть, по сути, опять ни о чем. Мы беседовали около часа. И мне кажется, я все же сумел до него донести, что военное положение только усугубит для него ситуацию. Собственно, это и было моей главной задачей. Свои-то правду говорить ему боялись: он их гнул, они и гнулись.

*Он что-то сказал вам о своих дальнейших планах, своем решении?*

Нет, ничего. Но я, в общем, и не спрашивал. Моя задача была донести объективную информацию.

*Вы сообщили о встрече лидерам оппозиции?*

Да, конечно. Я согласовал с тройкой свою встречу с ним. И сразу по ее окончании детально рассказал обо всем. Они восприняли это так, будто Янукович уже отказался от чрезвычайки (по факту, так оно и случилось. — *С. К.),* и очень обрадовались. Кто-то даже сказал, что раз у Турчинова так хорошо получается с ним говорить, то пусть и дальше продолжает. Но против выступил Виталий Кличко. Мол, как это так, я — единый кандидат...

*А, ну да, он все еще считал, что Майдан должен был выдвинуть его единым кандидатом в Президенты. Та еще тема для приколов!*

Если честно, я не горел желанием дальше поддерживать связь с Януковичем, и для меня такая позиция Виталия была очень кстати — де-факто облегчением».

# Глава 6

# ПАРЛАМЕНТСКАЯ АМНИСТИЯ

28 января Верховная Рада собралась на внеочередную сессию. Два главных вопроса повестки дня: отставка правительства Азарова и отмена законов 16 января. С отставкой Азарова разобрались быстро. Одиозный премьер сам написал заявление. Парламент проголосовал «за». Президент отставку принял.

«Было понятно, что Николай Янович должен уйти. В противном случае депутаты сами бы его в отставку отправили. То есть парламент был бы дестабилизирован. Ясно, этого допускать никто не хотел», — констатирует **Владимир Рыбак.**

Каждая из противоборствующих сторон записала случившееся на свой счет: оппозиция — на том основании, что якобы сумела «переломить» власть, власть — на том основании, что якобы пошла навстречу гражданскому обществу и миру во всем мире. На самом деле и те и другие получили ситуативные преимущества, а также время для передышки и перегруппировки сил. Решительный бой был еще впереди.

Временным «и. о.» — до назначения полноценного премьера — стал Сергей Арбузов. Именно он был одним из главных претендентов на кресло главы Кабмина.

После перерыва депутаты отменили восемь наиболее одиозных диктаторских законов. На этом заседание закрылось. Непростой вопрос принятия закона об амнистии отложили на следующий день.

Рассказывает **Владимир Рыбак**:

«Мы с Азаровым — соседи. В тот день, часов около восьми — начало девятого вечера, я подъезжаю к дому и думаю:

надо Николая Яновича как-то поддержать. Он, вообще, человек замкнутый и никому жаловаться не станет. Я был уверен, что вот сейчас он сидит один дома, и нехорошо ему на сердце. Словом, звоню ему и говорю, что сейчас заеду. Приезжаю: так и есть, сидит один. Ну, мы перекусили, побеседовали по душам. Я сказал ему, что, на мой взгляд, он поступил правильно, что иначе в этой ситуации и нельзя было, что время сложное и ему просто нужно переждать. Посоветовал поехать куда-то на недельку отдохнуть, а потом уже со свежими силами... После этого я еще беседовал с президентом о том, что Николай Янович человек, привыкший все время работать, находиться в струе, и бездеятельность будет ему в тягость — нужно дать ему какой-то пост.

***Например? Он же оставался главой ПР, ею бы и занимался.***

Президент тоже так сказал: пусть, мол, партией занимается. Но Азаров — не тот человек. То есть после Кабмина масштаб партии не тот... Словом, я ратовал за то, чтобы его куда-то назначили на альтернативную должность — главное, чтобы он был занят... После нашего разговора уже сам президент его пригласил и сказал: «У нас с Владимиром Васильевичем был разговор, ты должен работать, варианты такие-то». Азаров ответил, что подумает. Потом они в одно и то же время оказались в Харькове, но так и не встретились. Сейчас, насколько я знаю, они не общаются. Мне Азаров тоже больше не звонит».

## «Семьи вывозите. Побыстрее»

Внеочередная сессия продолжилась 29 января. Заседание тормозилось постоянными перерывами. Ломали копья относительно версии, в которой следует проголосовать за закон об амнистии. Всего вариантов было четыре, из них два основных: власти и оппозиции. Оппозиция требовала принимать закон без каких-либо условий и оговорок. Власть настаивала: амнистия возможна только в обмен на полное освобождение улиц и админзданий (законопроект постпреда президента в парламенте Юрия Мирошниченко). Настаивала, прекрасно понимая, что оппозиция это сделать неспособна: она попросту не контролирует протестующих в полной мере. Скажи тогда Кличко или Яценюк Майдану: «Разойдись!» — Майдан бы с места не сдвинулся, а Кличко или Яценюк больше никогда бы не поднялись на его сцену.

Безусловно, это была ловушка. Депутаты-«большевики» это прекрасно понимали и склонялись в пользу оппозиционной версии документа. Источники Lb.ua насчитали тогда в ПР целых 52 голоса «за». При хорошем раскладе, в дальнейшем все эти люди могли перейти на сторону оппозиции. Кроме того, «большевики» были готовы начать переговорный процесс относительно возвращения к прежней Конституции. В планы Виктора Януковича это тем более не входило. Заводя разговор о Конституции, он-то рассчитывал максимально затянуть тематические консультации. Чем больше — тем дольше у него сохранятся огромные полномочия. Узнав об «измене» своих депутатов, Виктор Янукович лично приехал на встречу с фракцией. Второй раз за четыре дня, что было явлением чрезвычайным.

> «Самому встречаться с фракцией, да еще и в экстренном порядке — это уже был для него последний аргумент. Фракция-то и дышать раньше в его присутствии боялась, не то что ему перечить. А тут он вынужден был запугивать, угрожать, кричать», — удовлетворенно комментирует **Александр Турчинов.**

Регионалы собрались в кино-лекционном зале Рады. При этом присутствовало меньше половины фракции. Среди прочих отсутствовало большинство людей Фирташа и Левочкина. Журналистов, разумеется, не пустили, но Янукович говорил достаточно громко — было слышно почти каждое слово. Точнее, не говорил — орал, щедро перемежая предложения витиеватыми матерными конструкциями.

«Я приехал к вам из-под капельницы», — трагически начал Виктор Федорович. Но уже через минуту, не проявляя абсолютно никаких признаков недомогания, он на чем свет стоит крыл «предателей». «Предатели» понуро молчали — спорить не решались. И Янукович пошел «тузом» — пригрозил депутатам роспуском Рады, если те не поддержат законопроект Мирошниченко. Хотя все прекрасно понимали, что оснований для роспуска нет и взяться им неоткуда.

После, по словам очевидцев, Янукович подозвал к себе одного из близких соратников Дмитрия Фирташа, депутата Ивана

Фурсина, и сунул ему в руку телефонную трубку. «Дима, объясни своим, как голосовать надо», — предварительно буркнул Виктор Федорович трубке. И трубка голосом Дмитрия Васильевича объяснила. «Мы будем голосовать так, как скажет президент», — изрек Фурсин. Довольно хмыкнув, президент за сим удалился. «Семьи вывозите. Да побыстрее», — глядя ему в спину, хмуро посоветовал соратникам Сергей Тигипко.

Так Рада приняла закон об амнистии, предусматривавший оную в случае, если митингующие на протяжении 15 дней освободят админздания и улицы. Отдельная строка: закон считается вступившим в силу... после публикации на официальном сайте Генпрокуратуры. Почему, спрашивается, не СБУ, не СНБО, не Харьковской облдминистрации на худой конец? Что это вообще за «правовые» новации?

В тот же вечер комендант Майдана Андрей Парубий заявил, что Евромайдан драконовский закон авторства Мирошниченко выполнять не собирается. «Был возможен только один вариант — амнистия без всяких условий, и мы это обсуждали. Данные условия (амнистия в обмен на освобождение админзданий) — неприемлемы», — сказал он.

# Глава 7

# КАК МЕНЯЛСЯ
# ВИКТОР ЯНУКОВИЧ

Что стало началом конца Януковича? Конституционный переворот 2010 года, заключение Тимошенко, приход к власти «семьи»? Позже многие задавались этим вопросом. Ведь Виктор Янукович не был глупым человеком. Властным, жестким, хитрым — да. Алчным, своевольным, не слишком смелым — да. Глупым, беспечным — нет.

## «Все закончится вилами»

Когда в 2010 году Виктор Янукович пришел к власти, рейтинг его поддержки был достаточно высок. Многие крупные бизнесмены мыслили в залоге: теперь, наконец, настанет порядок, установятся правила игры, «у нас будет, как в России». Последнее — ключевое. Россию они тогда сакрализировали, российскую «систему» государственного управления возводили в абсолют. После бардака времен Виктора Ющенко им казалось, что это невероятная благодать. Однако очень скоро выяснилось, что жить в болоте значительно комфортнее, чем в концлагере.

Но были и те, кто все понимал с самого начала.

В начале апреля 2010 года я случайно встретила на Банковой давнего товарища. Некогда один из ближайших соратников Виктора Януковича, с избранием его президентом он предпочел от него дистанцироваться. Не на «хлебную» должность «вписаться», не на «поток» сесть, но дистанцироваться. Это удивляло. «Почему ты не там?» — спросила, указывая на здание Администрации. «Пачкаться не хочу», — последовал ответ. «В смысле?» — я действительно была ошарашена. «Скоро поймешь».

Товарищ оказался прав. Всего через год при попытке обсуждения одной бизнес-схемы Александр Янукович скажет ему фразу, которая позже станет крылатой: «У нас в стране теперь нет бизнеса пятьдесят на пятьдесят. Есть восемьдесят на двадцать. Твои двадцать. Хочешь — бери, менеджируй».

В счет «былых заслуг» его визави мог себе позволить ответить вежливым смехом, развернуться и уйти. У всех остальных такой возможности не было.

И еще эпизод. Первое время существовал миф: у Виктора Януковича есть амбиция войти в историю, запомниться государственным деятелем колоссального масштаба, привести свою страну в Европу, всегда быть рукоподаваемым для мировых лидеров. Выглядел этот миф обоснованно — в 2010 году Виктор Янукович вел себя именно так.

Причем как в Киеве, так и в Брюсселе. В главной европейской столице друзья-дипломаты тогда говорили экспертам Института Горшенина в приватных беседах: «Тимошенко читает нам проповеди, Яценюк учит нас жить, а Янукович ведет себя, как ученик». Ученическое смирение украинского лидера, видимое стремление следовать всем рекомендациям, без сомнения, им очень нравилось.

Но это был только миф.

В тот же период — на заре эры «покращання» — один маститый знаток донецкого менталитета на вопрос о том, что выберет Виктор Янукович: деньги или власть, — ответил, не колеблясь: «Деньги. Всегда только деньги».

Еще раз: в первой половине 2010 года это казалось несуразной дикостью. Но этот человек знал Януковича слишком давно и слишком хорошо, поэтому в прогнозах не ошибся.

Осенью, вскоре после того как случился конституционный переворот, он сделал еще один прогноз: «Через год посадят Юлю и сдадут трубу — вот посмотришь». По поводу трубы спорить не стала — не слишком сильна в экономических раскладах, — а вот насчет Тимошенко верить категорически отказывалась: кто ж ее посадит, она же памятник. На нее и дела-то тогда уголовного еще не было.

11 октября 2011 года Юлия Тимошенко «получила» семь лет тюрьмы, а вместо трубы сдали Черноморский флот. «Что теперь?» — поинтересовалась я у него через несколько дней, хотя и

спрашивать-то уже боялась. «А через год, Соня, Беларусь тебе покажется раем».

И он снова не ошибся. Через год (чуть меньше) против Lb.ua под надуманным и совершенно смехотворным предлогом было возбуждено уголовное дело. Издание оказалось на грани закрытия, а я сама — за шаг от все того же семилетнего срока. Тогда многим казалось, что мы преувеличиваем масштаб проблемы. Но чем больше проходит времени и чем больше людей, находившихся тогда в системе, по ту сторону баррикад, осмеливаются рассказывать о происходившем, тем больше убеждаемся — угроза была более чем серьезной. Если бы тогда не приняли контрмер, не вывели конфликт в публичную плоскость, нас бы просто порвали. Показательно, другим в назидание. Как рвали при Януковиче многих, уничтожая навсегда.

Мы встретились за границей. «Чем это закончится?» — спросила я у него, имея в виду ситуацию в стране. «Вилами. Все закончится вилами», — как всегда, исчерпывающе ответил он. Так оно в 2013 году и получилось.

## «Саша не скрывал, что это именно он меня «отжимает»

Показательно, что в 2012 году от Виктора Януковича отошли многие из тех, с кем он дружил в «прошлой жизни». Не просто приятельствовал, а именно дружил. Эти люди были его ровесниками, некоторые — старше. Всегда, по праву дружбы, они говорили ему правду, даже неприятную. В какой-то момент этой неприятной правды стало слишком много. А кому же охота ее слушать?

«Был случай. Он позвонил мне по телефону и вместо «привет» начал разговор на повышенных тонах. Как будто я подчиненный его и в чем-то виноват. То есть я понимаю, что он, видимо, только что кого-то из подчиненных действительно отчитывал и просто еще не переключился, но для меня это было вообще неприемлемо. Что за тон? После этого мы долго не общались», — вспоминает один из этих людей.

С кем-то «расклеилось» из-за бизнеса. Точнее, из-за нападок на их бизнес «младореформаторов», не знавших вообще никаких пределов и границ.

«Младореформаторы», они же группа «семья» — это люди, близкие к старшему сыну четвертого украинского президента — Александру Януковичу. Они активно вошли во власть после парламентских выборов 2012 года. С тех пор в стране не осталось даже собачьей будки, с которой они бы не собирали дань.

«Саша не скрывал, что это именно он меня «отжимает», — рассказывает некогда близкий друг Януковича. — Как-то он приехал ко мне и вместо «здрасьте» сказал фразу: «Даже младший брат (Виктор Янукович-младший. — С. К.) считает меня отморозком». Так что нечего, мол, удивляться, что по отношению ко мне предпринимаются такие действия».

Похожий опыт получил Юрий Иванющенко. Дошло до обыска его банка — по наводке «младореформаторов». Это — ответ на вопрос о том, почему на юбилее Игоря Суркиса Виктор Янукович, обращаясь к Иванющенко, сказал: «Вот мой друг, я не видел его год, не звонит, не приезжает».

Разумеется, о «художествах» «Сына и Ко» бывшие друзья Януковича ему не говорили. Достоинство не позволяло — это выглядело бы как жалоба. Предпочитали, по возможности дав сдачи агрессорам, просто молча отойти в сторону.

Одни навсегда, другие спустя какое-то время вновь появлялись на орбите, третьи не сходили с нее несмотря ни на что, полагая: близость к «первому» — не то, чем стоит размениваться из-за обстоятельств. Те, которые отходили навсегда, твердили мантру: Янукович о многочисленных «художествах», о происходящем в стране в целом не знает. Дескать, подлое окружение держит его в «теплой ванне». В глубине души, конечно, они осознавали, что это неправда. Янукович, по крайней мере вначале, все прекрасно знал, все молчаливо одобрял. Король сам формирует свою свиту. Человек, который не желает оказаться в «теплой ванне», никогда в ней не окажется.

## «Янукович не любил людей, приносивших плохие новости»

В состояние «блаженной вменяемости», которое он мастерски имитировал, Виктор Янукович впал не сразу.

По мнению большинства из тех, кто входил в близкий круг Януковича, да и просто находился где-то рядом на протяжении длительного времени, «слом» случился с ним в 2012 году, после парламентских выборов.

Говорит **Михаил Добкин**:

«Янукович образца до 2012 года и после 2012 года — два совершенно разных человека. Янукович до 2012-го — это человек, который пытается управлять процессами. Для того чтобы управлять процессами, нужно владеть ситуацией: вникать во все, за всем следить лично, ни в коем случае не доверяться только замам. У такого руководителя везде должны быть свои «глаза» и «уши». До 2012 года был целый блок вопросов, которые он сам держал под контролем. И не потому, что был заинтересован в личном обогащении, — это касалось действительно проблемных для государства отраслей. Вот, например, у меня в регионе из-за задержки с выплатой зарплат собирались бастовать работники ЖКХ. Еще даже не бастовали, просто собирались, а он уже вызвал меня и начал распекать на все лады. «Меня, мол, не интересует, что и почему. Людям не должны зарплату задерживать. Они и так крохи получают! Немедленно разберись и реши проблему! Как — меня не интересует, доклад через три дня». И все это было искренне.

Но после выборов 2012 года его как будто подменили. Сколько было случаев: Янукович созывал какое-то совещание, вычитывал нас за то, за это, формулировал задачи, требовал выполнить до такого-то числа. Такого-то числа, скажем через месяц, я, собрав все бумаги, справки, ехал к нему на доклад отчитываться в выполнении поручений. И вот по ходу разговора — больше чем в половине случаев — я видел, что он вообще не понимает, о чем идет речь, просто не помнит.

*Для него это не было важно. Он созывал совещания и раздавал нагоняи для проформы.*

Вот именно. Ну, доклад-то он какое-то время слушал, а потом быстро переводил разговор на бытовые темы. Говорил об охоте, о гонках...

Раньше я еще как-то просился на встречи — хотелось рассказать о делах в регионе, о чем-то посоветоваться, но в 2013-м я к нему ездить вообще перестал. Администрация Президента тоже никаких распоряжений не давала. Мы, губернаторы, по сути, были предоставлены сами себе».

«Он менялся постепенно. В конце 2012 года стало очевидно, что декларации относительно государственной политики расходятся с реальными действиями. Где-то летом 2012 года вся государственная машина начала перестраиваться в одну большую корпорацию», — подтверждает **Александр Лавринович**.

Собственно, с 2012 года на арену активно вышла группа «семья».

«Президентство — это еще и ежедневная рутина: необходимость чем-то заниматься, во что-то вникать, следить, контролировать и т.д. Рутина его утомляла, и он начал сбрасывать все на людей, отвечавших за те или иные направления. Потом в какой-то момент появился Саша. Он закрывал многие вопросы. Саша — копия отца в лучшие его годы: волевой, целеустремленный, всегда со всех спросит, — говорит **Добкин** об Александре Януковиче. — Мы не были близко знакомы и общались, по сути, только последнюю неделю-полторы перед отъездом Януковича. Он произвел на меня впечатление серьезного человека.

Отец очень доверял ему, но так случилось, что поручил заниматься вопросами, в которых тот ничего не понимал. Одно дело — выстроить финансовую схему, другое — управлять политическими процессами. Ну как, скажи, можно было доверить коммуникацию с фракцией Арбузову?!

Арбузов и в экономике-то особой эффективностью не отличался, а уж в политике... Хорошо, нет у тебя опыта, но ведь можно учиться, развиваться, стремиться к чему-то... Но нет, куда там! Зато апломба и «понтов» — как будто он уже минимум две политические жизни прожил!»

Сергей Арбузов — первый вице-премьер Украины, главный ставленник Александра Януковича во власти — отвечал, кроме прочего, за связь ВР и Кабмина. «Регионалы» его очень не любили, причем все — независимо от своего положения в партии, принадлежности к той или иной группе и т.д. Арбузов славился надменностью, хамовитым отношением ко всем и каждому. С депутатами общался мало, зачастую «сквозь зубы», что вызывало возмущение фракции. С депутатами других фракций он не общался вообще.

В октябре 2012 года главный редактор еженедельника «Зеркало недели. Украина» **Юлия Мостовая** писала:

«Напомню широкоизвестную в узких кругах историю. Когда в президентский день рождения нескончаемый людской поток иссяк, остались лишь званые и избранные. Именинник поднял бокал: «За процветание Украины, к которому нас приведут молодые! Молодые — лучше нас, прогрессивнее. Мы должны уступать им дорогу. Кто-то против?» — обратился он к залу с риторическим вопросом. В зале взметнулась рука: «Я против! Молодые должны выучить такое слово, как «терпение». Вы правильно догадались: такое мог себе позволить только Ринат Ахметов. Он прекрасно понимал, что конструкция на многих ножках устойчивее, нежели на двух, где вторая — он сам, Ринат Ахметов».

«Он (Янукович. — *С. К.*) всегда верил молодежи и в молодежь; считал, что ее надо поддерживать, стимулировать в развитии, помогать двигаться вперед... Он искренне верил в это. Вот и тогда заговорил об этом, — комментирует **Ахметов**. — В первых рядах, совсем недалеко от него, сидели тогда представители «молодой команды». Он как бы обращался к ним, делал им комплименты. Говорил, что нужно дать дорогу молодым, потому что молодежь — это реформы. Спрашивает: «Все согласны?». Все, конечно, закивали. А я говорю: нет, я не согласен, я считаю, что молодежи еще нужно набраться опыта, мудрости.

*И настала гробовая тишина.*

Точно. Абсолютная тишина. Все обрадовались. Обрадовались потому, что подумали: ну все, теперь Ринату несладко придется. Почему я тогда так сказал? Все просто: я не верю в слишком быстрый рост. Я считаю, что развиваться нужно последовательно, продвигаться по ступенечкам, понемногу, постепенно приобретая опыт».

Мостовая была права: Ахметов мог себе это позволить. Их с Януковичем совместная история была слишком давней, слишком

16 января 2014 года Верховная Рада приняла пакет «диктаторских» законов, окончательно сворачивавших страну на путь авторитаризма. «Голосовали» — в нарушение всех мыслимых процедур — поднятием рук. Руки эти — даже для проформы — никто не считал

19 января 2014 года — после очередного веча
— часть радикально настроенных протестующих попыталась пройти к Верховной Раде
через улицу Грушевского, где натолкнулась
на кордон силовиков

Началось противостояние, длившееся более недели. Людям некуда было отступать — согласно диктаторским законам, каждому майдановцу, включительно с народными депутатами, «светила» статья «за экстремизм»

В первые же часы на Грушевского прибыл Виталий Кличко — пытался «остудить» горячие головы. Вместо этого «остудили» его. В буквальном смысле — из огнетушителя

В ходе противостояния на Грушевского митингующие впервые применили против силовиков брусчатку, «коктейли Молотова», силовики — российские гранаты, завезенные из РФ
как «гуманитарный груз»

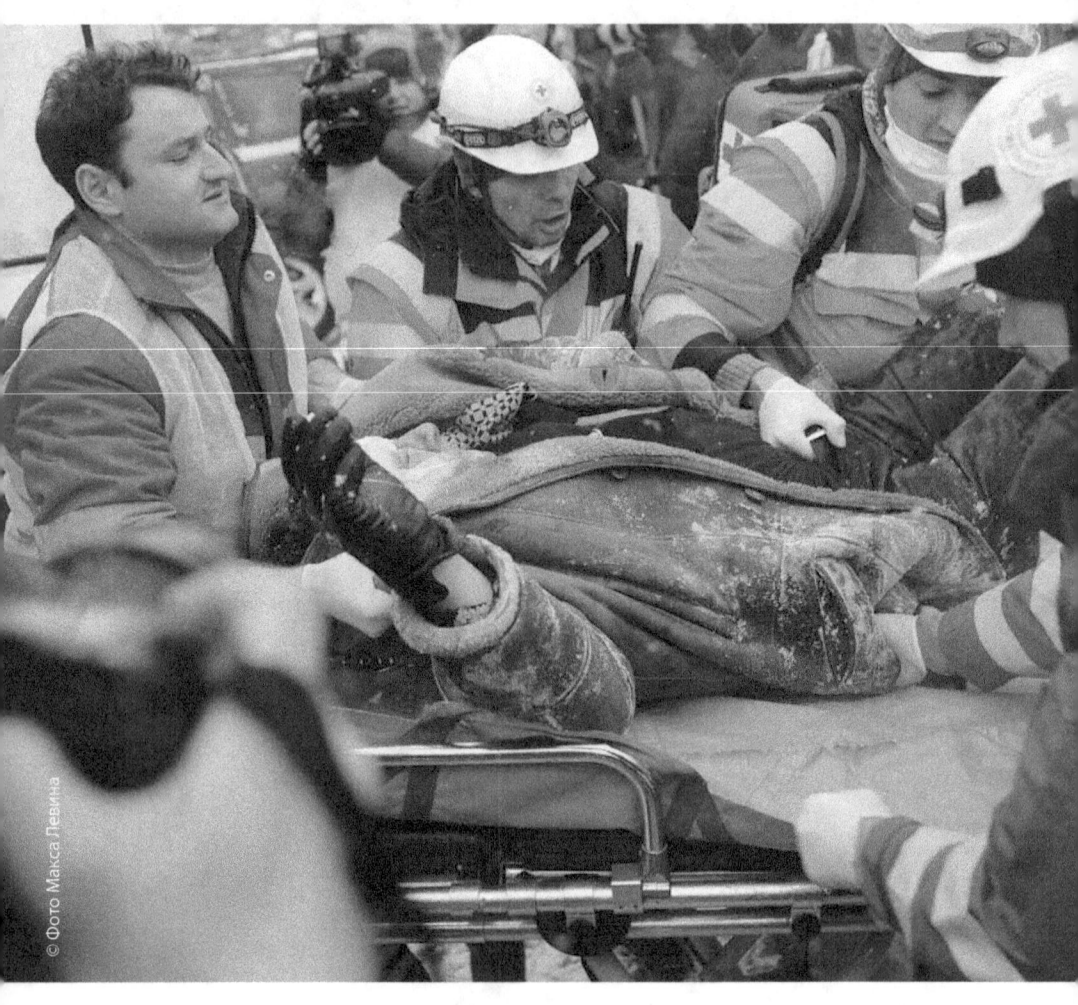

©Фото Макса Требухова

22 января 2014 года — в День соборности Украины — на Грушевского погибли трое майдановцев — Нигоян, Жизневский и Сеник.
В этот же день силовики предприняли несколько ожесточенных атак на позиции демонстрантов. В ходе одной из них был полностью разгромлен медпункт на Грушевского, ранены медики

На протяжении всех трех месяцев Майдана священники разных конфессий  постоянно присутствовали на  баррикадах, часто становились «живым щитом» между протестующими и силовиками

сложносочиненной, глубинные ее детали, кроме них двоих, неизвестны никому. В кулуарах полагали: это потому, что еще с донецких времен их будто бы связывали нити общих бизнес-интересов. **Ахметов** это категорически опровергает:

> «У меня никогда не было с ним никакого бизнеса. Тем более пятьдесят на пятьдесят. Во-первых, весь мой бизнес структурирован и абсолютно прозрачен. Решительно никаких серых пятен в нем нет. Во-вторых, если бы это соответствовало действительности, зачем тогда Саше было строить свою корпорацию?»

Ответ на вопрос «зачем?» очень прост: Саша хотел занять место Ахметова. Осознанно ли, неосознанно ли, но факт. Проявлялось это даже в мелочах, в поведенческой манере, не говоря уже о стратегии построения и ведения бизнеса.

Показательно, что в 2010 году, вскоре после инаугурации, Виктор Янукович произносил другие тосты. Дословно: «Два года — не жрать! Работать на страну!».

Но меньше, чем через два года, людей, способных настоять на какой-либо внятной альтернативе (да что там, хотя бы просто ее озвучить), в окружении Януковича его же стараниями практически не осталось. Остались люди-функции. Функции по озвучиванию нужных мэссэджей, по сбору денег в казну, по обеспечению результата в 2015 году и т.д.

> «Виктор Янукович не любил людей, приносивших плохие новости. Те, кто приносил плохие новости, выходили от него с очень плохим настроением, — говорит тогдашний замглавы АП **Сергей Ларин**. — В итоге те, кто подливал ему в ванную горячую воду, остались, а остальные отошли».

Кстати, во время Майдана управление внутренней политики АП, которое курировал Ларин, оперативно информировало главу государства об истинном масштабе протестов в регионах. Информировало посредством специальных докладных записок, отправлявшихся непосредственно первому лицу — через приемную. Реакции на них, однако, не следовало.

> «Попасть к нему на прием, особенно в последнее время, было очень сложно. Иногда я говорил ему: «Виктор Федорович, нужно принять такого-то человека. Выслушайте его. Вас

просто изолируют, закрывают...». Я всегда говорил, что думаю. Часто, опять-таки особенно в последнее время, это его раздражало, он нервничал, — дополняет **Владимир Рыбак.** — Бывало такое, что, допустим, Клюев и Азаров о чем-то между собой переговорили, а потом приезжают ко мне: «Скажите ему». — «А сами чего не идете?» — спрашиваю. «Он может нервно отреагировать, не услышать».

*Боялись?*

Не только в этом дело. Он мало кого слушал. Я был, пожалуй, одним из немногих, кому он в лицо не перечил. Даже если не нравилось что-то, все равно выслушивал, но такого, чтобы...

*...чтобы обложить матом, как он иногда позволял себе в отношении Азарова и Клюева, по отношению к вам не было.*

Нет, не было. Я говорил следующее: сейчас я высказываю свое мнение. И говорю объективно, а решение уже вам принимать».

И еще:

«Мое мнение: он просто устал, потерял стимул для развития. Он был абсолютно уверен, что будет избран на второй срок — тут, мол, даже беспокоиться не о чем. Он настолько глубоко был в этом убежден, что заражал этой уверенностью других. И если кто-то ему и высказывал какие-то опасения, это все просто разбивалось о его уверенность в собственной правоте, — резюмирует **Михаил Добкин**. — Конечно, я могу ошибаться, но вот что я думаю. Янукович прожил тяжелую жизнь. Очень тяжелую. Он дважды падал в пропасть и дважды из нее выбирался (подразумеваются две судимости Виктора Януковича, полученные им в молодом возрасте. – *С. К.*). Он дважды избирался президентом. Один раз победу у него украли, второй раз он своего добился. Формально результат был достигнут, и он потерял интерес».

## Время для наслаждений

Известный своим косноязычием Виктор Янукович в 2011 году на пресс-конференции утверждал, что у него «нет времени для наслаждений». На самом деле основную массу времени он тратил как раз на «наслаждения». Когда в конце февраля 2014 года «Межигорье» пало и на территорию поместья зашли активисты, людей поразил масштаб роскоши и излишеств, окружавших президента в повседневной жизни. Символом излишеств был образ «золотого унитаза», который, согласно городской легенде, был установлен в спальне главы государства.

Вместо золотого унитаза в «Межигорье» обнаружили золотой батон — сувенирное пресс-папье.

«Он жил в свое удовольствие, — продолжает **Добкин**. — Знаете, от чего он получал удовольствие? От «Межигорья» — от всех этих бытовых удобств, роскошеств. От того, что может коммуницировать с лидерами зарубежных стран. «Король Саудовской Аравии — мой друг. Шейх такой-то — мой друг», — любил он повторять. Его послушать, так они там все были друзья.

*Можно подумать, они воспринимали его как равного.*

Это уже иной вопрос, но то, что он мог с ними встретиться, поговорить, — ему очень нравилось».

«Это было на приеме в честь инаугурации. Поздравляя его, я сказал: «Виктор Федорович, я хочу пожелать, чтобы по окончании вашего президентского срока вам могли бы подать руку и президент США, и президент РФ, и глава Еврокомиссии. И чтобы вы тоже могли им подать руку». Звучит просто, но за этим стоит огромный труд», — вспоминает **Ринат Ахметов**.

Его пожеланию не суждено было сбыться.

«Перекайфовал мужик», — коротко уточняет некогда близкий друг экс-гаранта, упоминавшийся в начале главы.

«Пенсия. Когда я впервые увидел «Межигорье», то понял: у Федоровича уже пенсия. Все! Приехали!» — вторит другой.

Приметно, что все свои фантастические богатства Виктор Янукович тщательно скрывал от посторонних. И не только журналистам он рассказывал, что «Межигорье» является территорией частного охотничьего клуба, что ему самому там принадлежит маленький клочок земли, а все остальное в аренде, причем арендует даже не он. Относительно близкому кругу пелись те же песни.

«Мы знали друг друга тридцать лет, но в гости друг к другу не ходили. Мы больше встречались в его кабинете на Банковой. Девяносто процентов угодий я увидел уже по телевизору, — признается **Владимир Рыбак**. — На въезде в «Межигорье» стояло здание — что-то вроде офисного, — и вот там иногда проводились совещания, на которые он периодически вызывал. Там была оборудована спецсвязь, все необходимое».

## Истории Виктора Федоровича

Одним из признаков оторванности Януковича от внешнего мира стали знаменитые «истории Виктора Федоровича». Добкин коротко упомянул, что наскучивший ему деловой разговор президент мог запросто перевести «на бытовую», как он корректно выразился, тему. На самом деле в такие моменты Виктор Федорович начинал рассказывать истории, якобы имевшие место в его прошлом. «Якобы» — поскольку истории эти больше походили на байки, изобиловали большим количеством откровенно фантастических подробностей. Повторялись они редко — часто для каждого слушателя сочинялась своя, новая история. Но было все же несколько «коронных».

Так, в 2012 году Янукович шокировал одного кандидата в депутаты от ПР, который пришел к нему на «собеседование» перед тем, как попасть в список.

«Вы знаете, молодой человек, что такое команда? — обратился он к нему чуть ли не с порога. — Вот я в ваши годы...» Далее последовала поучительная история о том, как в семьдесят каком-то году он несколько суток подряд, не выходя из гостиничного номера, играл в карты.

Попробую воспроизвести максимально близко к оригиналу, полагаясь на память слушателя:

«Катран в гостинице «Интурист». Номер «люкс». Вы понимаете, молодой человек, под кем тогда были картежники, тем более валютные (под КГБ. — *С. К.*)? Так вот. Соперник — скандинав. Очень нафаршированный и... — Тут Виктор Федорович «завис», подбирая слово. — О! Эластичный. Ну, мы катаем. День, два, три в номере. В итоге я и выиграл, и заработал еще тридцать миллионов долларов для страны. По тем-то временам. Итак, молодой человек, отсюда два вывода. Первый — всегда играйте в долгую. Второй — всегда будьте в команде».

Что из этого — правда, что — полуприпадочный бред, спросить, очевидно, лучше у Виктора Федоровича. И даже если подобное имело место, зачем это рассказывать человеку, которого видишь впервые в жизни.

Кандидат ничего не спрашивал: настолько обалдел от услышанного.

Известна еще одна версия истории про карты. Про игру в Сухуми, результатом которой стал выигрыш куда скромнее — сорок тысяч рублей.

Из числа «любимых» была также история о том, как Виктор Федорович, опять-таки в семидесятые, участвовал в автомобильных гонках в пустыне (!), и там за ним якобы устроили погоню вооруженные бедуины. Как он в те годы мог оказаться на гонках в пустыне и чем не угодил бедуинам, не уточнялось.

Еще о том, как он, Виктор Федорович, участвовал в подготовке советских космонавтов для полета в космос. Чуть ли не лично их отбирал.

Ну и далее в том же духе. Список можно продолжить.

# ФЕВРАЛЬ
# 2014

## Часть третья

*«Пока ты тут, подумай,*
*что чувствовал двадцатилетний парень,*
*прикрывая фанерным щитом раненого товарища,*
*а вокруг пули прошивали кору деревьев».*

*Надпись у одного из кенотафов на Институтской*

# ХРОНИКА СОБЫТИЙ

Первая половина февраля — власть и оппозиция торговались за изменения в Конституцию в целом и возможность вернуться к Основному Закону от 2004 года в частности. Продолжалась работа по освобождению заложников. С этой целью, по договоренности с властью, оппозиционеры пытались частично разобрать баррикаду на Грушевского так, чтобы там мог проехать автомобиль.

6-7 февраля — Виктор Янукович летал на открытие Олимпиады в Сочи. Главной целью визита была встреча с Владимиром Путиным — второй транш из обещанного 15-миллиардного кредита Украина все еще не получила.

14 февраля — на заседании Рады Майдана приняли решение о подготовке мирного наступления на Верховную Раду. Майдан требовал динамики.

В этот же день силовикам массово раздали боевые патроны. Сергей Конопляник показал Андрею Сенченко снайперов у Кабмина и сказал, что им дана команда стрелять по Майдану в случае, если строй «Беркута» будет нарушен.

16 февраля — на рассвете по Грушевского через отверстие в баррикаде проехала первая машина. Вечером после изматывающих переговоров власти и оппозиции генпрокурор Пшонка подписал закон об амнистии. Опубликованный на сайте ГПУ, он вступил в силу.

18 февраля — утром началось мирное наступление Майдана на Верховную Раду, уже через несколько часов обернувшееся масштабными боями в правительственном квартале. Схватки с «Беркутом» и «титушками» происходили в Мариинском парке, на Шелковичной, Липской (где горел офис Партии регионов), на Институтской и т.д. В разгар бойни Александр Турчинов пошел на встречу с Виктором Януковичем — их диалог оказался безрезультатным.

В обед, разбив протестующих в правительственном квартале, власть постановила окончательно «зачистить» и сам Майдан. «Это наш рок, и мы должны идти до конца», — сказал Александр Янукович Сергею Таруте.

В это же время в Святошине распечатали резервные склады МВД. «Беркут» и «титушки» получили на руки большое количество оружия.

Ровно в восемь вечера начался штурм Майдана. Жесточайшее противостояние — с применением силовиками боевого оружия — продолжалось всю ночь.

19 февраля — намеченный на шесть часов вечера повторный штурм Майдана отложили, власть и оппозиция объявили перемирие и начали работу над Мирным соглашением.

20 февраля — рано утром по «Беркуту», стоявшему на Институтской, неизвестные начали стрелять из консерватории. «Беркут» отступил по улице вверх. Майдан пошел в наступление, и тут спецрота «Беркута» и рассаженные по крышам снайперы (которые заняли позиции еще 14 февраля) начали стрелять на поражение. За несколько часов на Институтской погибло 53 человека.

В полдень Александр Турчинов призвал всех народных депутатов, независимо от их фракционной принадлежности, собраться в Верховной Раде. Задача — остановить кровопролитие.

К вечеру 236 народных депутатов поддержали постановление ВР «Об осуждении применения насилия, которое привело к гибели людей». Это были поминки по парламентскому большинству Виктора Януковича.

В ночь с 20 на 21 февраля — власть, оппозиция, а также международные посредники подготовили проект Мирного соглашения.

21 февраля — в первой половине дня лидеры оппозиции убеждали соратников по политикуму и Раду Майдана поддержать Соглашение.

Около часу дня силовики начали покидать правительственный квартал.

В три часа дня Мирное соглашение было подписано. Виктор Янукович объявил, что согласился на досрочные президентские выборы. Планирует ли он в них участвовать, уточнять не стал.

Верховная Рада продолжила работу в пленарном режиме, проголосовав за возвращение к Конституции 2004 года.

Около шести вечера Янукович и Клюев покинули АП и направились в «Межигорье». Вот уже несколько дней из резиденции эвакуировали ценные вещи.

Ночью Янукович, Клюев и Рыбак вертолетами вылетели в Харьков, где их встретил губернатор Михаил Добкин. Добкин отвез Януковича в госрезиденцию, где они просидели за чаем до поздней ночи — губернатор отговаривал гаранта от участия в съезде актива юго-востока, который планировали на 22 февраля.

22 февраля — около одиннадцати утра Виктор Янукович принял решение не ехать на съезд и записал свое последнее — в качестве украинского президента — видеообращение. После он отправился в Донецк, где его «Фалькону» не дали вылет на Москву. Из Донецкого аэропорта Янукович поехал в резиденцию Рината Ахметова.

Днем Верховная Рада отправила Виктора Януковича в отставку. Внеочередные президентские выборы были назначены на 25 мая.

В шесть часов вечера Юлия Тимошенко выехала из Харьковской ЦКБ. В девять она уже была на сцене Майдана.

Янукович в это время планировал отход из Донецка в Крым второстепенными дорогами.

В ночь с 22 на 23 февраля в Крым — с целью перехватить Януковича — из Киева вылетели и. о. главы МВД Арсен Аваков и еще не назначенный глава СБУ Валентин Наливайченко. С беглецом на полуострове они разминулись.

В ночь с 23 на 24 февраля катер доставил Виктора Януковича, Андрея Клюева и их немногочисленную свиту на борт российского военного судна.

В ночь с 26 на 27 февраля Янукович был замечен в Москве, в ресторане гостиницы «Украина».

# Глава 1

# КОНСТИТУЦИОННЫЕ ТОРГИ. «ВСТРЕЧА» КЛЮЕВА И ТИМОШЕНКО

Первая половина февраля прошла под знаком конституционных торгов. В начале февраля оппозиция заявила, что будет настаивать на принятии так называемого Конституционного акта, предусматривающего возвращение к Основному Закону образца 2004 года. На данном этапе это, как мы знаем, был один из возможных способов разрешения конфликта, уравновешивающий полномочия всех ветвей власти и значительно ослабляющий позиции президента; условный «нулевой вариант», позволяющий сторонам продолжить диалог. Предварительно, еще в январе, Янукович вроде как согласился на конституционный компромисс, однако на практике реализовать его не торопился. Ведь это для него означало:

а) поделиться властью с парламентом;

б) ослабить себя в преддверии 2015 года;

в) лишиться контроля над основными денежными «потоками», в том числе узурпированными «семьей»;

г) признать нелегитимность решения КСУ от 2010 года.

Янукович был к этому не готов. Сейчас звучит нелепо, но тогда он еще всерьез рассчитывал на повторное избрание главой государства. Так что в вопросах Конституции Банковая тянула время. Важно было вовлечь оппозицию в диалог, а уж как его потом «замылить», довести до абсурда, власть знала хорошо — опыт имелся.

Хотя объективно реформа Основного Закона была необходима, потому что любой новый президент, кем бы он ни был, при такой Конституции неизбежно превратился бы в «януковича».

Собственных голосов для реализации конституционных изменений оппозиции не хватало, и она активно вела работу в стане провластных депутатов. Часть из них, как известно, колебалась. Однако в целом парламентский отряд Банковой сохранял единство: хотя в кулуарах многие регионалы выражали недовольство, выходить из фракции они не торопились. Особенно это относилось к тем, кто был близок к держателям мажоритарных акций Партии регионов. Как говаривал один умный человек:

> «Янукович дал возможность ключевым олигархам зарабатывать колоссальные суммы. Кто же от этого добровольно откажется? Власть Януковича была им выгодна, поэтому вели они себя соответствующе».

Карты оппозиции спутало письмо Юлии Тимошенко, зачитанное на заседании фракции утром 4 февраля, перед открытием очередной парламентской сессии. Суть его сводилась к следующему:

а) прекратить любые переговоры с Януковичем;

б) не поддерживать возврат к Конституции 2004 года;

в) готовиться к президентским выборам. (Кто из оппозиционеров должен быть номинирован на них единым кандидатом, не уточнялось.)

Как относиться к посланию, во фракции долго не могли решить. Мнения варьировались от «Юля всегда и во всем права» до «это вообще не она писала — бред какой-то».

Ситуацию обострила инсайдерская информация о том, что якобы накануне Тимошенко виделась с главой АП Андреем Клюевым. Просочилась она после встречи замгоссекретаря США Виктории Нуланд с довольно широким кругом участников, проходившей накануне в Киеве. Нуланд, по словам очевидцев, сказала следующее: «Нам известно, что госпожа Тимошенко в своей больничной палате напрямую общается с господином Клюевым».

Цепочка выстраивалась довольно логичная. Если исходить из того, что Янукович действительно решил встать на путь компромисса (пусть даже в его специфическом понимании), договариваться ему нужно было не с тремя лидерами оппозиции, а с Тимошенко. Она единственная могла на них повлиять. Логично, что переговорщик от имени Януковича должен был быть достаточно статусным, полномочным самостоятельно принимать решения, плюс имеющим давнюю позитивную связь с Юлией Владимировной. По состоянию на начало февраля единственным таким человеком в близком окружении Виктора Януковича был Андрей Клюев.

Точно установлено, что Андрей Клюев прилетал тогда в Харьков с полусекретным визитом.

Говорит **Михаил Добкин**:

> «О том, что Клюев в городе, я узнал едва ли не случайно. Еще, помню, удивился. Подумал, что он по личным каким-то делам приехал, раз не сообщил. А через несколько дней мне позвонил Виктор Янукович и упрекнул в том, что я ему не сказал, что Клюев был в Харькове и встречался с Тимошенко».

Точки над «i» расставляет **Юлия Тимошенко**:

> «Да, возможно, он прилетал в Харьков. Возможно, говорил о чем-то с руководством колонии — это мне неизвестно. Во всяком случае, ко мне в палату он точно не заходил. Встречи в больнице у нас с ним не было. И не могло быть!»

Так или иначе, но конституционные торги продолжались. Хотя ясно, что важны они были больше для политиков, чем для протестующих. Если бы удалось достичь возвращения к Конституции 2004 года, Майдан воспринял бы «это как важное достижение, но не как победу. Думаю, что сейчас в мире нет такой силы, которая скажет Майдану разойтись, и он послушается», — отмечал в интервью Lb.ua комендант Майдана **Андрей Парубий**. Под началом этого человека тогда было 12 тысяч организованной Самообороны, и он знал, о чем говорил.

Торги как способ затягивания времени были важны еще и потому, что и у власти, и у оппозиции отсутствовал дальнейший четкий план действий.

6-7 февраля Виктор Янукович летал на открытие Олимпиады в Сочи. Не столько ради того, чтобы полюбоваться на олимпийский огонь, сколько ради того, чтобы поговорить с Владимиром Путиным о деньгах: Киев все еще надеялся получить вторую часть обещанного 15-миллиардного кредита. Накануне в Москве, сославшись на предпраздничные приготовления, Путин не принял Януковича. И это был более чем ясный знак. В Сочи, по словам сразу нескольких конфидентов из верховной российской власти, украинский гость не получил четкого ответа: ни «да», ни «нет». Зато через короткое время российский министр финансов Антон Силуанов заявил: «Украина получит второй транш только после того, как погасит собственный долг за газ». Уточнений более не требовалось.

# Глава 2

# ОСВОБОЖДЕНИЕ ЗАЛОЖНИКОВ. ЗАМЕРЗШАЯ БАРРИКАДА

Хотя закон об амнистии не нравился представителям оппозиции, он был принят. Другого способа освободить пленных не существовало. Вспоминает **Арсен Аваков**:

> «Всего задержанных было, кажется, двести тридцать шесть. У меня на руках был предварительный список, но, вообще, ими предметно занимался Паша Петренко (после победы Майдана Петренко стал министром юстиции. — *С. К.*). От оппозиции мне было дано поручение: прийти с этим списком на переговоры и добиваться освобождения всех задержанных».

После событий в Украинском доме контакты власти и оппозиции происходили в формате так называемой гуманитарной рабочей группы. Создана она была с подачи главы СБУ Якименко. Сам он, однако, в ее деятельности участия не принимал.

> «Мы сели в АП, у Клюева, обсуждать порядок освобождения наших ребят. От оппозиции на встрече был я и Денис Дзензерский. С другой стороны — замминистра внутренних дел Сергей Ратушняк и замглавы АП Сергей Ларин, — продолжает **Аваков**. — Вообще, какой тогда шел разговор. Мы говорили: отдайте нам наших ребят. Сторона власти настаивала: отдадим, если сначала договоримся о правилах «разруливания» кризиса. Правила, говорим мы, просты: ассоциация с ЕС, ну и т.д. — весь спектр политических требований.

На столе лежала карта расположения наших баррикад. И представители власти говорят: давайте договоримся о деэскалации. Определим линию, за которую нельзя переступать, и это позволит избежать столкновений в дальнейшем. «Ваши» и «наши» расходятся по разные стороны. Кроме того, в баррикаде на Грушевского вы делаете проем, который обеспечит проезд автомобилям. Проезд по Грушевского был для них буквально идеей-фикс. Мы, в свою очередь, были заинтересованы в том, чтобы развести противостоящие стороны как можно дальше друг от друга, минимизировав тем самым вероятность столкновений и кровопролития.

Эти «качели» продолжались несколько дней. В тот же период у меня было еще несколько встреч с Клюевым. Точнее: две с Клюевым и одна с Лариным. Договориться с ребятами на Грушевского было невозможно, и я помню, как сказал представителям власти: если вы вправду думаете, что их можно как-то уговорить, — вперед, пробуйте, договаривайтесь сами. Я повторял им: это не политические торги, не попытка «отжать» у вас какой-то участок территории, это объективная реальность — люди заняли такую позицию и вряд ли отступят».

Аваков говорил правду. Активистов на Грушевского оставалось немного, но настроены они были очень категорично. Даже записали видеообращение, в котором заявили, что живыми оттуда не уйдут. Собственно, и уходить-то было некуда. Многих из них власть давно вычислила и предметно «вела». Накануне в квартиру к одному из активистов явились с обыском, после чего его мать умерла от сердечного приступа. Разговоры об амнистии были всего лишь отвлекающим маневром. Как известно, был бы человек, а дело найдется.

«Так или иначе, в какой-то момент мы с Кубивым и его замом Дубасом пошли к ним на переговоры, — продолжает **Аваков**. — И Самооборона Майдана, и «Правый сектор» в обмен на наших заложников были готовы вести диалог с властью. Но ребята, которые сидели на Грушевского, полагали иначе. Итак, мы инициировали переговоры. Они проходили в Украинском доме: на улице все же не очень комфортно. Сели с ними в отдельной комнате и долго беседовали. Я объяснял, почему нам сейчас так важно найти общий язык с противоборствующей стороной, почему важно сделать в баррикаде проем, который обеспечит проезд. Я предлагал сделать в баррикаде раздвижные ворота, которые при необходимости можно разомкнуть, тем самым обеспечив проезд. Тут я хитрил, конечно, потому что в проекте мирного Соглашения было написано «проезд» — без конкретизации. Но раз машина проехать может, значит, считай, проезд есть. Диалог развивался очень непросто. В итоге вроде их уговорил. Ударили по рукам».

В середине февраля власть и оппозиция поочередно предпринимали друг против друга психические атаки. То майдановский штаб заявлял о том, что демонстранты, вопреки всему, площадь не покинут. То «Свобода» декларировала намерение чуть ли не забаррикадироваться в Украинском доме. В ответ власть «смягчалась»: Октябрьский дворец и Дом профсоюзов освобождать необязательно — это же не административные здания, о которых идет речь в законе. Тем временем прокуратура переквалифицировала дела задержанных автомайдановцев (все были пойманы в ходе январской облавы «Беркута» на Автомайдан) с «хулиганства» на «массовые беспорядки», а это уже статья совсем иного порядка тяжести.

И если с освобождением обладминистраций на местах дела двигались еще так-сяк, то в Киеве все было совсем туго. Наконец оппозиционерам удалось как-то договориться с митингующими, и из КГГА в Октябрьский начали эвакуацию продуктовых запасов. Сейчас об этом вспоминаешь с улыбкой, но тогда несколько дней кряду самым важным вопросом было: куда девать несколько тонн картошки, которую припасли предусмотрительные «свободовцы» (в мэрии жили преимущественно они).

«Легко сказать — «разобрать баррикаду». Попробуйте-ка: мороз до двадцати, баррикада вся насквозь промерзла и стала крепче камня, — продолжает **Аваков**, — Процессом руководил Кубив. Надо отдать ему должное: справился, хоть было очень непросто. Наши только подступят к баррикаде, чтоб начинать что-то делать, а «Беркут» уже занимает боевую позицию. Я постоянно созванивался с замглавы МВД Ратушняком — просил, чтобы он дал «Беркуту» команду отступить хоть на пару метров выше, иначе постоянно вспыхивали стычки.

И вот как-то ночью я иду от Украинского дома по направлению к баррикаде. По дороге мне встретились журналисты, и я впервые публично заявил, что мы ведем переговоры и, возможно, часть баррикады будет разобрана. Все вздохнули с облегчением: ну, хоть кто-то внес ясность. Иду дальше, мне Кубив навстречу с активистами — теми, которые «черти» в хорошем смысле. «Вы куда?» — спрашиваю. «Решили пойти борща поесть, — отвечает Кубив. — Устали страшно, не ели ж ничего, надо горяченького. Ну и с новыми силами опять приступим». А сам он уже тоже весь в копоти с головы до ног. «Смотри, — говорю, — если до пяти утра не справимся, все. В пять я должен засвидетельствовать, что проехала первая машина — такая договоренность. За руль сядет кто-то из нардепов, и все — мы выполнили их условия».

Так оно и вышло: спасибо Кубиву! Около пяти он мне звонит: «Все сделали, машина проезжает, формально условия выполнены». Как это ему удалось, до сих пор не понимаю!»

На рассвете 16 февраля по Грушевского проехала первая машина. Через несколько часов протестующие покинули КГГА, освобожден был также Минсельхоз. Но властям этого было недостаточно, ведь на Майдане по-прежнему оставались люди. После воскресного веча лидеры оппозиции поехали на решающие переговоры в Генеральную прокуратуру.

И снова — прямая речь **Арсена Авакова**:

«Сам я сперва оставался в Доме профсоюзов, но потом тоже направился в ГПУ: позвонил Яценюк, попросил подъехать. Говорит, мол, ты им обещал весь Майдан разобрать, и за это они наших всех отпустят. Ничего такого я, конечно, не обещал и обещать не мог, но да ладно, еду. В ГПУ веселая компания собралась: Пшонка, Портнов, Захарченко, Якименко (не помню, Лукаш была ли). А вот Портнов был одним из самых жестких наших оппонентов.

Клюев вроде как возмущенно: «Вы же обещали всю баррикаду разобрать, что это у вас за полумеры!» — «Минуточку», — говорю. И достаю план баррикад, который в прошлый раз фигурировал на переговорах, — там четко видно, что в баррикаде обозначен проем: от сих и до сих. Словом, торги шли постоянно. Использовались малейшие поводы. То Пшонка заявляет, что не может подписать, потому что у него нет докладных записок Захарченко и Якименко, которые, дескать, засвидетельствуют, что мы не обманываем и действительно все условия выполнили. То Портнов говорит, что нельзя всех задержанных скопом просто так выпустить, что нужно минимум двое суток, иначе нарушение процессуальных норм и т.д.

Потом Клюев начал предлагать подписать что-то вроде временного перемирия, поскольку-де мы все-таки не всю баррикаду разобрали. Тут уже Яценюк не выдержал. «Знаете, что, — говорит, — раз вы такие умные, пойдите сами попробуйте ее разобрать. Обледенела она, понимаете?! Обледенела!»

Несколько раз они по очереди выходили в комнату отдыха — звонить Януковичу, как я понимаю. То Клюев, то Пшонка, то еще кто-то. На шестом часу разговора наметился крен в нашу пользу. «Ладно, — говорят, — раз вы утверждаете, что все дело в обледенении и что позже вы сможете довести начатое до конца, то так и быть, Виктор Павлович подпишет».

Пшонка подписал, и закон об амнистии был опубликован на сайте Генеральной прокуратуры. Так он вступил в силу. Все заложники вышли на свободу.

«Да, мы, оппозиция, не контролировали ситуацию в полной мере. Но я говорил Клюеву: радуйтесь, что у вас хоть кто-то есть с противоположной стороны, с кем можно разговаривать. Представьте, если бы нас не было, — резюмирует **Аваков**. — Поэтому вы должны идти на все уступки, которые мы требуем, ведь требования эти не наши, а Майдана. И если условия будут выполнены, мы сможем попытаться как-то договориться с Майданом. Иначе вы получите совершенно неуправляемую ситуацию. Клюев это вроде бы понимал, но все равно пытался торговаться, причем достаточно жестко. В этом была его ошибка: он не уловил момент, в который нужно было остановиться; момент, когда гнуть дальше в свою сторону было уже просто опасно».

# 18 ФЕВРАЛЯ. БОЙНЯ В МАРИИНСКОМ ПАРКЕ И ПРАВИТЕЛЬСТВЕННОМ КВАРТАЛЕ

К середине февраля над Майданом нависло предчувствие близкой развязки. Противостояние продолжалось уже три месяца и длиться дальше в таком же формате не могло. Ясно было, что одна из сторон вот-вот перейдет к активным действиям. Рассказывает **Александр Турчинов**:

> «Мы понимали, что «зачистка» Майдана может начаться в любой момент. Тем более что была объявлена антитеррористическая операция СБУ, а на фоне происходящего сейчас на востоке мы знаем, какие возможности это открывает. К Киеву начали активно стягивать войска. Мы все это видели, знали и понимали, что времени осталось совсем мало. Еще немного — и они окончательно сконцентрируют все необходимые силы, боевую технику, а потом просто возьмут нас в блокаду и станут сжимать кольцо. **Сценарий был очень простой: окружить Майдан, полностью изолировав его от внешнего мира, а потом уничтожить**».

Вспоминает **Игорь Луценко**:

> «Без динамики Майдан умирал. Оставалось или атаковать и победить, или проиграть. На заседании Рады Майдана четырнадцатого февраля Вася Гацько спонтанно предложил идею мирного наступления на Верховную Раду. Неожиданно

ее поддержал Турчинов и позволил Штабу нацсопротивления все организовать».

И снова **Турчинов**:

> «Действительно, мы приняли решение, что должны сами предпринимать активные действия, не дожидаясь, пока они первыми начнут атаковать. **План был простой: восемнадцатого выдвинуться под Верховную Раду с тем, чтобы требовать возвращения Конституции 2004 года. После этого силовики должны покинуть Киев, и мы начинаем настаивать на досрочных президентских выборах**. Таким было наше видение мирного сценария».

Ключевое слово здесь «мирного». Пеший поход к Верховной Раде планировался именно так. Даже в страшном сне никто не мог представить, чем все обернется.

В понедельник, 17 февраля, состоялась встреча переговорщиков от оппозиции и власти, в ходе которой последние настаивали: оппозиция не должна вести людей к парламенту, так как столкновений в таком случае не избежать.

> «Разумеется, мы не планировали никаких столкновений. На тех переговорах речь шла о том, что если со стороны власти не будет провокаций, то с нашей — тем более», — говорит **Аваков**, принимавший участие в диалоге.

## «Арбузов сам обзванивал депутатов, агитируя поддержать его премьерство»

Поход на Раду проанонсировали со сцены Майдана в воскресенье, 16 февраля. Заявленная цель — добиться от депутатов мирного урегулирования кризиса в стенах парламента. Сценариев урегулирования было два.

### Сценарий оппозиции

Возвращение к Конституции 2004 года, то есть существенное ограничение полномочий Президента с передачей их Верховной Раде. Следующий шаг — Верховная Рада избирает компромиссного премьер-министра и формирует коалиционное правительство. Коалиционное — значит с равным представительством власти и оппозиции. Конечно, идея каких-либо «договорняков» с властью

Майдану не очень нравилась. Но лидеры оппозиции понимали: власть слишком сильна, и других способов разрешить ситуацию, кроме как договариваться с ней, нет.

### Сценарий власти

Если еще две недели назад в ПР с подачи Януковича о конституционном компромиссе отзывались одобрительно, то теперь и слышать о нем ничего не хотели. Президент должен сохранить максимум полномочий. Точка. Предел компромисса — коалиционный Кабмин. При этом право выбора премьер-министра власть оставляла за собой.

Вечером 17 февраля постпред Януковича в ВР Юрий Мирошниченко сообщил:

> «Президент закончил переговоры с оппозицией. Он внесет кандидатуру премьер-министра в парламент после окончания консультаций с экспертами. Это произойдет в ближайшее время».

Сообщение Мирошниченко основывалось на отрывочных данных — свежей информации от первого лица у него не было. Информировать подчиненных о своих планах в привычки Януковича не входило.

Арсений Яценюк, как мы знаем, от должности премьера отказался. Теперь в числе основных претендентов назывались:

1) Сергей Арбузов, и. о. главы Кабмина;

2) Андрей Клюев, глава Администрации Президента;

3) Юрий Бойко, одиозный депутат Партии регионов.

Кандидатуры одна другой краше, вызывающие категорическое неприятие не только у Майдана и оппозиции, но даже внутри самой Партии регионов.

Арбузов — «семья», креатура Александра Януковича.

Клюев — «ястреб войны», креатура Виктора Януковича.

Бойко — перераспределение финансовых потоков, креатура Дмитрия Фирташа.

Рассматривались и три относительно нейтральных варианта: Анатолий Кинах, Елена Лукаш, Сергей Тигипко.

Кинах — депутат от ПР, ранее уже имевший опыт работы премьер-министром. «Технический исполнитель» — лучшая и единственная возможная его характеристика.

Лукаш — министр юстиции. Ее кандидатура всплыла во время одного из «мозговых штурмов» в Администрации Президента. Аргументация: молодая женщина, не скомпрометированная коррупционными связями, — это очень «по-европейски». «Под нее» Запад скорее выделит деньги. Получение новым Кабмином западных кредитов считалось неотъемлемой составляющей его успеха. Денег в казне не хватало катастрофически. Тем не менее те, кто имел доступ к казне, воровать из нее не прекращали.

Сергей Тигипко на тот момент был одним из замов главы фракции ПР и контролировал в ее составе депутатскую группу из трех десятков депутатов.

Из всех перечисленных кандидатов наибольшие шансы имели Андрей Клюев и Сергей Арбузов. Наибольшие — с точки зрения Виктора Януковича. Выдвижение Андрея Клюева, авторству которого приписывали разгон «студенческого» Майдана, было бы откровенным плевком в лицо протестному движению и могло спровоцировать самую непредсказуемую реакцию улицы. Выдвижение Сергея Арбузова раскололо бы изнутри саму ПР.

Говорит **Владимир Рыбак**:

> «У нас с президентом был на эту тему разговор. Я сказал ему, что ни для Арбузова, ни для Клюева голосов в парламенте нет. При этом у Клюева шансов быть избранным все-таки больше, хотя они и не абсолютные. Несколько раз Янукович спрашивал меня, как настроения внутри большинства и в парламенте в целом, а я все время отвечал, что голосов нет, что нужно искать других кандидатов.
>
> Однажды Виктор Федорович спросил: «А как ты отнесешься к тому, если я внесу твою кандидатуру?» Но я категорически отказался. Мне уже шестьдесят шесть лет — только премьерства мне еще не хватало!»

Добавляет **Вадим Новинский**:

> «Семнадцатого Арбузов еще сам обзванивал депутатов — агитировал поддерживать и продвигать его кандидатуру на

премьерство. В тот же день я был в АП — это зафиксировано в журнале посещений. Говорил Януковичу: ни в коем случае не вносите Арбузова. Он — первый по антирейтингу. Это спровоцирует такой взрыв, что вы потом не будете знать, что с этим делать. Да, говорит, я согласен. Второй по антирейтингу, продолжаю я тогда, Клюев».

Но мнение соратников не очень беспокоило Виктора Януковича. Вечером 17 февраля поступила информация: он сделал ставку на Сергея Арбузова. Однако за ночь что-то переменилось. В девять утра 18-го глава фракции ПР Александр Ефремов приехал в парламент с другими вводными.

Что именно произошло, стало понятно лишь полгода спустя. В те дни в «Межигорье» состоялась встреча Януковича с одним из его близких соратников. Из тех немногих, к чьему совету он обращался, когда становилось совсем уж худо.

«У нас с ним был очень жесткий разговор. Очень жесткий. Не так, как обычно говорят с президентом — комплементарно, а жестко, — вспоминает мой собеседник. — Я сказал все напрямую (о деятельности молодой команды. — *С. К.*). То, что творили «младореформаторы», особенно в последние дни, даже Янукович не вполне знал. И Саша не все знал. А я знал. И он, Янукович, дал мне слово, что больше этого не допустит».

В ходе той же встречи Виктор Янукович сообщил своему визави, что в свете этих обстоятельств принял решение внести на должность премьера кандидатуру Сергея Тигипко. Говорил ли он об этом еще кому-нибудь? Скорее всего, нет. Знал ли об этом сам Тигипко? Скорее всего, нет.

Вопрос премьерства был слишком серьезен. Внутри власти шла отчаянная борьба за пост, за сохранение сфер влияния. Янукович метался в выборе между здравым смыслом (отдаленным подобием которого был для него Тигипко) и интересом «семьи» (Сергей Арбузов). Именно поэтому во вторник утром Александр Ефремов приехал в Раду «с пустыми руками» — кандидатуры премьера не было.

## Институтская

Утро 18-го выдалось солнечным, ясным — нетипичным для киевского февраля. Ничто не предвещало беды. К восьми утра колонны уже были сформированы. Первыми двигались отряды Самообороны — мужчины в самодельной амуниции, с деревянными щитами и в касках. Они же прикрывали фланги слева и справа. За Самообороной шли мирные митингующие. Людей было очень много: молодежь, женщины, пожилые люди. Шли в приподнятом настроении, шутили, весело переговаривались. Кто-то даже запевал песни.

На середине улицы, у верхнего выхода из станции метро «Крещатик», на перекрестке Институтской и Ольгинской, шествие замедлилось. Тут стоял первый кордон Внутренних войск. Их тыл по обе стороны улицы прикрывали бронированные спецмашины. Для прохода оставался узкий коридор. Создавался «эффект бутылочного горлышка», но давки не было. Взобравшись на наспех сооруженное у самого кордона возвышение, несколько майдановцев «регулировали» движение.

Ближе к десяти пробраться к парламенту вверх по Институтской было довольно проблематично — вся она была запружена людьми. И люди продолжали прибывать. Сколько тысяч митингующих вместила Институтская в то утро, точно не скажет никто. Человеческое море колыхалось от самого Майдана, вливалось в узкие пределы улицы, подпитывалось ручейками из соседних переулков.

Без двадцати девять я вынырнула из брюха подземного торгового центра «Глобус» у подножия гостиницы «Украина». В парламенте уже шло заседание фракции Партии регионов. Знакомые депутаты присылали смс-ки. «Ночью посчитали, что голосов за Арбузова нет. Ефремов пытается переубеждать нас. Срывается на крик, настаивает... Но...» Депутаты рассчитывали, что на заседании фракции:

а) им назовут фамилию кандидата на премьерство;

б) предложат варианты компромисса с оппозицией по болезненному вопросу возвращения к Конституции 2004 года;

в) представят план дальнейших действий, направленный на выход из кризиса.

Ни того, ни другого, ни третьего не случилось. Стало ясно, что сессию открыть не удастся. К тому моменту оппозиционеры уже заблокировали парламентскую трибуну, а «большевики» не могли ничего им предложить, чтобы начать диалог.

## Крепостной переулок

К десяти утра расстановка сил была следующей. Люди с Майдана продолжали подниматься вверх по Институтской. Передовые колонны продвигались дальше — к Шелковичной, Липской, Крепостному переулку, чтобы попытаться выйти к парламенту со стороны станции метро «Арсенальная» и Мариинского парка.

Но правительственный квартал бы полностью оцеплен. Все возможные подходы к Раде намертво заблокированы — где силовиками, а где грузовиками, КамАЗами и техникой. Перекрестки улиц выглядели примерно одинаково. Первая линия — «Беркут». За ними — тяжелые военные машины. Далее — второй кордон силовиков. Через несколько сотен метров — третий. За четвертой линией оцепления — Мариинский парк, на склонах которого несколько тысяч «титушек». Под Радой, на площади Конституции — Антимайдан с бело-голубыми флагами. Типа «мирный митинг», который «охраняют» силовики. Тут же, в парке, базировались дополнительные силы «Беркута» — здесь был их тыл. Улицы Грушевского и Шелковичная были заставлены тяжелой военной техникой, пассажирскими и милицейскими автобусами.

Сотрудников ВР и журналистов, спешивших на заседание, пропускали через узкий коридор на углу Шелковичной и Институтской. Два КамАЗа были припаркованы друг к другу так близко, что даже одному человеку средней комплекции тяжело было протиснуться в эту щель. Разве что боком. Впрочем, и этот «КПП» скоро закрыли.

Митингующим показалось, что слабее всего с внешней стороны укреплен перекресток с Крепостным переулком. Они тогда еще не знали, что в самом переулке больше тысячи «беркутовцев», военная техника, а за их спинами — силовики из Мариинского парка. Снаружи, со стороны Институтской, Крепостной охраняли молоденькие парнишки из Внутренних войск. Основную преграду для

демонстрантов здесь представляли несколько милицейских автобусов, заграждавших улицу.

Отделившись от головы колонны, несколько человек пошли на штурм. Их задача была оттащить автомобили с проезжей части, тем самым освободив дорогу. Бойцы Самообороны пытались их сдержать, но это было уже невозможно. Одну машину активистам удалось завести и отогнать. Линия обороны оголилась. Внутренние войска попятились в глубь Крепостного. Им на подмогу из Мариинского спешил до зубов вооруженный «Беркут».

Первый удар приняли на себя сотни Самообороны. Те самые, что сопровождали колонны, прикрывая их по флангам. У самооборонцев были щиты и деревянные палки, на головах — строительные каски, на руках и ногах — наколенники и налокотники. У кого их не было — просто обматывали ноги поролоном. Но вся эта «амуниция» ни в какое сравнение не шла с бронежилетами, специальными шлемами и резиновыми дубинками «Беркута». Силы были не равны. «Беркут» был очень зол. Попытка митингующих проникнуть на «их» территорию, каковой они считали участок парка и все дороги от станции метро «Арсенальная», была воспринята ими как агрессия.

«У «Беркута» не выдержали нервы. Полетели гранаты. Причем эти гранаты они предварительно обматывали изолентой, к которой крепили гвозди. Сила поражения у такой гранаты значительно больше обычной — осколки с гвоздями разлетаются во все стороны, ранят очень серьезно, были и смертельные случаи», — вспоминает **Турчинов**.

Гранаты были те самые, из РФ.

Расправившись с первыми рядами — Самообороной, силовики принялись за рядовых демонстрантов, у которых не было вовсе никакой защиты. Мужчин валили с ног и били дубинками по голове. Черепно-мозговых травм было особенно много. Появились первые раненые — пока из травматического оружия. Огнестрельное начнут применять через пару часов. Счет раненым тогда пойдет на сотни. В то утро Крепостной переулок станет местом самых отчаянных и самых кровавых столкновений.

## «Беркут» идет в атаку

Не то чтобы кто-то один из власть имущих нажал на спусковой крючок. **Конкретной команды начинать «мочить» протестующих утром не отдавали. Это была цепная реакция, вспышка звериной злости, копившейся три месяца, жажда крови, которую невозможно было утолить, не заплатив за это человеческими жизнями.**

«Рвануло» одновременно в нескольких точках. В Крепостном силовики забрасывали демонстрантов светошумовыми грантами, на Шелковичной использовали помповые ружья, на Липской пустили газ. На Грушевского и в Мариинском парке майдановцев атаковали «титушки» с битами и металлическими прутьями. У них на рукавах были либо георгиевские, либо красно-белые ленточки как опознавательный знак для силовиков: не трогать — свои. «Беркуты» неистовствовали: они не оттесняли митингующих, не старались прекратить противостояние, а в открытую убивали беззащитных людей, не давая им возможности отступить. Разбив колонну майдановцев в нескольких точках правительственного квартала, «Беркут» зажал жертвы в кольцо и теперь методично их убивал.

Пытаясь защищаться, демонстранты подожгли шины. На перекрестке Институтской и Шелковичной вспыхнули злосчастные КамАЗы. Огонь быстро перекинулся на соседнее здание. По крышам в дыму прыгали вооруженные спецназовцы, с высоты забрасывая митингующих гранатами. От Майдана вдоль всей Институтской женщины, пенсионеры, студенты выстроились живой цепью. Разбивая брусчатку, они передавали ее из рук в руки — наверх. Оттуда, сверху, выносили раненых. Мужчина с простреленной из травматического ружья ногой. Парень, у которого взрывом гранаты оторвало кисть руки, и кровь теперь хлещет — не остановить.

Опять досталось фотографу *Reuters* Глебу Гараничу (тому самому, которому разбили голову накануне разгона студентов). На Шелковичной он словил светошумовую гранату — разорвалась прямо у Глеба на груди. Спас защитный жилет, который обычно носят профессиональные фотокорреспонденты.

# Мариинский парк

На Грушевского, как и в Крепостном, люди тоже пытались разрушить заграждение из автобусов и грузовиков поперек улицы. Частично им это даже удалось. Во избежание эскалации конфликта Самооборона Майдана выстроилась живым щитом между митингующими и «Беркутом».

Вспоминает **Петр Порошенко:**

«Утром, где-то без двадцати десять, я вышел из дому. На Грушевского, девять («сталинка» на углу Мариинского парка. — *С. К.*) живут родители моей жены. И вот я вышел из дому, чтобы отправиться на заседание Верховной Рады. Смотрю, прямо возле дома стоят ребята из Самообороны. Я подхожу, здороваюсь с ними, общаюсь. И тут эти ребята прямо у меня на глазах начинают падать. Падать! Один за другим. Напротив — кордон силовиков, и оттуда «Беркут», прикрываясь щитами, стреляет по ним резиновыми пулями. «Что вы делаете? Вас же не провоцируют! Не атакуют! Зачем вы стреляете?» — бросаюсь я к ним. Появляется какой-то их командир и кричит: «Прекратить стрельбу!». А в это время на тротуаре уже лежит с десяток человек, скошенных этими пулями, корчась от боли...

Ко мне присоединяется Юра Стець. Мы идем вдоль линии силовиков, по кромке парка — по направлению к Минздраву (обходят парк с тыльной стороны. — *С. К.*). За спинами силовиков — «титушки», настроенные очень агрессивно. У Минздрава застаем такую картину: несколько молодчиков разбили стекло на первом этаже, заскочили внутрь и мародерствуют — компьютеры вытаскивают, технику какую-то. Вроде как майдановцы, но разве поймешь в сутолоке. Рядом — Самооборона. Я забираю у одного из самооборонцев дымовую шашку, поджигаю ее и забрасываю в разбитое окно. Через минуту мародеры один за другим начинают оттуда выпрыгивать — сильное задымление. «Шуганули» их, поставили Самооборону караулить здание.

Идем дальше — вдоль насыпи, мимо смотровой площадки, по направлению к парламенту. В это время в парке уже вовсю дым, стрельба, начинается что-то страшное. А на краю парка сгрудился Антимайдан — туда нагнали женщин, среди них достаточно много пожилых — судя по всему, бюджетницы. Они в кольце нашей Самообороны. Я прошу Самооборону немного отступить. «Что вы будете делать?» — спрашивают. «Буду Антимайдан отсюда выводить». Нужно было видеть этих женщин — перепуганные стрельбой, они жались одна к другой, многие стояли на коленях и буквально выли от страха. Я не преувеличиваю: стояли на коленях и выли от страха! Это страшное зрелище, жуткое! «Успокойтесь, пожалуйста, — обращаюсь к ним, — вот тут в десяти метрах спуск на Парковую аллею. Отходите немедленно, тут сейчас будет бойня. Отходите!» Они причитают и, совершенно обезумевшие, скатываются вниз по этому спуску. Мы прикрываем их отход. И тут ко мне подлетает ну совершенно неадекватный гражданин — то ли он обкуренный, то ли пьяный уже с самого утра, но совершенно невменяемый. И орет матом: «Это наша земля! Мы тут умрем! Вон отсюда!». Пока мы с ним препирались, где-то сто пятьдесят женщин успели убежать по спуску. Им вдогонку — стрельба, взрывы. А вокруг уже «титушки» набежали из глубины парка. Они пришли туда убивать: своих, чужих — без разницы. Их было несколько тысяч. Именно они потом убивали людей».

## Госпиталь в Доме офицеров

Сразу после случившегося в Крепостном переулке волонтеры-медики сумели занять здание Дома офицеров, где оборудовали полевой госпиталь. «Скорые» к правительственному кварталу не подпускали. Даже самых «тяжелых» эвакуировать было невозможно. А «тяжелые» поступали отовсюду — из Мариинского парка, с Шелковичной. Первый труп принесли с Липской — там горел штаб Партии регионов.

## Верховная Рада

В Верховной Раде стекла ходили ходуном от ударной волны. Мариинский парк, Грушевского, Шелковичная — сколько видно было из кулуаров парламента — все заволокло дымом. Сессию все никак не могли открыть. Депутаты бесцельно слонялись по кулуаарам — расходиться боялись. Тех, кто все-таки пытался покинуть зал, сдерживали оппозиционеры. Иногда с применением силы.

«После того как появились первые трупы в Доме офицеров, я побежал в кабинет к Рыбаку — надо было срочно что-то предпринять, чтобы остановить побоище. Для начала хотя бы открыть сессию, — вспоминает **Андрей Шевченко**. — В спикерском кабинете застаю такую картину. Рыбаку стало плохо с сердцем — рубашка на груди расстегнута, над ним склонилась Бахтеева, дает ему какие-то таблетки. Сам Владимир Васильевич ни жив ни мертв, серого цвета. Тут же собрались регионалы. Я говорю: там уже трупы в Доме офицеров, людям отрывает руки и ноги, мы должны хоть что-то предпринять, хоть сессию открыть — это бы успокоило людей. На это регионалы с такой циничной ухмылочкой мне заявляют: «Это шантаж! На языке шантажа мы с собой разговаривать не позволим», «Ваши люди знали, как сюда прийти, — будут знать, как убегать», «Потолкаются и разойдутся». Такие были реплики. Махровый, бессердечный цинизм! А уже через несколько дней эти же самые люди будут рассказывать, как они призывали к миру и сколько для этого делали».

После полудня оппозиционерам все-таки удалось зарегистрировать проект постановления о возвращении к Конституции 2004 года. Митингующие на улице встретили это сообщение овациями.

## «Началась гражданская война. В Мариинском парке, на Липской — вот там она началась»

Рассказывает **Александр Турчинов**:

«Когда началась бойня, я вышел из парламента. Было понятно, что там делать нечего, — нужно было проанализировать ситуацию, оценить расстановку сил. В какой-то момент казалось, что перевес на нашей стороне, как тут загорелся штаб Партии регионов на Липской. Этот пожар был использован властью, чтобы снять все ограничения на применение силы, в том числе и на использование огнестрельного оружия. Потому что именно тогда силовики получили подкрепление и начали массово использовать огнестрельное оружие. Они же базировались вместе с «титушками» в Мариинском парке, и оттуда выдвинулись дополнительные силы. Еще одна линия подкрепления — со стороны Богомольца, от МВД. Так они перешли в наступление, зайдя к нам в тыл».

Свидетелем этого был **Сергей Пашинский**:

«Я пришел на Липскую, когда уже горел офис Партии регионов. По команде Турчинова отвел майдановцев на двести метров, к перекрестку с Институтской. С той стороны бульвара, от Верховного суда, подтягивались «титушки». Там же стоял «Беркут», но активных действий они не предпринимали. Расстояние между ними и нами было солидное: никаких провокаций не могло возникнуть в принципе. Я отвел людей, стабилизировав тем самым ситуацию. Но уже после этого «Беркут» и «титушки» двинули на нас. Они атаковали четко по команде. Дело было не в офисе ПР — он догорал. Атаковали очень жестко, очень. Разбив наших надвое, часть из них погнали вниз, к Кловскому спуску».

Там же, на Липской, с Пашинским случилась история, которую позже, особенно когда он стал главой Администрации Президента, ему часто припоминали. В ходе беспорядков у штаба ПР активисты остановили «Хонду», в багажнике которой нашли винтовку. В чехле, но тем не менее. Попытки разобраться, что за человек водитель, откуда у него оружие и т.д., едва не переросли в мордобой. К месту событий подоспел **Пашинский**.

«Я заметил, что люди собрались вокруг какого-то автомобиля, намечается инцидент. Подошел и увидел, что водитель машины наш активист — я их почти всех знал в лицо.

**_У него были документы на оружие?_**

Конечно. Это был обычный охотничий карабин. Давайте откровенно: в те дни многие наши активисты возили в багажнике оружие — у кого оно было. И вот какая ситуация: неподалеку от эпицентра боя майдановцы задерживают майдановца, разобраться, что и как, с ходу им сложно, люди взвинчены до предела, все на эмоциях, и закончиться может чем угодно. Была реальная угроза жизни водителя «Хонды». Нам нужен был еще один труп? Причем с нашей стороны? В таких ситуациях надо не стоять и ждать, когда само както рассосется, но брать ответственность на себя, принимать решение. Что я и сделал. Его посадили в машину, я сам сел рядом, и «Хонда» уехала».

Из багажников оружие достанут всего через несколько часов.

«До февральских событий на Майдане оружие не использовалось. Ни разу. Но когда стало понятно, что вот-вот может начаться «стенка на стенку», тогда уже многие достали то, что у них было: у кого травматика, у кого охотничье. Я сам ходил с пистолетом. На всякий случай. Сдаваться никто не хотел», — комментирует **Турчинов**.

«Я ответственно заявляю, что до момента бойни под парламентом оружия на Майдане не было. Оно появилось только после обеда восемнадцатого числа, когда стало понятно, что бой идет не на жизнь, а на смерть, — вторит **Пашинский.** — Началась гражданская война. В Мариинском парке, на Липской — вот там она началась. Когда число погибших начало множиться в геометрической прогрессии, естественно, Майдан озлобился. Естественно, родственники, друзья, побратимы погибших находились в состоянии аффекта — хотели убивать в ответ».

## «Им ничего не стоит выстрелить в нас на поражение»

На соседних улицах правительственного квартала оппозиционеры спасали раненых. Говорит **Петр Порошенко:**

«Мне звонит дворник из нашего дома (на Грушевского. — *С. К.*). Кричит в трубку: «Петр Алексеевич! У нас людей убивают! Прямо в нашем подъезде убивают людей! Уже два трупа!». Я хватаю помощника, мы выскакиваем из Рады и бежим через парк, мимо Дома офицеров. Там тоже трупы. Вокруг стрельба, взрывы, очень густой дым — дальше трех метров ничего не видно. Подлетаю к дому. На улице стоит наша дворничиха, родители жены, на тротуаре — убитые и раненые. Что делать? Мы с помощником подхватываем одно тело — несем его к Дому офицеров, там передаем санитарам, возвращаемся обратно.

Застаю картину: под подъездом — свалка. «Титушки» добивают лежачих. Рядом стоят менты и не вмешиваются в происходящее. Из подъезда доносятся нечеловеческие крики. Оказалось, «титушки» загнали туда несколько человек и просто их там добивают. Дверь заблокирована. Я пытаюсь ее как-то открыть, но ничего не получается. Наконец мы вместе с помощником взламываем эту дверь, выгоняем из подъезда «титушек», помогаем раненым. Тут подворачивается какой-то милицейский начальник. Я его хватаю: «Что же вы, суки, творите?! Прекратите это немедленно! Хотите — задерживайте, что хотите делайте! Только остановите убийство!». Он зовет подчиненных, они разоружают нашу Самооборону, хватают — для видимости — несколько нападавших из числа «титушек», оттаскивают их от раненых. «Ну, слава Богу! — думаю. — Хоть кого-то спас». Захожу в подъезд и начинаю подниматься по лестнице — хотел проверить, как там родители жены. И тут я снова слышу за своей спиной страшные крики. Этот милицейский начальник думал, что я ушел, и четверых ребят наших — тех, что были больше всего избиты и еще минуту тому лежали в подъезде, — он передает «титушкам», чтобы те их «кончили». Представляешь?!

Я возвращаюсь, с боем отбираю этих четверых, и мы с помощником тащим их — уже полуживых — наверх, в квартиру родителей жены. Оставляю там помощника с ними и закрываю квартиру. Другого способа спасти ребят нет: их же никак не выведешь. Ужас того дня, эту совершенно неоправданную жестокость силовиков я долго буду помнить».

Попасться «титушкам» — это было самое страшное!

«Если кадровые офицеры иногда не решались стрелять, то эти отморозки стреляли направо и налево, — констатирует **Турчинов**. — От страха власть вооружила всех, кого могла. Всех, кто готов был убивать».

Вспоминает **Андрей Шевченко**:

«Между гостиницами «Киев» и «Национальный» стоит автозак. Как позже выяснилось, там внутри было несколько раненых майдановцев. В кабине — наш депутат Лида Котеляк. Оказалось, что она заскочила в машину, вытащила из замка зажигания ключи и забросила эти ключи внутрь автозака, к раненым. То есть, чтобы завести машину, силовикам нужно было открыть двери автозака. Лида от этого автозака ни на шаг не отходила, сама села за руль и позвонила другим депутатам — попросила о помощи. Вовремя подбежали мы с Аваковым, подошли Кличко с Пацканом. Силовикам пришлось открыть автозак, и мы смогли забрать раненых. У некоторых задержанных были очень тяжелые травмы — полностью разбиты головы, все лицо в крови. Они не могли самостоятельно стоять. Мы усадили их на лавочку возле «Национального». В это время какой-то силовик с кулаками бросается на Авакова. Причем он понимает, что перед ним народный депутат. В это же время на Шелковичной чуть не забили Васю Пазиняка, тоже депутата. Он кричал: «Я депутат», — а ему в ответ: «Ах депутат?! Убей его!». Васю оттуда еле вытащили.

Даже руководство «Беркута» и «вэвэшников» с трудом их сдерживало. Агрессия перехлестнула через край. Это уже была настоящая война. **Надо было понимать, что если перед тобой человек в форме, то в любую минуту он может тебя побить, убить, покалечить. Что угодно...**

Группу раненых мы выводили к «скорой помощи» — машины стояли на Липской, возле памятника Мануильскому (очень скоро его снесли; в настоящее время на этом месте пустой пьедестал. — *С. К.*). Мы тянем на себе раненых: сами они идти не могут. Одного парня мы тащим вместе с женой. И тут я впервые в жизни услышал звук свистящей мимо пули. Пули пролетали между нами, наверное «резинки». «Беркутовцы» это были или «вэвэшники»? Я не помню. Специально стреляли нам в спины — не для того, чтобы ранить, но для того, чтобы напугать, чтобы мы почувствовали: им ничего не стоит выстрелить в нас на поражение».

## Встреча Александра Турчинова с Виктором Януковичем. «Зачистка» правительственного квартала

«Мне позвонил Арсений Яценюк — попросил вернуться в парламент. Опять все собрались в кабинете Рыбака. Присутствовали почти все руководители ПР: Рыбак, Ефремов, Новинский, Шуфрич, — вспоминает **Александр Турчинов**. — Уже поступила информация о первых жертвах, и все понимали, что этим, увы, не ограничится, поэтому меня начали просить встретиться с Януковичем. Убеждали как наши коллеги по оппозиции, так и депутаты ПР. Говорили, что я должен договориться о прекращении противостояния: так, чтобы силовики прекратили стрелять, а мы отошли обратно на Майдан. Потому что крови было очень много, и потерь было очень много.

Я согласился на встречу. Новинский связался с Администрацией и сообщил, что нас ждут. Но та еще была проблема — добраться в АП. Шли, естественно, пешком — все везде было заблокировано, везде шли бои.

Я зашел к Януковичу. Он, в буквальном смысле этого слова, бегал по кабинету — круги наматывал. Он был в истерике, кричал: «Я вас всех уничтожу! Всех закопаю! Вы не убежите за границу, не надейтесь. Я уже дал команду перекрыть кордоны! Вам всем конец, вас всех кончат!». Каждое слово через мат, но маты я повторять не буду.

### *«Всех» — в смысле оппозицию?*

Да. Прежде всего. Говорю же: он был в неадекватном состоянии. Ну, я слушал это минут пять, потом говорю: «Виктор Федорович, будем считать, что я испугался. Может, теперь поговорим?». Я сказал это совершенно спокойным тоном, и на него это подействовало. Он весь как-то обмяк и опустился в кресло. «Давайте, — говорю, — находить какой-то формат, чтобы все-таки без новых кровавых жертв обойтись, уже и так слишком много крови пролито». Он что-то пробурчал себе под нос, потом отвечает: «Хорошо, как мы это будем делать?» — «Предлагаю следующее: ваши прекращают стрельбу, а мы отходим обратно на Майдан. После этого, вечером, собираем переговорную группу, которая уже наработает формат полноценного диалога. Прежде всего — возвращение к Конституции 2004 года. Сейчас это первостепенный вопрос, и его разрешение положит начало выходу из кризиса».

Он быстро согласился. Еще помню: уже через пять минут он начал рассказывать, что я «стояковый» мужик и он меня уважает... То есть его бросало из одной крайности в другую. Что характерно для человека с полностью истощенной нервной системой, выведенного из состояния равновесия.

Итак, мы поговорили, условились: они прекращают стрелять, мы возвращаемся на Майдан, а дальше уже работают переговорщики. Выйдя от него, я направился в парламент. По дороге связался с руководителями Самообороны, проинформировал о договоренности насчет перемирия, дал приказ отступать к Майдану.

*Они с этим согласились?*

Да. Потери были слишком велики. И вот мы начинаем отступать, а «Беркут», вместо того чтобы прекратить стрельбу, палит нам в спины и — на нашем отходе — начинает свое наступление. Причем наступление очень активное. Я еще в парламент не успел вернуться, а ребята из Самообороны уже звонят — рассказывают о происходящем.

*Протестующих начали тогда активно теснить вниз по Грушевского и по Институтской. Так что обе эти улицы за короткое время были де-факто «зачищены».*

Мы отступали организованно, а они решили воспользоваться этим моментом. Додавить, дойти, опять-таки на наших спинах, прямо на Майдан. По Институтской они существенно продвинулись, прорвали несколько заграждений, отбили Октябрьский и подступили уже к самому Майдану...

Наконец я в Раде. Врываюсь в кабинет к Рыбаку. «Это, — говорю, — скотство! Вы подло себя ведете. Мы только что с Януковичем договорились, и мы свои обязательства выполняем, тогда как «Беркут» действует ровно наоборот. Немедленно набирайте Януковича». Рыбак что-то залепетал, начал ему звонить. Янукович не брал трубку. Тогда набрали Клюева. Я рассказал ему о своей встрече с Януковичем. «Мы договорились о прекращении огня, а вы вместо этого начали активную фазу наступления», — говорю ему. На что Клюев отвечает: «Ну так что же, это война, а на войне все средства хороши».

*Так и сказал?!*

Да, дословно. Но минут через десять происходит следующее. Меня зовут к телефону, на линии — Клюев. Он начинает кричать: «Что вы творите?! Ваши открыли прицельный огонь по «Беркуту» на Институтской!». «Беркут», как было сказано, теснил майдановцев вплоть до самой площади, но в какой-то момент у подножия Институтской наши развернулись и, вместо того чтобы продолжить отступление, сами пошли в атаку. Ну, видимо, надоело, что стреляют в спину. Дали отпор, в том числе и с оружием. И вот Клюева это страшно возмутило. Я не стал оправдываться, а просто ответил: «Это — война. Ты сам сказал».

Так была перевернута самая страшная страница в истории Майдана. Силовики перегруппировались и пошли в наступление по всем фронтам. Они были жестко настроены уничтожить Майдан в ту же ночь».

В два часа дня силовики полностью контролировали весь правительственный квартал. От «Арсенальной» и до самого Майдана все было зачищено. Зазевавшихся митингующих дубинками гнали к Майдану. Случайных прохожих жестоко избивали. Штурмом взяли, как было сказано, Октябрьский дворец, Украинский дом, подступили вплотную к баррикаде на Институтской и на Крещатике — со стороны Европейской. «Мирная демонстрация» была полностью разгромлена.

В начале четвертого на Грушевского и Европейской площади появились два грейдера, с грохотом сокрушавшие обледеневшую баррикаду. Мелькали оранжевые жилетки. Только это были не коммунальщики — их работу выполняли МЧС и «Беркут».

Пока они там орудовали, в Верховной Раде журналистов позвали на пресс-поинт. С заявлением вышел глава фракции ПР Александр Ефремов. Текст у Ефремова был заготовлен заранее: «Радикалы с оружием в толпе так называемых мирных демонстрантов», «Оппозиция понесет ответственность». Ну и все в том же духе. Ни слова о погибших.

Выпалив заготовку на одном дыхании, он развернулся на каблуках и устремился прочь с пресс-поинта. Отвечать на вопросы СМИ он не планировал. Я не выдержала: «Почему молчит президент? Ему все равно? Где реакция Януковича?». Равнодушная тишина. Полосатая костюмная спина скрывается за изгибом пресс-поинта. Срываюсь окончательно: «Александр Сергеевич, вам не стыдно?!» — «Нет!» — доносится обиженное из-за ширмы.

## «Саша сказал мне: «Видимо, это (Майдан) наш рок, и мы должны идти до конца»

Утром 18 февраля, как было сказано, централизованной команды «мочить Майдан» не поступало. Но силовики заблаговременно подготовились к тому, чтобы такую команду выполнить. **Боевые патроны они получили еще 14 февраля.** С ними — соответствующие распоряжения. **Андрей Сенченко** расставляет акценты:

«Четырнадцатого февраля, в пятницу, мне позвонил замначальника ВВ Сергей Конопляник и говорит: «Ты можешь подойти к Кабмину?». Я хорошо помню, как поднялся по Институтской, миновал Садовую и оказался у Кабмина. Конопляник вышел на противоположную от здания сторону улицы и говорит: «Видишь, там группа бойцов идет?» — «Да, вижу». Они выходили из двора Кабмина и двигались к Институтской — туда, где стояли шеренги ВВ. «Это — снайперы. Идут занимать позиции. У них в руках продолговатые футляры — в них снайперские винтовки. Шуляк (командующий Внутренними войсками. — *С. К.*) приказал выдать боевые патроны», — говорит Конопляник. «Какая им дана команда?» — спрашиваю. «Занять позиции и наблюдать за строем ВВ, «Беркута». Как только в этом строю кто-то споткнется, пошатнется, что-то случится — стрелять в митингующих на поражение. То есть, грубо говоря, если ваши кинут кирпич, ответом будет выстрел».

*Стрелять, прикрывая своих?*

Да. Если с нашей стороны начнется какая-то атака, нападение, даже если просто полетит «коктейль Молотова» и целостность переднего ряда ВВ нарушится — они будут стрелять на поражение. То есть стрелять по нам. И такая команда была дана уже четырнадцатого числа».

Первое, что сделал Сенченко, — сообщил о своем разговоре с Конопляником Турчинову. Далее передал информацию послам. В публичную плоскость — во избежание нагнетания обстановки — она вышла только 18-го. Впрочем, на сути происходящего это почти не отобразилось: 18 февраля под Кабмином все так же разгуливали снайперы. Некоторые из них даже умудрились попасть в объективы фотокамер.

«Следующий шаг — я позвонил Александру Януковичу, — продолжает **Сенченко**. — Тут надо уточнить, что все наши с ним предыдущие разговоры сводились к тому, что вот, исходя из нынешней ситуации, такие-то варианты уже невозможны, зато остаются открытыми такие-то и такие-то опции. В тот раз было понятно, что о мирной передаче власти речь уже не идет, но если не допустить дальнейшего кровопролития, все же можно выйти на переговоры и получить гарантии другого рода.

Потому что если бы в начале декабря Янукович согласился мирно передать власть, то мог бы спокойно доживать в «Межигорье» со своими внуками. В конце концов, страна такую цену приняла бы. Европейцы и американцы могли бы выступить гарантами этого. Но тогда, четырнадцатого февраля, максимум, о чем могла идти речь, — отказ от преследования в случае выезда из страны, и, возможно, частичная сохранность капиталов. Это уже явно был бы другой порядок договоренностей.

*Представляю, что он вам на это ответил.*

Ответ был довольно истеричный. Раньше мы в таком тоне вообще никогда не разговаривали. Срываясь, едва ли не на крик, он сказал, что это, мол, вы (оппозиция. — *С. К.*) до этого довели, вы во всем виноваты, вы подзуживаете людей... И все в таком духе. Спорить с ним или что-то доказывать было бесполезно».

Для полноты картины — свидетельство **Сергея Таруты**:

«Когда началось противостояние в правительственном квартале, я понял, что сегодня, скорее всего, попытаются окончательно «зачистить» Майдан, что решение уже принято. Я набрал Сашу. Это было где-то около часа дня. Хотел еще раз попытаться убедить его в том, что силовое противостояние недопустимо, что он должен попытаться повлиять на президента. На что он мне ответил: «Видимо, это — наш рок, наше испытание (имеется в виду Майдан. — *С. К.*), и мы должны идти до конца. Должны послужить стране, избавить ее от этих идиотов». Ну все, думаю, плохо дело. Значит, решение уже точно принято. Начал обзванивать послов. Всех, кого мог. Сначала набрал посла Америки и рассказал ему о своем разговоре с Сашей».

## Глава 4

# ПЛАН УНИЧТОЖЕНИЯ МАЙДАНА. ДЕТАЛИ

Было очевидно, что окончательная «зачистка» — вопрос ближайших часов. Власть наметила покончить с Майданом в ночь с 18 на 19 февраля. План состоял из нескольких пунктов. Все их удалось восстановить. Вот они.

1. Силовики

18, 19 и 20 февраля в столице было сконцентрировано 11 тысяч силовиков со всей страны. Вдумайтесь: 11 тысяч. Это целая армия. Из них 3 тысячи были рассредоточены по отдаленным районам города и по области в качестве «резерва». Непосредственно в разгар столкновений в центре Киева находились 8 тысяч силовиков. Здесь были все: «Беркут», Внутренние войска, СБУшная «Альфа» и даже сотрудники патрульно-постовых служб из регионов.

2. Вооружение

Абсолютно все силовики, привлеченные непосредственно к подавлению акций протеста, были вооружены. Чем именно и в каком количестве, зависело от того, на каком участке они были задействованы и к какому подразделению принадлежали.

Вот эпизод, запомнившийся сотрудникам Главного следственного управления ГПУ. В феврале у них на Борисоглебской, прямо в главке, жили около 40 силовиков из Луганска. В основном «пэпээсники» (сотрудники патрульно-постовой службы). Поскольку силовиков, как было сказано, свозили со всей Украины, и мест на различных базах отдыха, в пансионатах и детских лагерях под Киевом уже не хватало, расселяли их, где придется. В том числе «устраивали на постой» (в совершенно неприспособленных для этого местах) к коллегам-прокурорам. Так вот, 18 февраля на Борисоглебскую заехала машина ГАИ. Из багажника без лишних церемоний выгрузили оружие и раздали луганчанам.

Скажете, министр Захарченко этого не знал? Не давал команды? «гаишники» действовали самостоятельно, а «стволы» на улице подобрали? Или этим «пэпээсникам» вручили их в первую очередь? Не будьте наивными!

3. Министр Захарченко

При этом никаких письменных приказов о вооружении ППС, ГАИ, «Беркута» и прочих в милиции не сохранилось. Виталий Захарченко не так глуп, чтобы оставлять следы. Все бумаги по силовым действиям против Майдана в феврале и январе и даже часть по разгону студентов в декабре были уничтожены. По некоторой информации, их сожгли непосредственно во внутреннем дворе МВД в последние дни перед отступлением (впрочем, какая разница, как именно их уничтожали, — все равно не вернешь). Погибло все, вплоть до журналов выдачи оружия. Остался только приказ министра на вооружение личного состава с целью защиты комплекса зданий МВД на Богомольца, но в нем нет ничего противозаконного.

К слову, при отступлении архивы уничтожались не только в МВД. Так, в прокуратуре полностью исчезли дела Юлии Тимошенко — по «скорым помощам» и «киотским деньгам». Испарилось также дело об убийстве Владимира Щербаня, включительно с частью, на основании которой Вадим Болотских получил пожизненное заключение.

А в СБУ не осталось ни одной бумаги, подтверждающей проведение антитеррористической операции (АТО) в дни Майдана. Ни одной! И странным образом все служебные проверки СБУ не могут доказать, что АТО вообще проводилась, хотя о ее проведении неоднократно объявлялось публично. Руководителем АТО был первый зампред Якименко Владимир Тоцкий, входивший в сферу влияния Александра Януковича. В Службе считают, что кое-какие документы по майдановскому АТО у Тоцкого все-таки остались. Но сам Тоцкий сейчас в Крыму, и узнать это доподлинно не представляется возможным.

4. Закрытие метрополитена. Появление силовиков из-под земли

В 16.00 глава КГГА Владимир Макеенко распорядился полностью закрыть метрополитен. Решение было принято на основании письма начальника главного управления СБУ в городе Киеве и

Киевской области генерала Щеголева. В письме речь шла о якобы имевшей место террористической угрозе. На самом деле никакой террористической угрозы не было. Более того, форменный террористический акт собирались осуществить сами силовики. В ночь с 18 на 19 февраля метро таки должно было заработать. Но только в одну сторону. Первая остановка — одна из конечных станций. Вторая — Майдан Независимости. Около часа ночи (плюс-минус) закрытые выходы станции должны были распахнуться, а из-под земли прямо в центр Майдана — в пространство за сценой и возле нее, где часть этих выходов расположена, — выскочить 900 силовиков. Предположительно — «Альфа» СБУ.

Знаете, почему 900?

«Девятьсот — это столько, сколько перевозит один состав метро, — говорит **Макеенко**, подтверждая, что по неофициальным каналам тоже получил информацию о подготовке этой операции. — Это окончательно утвердило меня в том, что метро нужно закрывать».

Метрополитеном, кстати, дело не ограничилось. Во избежание получения Майданом «подкрепления», сняли с маршрутов без объяснения причины ряд пригородных электричек, отменили поезда с западного направления, частично блокировали центральные трассы.

5. Генеральный план «зачистки»

Как власть планировала разгон? Представьте себе пятачок Майдана. Сверху — от Институтской — майдановцев, под прикрытием водометов, теснит «Беркут». Со стороны Европейской баррикаду рушит БТР. Дом профсоюзов штурмует и сжигает «Альфа». Тех, кто пытается спастись у сцены, уничтожают появившиеся из-под земли силовики. Остальные в панике рассыпаются вверх по переулкам. А там уже выстроены в линию «титушки» с оружием, которые расстреливают бегущих. В упор. Буквально заливая Майдан кровью.

6. Распечатывание складов МВД в Святошине

Почему этот жуткий сценарий не был реализован сполна? Потому что изначально все пошло не так. Изначально успешную атаку на Институтской затормозили горящие шины. БТР на Крещатике подожгли. Майдан яростно защищался. Силовики несколько поубавили свой пыл. И только «титушки» этого не знали — блюли посты. В три часа ночи на Большой Житомирской был в упор застрелен журналист Вячеслав Веримий. Его вытащили из такси, притормозившем перед светофором, и застрелили.

У той конкретной группы «титушек» оружия было не так много — несколько «стволов» и биты. Остальные оружие получали на складах МВД в Святошине. По имеющейся информации, соответствующие показания следствию дали сразу несколько «титушек». В их числе Алиев (на сегодня считается главным подозреваемым в совершении убийства Веримия). Установлено, что после обеда 18 февраля его автомобиль заезжал на территорию складов: в салон погрузили минимум несколько милицейских щитов. Может, погрузили что-то еще, но именно эти несколько щитов числятся — в соответствии с данными внутренней проверки МВД — пропавшими. Вину за недостачу пяти щитов пытаются предъявить бывшему замдиректора департамента материального снабжения МВД Павлу Зинову.

> «Это действительно так, но мы вторгаемся в сферу, где сейчас идет расследование, и я не могу об этом говорить, — подтверждает эпизод с распечатыванием складов **Арсен Аваков**. — Кроме того, «титушки» получали оружие даже здесь, в министерстве. Прослеживаются следы, в том числе след одного из исполнителей убийства Веримия. И таких случаев было множество».

Со складами вообще не все так просто. Довольно внушительные по размеру, святошинские условно поделены на «обычные» и «мобилизационные». По результатам проведенных проверок, с «обычными» складами все в порядке — недостачи не выявлены. По «мобилизационным» — вопросы, поскольку документации, указывающей на то, что и в каком количестве находилось там до средины февраля 2014 года... вы правильно догадались: этой документации больше нет. Значит, и сверять не с чем.

Между тем, по показаниям того же Алиева, **оружие выдавали бесконтрольно — «титушкам» и «беркутам» без всякого учета. Некоторые особо изворотливые умудрялись брать по нескольку «стволов» в одни руки. Помповые ружья шли на «ура». Автоматов Калашникова раздали минимум 300 штук. И это, кстати, еще проявится в ходе массовых расстрелов на Институтской 20 февраля.**

7. «Титушки»

Следствие выделяет несколько групп «титушек», орудовавших в те дни в столице. Наиболее отпетые — горловские и нежинские.

Самый главный из них — некто по фамилии/кличке Балох. Выделяют также горловского Армена Саркисяна. Считается, что в МВД он поддерживал связь с заместителем министра Дубовиком. Оба сейчас в бегах, Дубовик — в Крыму.

Судачили, что Саркисян — человек Юрия Иванющенко. Однако бывший нардеп в соответствующих уголовных делах никак не фигурирует, доказательств его связи-контактов с Саркисяном в те дни нет, и сам он причастность к действиям «титушек» категорически отрицает:

> «Да, я знаю Армена. Я очень многих знаю. Я сразу сказал, что к убийству журналиста и выдаче оружия им (как говорили) он отношения иметь не мог. А там уже пусть следователь рассматривают, в чем он виновен. Но только не в убийствах и не в выдаче оружия — точно», — подчеркивает **Иванющенко.**

И еще:

> «Говорили, что, мол, у меня в офисе, в Рыльском переулке, «титушки» получали оружие. Абсолютный бред! Не было этого. Помогать бандитам в форме убивать людей? Это не по моим правилам».

Весной 2013 года я случайно узнала, что Иванющенко приезжал в Киев и встречался с Арсеном Аваковым. Отрицать это в ходе нашего разговора он не стал:

> «Да, это было в апреле. Я встречался не только с ним. Был также в СБУ. Я сказал: еду в страну, вы там обо мне пишете-заявляете, так давайте поговорим».

Сегодня «титушками» занимается прокуратура. Основные подозреваемые в пособничестве бандитам — два заместителя экс-министра Захарченко. Позже, на допросах, «титушки» будут отрицать, что поджидали людей в переулках у Майдана и наверху — в районе Михайловской и Софиевской площадей — с тем, чтобы убивать их. Говорили: стояли там живой цепью, чтобы, в случае чего, препятствовать проникновению на Майдан дополнительной живой силы. Так или иначе, но в центр столицы они пришли не сами — «титушек» туда поставили, вооружили и четко проинструктировали, что они должны делать.

8. Тяжелая техника

БТР, штурмовавший баррикаду со стороны Европейской, не был единственным. От Кабмина и до самой Европейской площади в ряд были выстроены еще несколько БТРов, водометы, другие военные машины. Большая часть техники состояла на балансе МВД.

9. Штурм Дома профсоюзов планировался в рамках антитеррористической операции СБУ. Той самой, следов которой не осталось. Выполнялся он также силами спецподразделения СБУ «Альфа».

10. Особый интерес всегда вызывали вопросы (не)участия в событиях Майдана российских «кураторов» из ФСБ. В данной связи удалось выяснить следующее.

На протяжении зимы 2013/14 в Киев трижды приезжали группы сотрудников ФСБ РФ. В первый раз — с 13 по 15 декабря — группа была самая многочисленная: двадцать семь человек. Второй раз — с 26 по 29 января — шесть человек. И третий — с 20 по 21 февраля — семь человек. Обратите внимание: каждый раз «эфэсбэшники» появлялись после пика противостояния. В декабре — после попытки разгона с 10-го на 11-е. В январе — после срыва введения ЧП. В феврале — после бойни 18-го числа и в день массовых расстрелов на Институтской.

Чем занимались «гости» в украинской столице? Собирали информацию: ходили на Майдан, осматривались, внимательно мониторили наши СМИ, особенно электронные. От «принимающей» стороны гостями занимался начальник департамента контрразведки СБУ Владимир Бик. Он их встречал, селил на базе отдыха СБУ под Киевом, «выгуливал» и т.д. Приметно, что пребывание «гостей» оформлялось как официальные визиты делегаций ФСБ РФ и даже составлялись соответствующие «программы визитов».

Ну и «вишенка на торт». На основании соглашения между Кабмином Украины и правительством РФ о взаимной охране секретной информации глава СБУ Якименко выдал Бику разрешение на передачу ФСБ информации в сфере противодействия компьютерной преступности и компьютерного терроризма.

В ноябре 2014 года находившийся в розыске Бик был задержан по подозрению в государственной измене. Что до его российских «гостей», то 21 февраля они уехали в Москву, а уже 27-го эти же люди приземлились в аэропорту Симферополя. В ночь с 26 на 27 февраля были захвачены крымский парламент и Совмин. Началась российская аннексия полуострова.

# Глава 5

# ГЛАВНОЕ – ПЕРЕЖИТЬ ЭТУ НОЧЬ

«После событий в Мариинском парке некоторые сотни потеряли до семидесяти процентов личного состава, – говорит **Арсен Аваков**. – Кто-то попал в больницу, кто-то просто струсил – сбежал. Вечером мы собрались в штабе – кажется, это было последнее заседание штаба в Доме профсоюзов (перед пожаром. – *С. К.*). Были я, Турчинов, еще несколько депутатов и те сотники, что остались. Было понятно, что мирно все это уже не кончится, что грядет решающее противостояние: или мы их, или они нас, – а у них сил, конечно, несравнимо больше».

«Надо было решить, что делать дальше. План власти ясен: **они готовились взять нас в кольцо и просто залить Майдан кровью. В буквальном смысле.** Мы осознавали это. Понимали, что вскоре точно начнется штурм, что мы рискуем жизнями и что оставаться на Майдане небезопасно», – добавляет **Сергей Пашинский**.

«Турчинов попытался проинвентаризировать наши силы, чтобы спланировать оборону периметра Майдана, а ему говорят: вы что, какая оборона, нужно об эвакуации думать. Как, мол, людей выводить, тут же везде «титушки»? Если честно, боевой дух тогда был очень низкий, – продолжает **Аваков**. – А Турчинов не поддался: да, ситуация, говорит, сложная, но победа близка. Неужели мы сдадимся в последний момент?»

«Да, было страшно! Я не скрываю. Очень страшно! Всем. И тут вдруг Турчинов говорит: «Мы победим! Осталось продержаться несколько дней». Все затихли. Это произвело колоссальный эффект. И дальше опять Турчинов: «Слушай мою команду!». Это вывело всех из оцепенения, принялись за работу», — заключает **Пашинский**.

«Некоторые сотники говорили: надо отработать план эвакуации. Предложили создать резервную ставку штаба в Михайловском монастыре, — подтверждает **Александр Турчинов**. — Мол, если что — туда отступать. Нет, отвечаю, мы не можем отступить, мы даже думать об этом не должны. Потому что, **если мы отступим, Майдан на этом закончится** и всех нас перебьют. Наша задача — удержаться на этом пятачке. Любой ценой».

И еще прямая речь **Турчинова**:

«С наступлением темноты на Майдан опять начали подтягиваться киевляне. Не столько, как в ночь разгона с десятого на одиннадцатое февраля — все-таки сообщения о количестве убитых и раненых сделали свое дело, но все же.

Мы так между собой решили: если ночь выстоим, утром будет проще — еще больше киевлян подойдет, как-то прорвемся. Главное — эта ночь.

И вот люди разделились. Кто-то пошел на передовую, кто-то предпочел позаботиться о запасном аэродроме. Помню, мне один из активистов сообщает: многие уходят вверх по Костельной — к тому моменту это был последний из относительно безопасных путей отступления. Ну что на это сказать? Со всех сторон Майдан уже был обложен силовиками, и могло произойти, что угодно, — я не в праве никого осуждать».

## Водомет на Институтской и БТР на Европейской

Разгон начался ровно в восемь вечера. По Институтской вниз двинулись водометы. Мощная струя воды отбрасывала протестующих от баррикады. Пока те еще не успевали опомниться — «Беркут» атаковал. Из-за спин «Беркута» в толпу летели камни — от «титушек». Баррикада на Институтской быстро пала. Хоть и крепкая была, но наклонная — под водно-огневым обстрелом такую долго не удержишь. «Беркут» продвинулся ближе к Майдану.

Лидеры ОО в это время встречались с послами в «Хайятте». Послы в Дом профсоюзов ехать отказались — как чувствовали.

Грохот взрывов. К ним быстро привыкаешь — буквально минут за десять. «Молотов», петарды, светошумовые. Через сорок минут — отличаешь по звуку. Над Институтской столб черного дыма метров десять высотой. Стелу независимости заволокло пеленой. Пылала баррикада со стороны Европейской: в нее только что на полном ходу влетел БТР. Стоявшие на баррикаде люди разлетелись в разные стороны — легкие, словно пушинки.

Майдановцы оперативно подожгли БТР. Запылал, как факел.

«Это несколько задержало наступление со стороны Европейской площади. А это был проблемный участок — перекресток возле Профсоюзов очень широкий, для его защиты требовалось много людей», — комментирует **Турчинов**.

Мимо на носилках пронесли безжизненное тело. Из-под одеяла белела мужская кисть. Первая жертва.

## «АТО на Майдане»

«Туристы, вашу мать! — во весь голос орал Андрей Дзиндзя, продвигаясь тараном с Михайловской к Профсоюзам. — На выход! На выход, я сказал, туристы! Война здесь!» — «Женщин не пропускать», — скомандовал сторожевым на баррикаде.

«Туристов» в первые часы действительно было много. Однако процентов 70-80 из тех, кто приходил поглазеть «после работы», оставались и быстро втягивались в общее дело. Женщины в норковых шубах, девочки-студентки и бабушки в пуховых платках готовили «коктейли Молотова». Да так споро, быстро, будто всю жизнь только этим и занимались. Подбегали парни в балаклавах — уносили ящики с «коктейлями» на передовую. Выла серена. Громкоговорители возвещали о начале антитеррористической операции СБУ: «Женщины и дети, срочно покиньте периметр!» — «А мужчин мы будем убивать!» — ехидно заметил кто-то из фотографов. Никто из нас не сдвинулся с места.

## Боевые гранаты «из-под полы»

Раненых уже особо не считали. На Михайловской тревожно взвизгивали «скорые» — для самых тяжелых. Главное — не останавливаться на светофорах: **там караулили «титушки» и громили машины с красными крестами.**

Вихрем пронесся мимо Яценюк.

— Как там послы?

Он не мог остановиться и на минуту, почти бежал, но глянул так, что и без слов ответ был понятен.

Чуть позже я узнала: Виктору Януковичу звонила Ангела Меркель — не взял трубку; звонил Жозе Маннуэль Баррозу — не подтвердил возможность телефонной связи (проще говоря, не ответил). С Байденом, правда, поговорил, но разговор, судя по происходящему, на положение дел не повлиял.

Канонада взрывов не умолкала ни на минуту. Депутаты и активисты собрались за сценой.

— Он сошел с ума, — задумчиво протянул Давид Жвания, всматриваясь в залпы фейерверков через смоляную завесу дыма.

— Другого объяснения нет, — согласился Сергей Фаермарк.

Кто скрывался под личным местоимением «он», уточнять не требовалось.

— Фюле говорил с Клюевым. Андрей пообещал ему не применять против людей боевое оружие, но прекращение штурма обещать не стал, — сообщил Порошенко.

Именно в эти минуты, как потом установит следствие, на Крещатике, со стороны Европейской, боевая граната оторвет руку девятнадцатилетнему Дмитрию Максимову. Профессиональный спортсмен с отличной физической подготовкой, он в ходе штурма баррикады «Беркутом» прикрывал отступление побратимов. Максимов скончался от потери крови в Доме профсоюзов. И таких, как он, в ту ночь был не один десяток. Наивный Фюле!

— Смотрите, мы сейчас все тут — под сценой. И они это знают. Достаточно одного залпа, одного-единственного, и нас всех снесет. И все, вопрос решен. Почему они до сих пор этого не сделали?

Хоть я и понимала, что нельзя нагнетать атмосферу, но слова сами сорвались с языка. Никто меня даже не одернул: все думали о том же. Мы не знали тогда, конечно, о 900 «беркутовцах» из подземелья, но предполагали, что нечто подобное может произойти.

«Вокруг Майдана силовики образовали кольцо и сжимали его все сильнее. Единственное, чем мы могли хоть как-то задержать их продвижение, — горящие шины. **Майдан представлял собой горящую подкову**. В огонь летело все, что могло гореть», — описывает **Турчинов**.

От сцены хорошо просматривался весь Майдан. Людей сосчитать было невозможно: вся площадь пребывала в движении. Без дела не сидел никто. На передовую несли все, что горело, — от дров до пластиковых бутылок. Наибольшим спросом, конечно, пользовались шины.

В полночь Майдан, а также прилегавшие к нему кварталы были обесточены. Главным источником света оставалось огромное электронное табло на башне Дома профсоюзов да зарево пожарища.

## Захваченный «Беркут»

Кий, Щек, Хорив и их сестра Лыбедь были в огне. Пламя вплотную подбиралось к Дому профсоюзов.

«Спокойно! Держать линию! Не бить заложников! Не бить, я сказал!» — ревел со сцены сорванным голосом Пашинский. В толпе, перекатываясь в разные стороны, двигался клубок человеческих тел. Что-то очень нехорошее, черное виднелось в самом его эпицентре. Окровавленный «беркутовец». Выпал из строя. Майдановцы подхватили его и, как ни защищала заложника Самооборона, некоторые не смогли удержаться, чтобы не выместить на нем накопившуюся злобу.

Через минуту — второй. Брел сам, но было видно, что в полуобморочном состоянии, едва не падая. Затащили под сцену: там безопаснее.

Потом еще один — этого уже несли. Его захватили в отдаленной части Майдана, соответственно, ему больше досталось. Этого третьего, а за ним и четвертого защищал священник. Толпа свирепствовала. И ее можно было понять. **Менее чем за два часа еще восемь трупов. Итого к началу третьего ночи — 22 погибших.** А тут попался в руки враг!

Всего захваченных «беркутовцев» было четверо. Третий и четвертый — самые тяжелые. У одного вытек глаз, у второго — осколочное ранение руки. Им смастерили носилки из щитов и эвакуировали в

Профсоюзы, где на пятом этаже находился лазарет. По разным данным, там было около тысячи раненых, в том числе лежачих.

Но у войны свои законы. Через двадцать минут первые два этажа здания запылали. Через сорок — «Альфа» начала штурмовать шестой этаж. Буквально свалилась с крыши. С крыши палили по площади. Боевыми. Как раз выступал Турчинов. Разорвавшаяся граната поцарапала ему лицо. Прямо на сцене. Под Профсоюзами натянули тент — люди прыгали из окон. Плазменный экран на башне здания погас. Там, на самой «верхотуре», оказались заблокированными несколько ребят, отвечавших за трансляцию «Эспрессо-ТВ». Лестницы спасателей до них просто не дотягивались. Пришлось прыгать.

Тяжелое уханье взрывов и вспышки петард. Казалось, сейчас обрушаться небеса.

Кличко вернулся после переговоров с Януковичем.

Растерян:

— Понимаете, он хочет, чтобы мы просто разошлись по домам!

## Пожар в Доме профсоюзов

С тушением Профсоюзов возникли большие трудности. Пожарная станция находится совсем близко — между Михайловской и Софиевской, но пожарники ехать боялись.

Говорит **Владимир Макеенко,** который тогда находился в Голосеевской райгосадминистрации. На случай, если ее вдруг «штурмануть», готовился перебраться в библиотеку им. Вернадского.

«Мне позвонили, рассказали о пожаре в Доме профсоюзов. Никто из дежуривших пожарников ехать не хотел. В то время это было очень небезопасно. Тогда я вызвал своего помощника — он Афган прошел, Крым и Рим — и говорю: «Собери бригаду. Каждому дам по тысяче долларов».

*Из своего кармана?*

Разумеется, из чьего же еще?! Говорю: по тысяче, и пусть едут работают. Он собрал бригаду и приехал к Профсоюзам вместе с ними — докладывали мне оттуда».

В итоге пожарные смогли подъехать только со стороны Михайловской — через баррикаду. На Крещатик со стороны Европейской — где была острая необходимость — их не пускали силовики.

Говорит **Александр Турчинов**:

«Для нас было очевидно, что они попытаются захватить Профсоюзы. Поэтому мы еще с вечера начали готовить штаб к эвакуации. Выносили документы, хотя их там было не много, какие-то вещи, средства защиты. Эвакуировались медики, ведь там размещался госпиталь. Выносили раненых и убитых.

И вот в какой-то момент – я как раз находился под сценой – сообщают, что загорелось здание. Причем в нескольких местах одновременно. Из чего можно сделать вывод о поджоге.

Перед этим «Беркут» пытался атаковать с Европейской и, в частности, штурмовать Дом профсоюзов. В той части здания, что фасадом выходила на Крещатик, на первом этаже размещались склады медикаментов и зимних вещей. При этом спроектирована эта часть была таким образом, что второй этаж выдавался вперед над первым. Поэтому, как только туда попала граната, все моментально воспламенилось, а тушить пожар было очень тяжело и, главное, нечем.

Я взял с собой несколько бойцов, и мы побежали в штаб. Он как раз размещался на втором этаже, над этими складами. Из окна можно было сбросить пожарный рукав, поймать его снизу и потушить огонь. Иначе никак.

На тот момент по всему Майдану гремели взрывы, всполохи, дым валил столбом, никто уже на это особо не обращал внимания. Несколько наших депутатов – уставшие, черные от копоти – сидели в штабной комнате, перекусывая всухомятку бутербродами. Чтобы дым не мешал, подперли боковую дверь стулом. Они-то думали, что дым с улицы. Я забежал: «Мужики, – говорю, – вы что, ополоумели! У нас дом горит!». Отодвинул этот стул, и в комнату буквально ворвалась волна черного смрада. Я дал команду полностью эвакуироваться. Обязал ребят обойти все этажи – проверить, чтобы никого не осталось. К этому моменту всех раненых и убитых уже вынесли из здания.

Сейчас рассказывают, что, дескать, при пожаре в Профсоюзах погибли десятки людей, заживо сгорели. Это неправда! Во-первых, повторяю, несмотря на высокую степень задымленности, без паники была организована полная эвакуация людей из Дома профсоюзов. Во-вторых, сразу после случившегося осматривали обгоревшее здание, разбирали завалы. Нашли только одно тело. Причем не факт, что к началу пожара этот человек был жив. (По данным следствия, жертвами пожара стали два человека. То, что они погибли от огня, — не доказано. Подробнее в следующей, шестой главе.)

Ребята, которым я поручил осмотреть все помещение, не смогли добраться только до последних этажей: на крышу уже пробрались силовики и попытались их атаковать. Из-за этого возникли трудности с эвакуацией людей с верхних этажей. Вы помните, там оказались заблокированными три девушки и парень, которые вели трансляцию для «Эспрессо-ТВ». Их чудом спасли!

Здание, как я уже говорил, загорелось в нескольких местах одновременно. Думаю, сверху точно был поджог, потому что очень сильно полыхало в лифтовой шахте, в самом центре Дома профсоюзов. Видимо, по их расчетам, огонь должен был распространиться по всем этажам. Примерно так оно и случилось. Но они не учли, что мы не допустим паники и эффективно проведем эвакуацию.

Я сам с ребятами подключил рукав к брандспойту, сбросил его вниз, и мы кинулись на улицу тушить фасад. Но оказалось, что добраться до горевшего первого этажа было невозможно: «Беркут» не пускал — прицельно обстреливал. В конце концов мы как-то прорвались. Стоим с этим рукавом, заливаем фасад водой. **Раздается взрыв, и я чувствую, что шланг стал тяжелее. Оборачиваюсь, а парень, который стоял у меня за спиной и помогал его держать, сползает на колени: живот у него полностью разворочен, и внутренности вываливаются. «Беркут», повторяю, видя, что мы тушим пожар, продолжал закидывать нас гранатами. И вот одна разорвалась прямо на этом парне.** Его подхватили, унесли. Обстрел усилился, гранаты падали уже буквально у ног. Я дал команду отступать».

## «Он сам вынул пулю из сердца своего отца»

«Когда эвакуировали госпиталь из Дома профсоюзов в Михайловский собор, мы со Святом Цеголко пошли проверить, как обосновалась операционная в Трапезной церкви, — свидетельствует **Андрей Шевченко**. — В дальнем углу монастырского подворья, под деревом, лежало четыре трупа. Мужчина попросил их сфотографировать, чтобы потом можно было опознать. Ощущение, мягко говоря, не из приятных, но что поделаешь? Я согласился. И тут этот мужчина начал оттаскивать одно из тел: «Вот его фотографировать не нужно», — говорит. «Почему?» — спрашиваю. «Это мой отец, — отвечает очень спокойно. — А у меня дома беременная жена, родные. Они еще ничего не знают. Я хочу вначале их сам подготовить».

Он оставил отца на Институтской всего на несколько минут. Вернулся — отец лежит, спина мокрая. Вначале думал — от пота. Оказалось, пуля прямо в сердце попала. Он эту пулю мне тоже показал — пластиковая, с металлическим набалдашником. Он ее сам из тела отца вынул.

Когда этот мужчина оттянул тело отца в сторону, мы продолжили фотографировать: лица изуродованные, у молодого парня оторвана рука по локоть — лежала отдельно (видимо, речь об упомянутом выше Дмитрии Максимове. — *С. К.*). Я фотографирую, слушаю этого осиротевшего мужика, и у меня ощущение, что в моей голове просто Вселенная на мелкие кусочки разлетается. **Еще подумал: как же этот мир обратно собрать потом? И сколько времени нам понадобится, чтобы снова стать нормальными людьми? А ведь самое страшное еще было впереди».**

## Почему силовики не дожали?

В пять — начале шестого утра громада Дома профсоюзов напоминала экспонат музея природоведения — скелет гигантского динозавра. Скелет дышал огнем, утроба светила зловещим багрянцем. Три пожарных гидранта сражались изо всех сил. Бесполезно — здание слишком велико. Уже трещали перекрытия — ходить рядом небезопасно. От разлетавшихся искр вспыхивали сухие деревья, рекламные щиты. По всему Майдану — то тут, то там — языки пламени.

Чад, дышать тяжело. Людей стало значительно меньше, лица черны от копоти. Между собой говорили мало — не о чем, и так все ясно. Шины закончились — стали разбирать строительные заборы в окрестностях. В центре Киева до сих пор много старых домов, предназначенных то ли под снос, то ли под реконструкцию и огражденных такими вот заборами. Линия огня — единственное, что по-прежнему удерживало «Беркут».

Ведущий Женя Нищук — уже в бронежилете. Слишком хорошо просматривается и, как убедился Турчинов, простреливается сцена.

Вспышка света. Взрывы. Лопнула стеклянная крыша «Глобуса». Пожар переполз на консерваторию. Теперь уже весь Майдан поровну перерезан огненной лентой. Консерваторию, правда, быстро потушили.

Главный вопрос, который крутился у меня в голове в те минуты: почему «Беркут» не дожимает? Людей оставалось совсем мало — тысячи полторы от силы, а то и меньше. Все они были обессилены. Линия нашей обороны зияла провалами. Один решительный прорыв — и Майдан был бы сметен, зачищен, как и планировалось изначально. Внятного ответа, почему этого не случилось, не было ни тогда, ни сейчас.

«В той ситуации власть должна была дожать, но не хватило сил. В какой-то момент у «Беркута» закончились патроны и гранаты. Хотя они их использовали в таком количестве, что до сих пор все закрома пустые», — разводит руками **Аваков**.

**Турчинову** в этом смысле проще. Человек глубоко верующий, он иначе смотрит на вещи:

«У меня одно объяснение: Господь был с нами! Уже когда горели Профсоюзы, со сцены довелось наблюдать удивительную картину. Вы ведь знаете, что при холоде, морозе дым всегда валит вверх, согласно всем законам физики. По-другому просто не бывает! Но я своими глазами видел, как черная пелена едкого дыма, вопреки всем этим законам, сначала стекала по стене вниз, а потом фронтом шла в сторону «Беркута». Это видели сотни людей».

И чуть более приземленно:

«Бои начались еще утром. Их силы несравненно превосходили наши, но они тоже были ограничены. Во время боя у них не происходило никакой ротации. А главное — морально-психическое истощение. Они понимали, что для того, чтобы взять сцену, всех, кто там оставался, надо убить. А для этого у них уже не оставалось никаких сил».

## Операционная в монастыре

Пять утра 19 февраля. Мы с Максом Левиным поднимаемся от Майдана вверх по Михайловской. Двое из Самообороны идут навстречу. «Титушки» есть?» — Несколько часов назад их было тут полторы тысячи. — «Нет, чисто. Там наша баррикада».

К воротам монастыря одна за другой подъезжают машины с ранеными. Открывают ворота «Порше-кайену». В салоне из светлой замши — капельница. За ночь этот автомобиль немало накрутил кругов между площадью и монастырем.

Раненых оперируют в трапезной. Трапезная — единственная церковь из комплекса Михайловского Златоверхого, уцелевшая после большевистской расправы. Сейчас тут полтора десятка операционных столов. В самом соборе повсюду — в приделах, под алтарем, у купели — расстелены одеяла, спят люди.

Пред ликом Богородицы. Привычное: взмах руки в крестном знамении и земной поклон. Но нет, поклониться невозможно — не дает бронежилет. А без бронежилета журналисту лучше не выходить. Опуститься на колени тоже нельзя — заденешь кого-то из спящих, места слишком мало. Людям нужен покой, они с войны, их нельзя тревожить. И в первый раз за эти сутки к горлу подступает комок.

Вы понимаете, что это такое: невозможность поклониться иконе, потому что вокруг — война, а в храме — лазарет?

Рассвет, но в Михайловском не служат заутреню. Всегда, во все времена тут спасали души, но на рассвете 19 февраля были важны растерзанные пулями и гранатами тела. Поэтому не горели свечи, не звучал «Символ веры», но пахло нашатырем, а свечной ящик был завален лекарствами.

Такой была Украина в феврале 2014-го. И это не страшный сон.

# Глава 6

# 19 ФЕВРАЛЯ: ЯНУКОВИЧ УЖЕ СОГЛАСЕН НА ВСЕ

По данным следствия, **18 и 19 февраля 2014 года в центре Киева погибли:**

— **семь человек протестующих днем в Мариинском парке и правительственном квартале.** Пятеро — насильственная смерть (в ходе столкновений), еще двое — ишемическая болезнь сердца, последних нашли возле верхнего выхода из станции метро «Крещатик». Можно предположить, они погибли во время дневной «зачистки» квартала — когда «Беркут» гнал протестующих вниз, к Майдану;

— **один человек при пожаре в штабе Партии регионов** (задохнулся в дыму);

— **тринадцать человек ночью на Майдане со стороны протестующих;**

— **еще двое — при пожаре Дома профсоюзов.** Причина смерти этих двоих не установлена. Не факт, что люди погибли именно в огне. Одно из тел долго не могли идентифицировать — похоронили в Киеве как неизвестного героя Майдана. Позже, когда нашлись родственники, перезахоранивать — ближе к дому — не стали;

— **девять человек со стороны силовиков** (включительно с погибшими днем в правительственном квартале и ночью на Майдане);

— **двое — в районе Большой Житомирской от рук «титушек».** Еще шестеро протестующих получили от них огнестрельные ранения;

— **двое сотрудников ГАИ** ночью были убиты и один ранен в Святошинском районе.

Итого **36 убитых — менее чем за сутки.**

**85 протестующих получили огнестрельные ранения.**

Раненые исчислялись тысячами. Больницы были переполнены. «Легких» даже не принимали — оказывали им помощь в приемном покое и отпускали. В больницах дежурили депутаты и активисты: вокруг кружили «титушки», норовя или похитить раненых, или хотя бы избить их.

В столкновениях пострадали 28 журналистов. У многих из них были разбиты головы и камеры.

Задержали 70 человек. Почти всех жестоко избили.

**Со времени Второй мировой войны Киев не знал такого массового кровопролития.**

В семь утра 19 февраля информационные ленты растиражировали обращение Виктора Януковича к народу Украины.

Спохватился, наконец!

Предсказуемо, что Янукович белое называл черным, обвинял оппозицию в том, что это она не дала открыть сессию ВР, а потом попыталась захватить власть с оружием в руках. Выражая соболезнования родственникам погибших, Виктор Федорович назвал конфликт «дурацким».

Ночью у него состоялись очередные переговоры с оппозиционерами, вновь закончившиеся ничем. Арсению Яценюку он сказал де-факто то же, что и Виталию Кличко несколькими часами ранее, — предложил сдаться.

Пресс-служба МВД поторопилась в который раз заявить о том, что боевое оружие ночью силовики не применяли. А тот, кто от него погиб, вероятно, застрелил себя сам или принял смерть от других майдановцев.

## «Волна» и «Бумеранг»

Точки над «i» расставил нардеп-оппозиционер, в прошлом генерал милиции Геннадий Москаль. Он поименно назвал исполнителей «зачистки» Майдана. Многие данные совпадают с теми, что излагались в предыдущих главах, но, ввиду особой общественной значимости, привожу их тут полностью.

Итак, по словам Москаля, 18 февраля в 22.00 были проведены две силовые операции: «Волна» (по линии МВД) и «Бумеранг» (по линии СБУ). Их цель — полная «зачистка» Майдана, Украинского дома, Дома профсоюзов и Октябрьского дворца.

Согласно нормативно-правовым актам, ввести в действие «Волну» мог только министр МВД Виталий Захарченко (сохранившийся приказ Захарченко о вооружении личного состава с целью защиты комплекса зданий МВД на улице Богомольца, о котором я упоминала ранее, был отдан именно в рамках спецоперации «Волна»). Готовили и осуществляли руководство «Волной», отмечал Москаль, заместитель министра внутренних дел Виктор Ратушняк, начальник департамента общественной безопасности МВД Александр Крикун, и. о. начальника ГУ МВД в Киеве Валерий Мазан и начальник главного управления командующий Внутренних войск МВД Станислав Шуляк.

«Бумеранг» выполнялся силами Антитеррористического центра СБУ. Разрабатывали и руководили операцией первый заместитель председателя СБУ Владимир Тоцкий, начальник управления департамента «Т» СБУ Сергей Потиевский, начальник УСБУ Киева и Киевской области Александр Щеголев, а также руководитель антитеррористического центра М. и руководитель центра специальных операций «Альфа» П. (согласно законодательству, фамилии последних двух должностных лиц засекречены), рассказал нардеп.

## Военные едут на Киев

Когда рассвело, стало ясно, что прежнего Майдана больше нет — сплошное пепелище. Тлеющий остов громады Дома профсоюзов, вспученный взрывами «Глобус», обугленные Стела независимости и памятник основателям Киева, вылизанная языками пламени стена консерватории. Вокруг площади — кольцо сгоревших баррикад. Кадры из фильма о конце света: обгоревшие машины, разбитые окна, дымящиеся остатки шин, выкорчеванная брусчатка, размазанная по асфальту кровь.

В восемь утра «Беркута» на площади было в два раза больше, чем протестующих. Тем не менее силовики отступили. В светлое время суток они не воевали. Взяли паузу для перегруппировки сил. Это было затишье перед бурей.

С самого утра министр обороны Лебедев распорядился отправить в Киев Днепропетровскую 25-ю воздушно-десантную бригаду, в составе которой — пятьсот вышколенных бойцов ВДВ. Новость эту сообщил депутат Анатолий Гриценко (в прошлом сам министр обороны). Ни на что особо не надеясь — журналистская привычка все проверять, — я набрала мобильный Лебедева. Была почти уверена: он опровергнет. Но нет, подтвердил. «Да, я отдал такой приказ», — прозвучал надменный голос в трубке. Так, словно речь шла о запуске в воздух партии разноцветных шариков. Невмешательство в конфликт армии Министерством обороны больше не гарантировалось. Ситуация-де непредсказуемая. «Арсеналы нужно охранять», — отрезал Лебедев.

Около полудня стычки возобновились. Правда, не очень интенсивные. Линия фронта проходила через площадку перед Стелой независимости. Протестующие подожгли шины и прикрывались щитами. Силовики их вяло обстреливали. На Майдан подтянулись новые силы: после вчерашних событий люди были очень ожесточены и готовы стоять до конца. А вот «Беркут» со вчерашнего дня не ротировали: силовики спали по очереди, прислонившись спинами к граниту портиков возле «Глобуса». Здесь же, под Стелой, перекусывали смерзшимися галетами сухпайка.

## Протестующие берут власть в регионах

18 и 19 февраля кровь лилась не только в Киеве. Полыхало также в регионах. Так, в Ивано-Франковске 10 тысяч евромайдановцев захватили областное СБУ и МВД. Местная воинская часть (№1241) перешла на сторону народа.

В Луцке Волынская облгосадминистрация перекочевала под контроль протестующих без всякого сопротивления со стороны представителей власти. Областное УМВД оказало незначительное сопротивление, которое удалось быстро преодолеть.

В центре Львова митинговали 15 тысяч человек. Захвачены были местная милиция, СБУ, несколько райотделов.

Серьезные бои происходили в Полтаве. Силовики отбили попытку граждан установить контроль над ОГА. В стычках пострадало несколько десятков человек с обеих сторон.

В Тернополе подожгли областную милицию. Местный «Беркут», недолго думая, перешел на сторону народа.

Едва мирные протестующие подошли к зданию СБУ в Хмельницком, как по ним из окон открыли огонь. Одну женщину сразу же ранили в голову. Впоследствии здание подожгли.

Центральная власть уже не управляла ситуацией не только в Киеве, но и на местах. Именно **это преломило ситуацию в пользу Майдана**. Стало ясно, что даже если сейчас протест удастся купировать, то без последствий все равно не обойдется.

СБУ объявила о проведении АТО на территории всей страны. В ней, по мнению МВД, уже могли участвовать также армейские подразделения.

## Начало работы над мирным соглашением

По сведениям оппозиции, следующий штурм Майдана был намечен на шесть часов вечера 19 февраля. Однако после нового раунда переговоров с Януковичем Арсений Яценюк заявил, что объявлено перемирие и опасаться нечего — стороны работают над проектом «мировой».

> «Девятнадцатого Янукович был совсем другим. Он уже был согласен на все: и на досрочные президентские, и на Конституцию 2004-го, — на все», — говорит **Александр Турчинов**.

Выводы Александра Валентиновича подтверждает **Владимир Рыбак:**

> «По его настрою я понял, что он склонен договариваться. Уже была сформирована переговорная группа, и мы решили разработать документ — Мирное соглашение. Я тогда как раз приболел, лежал дома с температурой. Утром девятнадцатого Янукович позвонил, спросил, как я себя чувствую и когда буду на работе. Я ответил, что вот сейчас собью температуру и ближе к обеду появлюсь. После обеда, часа в три-четыре, точно не помню, я приехал в АП. Там уже находились три

министра иностранных дел ЕС, ожидали прибытия представителя российской стороны (Владимира Лукина. — *С. К.*), и мы начали работать над документом. Обсуждение шло очень тяжело. Первый вариант документа появился около часа ночи. Подразумевалось, что Меморандум подпишут президент, три лидера оппозиции и международные посредники. С часу ночи до шести утра был подготовлен итоговый текст. В шесть утра лидеры оппозиции заявили, что им нужно посоветоваться с Майданом — так просто они не подпишут. Мы согласились. Договорились встретиться около полудня».

Консультации затянулись. Подписание состоялось только 21-го в три часа дня. Но этому предшествовали расстрелы на Институтской — самая кровавая страница в истории Майдана.

# Глава 7

# 20 ФЕВРАЛЯ. КТО ДАЛ КОМАНДУ СТРЕЛЯТЬ ПО МАЙДАНУ?

## Стрельба из консерватории

Объявленное перемирие соблюдалось весьма относительно. В ночь с 19-го на 20-е конвейером работали суды. Всем, задержанным 18 февраля, избирали меру пресечения — арест на два месяца. Такое решение суда в ту ночь было принято в отношении двух с половиной десятков человек.

«Титушки», от нечего делать, разбрелись по спальным районам и там нападали на людей, громили машины, били витрины магазинов. Киевляне самоорганизовались (в который уже раз за эту зиму) — патрулировали улицы и дворы.

На самом Майдане периодически происходили короткие стычки. «Беркут» обстреливал протестующих. Те отвечали брусчаткой и «коктейлями Молотова». На мостовой там и сям зияли проплешины: за две ночи запасы булыжников существенно сократились.

«Девятнадцатого нам скомандовали срочно ехать на Киев, — вспоминает **командир днепропетровского «Беркута» Андрей Ткаченко**, которого удалось разыскать специально для интервью к этой книге. — По иронии судьбы, автобусы выделили какие-то совершенно непригодные — они несколько раз в дороге ломались. Из-за этого мы прибыли на Майдан уже только поздно вечером. Автобусы запарковали у верхнего выхода из станции метро «Крещатик» — на Ольгинской. Площадь вся была в огне. Нас поставили дежурить с пяти до восьми утра на Институтской, за Стелой независимости.

Когда закончилось дежурство, нас сменили, и мы поднялись выше на пару метров, не слишком значительно. В начале седьмого утра по нам начали стрелять из консерватории. У меня было несколько раненых. Я точно уверен, что огонь был именно из консерватории. При этом стреляли в ноги, в руки, то есть профессионально. Ранения в основном были сквозные.

Я набрал Андрея Шевченко и сообщил о происходящем. Он сказал, что рассказал Парубию, и тот отправил туда ребят с Майдана — разобраться. Я также позвонил в министерство — доложил обстановку, попросил дать команду отойти. Пока перезванивались, у меня появились новые раненые. Всего в то утро ранения получили шестеро моих ребят».

Говорит **Андрей Шевченко**:

«Двадцатого февраля меня разбудил звонок Андрея Ткаченко, командира днепропетровского «Беркута»: «У меня раненые. Кто-то из ваших стреляет в нас со второго этажа консерватории».

Тут нужно рассказать предысторию. Я познакомился с Ткаченко за пару недель до этого. Заступал на дежурство на Майдане и решил сходить на разведку в «Мордор» — на милицейскую сторону Грушевского. Там я нашел старшего и предложил обменяться телефонами — на случай провокаций. Этим старшим оказался Ткаченко. В то время на Грушевского было перемирие, и ни нам, ни милиции совсем не хотелось его нарушать из-за какой-то провокации или недоразумения. Ни в ту ночь, ни в последующие дни этот телефон не понадобился — до утра двадцатого февраля.

И вот звонит мне Ткаченко и говорит: мол, ваши стреляют; если сейчас же не прекратите, будет беда. На Майдане было категорически запрещено использование оружия: его применение стопроцентно было бы использовано властями как предлог для полноценного вооруженного штурма. Тем более что мы знали: восемнадцатого февраля у милиции на Институтской появились автоматы Калашникова и винтовки».

Что же произошло на Институтской утром 20-го?

То, что **бойня 20 февраля началась с выстрелов из консерватории**, сегодня сомнений практически ни у кого не вызывает. Тем более

«Беркут» настаивает, что видел агрессоров — расстояние от консерватории до Институтской не так уж велико. Следствием это не доказано по единственной причине: не осталось следов. Стрелки довольно оперативно покинули здание — когда в консерваторию подоспели люди Парубия, там уже никого не было. После отыскать их тем более не удалось.

Ключевой вопрос: **это были майдановцы или провокаторы власти, намеревавшиеся столкнуть обе стороны?**

Говорит **Андрей Шевченко**:

> **«Исключить то, что стрелял кто-то из майдановцев, нельзя: после смертей восемнадцатого и двадцатого февраля вполне мог появиться какой-нибудь мститель-стрелок.** Среди тех, кто уцелел в Мариинском парке, на Крепостном или Шелковичной, были такие, у которых уже просто сдавали нервы. Восемнадцатого числа это был вменяемый, адекватный человек, а девятнадцатого — стеклянные глаза, и говорил он только одно: «Дайте мне автомат, и я буду косить «беркутовцев» столько, сколько смогу». Я вполне допускаю, что в консерватории мог «работать» кто-то из майдановцев — какой-нибудь неустановленный «народный мститель». Теоретически это вполне могло быть. **Но у меня такое ощущение, что это была сознательная провокация — людей заманивали на Институтскую, в ловушку».**

Фраза «заманивали в ловушку» указывает на вмешательство третьей стороны. В пользу этой версии — слова Ткаченко о том, что целились в руки-ноги. То есть намереваясь не убить, а ранить. Ведь чем больше таких ранений — тем отчаяннее злость. Однако «третья сторона» — лишь версия. Без доказательств. Не слишком правдоподобная, на мой взгляд.

«Это не наши», — прочитал Ткаченко смс от Шевченко, который уже успел поднять на ноги всех, кого только можно.

Вспоминает **Арсен Аваков**:

> «После ночи на Майдане я пришел к себе в гостиницу «Киев». Только переоделся, лег подремать полчасика, как вдруг звонок. Звонил Ратушняк (зам. Захарченко. — *С. К.*): «Немедленно прекратите! Ваши стреляют из консерватории». Пашинский поехал на Майдан, чтобы на месте разо-

браться в происходящем. Я вызвал переговорщиков. Встречу мы организовали в гостинице «Киев», на втором этаже.

*Кто был переговорщиком в тот раз?*

Заместитель одного из силовых министров. Большего я даже сейчас сказать не могу. Да, не первого уровня фигура, но достаточно влиятельная. Он был растерян. «Прекратите стрелять», — говорит мне. Я: «Мы не стреляем, нашим просто не из чего стрелять». Хотя, как мы сейчас знаем, стрельба действительно была обоюдной. **Скорее всего, «Беркут» стрелял по нашим пневматикой. Наши отвечали всем, что было под рукой, — без разбора**. Только мы с этим замминистра закончили говорить, как ему кто-то звонит и сообщает, что началось отступление силовиков. И он, наскоро попрощавшись, убегает.

*О чем вы договорились?*

Да ни о чем. Я ведь просто хотел понять ситуацию. И вот он исчез, а я вижу, что на улице какое-то странное движение начинается. Администрация отеля в панике, никто вообще не понимает, что происходит. Я же постоянно поддерживаю связь с нашими, и вышло так, что наш штаб как бы территориально разделился: один на Майдане, а второй здесь, в отеле. При том, что отель находился в глубоком тылу у власти. В «Киеве» собрались несколько нардепов: Головко, Апостол, Княжицкий, Фаермарк. Советуемся, что делать. Поднялись на семнадцатый этаж: там обзор хороший. Смотрим: силовики отступают, часть вообще в автобусы грузится — уезжает, над Институтской клубы дыма, из Мариинки бегут «титушки».

Пальба из консерватории длилась около часа (точные отрезки времени очевидцы тогда, разумеется, не засекали). Пострадали бойцы не только днепропетровского, но и других подразделений «Беркута». В стане силовиков началась сумятица. Командиры пытались связаться с начальством для получения инструкций. Начальство не отвечало.

В итоге командиры со своими бойцами поднялись по Институтской на несколько десятков метров выше. Стоять напротив Стелы независимости было опасно: живые мишени.

Неожиданно из-за их спин на митингующих пошли водометы (собственность МВД) — вроде как приказ дал кто-то из руководства

ВВ, находившийся на месте. Ледяной душ водометов ожесточил людей. **Увидев, что «Беркут» пятится вверх по Институтской, люди подумали, что силовики отступают, и сами, без всякой команды, ринулись в атаку: поскорее занять освобождающуюся территорию.**

«Я еще подумал: зачем эти водометы? Они же только все усугубят. А тут вижу: начальство ВВ тоже вверх по Институтской драпает, — продолжает **Ткаченко**. — Началось что-то странное: силовики, кто где был, разбегаются в разные стороны. Из консерватории по-прежнему стреляют. Недолго думая, я даю своим команду — по автобусам. Думал, заедем во двор Кабмина. Но куда там — на перекрестке настоящая пробка. Снизу еще водометы ползут, пальба, не поймешь, что происходит. Делать нечего: двинули вперед, доехали до Лавры, а дальше что? Оружия у нас с собой не было, ни одного ствола — нам не выдавали, я честно вам говорю. Что делать — совершенно непонятно. Я набираю начальство: по-прежнему трубку никто не берет. Появилась мысль: ехать домой. Но на Бориспольской трассе уже стояли блок-посты, нас бы просто не выпустили. А у тебя — сто пятьдесят человек личного состава, ты ответственность за них несешь».

Эвакуацию предприняли не только днепропетровцы. В начале девятого практически все силовики, стоявшие на Институтской, снялись и рассыпались по своим автобусам, припаркованным во всю длину улицы — аж до площадки перед клубом Кабинета Министров. Это четко видно на многочисленных кадрах видеосъемки. При этом **централизованного приказа «отступить» никто не получал.**

Согласно действовавшим нормативам, в случае возникновения чрезвычайной ситуации (каковой была пальба из консерватории), командиры могли самостоятельно принять решение подняться выше на пару метров, что они вначале и сделали. Но подняться выше и покинуть место событий — не одно и то же.

Впоследствии на допросах те из командиров «Беркута», кто находился тогда на Институтской, а позже не сбежал из страны (хотя бы в тот же Крым), говорили, что об отступлении докладывали Петру Федчуку. Он единственный из начальства отвечал на телефонные звонки.

С персонажем по фамилии Федчук стоит познакомиться поближе. На момент описываемых событий он был замначальника, начальник управления общественной безопасности ГУ МВД Украины в городе Киеве. Лично принимал участие в большинстве силовых акций против Майдана.

Вот выдержка из допроса Валерия Коряка. Допрос проводился в Генпрокуратуре вскоре после разгона студентов в ночь с 29 на 30 ноября:

> «По требованию Сивковича я дал команду своему заместителю Федчуку, чтобы он личным составом милиции особого назначения «Беркут» оттеснил митингующих с Майдана в направлении Крещатика».

Мы помним, что перед разгоном студентов на Майдан заехала фура коммунальщиков, которые — не пойми для чего — приволокли туда среди ночи заградительные конструкции. Рассказывавший об этом эпизоде Андрей Шевченко предположил, что фура появилась на площади как раз для того, чтобы вокруг нее возникла стычка. Так оно и получилось. И хотя стычка — стараниями того же Шевченко — не переросла в полноценную драку, власть все равно использовала это как предлог для применения силы. Непосредственно на месте силовой сценарий реализовывал господин Федчук.

22 января 2014 года на Грушевского (в то утро были убиты Нигоян, Жизневский и Сеник) Федчук лично командовал атаками «Беркута». На видео хорошо видно: когда волна атаки зашла слишком далеко — силовики гнали протестующих до самого Украинского дома, — Федчук с рацией выскочил из-за спин «Беркута» на середину Грушевского и принялся — каждое слово через мат — орать: «Назад! Назад, я сказал!». Так он и стоял там с рацией, пока «беркутовцы» возвращались с передовой, волоча по снегу избитых пленных.

По роду своих служебных обязанностей Федчук курировал всю многотысячную армию иногородних силовиков, прибывших в столицу. Как начальник общественной безопасности в городе Киеве, именно он ежедневно проводил «летучки» с командирами «Беркута» из регионов — раздавал им задачи, которые доводились до него свыше. Политических решений Федчук, разумеется, не принимал — был всего лишь исполнителем, — но, как исполнитель, он знал очень много.

## Расстрел Майдана

Вернемся на Институтскую. Итак, силовики начинают отступление. При этом группа «вэвэшников» оказывается заблокированной в Октябрьском дворце. Для того чтобы их оттуда вызволить, на склонах у Октябрьского появляется спецрота «Беркута». Те самые, с желтыми повязками, под командованием Дмитрия Садовника. Всего 21 человек. Лица у всех были закрыты, поэтому идентифицировать удалось только троих. В том числе самого Садовника, имеющего отличительные физические особенности.

**Начался расстрел Майдана. Он происходил в три этапа.**

**Первый.** С целью обеспечения отхода «вэвэшников» бойцы с желтыми повязками выдвинулись на площадку перед Октябрьским дворцом, откуда открыли пальбу по Майдану. Стреляли из помповых ружей и автоматов. Эти кадры видел весь мир.

Когда «вэвэшники» отошли все вверх по Институтской, бойцы спецроты также стали отходить в том направлении, но продолжали при этом вести огонь. Это опять-таки видно на многочисленных видеозаписях: большинство иностранных журналистов жили в гостинице «Украина», откуда — в то утро — все поле боя было как на ладони. Так, оператор спутникового белорусского телеканала «Белсат» зафиксировал, как в ходе отступления от Октябрьского один из бойцов в черной форме и с желтой повязкой ведет огонь из автомата Калашникова. При этом автомат он держит левой рукой, упирая его в культю правой. Именно по этим кадрам был опознан командир спецроты Дмитрий Садовник.

Также запомнился силовик, который лег — для удобства — на землю и, уперев «ствол» в специальную подставку следил в прицел за митингующими (на видео он не сделал ни единого выстрела, но постоянно держал Майдан на «мушке»). Личность его точно не установлена, но по предположению следствия, это — боец «Омеги», временно прикрепленный к спецроте «Беркута».

В 9.05 возле Октябрьского погиб боец ВВ Симисюк — спецрота как раз находилась на площадке перед Октябрьским. Кто в него попал — снайпер или кто-то из своих, до сих пор не выяснено. На том этапе это уже априори не могли быть майдановцы, даже отпетые «народные мстители» из консерватории.

Впрочем, о снайперах — чуть позже.

**Второй**. Отойдя от Октябрьского вместе с ВВ, спецрота остановилась возле верхнего выхода из станции метро «Крещатик», где залегла за баррикадой, ранее сложенной протестующими из мешков со снегом и других подручных предметов. Тут «желтые повязки» вели стрельбу по наступавшим майдановцам еще минут двадцать.

И, наконец, **третья** точка — за бетонными блоками — чуть выше перекрестка с Ольгинской. Оттуда, пользуясь защитой блоков и стоящего перед ними грузового автомобиля, вели особо ожесточенный огонь.

Со сцены неслись тревожные предупреждения: ни в коем случае не выходить за периметр баррикад, шагу не делать в направлении Институтской. Но люди не слушали. Как только «Беркут» начал отступление, майдановцы ринулись за ними. Пули скашивали их одного за другим. Падающих подхватывали санитары, второй ряд становился первым, а люди все равно продвигались вверх.

> «После первых убитых на Институтской все наши лидеры занимались только тем, что звонили сотникам Самообороны, ко всем подряд, и говорили: «Где бы вы ни находились, оставайтесь там; ни шагу вперед, на Институтскую, — там бойня; вы должны сохранить жизни свои и своих ребят. К этому же призывали со сцены. Пытались погасить это спонтанное наступление, но получалось, увы, не очень», — говорит **Андрей Шевченко**.

Мраморный пол холла гостиницы «Украина» был липким от крови: тут наспех оборудовали полевой госпиталь.

Вы знаете, что такое п-о-с-к-а-л-ь-з-ы-в-а-т-ь-с-я на крови?

Здесь умерли 13 человек. Здесь же их отпели.

С другой стороны Майдана, у отеля «Казацкий», тоже складывали трупы. Три. Пять. Уже восемь.

Почти все они были убиты прицельным попаданием в шею, грудь, сердце. Так стрелять мог только профессионал. Неподалеку от «Казацкого» на минутку остановилась молоденькая медсестра

Олеся Жуковская. Поверх куртки была надета белая футболка с красным крестом. Снайпер попал ей точно в шею. «Я умираю», — успела написать девушка в соцсети, пока ее везли в «скорой». Олесю спасли чудом — вовремя доставили в клинику.

«Когда я добежал до Майдана, там уже были десятки убитых, — продолжает рассказ **Шевченко**. — Люди повели меня от сцены к отелю «Казацкий»: туда начали сносить тела, и нужно было срочно что-то делать с телами. Я связался с Макеенко — договорились, что убитых будет забирать в морг «скорая помощь» в обход процедуры (по правилам, смерть должна оформлять милиция. — *С. К.*). Возле «Казацкого» накопилось одиннадцать тел. Пришел священник, началось отпевание, вокруг собрались люди. А снайперы продолжали работать: где-то в это время совсем рядом в шею ранили медсестру (Жуковскую. — *С. К.*). Я понял, что все мы являемся отличной мишенью и если срочно что-то не предпринять, трупов будет еще больше. Выбежав на Михайловскую, я перехватил первый попавшийся бус, погрузили туда тела убитых и повез их в Михайловский собор. Собор — первое, что пришло в голову, ведь там уже был расположен полевой госпиталь. У арки монастыря нас встретил один из священников. Он меня узнал. Я говорю: «Плохие новости. Тут погибшие, их надо отпеть». Я очень боялся, что он меня развернет, все-таки монастырь — это не полевой морг. Поэтому я и сказал про отпевание. Но священник согласился, и мы въехали на территорию. На монастырском дворе, в самом дальнем уголке, я отыскал пятачок под сенью большого старого дерева. Там мы и положили тела. Со временем их будет становиться все больше и больше. На дворе монастыря — множество людей, в Трапезной — госпиталь. Все суетятся, волонтеры подвозят еду, лекарства, а ты пробираешься между ними на бусике, и люди вокруг не знают, что в салоне у тебя одиннадцать трупов».

В двенадцать часов Александр Турчинов со сцены Майдана призвал всех народных депутатов, независимо от фракционной принадлежности, собраться в три часа дня в ВР. Надо было любой ценой остановить кровопролитие. И парламент — единственный орган власти, который мог это сделать. Более того, дать сигнал другим органам власти.

# Кто стрелял по Майдану?

**В то утро на Институтской были убиты 53 человека.**

**53 человека за несколько часов!**

Четверо из этих 53 — силовики. И у них, и у майдановцев причиной смерти стали ранения из огнестрельного нарезного и гладкоствольного оружия.

На сегодняшний день у следствия более или менее сформирована картина того, как погибли 44 из 53 человек.

Итак, жизнь одного человека унесла картечь. Еще одного застрелили из пистолета, то есть — с близкого расстояния. 16 человек погибли от пуль калибром 7,62 с длиной пули 39 (7,62 х 39). Это — автомат Калашникова. Тогда как у снайперского оружия, например у снайперской винтовки Драгунова (СВД), диаметр используемой пули тот же, но сама она длиннее.

У остальных ранения навылет и установить однозначно из чего стреляли, экспертиза не может (то есть приблизительно понятно, но определить точно все же не берутся). И только у одного героя Небесной сотни в теле застряла хвостовая часть пули (7,62 х 54), которые обычно применяются в снайперских винтовках.

Зато ясно, откуда стреляли. Сегодня в уголовном деле о массовых расстрелах на Институтской (основные фигуранты — Виктор Янукович и Виталий Захарченко, из исполнителей — Садовник, подозрение также выдвинуто Ратушняку, Кусюку, Шуляку, двум «беркутовцам») есть показания свидетелей, видевших, что выстрелы, поразившие их товарищей, были сделаны со стороны гостиницы «Украина» или из жилого здания неподалеку.

Детальнее по стрелкам. На Институтской, как уже отмечалось, «работала» спецрота «Беркута» (щедро укомплектованная автоматами Калашникова. Не исключено — теми самыми, со святошинских складов). На Кабмине сидела СБУшная «Альфа» и ГУБОПовский «Сокол». УГО (да-да, госохрана тоже была задействована) — на Администрации Президента и доме с химерами.

При этом вышеназванные: УГО, «Сокол», «Альфа», — вернувшись после этих событий к себе на базу, сдали патроны, которые получили накануне. Все, кроме «Беркута». «Беркут» свои патроны использовал по полной. Но сколько точно было использовано — неизвестно — всю документацию по этому поводу они, как отмечалось, уничтожили.

Да, Андрей Ткаченко заявляет, что «боевых» у них не было. Правда ли это? В случае с днепропетровским «Беркутом», который буквально «сорвали» в Киев, — вполне; что до остальных — действительность говорит сама за себя.

Теперь — самое главное. **Кто дал команду?**

Сразу после случившегося в то утро, стремительно начали множиться версии: «Янукович распорядился лично», «На расстреле Майдана настоял Путин» и т.д. На самом деле — и для большинства политиков, журналистов, активистов это было очевидно изначально — **четкого приказа расстреливать Майдан именно в то утро не было. Произошедшее — следствие инструкций, выдававшихся накануне.**

Вспомните рассказ Андрея Сенченко о том, как уже 14 февраля снайперам приказали стрелять по Майдану в случае, если строй силовиков будет нарушен. А ведь именно это и случилось. Из-за выстрелов из консерватории «Беркут» начал отступать, а потом и вовсе снялся с Институтской. О причинах отступления рассаженные на «высотах» снайперы не знали, да и неважно это было для них. Просто увидев отступление, они начали стрелять — как им велели ранее.

**На сегодня спецроте «Беркут» инкриминируются 39 смертей героев Небесной сотни. Неустановленным снайперам «из гостиницы» (или дома по соседству) — 3-4. Но не все смерти героев Небесной сотни расследованы. Под вопросом — причины гибели еще девятерых человек.**

По предварительным данным, этих девятерых вполне могли убить снайперы. Пример — Владимир Мельничук, застреленный на площадке перед Октябрьским ориентировочно в 16.45 (!). Сохранилось видео, на котором зафиксирован момент смерти Мельничука. Вероятнее всего, снайпер — из «Украины» или соседнего дома. Точных деталей у следствия до сих пор нет. Еще по восьми погибшим героям — аналогично.

Уже утром 21 февраля в Сети появился перехват разговоров майдановских снайперов. В треске, звуках стрельбы и перекличке «позывных», короткие рубленые фразы: «работаем» (то есть «стреляем»), «плюс» (да, понял), «минус» (нет, не понял) и т.д. Каждое такое «работаем» равно одной человеческой жизни.

И еще цитата: «Работаем — будем «Беркут» прикрывать» (имеется в виду отступление «Беркута»). Этот фрагмент — доказательство: «Беркут» и снайперы были сами по себе, но и те и другие виновны в кровопролитии на Институтской.

Подлинность записи, допрошенные следствием силовики, подтверждают. Однако кто слил ее в Интернет, неизвестно до сих пор.

«Четкого приказа на «зачистку» не было, — говорит **Петр Порошенко**. — А даже если бы он и последовал, силовики Януковича уже не слушались так, как, допустим, в декабре. Представьте, что значит силовику — даже самому профессиональному — выстрелить в человека. Даже если он получит приказ, все равно не станет палить по людям просто так. Да, снайпер способен «снять» максимум несколько десятков человек, что, увы, и произошло. Тогда как «зачистить» площадь, на которой находятся тысячи, — это совсем другое дело».

Свидетельствует **Александр Турчинов**:

«Снайперы, работавшие с той стороны, стреляли не системно — просто палили по толпе без разбора. Несколько людей были ранены возле отеля «Казацкий», а это довольно большое расстояние. **Непосредственно от снайперских пуль погибло несколько человек, тогда как большинство смертей — от беспорядочной пальбы «Беркута».**

*Кто, по-вашему, в тот день дал команду стрелять? Ведь вы сами говорили, что силовики-генералы все правильно понимали.*

Это, конечно, самый сложный вопрос. Не исключаю, что изначально группа каких-то отморозков действительно начала палить из консерватории. Типа «наказать Майдан». А дальше пошла уже цепная реакция. Это одна версия.

Другой вариант: система управления силовыми структурами к тому моменту была полностью разрушена. Майдан окружали деморализованные, полностью выдохшиеся силовики, понимавшие, что с задачами не справляются, что начальство над ними просто издевается, толкая их на преступления... И тут опять-таки могли не выдержать нервы».

## Заявление, переломившее ход событий

К Киеву продолжали стягивать войска. Было ясно, что после Институтской власть даже ночи не станет дожидаться, чтобы уничтожить протест. Скрывать темнотой было больше нечего — все карты на столе.

Наша редакция находилась в эпицентре событий — аккурат между Майданом и Михайловской. То есть на первой линии. Ребят распустили по домам еще 18-го — пока ходило метро и из центра можно было выбраться относительно беспроблемно. Новостная лента Lb.ua обновлялась круглосуточно, очень интенсивно: дежурные редакторы работали на дому. Остальные наши разбрелись: кто на Майдан, кто по больницам, по судам, в правительственный квартал, — откуда сообщали свежую информацию. В редакции по-прежнему базировались только мы с Максом Левиным. Непосредственная близость к Майдану здорово помогала: в любую минуту можно было заскочить «слить» фотографии, подзарядиться, погреться и т.д.

После полудня я плелась, нагруженная тяжелыми сумками, по Софиевской площади — очередная вылазка для пополнения продуктовых запасов. Мы всерьез рассчитывали на то, что в редакции — в случае, если пойдут войска, — придется несколько дней жить безвылазно. А для этого надо было запастись провиантом.

Зазвонил телефон:

— Свободовец Ильенко только что сообщил, что Владимир Макеенко выходит из ПР и запускает метро. Спроси у него, правда ли это?

— Соня, я записываю обращение. Позже, — ответила мне трубка голосом Макеенко.

Да, это была правда. Уже через несколько минут обращение появилось в Сети. Макеенко подтвердил слова Ильенко и взял на себя личную ответственность за обеспечение жизнедеятельности города. Спокойно смотреть на смерти людей он не мог.

Это заявление, без всяких преувеличений, переломило ход событий.

В тот же день, через несколько часов, Макеенко совершил еще один поступок: пришел в Верховную Раду, зарегистрировался на заседании и отдал оппозиционерам свою карточку для голосования. И не было в тот вечер человека — от депутатов и журналистов до прохожих на улицах, — кто, завидя Макеенко, не подошел бы, чтобы пожать ему руку, выразить благодарность за мужество.

## Переговоры в главке милиции

Рассказывает **Андрей Шевченко:**

«Около часу дня мы с Пашинским пошли на переговоры в киевский главк милиции. Что там творилось — не описать. Весь главк на осадном положении. По полу разбросаны брандспойты, на лестничных пролетах — автоматчики. Они же думали: их штурмом брать будут. Большинство сотрудников разбежалось. Из начальства только замначальника Кравченко, и тот совершенно растерян, не знает, что делать. Мы сидим у него в кабинете, телефоны не умолкают, ему докладывают: там трупы, там мародерство, тут перестрелка на Городецкого, здесь вооруженные «титушки». Эти «титушки» шли с оружием наперевес громить «Магелан» на ВДНХ. Мне позвонил Андрей Ткаченко, командир днепропетровского «Беркута», и сказал, что они перебрались на базу киевского «Беркута» на Краснозвездный, забаррикадировались там и тоже готовятся к штурму. **Город в огне, и милиция ситуацию вообще не контролирует.**

И тогда Пашинский предлагает следующую формулу: мы сейчас подписываем документ. Подписывает милиция — кто остался из старших — СБУ и мы, депутаты от оппозиции. Смысл в том, что мы фиксируем ситуацию и говорим, что общими усилиями будем пытаться восстановить порядок. Конкретно: с такого-то времени все стороны прекращают огонь, и мы возвращаемся к мирной жизни. Этот милицейский начальник сперва согласился. Я быстро набросал текст соглашения, а Пашинский начал обзванивать всех силовиков, кто остался в городе и мог бы поставить там свои подписи. Я связался снова с Ткаченко, он подтвердил, что готов подписаться. Но пока мы занимались всей этой организационной работой, народ начал как-то «морозиться». В итоге договориться так и не удалось. Мы вышли из главка ни с чем и поехали в Верховную Раду».

Мне удалось раздобыть текст проекта этого соглашения. Вот он.

**СПІЛЬНА ЗАЯВА**

**керівництва Штабу національного спротиву,
Служби безпеки України, Міністерства внутрішніх справ України,
Внутрішніх військ МВС України**

З метою негайного припинення насильства, яке було спровоковане озброєними злочинцями і призвело до трагічної загибелі людей,

Штаб національного спротиву, Служба безпеки України, Міністерство внутрішніх справ України, Внутрішні війська МВС України прийняли спільне рішення про припинення силових дій з усіх сторін на час проведення надзвичайного засідання Верховної Ради України.

Засідання відбудеться сьогодні у приміщенні Верховної Ради України о 15:00.

Сторони спільно забезпечують доступ народних депутатів у приміщення Верховної Ради України.

Від Штабу національного спротиву України

Від Служби безпеки України

Від Міністерства внутрішніх справ України

Від Внутрішніх військ МВС України

## «Беркут» забаррикадировался на базе

Шевченко упомянул о том, что днепропетровский «Беркут» перебрался на базу к киевскому — деваться им было больше некуда. Когда Сергей Кусюк (командир киевского «Беркута») ответил на звонок Ткаченко, последний очень обрадовался: в тот день автобус с «Беркутом» был потенциальной мишенью для разгневанных горожан. Рассказывает **Андрей Ткаченко**:

«Заезжаем внутрь их базы. По всему двору разбросаны картонные коробки. Ясно, что из-под патронов для автоматов (и снова автоматы! — *С. К.*). Магазины у них скотчем обмотаны. Словом, картинка такая напряженная, мягко говоря. Спрашиваю у Кусюка, что вообще происходит. Он сказал, мол, дали команду срочно вооружаться.

К тому моменту он уже успел расставить своих людей — снайперы на крышах, автоматчики в стратегических точках. «Хорошо, — говорю, — ты нам-то хоть какое-то оружие дай, у меня же сто пятьдесят бойцов». — «Иди бери», — отвечает, указывая рукой на оружейную комнату. Ну, мы взяли то, что осталось.

*Вам не показалось странным, что вас так просто, без всякой отчетности, вооружили?*

Какое там «странным»?! Речь шла о жизни и смерти — без преувеличения. Вы просто не представляете, как тогда все это выглядело изнутри. Ребята смотрели на командира — как он себя ведет, как реагирует. Я старался сохранять спокойствие, хотя понимал, что ситуация полностью вышла из-под контроля.

*Откуда Кусюку поступила команда вооружиться?*

Из главка. От начальника главка, насколько помню.

*Вы уверены? Двадцатого числа — из главка?*

Да, это совершенно точно. Более того, после **Кусюку скомандовали ехать с оружием в Кабмин.** Я ему говорю: «Братец, а как ты себе вообще это представляешь? Мы сейчас только выдвинемся за ворота, как киевляне нас моментально заблокируют. Одно слово — «Беркут», да еще и с оружием». Но он настоял на своем. И получилось так, как я и говорил: только-только автобусы вырулили за ворота базы, собрались киевляне и никуда, разумеется, нас не выпустили. Более того, через короткое время перед воротами базы начали собираться автомобили. Люди были в балаклавах и настроены весьма решительно.

Видя все это, я позвонил Андрею Шевченко, описал ситуацию и сказал, что, как мне кажется, штурм этой базы — вопрос времени, не более. Надо отдать Андрею должное: не знаю, что он сделал, но конфликт как-то сам собой рассосался. На следующий день меня и моих ребят отправили в Днепропетровск, домой. Причем, что удивительно, самолетом».

# Глава 8

# ПОМИНКИ ПО ПАРЛАМЕНТСКОМУ БОЛЬШИНСТВУ ЯНУКОВИЧА

Признаться, я не верила, что заседание Рады состоится. Слишком удобная ловушка: собрать в одном месте всех оппозиционно настроенных народных депутатов. Собрать и расстрелять. Или взорвать. Как повезет.

Кроме того, до Рады еще нужно было физически добраться, что в условиях блокады правительственного квартала силовиками и «титушками» было непросто. Тем не менее ровно в три часа дня «передовая группа» отважных нардепов сумела отыскать бессменного главу аппарата ВР Валентина Зайчука. Под их нажимом он дал команду открыть здание.

К началу четвертого в ВР собралось около двух сотен нардепов. Три оппозиционные фракции, вольные мажоритарщики и некоторые регионалы. Поскольку система «Рада» не работала, секретариат отсутствовал и даже микрофоны не подавали признаков жизни, регистрировались вручную. На трибуне лежал подписной лист, куда все и записывались. Для того чтобы формальное «собрание депутатов» переросло в полноценное заседание, таких подписей требовалось минимум 226. Вести заседание мог вице-спикер от оппозиции, «свободовец» Руслан Кошулинский, который зашел в Раду одним из первых. Сразу заветных 226 голосов не набралось, и Кошулинский объявил перерыв — чтобы все желающие успели подъехать. Перерывов было два.

Все самое интересное в это время происходило в кабинете Зайчука. Обычно журналистам в эту часть кулуаров вход заказан, но то был особенный вечер — внутренних постов в Раде не было. Я свободно перемещалась по парламенту, забредая даже туда, где представителям СМИ, в общем-то, быть не положено.

В кабинете главы аппарата ВР было холодно и шумно: несмотря на мороз, настежь распахнут балкон, куда выходили курить даже те, кто не курит. «Переговорную» организовали в комнате отдыха.

## «С...ка православная»

Андрей Деркач мерял кабинет огромными шагами и громко с кем-то переругивался по телефону. Очень громко. Вслушавшись, я поняла, что этот кто-то — руководитель фракции ПР Александр Ефремов. Он требовал от Деркача пресечь участие «регионалов» в намечавшемся заседании. Вопил — слышно было даже через телефонные динамики, — что собрание нардепов нелегитимно, что президент и так уже пошел на компромиссы, но «радикалы из оппозиции...» Ну и далее по тексту.

— Чем быстрее мы приведем сюда фракцию, тем легче будет решить вопрос, — вежливо убеждал собеседник.

В ответ — повторение монолога о нелегитимности.

— Послушайте, Александр Сергеевич, я кровь легитимировать не буду! И таких, как я, во фракции еще минимум шестьдесят человек! Мы под это не подписывались, — не выдержал Деркач.

— Чего вы хотите? — грозно вопрошал Ефремов.

— Пусть он даст команду «стоп»!

— Президент вчера дал команду «стоп», но оппозиция...

— Ясно, — перебил Деркач, — видел я эту команду «стоп», видел трупы.

На этом разговор, собственно, и закончился. Ефремов, как потом выяснилось, находился в тот момент в родном ему Луганске, куда срочно вылетел на встречу с партактивом — чайку попить, о сепаратизме поговорить.

В отличие от Деркача, некоторые другие регионалы в Раде свою активность направляли на то, чтобы сессия все же не состоялась.

«Говорили, что если мы сейчас разойдемся, то Янукович завтра сам все инициирует: и досрочную сессию, и четыреста голосов за Конституцию. Только кто ж им поверит», — с иронией делился **Петр Порошенко**.

Одним из «серых кардиналов» ПР, приехавших тогда в парламент, был **Вадим Новинский.** Когда мы записывали интервью для этой книги, Новинский отрицал, что уговаривал коллег не голосовать в ходе сессии. Указывал, в частности, что и сам поддержал историческое постановление ВР, направленное на прекращение противостояния (это соответствует действительности).

Незадолго до этого все там же — в комнате отдыха Зайчука — у него случилась примечательная стычка с Петром Порошенко. В историю она вошла под кодовым названием «С...ка православная».

— Здравствуй, Вадик. — Когда Новинский вошел, Порошенко сидел на диване возле журнального столика. — Только что новость пришла: еще одного человека убили.

— Ну так действия оппозиции... Вы же довели! — Создавалось впечатление, что у Новинского с Ефремовым одни заготовки на двоих.

На мгновение в комнатке воцарилась гробовая тишина. Нарушил ее рев Порошенко: у него просто упала планка.

Я тихонько включила камеру:

— Это ты, с...ка, меня обвиняешь? Ты меня обвиняешь?! — Порошенко вскочил с дивана.

— Уймись, — с ухмылкой посоветовал Новинский.

Явственно намечалась драка. Между нардепами встал Андрей Деркач.

— Ты еще меня обвинил, да?! Креста на тебе нет! С...ка ты православная! — бушевал депутат.

Последняя фраза Порошенко явно задела Новинского. Настолько, что он даже сперва как-то растерялся. Уж слишком ниже пояса. В узких кругах он был известен как человек воцерковленный, действительно набожный и эту часть своей жизни тщательно оберегающий.

— Я — с...ка?! — подобравшись, Новинский готовился к атаке.

— Да, б...ь! Ты! Это я виноват, что семьдесят людей положили?! — гремел Порошенко. — Я с трибуны кричал: люди, не применяйте оружие! Я лично с трибуны кричал, чтобы не допустить убийства ни одного человека! А у тебя еще рот раскрывается так говорить?!

— Петя, хватит лукавить! Слышь, хватит, — регионал тоже завелся.

— Иди на х... — лаконично посоветовал Порошенко.

— Я тебя, с...ку...!

— Я тебе говорю, что сейчас погиб человек! Вместо того чтобы помолиться об упокоении его души, ты мне что в ответ? Иди на х...! Слышать тебя не хочу! Пока не извинишься, слышать тебя не хочу!

«Заслон» в виде Деркача уже не срабатывал — Новинский подступал к Порошенко ближе.

— Пошел ты сам на х...й! Понял?! Га...он еб...й.

— Вадик, я тебя прошу! — вступил в перепалку Артур Палатный из «Удара», все это время молча восседавший в центральном кресле.

Деркач легонько оттолкнул своего друга в сторону. В комнату вошел Евгений Сигал. Достали сигареты, закурили. Ругань Порошенко с Новинским переросла в мировоззренческий спор.

— У Тягнибока шестнадцать ребят полегло! Шестнадцать, вдумайся (активистов партии «Свобода». — С. К.)! — добавил кто-то из депутатов.

— Я в четыре утра «вэвэшника» на своих руках вытаскивал, чтоб его не добили! Он уже идти не мог, — не унимался Порошенко. — А Кожемякин вон «беркутов» спасал! Как же ты говоришь-то такое?!

— Во всем виноваты политики. И мы виноваты, и вы, все! — Новинский глубоко затянулся.

— Какие на х...р политики?! Тебе легко говорить, ты всего этого, дружок, не видел, на своей шкуре не испытал!

— Знаешь, что чувствуешь, когда перед тобой семь трупов лежат? И все моложе тебя, — вставил кто-то, кого за мощной спиной Евгения Сигала рассмотреть никак не удавалось.

— Я так скажу: во всем виновата бандитская группировка, созданная в отдельно взятом регионе Украины. П...ц, извини. Это она пришла сюда, наклонила раком, заставила жить по этим правилам. Вот и все! И знаешь еще, почему они не боятся того, что там? — Андрей Кожемякин кивнул в сторону улицы. — Потому что они в терриконах похоронили тысячи людей. Тысячи! И им все равно: шестьдесят трупов, семьдесят, триста? Понимаешь?

Спор прервал Арсений Яценюк. «Соня же все записывает!» — выкрикнул он, едва переступив порог.

Меня сгребли в охапку и выставили за дверь. Новинский потом утверждал, что они с Порошенко тут же помирились. Так ли это, история умалчивает.

## Тигипко просит гарантии

К девяти часам вечера количество людей в зале ВР заметно возросло. Кроме того, на рабочие места вернулись сотрудники аппарата, началась полноценная регистрация, подключили микрофоны, возобновили вай-фай, открыли буфет. Парламент наладил обычную жизнедеятельность.

И все же недоставало еще порядка пяти голосов.

На вопрос о конкретном плане действий никто из нардепов внятно ответить не мог. Плана не было.

«Если Янукович поймет, что может потерять спикера и генпрокурора, он согласится на все, — поделился соображениями один из «беглых» регионалов. — Даже на возврат старой Конституции. Но для этого мы должны показать, что у нас большинство».

Показать большинство не представлялось возможным. Но и отступать уже было некуда. Вот и подбадривали друг друга новостями типа: «Табаловы уже выехали из Кировограда»; «Березкин подъезжает»; «227 согласны поддержать — просто надо, чтобы они физически все успели добраться».

«Пока не соберется 226, мы отсюда не выйдем», — своей твердой уверенностью Андрей Деркач внушал спокойствие всем остальным.

Большие надежды возлагались на группу Сергея Тигипко. Он и его люди периодически выступали в роли этаких «внутренних оппозиционеров» в ПР. Был шанс, что они поддержат демократов и на этот раз.

Тигипко звонили, за ним посылали, кто-то даже говорил, что видел его в кулуарах ВР, а в зал «он просто не успел зайти, но сейчас обязательно вернется». На самом деле в тот вечер, когда шатался режим, Сергей Леонидович «под куполом» так и не появился. Не рискнул. Зато, когда режим пал, тут же материализовался с рассказами о том, как он всегда «оппонировал Януковичу» и как ему было непросто. Слышать подобные монологи, откровенно говоря, было противно.

Вспоминает **Петр Порошенко**:

> «Двадцатого я дважды говорил с Тигипко. Я поехал к нему в офис в «Тасс» (на Старовокзальной. — *С. К.*). По дороге позвонил послу США, просил его переговорить с Тигипко, убедить принять участие в чрезвычайной сессии Рады.
>
> Потом был разговор с Сергеем. Он говорит: «Я приду на сессию. Обещаю. Но для начала я должен переговорить с американским послом, обсудить все детали». — «Пойми ты, — отвечаю, — тут каждая минута на счету. Если ты и твои депутаты придут, значительно выше шансы остановить бойню. В противном случае страна будет ввергнута в хаос». Он твердил что-то невнятное; говорил, что ему нужны гарантии. «Ну какие, спрашивается, гарантии?! О чем? Кто тебе их сейчас даст?» Наконец я не выдержал: «Слушай, ты мне тут о гарантиях твердишь, а может так случиться, что страны вообще не останется». После этого он пообещал: «Даю слово — через час я в парламенте. И не только я — вся моя группа».
>
> Его группа в тот момент сидела в соседней комнате. Зная об этом, я просто открыл дверь, зашел к ним и говорю: «Прямо сейчас кто со мной едет в Раду? На кону судьба страны». Депутаты отреагировали очень по-разному. В итоге никто из них в парламент так и не доехал. Как, собственно, и сам Тигипко».

## Историческое постановление

В десять вечера включилась система «Рада». Электронное табло насчитало 239 присутствующих. Зал взорвался аплодисментами. На радостях спели гимн.

Текст проекта постановления ВР «Об осуждении применения насилия, которое привело к гибели людей» Кошулинский зачитывал голосом — распечатать и раздать всем не было возможности. Депутаты слушали стоя, все в чрезвычайном напряжении, сосредоточены. Исторический документ собрал 236 голосов «за».

Кроме прочего, депутаты постановили запретить СБУ дальнейшее проведение антитеррористической операции, МВД — прекратить блокирование дорог, Минобороны — отозвать свои силы, участвовавшие в конфликте, и обеспечить их возвращение на место постоянной дислокации.

Расходились счастливые, хотя и совершенно не понимали, чем закончится этот «бунт», как его воспримет «Лидер». Ответит силой? Проглотит? «Это были поминки по парламентскому большинству», — сказал ударовец Каплин, затягиваясь которой уже по счету сигаретой.

В тот вечер из фракции Партии регионов вышли 18 депутатов.

На «поминальную трапезу» лидеры ОО поехали непосредственно на Банковую. После полуночи там начались их переговоры с Виктором Януковичем и посредниками из стран ЕС, а также России. Конкретно — с министрами иностранных дел Германии, Франции, Польши и представителем Владимира Путина, уполномоченным по правам человека в РФ Владимиром Лукиным.

# Глава 9

# ЯНУКОВИЧ: НЕЛЬЗЯ ОСТАВЛЯТЬ НЕДОБИТЫХ ВРАГОВ

Переговоры в Администрации продолжались всю ночь. Всю ночь в Киеве велась стрельба. **По итогам суток число погибших возросло до 77 человек.**

Всю ночь из аэропортов «Жуляны» и «Борисполь» вылетали чартеры: влиятельные «регионалы» эвакуировали свои семьи. К утру в одних только «Жулянах» таких рейсов было зафиксировано 64.

## Мирное соглашение власти и оппозиции

В 7.30 утра лидеры оппозиции покинули АП. В руках у них был проект «Соглашения об урегулировании кризиса в Украине».

Привожу текст полностью.

*«Соглашение об урегулировании кризиса в Украине.*

*Обеспокоенные трагическими случаями потерь жизней в Украине,*

*Стремясь немедленно остановить кровопролитие,*

*Мы, стороны, которые ниже подписались, договорились о следующем:*

*1. На протяжении 48 часов после подписания этого соглашения будет принят, подписан и обнародован специальный закон, который возобновит действие Конституции Украины 2004 года с изменениями, внесенными до этого времени. Подписанты заявляют о намерении создать коалицию и сформировать правительство национального единства на протяжении 10 дней после этого.*

*2. Конституционная реформа, которая уравновесит полномочия Президента, правительства и парламента, будет начата немедленно и завершена к весне 2014 года.*

*3. Президентские выборы будут проведены сразу после принятия новой Конституции Украины, но не позже декабря 2014 года. Будет принято новое избирательное законодательство, а также сформирован новый состав Центральной избирательной комиссии на пропорциональной системе в соответствии с правилами ОБСЕ и Венецианской комиссии.*

*4. Расследование недавних актов насилия будет проведено под внимательным мониторингом власти, оппозиции и Совета Европы.*

*5. Власть не будет вводить чрезвычайное положение. Власть и оппозиция воздержатся от использования силовых средств.*

*Верховная Рада Украины примет третий закон об освобождении от ответственности, который будет распространяться на те же правонарушения, что и закон 17 февраля 2014 года.*

*Обе стороны приложат серьезные усилия для нормализации жизни в городах и селах путем освобождения административных и общественных зданий и разблокирования улиц, скверов, площадей.*

*Незаконное оружие должно быть сдано в органы Министерства внутренних дел на протяжении 24 часов с момента вступления в силу вышеназванного специального закона (п. 1 этого Соглашения).*

*После указанного периода все случаи незаконного ношения и хранения оружия будут подпадать под действующее законодательство Украины. Силы оппозиции и власти отойдут от противостояния. Власть будет использовать силы правопорядка исключительно для физической защиты зданий органов власти.*

*6. Министры иностранных дел Франции, Германии, Польши и специальный представитель президента Российской Федерации призывают к немедленному прекращению всех видов насилия и противостояния».*

*г. Киев, 21 февраля 2014»*

Примечательно, что нардепам документ не выдавали. Lb.ua удалось — с высоты парламентской галерки — сфотографировать его в руках одного из народных депутатов.

В первой половине дня лидерам ОО предстояло убедить соратников, а также Раду Майдана поддержать этот Мирный договор (так его окрестили в просторечии). Задача была не из простых: ни депутаты-оппозиционеры, ни тем более активисты Майдана «идти на компромиссы с убийцей» (иначе Виктора Януковича уже никто не называл) категорически не хотели.

## Весь разговор Януковича – криминальная бравада

В одиннадцать — с опозданием — начались заседания фракций «Удар», «Свобода» и «Батькивщина». Кличко и Тягнибок довольно быстро сумели доказать коллегам, что иного выбора, кроме принятия Мирного плана, не существует. Куда сложнее было в «Батькивщине». Здесь обнаружилось много несогласных, требовавших включить в текст все и сразу: и отставку Пшонки с Захарченко, и освобождение Тимошенко. Все в один котел.

— Мы все прошли в Раду благодаря Юле: о ней подумать надо, — наседал Сергей Соболев.

— Решайте с точки зрения Майдана и прекращения войны, а не с точки зрения рейтинга или даже криков «Юле — волю!». Юлю освобождают не те, кто постановления принимают, а те, кто на баррикадах стоят! — хрипел остатками угробленного голоса Сергей Пашинский.

Под конец он так распалился, что даже выскочил вон — остыть. В прямом и переносном смысле.

Путь Пашинского повторил и Сергей Фаермарк: эмоциональная речь, за ней — хлопнувшая дверь.

— Мы хотим допустить новые смерти? Мы должны сегодня перетянуть на себя парламент. Парламент — единственное, что объединяет сейчас страну!

Практически все обсуждение происходило на повышенных тонах. Тонкая дверь зала обеспечивала прекрасную слышимость, что позволило LB.ua оперативно отслеживать дискуссию.

Представители «Удара» и «Свободы» уже несколько раз заглядывали в комнату, где заседала «Батькивщина»: торопили идти на Раду Майдана, которая все время откладывалась.

Наконец слово взял Арсений Яценюк:

— Меня не волнуют рейтинги нашей политсилы и мои личные, потому что, если не останется страны, не будет ничего, — начал он. — Да, это Соглашение не решает все вопросы, но я говорю честно: большего я сделать не мог. Хотите — идите, говорите вместо меня, пробуйте! Дальше: мы должны сейчас взять власть. Я еле уговорил «Свободу» согласиться на пункт о коалиционном правительстве. Согласиться, потому что с Кабмином у нас хана! Хана, понимаете?! — Яценюк окончательно перешел на крик. — Кто-то из вас верит, что Янукович сам уйдет в отставку? Не надейтесь, не уйдет! Что касается Юли, то кто тут сомневается, что, даже если мы получим решение Европейского суда по правам человека, он (Янукович. — *С. К.*) его не имплементирует, а? У кого сомнения?

Еще через десять минут перебранки — голосование и крики «Андрей, поддержи!». Последние адресовались Андрею Сенченко. Он единственный из всей фракции категорически отказывался голосовать «за».

«В силу определенных обстоятельств я давно знаком с Виктором Януковичем. И кое-что про этого человека помню, понимаю, — говорит **Сенченко**. — Первое знакомство было шапочное. В 1993 году я работал вице-премьером крымского правительства. Руководитель крымской таможни (сам — из донецких) попросил меня принять одного «перспективного мужика из Донецка», как он выразился, и обсудить возможное сотрудничество.

*«Перспективным мужиком» оказался Янукович?*

Да. Он тогда был начальником автобазы.

Заходит такой здоровый мужик. На нем — байковая рубашка в клеточку — тогда такие были в ходу. Восемь-девять слов из десяти — слова-паразиты. Да и сам разговор — криминальная бравада, иначе не охарактеризуешь. Поэтому беседы, как таковой, у нас не получилось — на разных языках говорили.

Второй раз мы встретились в 2002 году, в ялтинском санатории «Черноморский». Виктор Янукович, в то время губернатор Донецкой области, изъявил желание купить «Черноморку» (крымский телеканал, связанный с Сенченко. — *С. К.*). Я ответил отказом. Как всегда отвечал и отвечаю на подобные предложения.

Тем не менее разговор у нас был длинный. И он — не знаю почему — вдруг начал делиться со мной своими жизненными принципами.

**Знакомо. Не вы первый.**

Он говорил, что когда приезжает в Киев — допустим, по вызову Кабмина, — то каждую ночь спит в новом месте, поскольку на него-де постоянно покушаются. Что его, мол, пытались травить и т.д.

Такие моменты...

И еще деталь. «Я же, — говорит, — охотник и **знаю, что нельзя оставлять недобитых врагов. Если ты ранил волка или кабана, обязательно нужно его добить. Иначе он сделает круг и нападет».**

Когда в начале декабря я разговаривал в Донецке с Александром Януковичем, он мне практически сказал то же самое: «Я — охотник, хожу на волка и кабана. **И я знаю, что недобитых оставлять нельзя».**

Поэтому когда фракция обсуждала мирное соглашение, я сказал: «Вы должны знать, с кем имеете дело. Любые договоренности — для него лишь возможность взять паузу, зализать раны. Но, оклемавшись, он всех нас разорвет и страну угробит окончательно».

## Силовики отступают

Заручившись поддержкой всех оппозиционеров (кроме Сенченко), лидеры ОО поспешили на Раду Майдана.

Рассказывает **Игорь Луценко**:

«Мы собрались в отеле «Национальный» (рядом с ВР. — *С. К.*), и лидеры оппозиции начали нам брутально «продавать» этот договор, убеждая, что это максимум того, что сейчас можно добиться от Януковича. Потом зашли министры иностранных дел ЕС и повторяли те же аргументы. Один в один».

Сам Луценко, да и многие присутствовавшие в зале «Национального» с тем, что «это максимум», не соглашались. Активисты настаивали на немедленной безоговорочной капитуляция Януковича. Однако, как ее добиться на деле, а не на словах, никто не знал. Да и сейчас не знает.

Обсуждение несколько раз едва не перерастало в драку. Так, один из студенческих активистов начал обвинять во всех смертных грехах праворадикальную «Свободу». Олег Тягнибок отреагировал очень бурно: пошел на него с кулаками, а по дороге разбил бутылку «розочкой» (бутылку он, правда, потом отшвырнул). Между ними встал Кличко: только он мог удержать огромного Тягнибока.

Страсти бушевали нешуточные. Наконец активистов удалось убедить. И хотя несколько человек от голосования воздержались, а кто-то высказался «против», в целом результат был. Лидеры ОО могли отправляться на Банковую.

Парадоксально то, что не только оппозиционеры и активисты приравнивали перемирие с Януковичем к сдаче интересов Майдана. Во власти полагали: соглашаясь на конституционную реформу и досрочные президентские выборы, Янукович проявляет слабость, идет на попятную, пасует перед Майданом и т.д.

При всем этом перспективы мира казались весьма призрачными. В Киев по-прежнему стягивались военные — морпехи из Феодосии и упомянутые десантники из Днепропетровска; со стороны Борисполя автобусами двигался «Беркут»; по улицам все так же кружили «титушки», а на Майдане и возле него продолжались перестрелки.

Единственное странное событие, не укладывавшееся в эту канву, произошло под Верховной Радой в час дня. Здание парламента охраняли солдаты Внутренних войск. Вот уже несколько дней они жили под Верховной Радой. В буквальном смысле. Ночевали в автобусах, двигатели которых — в целях экономии — не включались. Питались всухомятку — скудными пайками да бутербродами, которые им приносили сердобольные женщины-депутаты и помощники. Из удобств — только биотуалеты. Грелись возле смрадно коптящих бочек. Ночью столбик термометра опускался далеко за −10 по Цельсию. Днем — незначительно повышался. Тем, кому не хватало места в автобусах, ночевали прямо на улице. То тут, то там на обледеневшем граните возвышались сколоченные из досок деревянные помосты, покрытые сверху матрасами, одеялами и всяким тряпьем.

Утром 21 февраля гранитный плац перед Верховной Радой — площадь Конституции — напоминал стоянку кочевого племени. Весь прилегающий к парламенту квартал был настолько плотно заставлен тяжелой военной техникой, что силовики, находившиеся внутри периметра, не особо напрягались: подобраться к ним было не так-то просто. Закоптелые, уставшие, они бесцельно слонялись по плацу, измеряя шагами расстояние от одного водомета до другого.

И вот в какой-то момент их начальство засуетилось. «По автобусам! Быстро!» — кричали командиры. Служивые сперва норовили собрать какие-то вещи, но старшие по званию чуть ли не на ходу заталкивали их в автобусы, которые уже прокладывали себе путь прочь от Верховной Рады. Куны, водометы, прочая тяжелая техника тоже начала выпарковываться.

«Куда вы?» — кричали журналисты, догоняя автобусы. «Домой!» — радостно неслось из салонов.

Со стороны все это выглядело очень подозрительно. Походило на срочную эвакуацию с непонятной целью. Возможно, маневр для отвлечения внимания или перегруппировка сил. Либо же необходимость «уступить место» армии, ожидавшей своего часа в пригородах. Силовики снялись с места так быстро, что побросали даже щиты, каски, каремáты и прочую амуницию.

Те, кто был тогда под Радой, — журналисты, активисты, помощники депутатов и даже некоторые нардепы, — весь этот скарб, недолго думая, разобрали. В те дни каска или щит вполне могли спасти чью-то жизнь. А то и не одну.

## «Янукович попросил обзвонить губернаторов»

В три часа дня в Администрации Президента состоялось подписание Мирного соглашения власти и оппозиции. Гарантами выступали европейские дипломаты. Представитель Путина Владимир Лукин до Банковой не доехал.

Тогда на это мало кто обратил внимание, но впоследствии «фактор Лукина» еще сыграет свою роль. Выгораживая Януковича после побега и доказывая его «легитимность», российские чиновники умудрятся заявить, что подписание-де было незаконным, поскольку на нем не присутствовал Лукин.

На самом подписании Янукович был мрачнее тучи. После церемонии их пути с представителями оппозиции разошлись.

Оппозиционеры поехали в Раду. Янукович остался в АП.

Отправившись к себе в кабинет, он сделал несколько телефонных звонков. Один из них — Юрию Иванющенко, который 21 февраля справлял день рождения.

«Он позвонил поздравить. Сказал: «Я все подписал. В честь твоего дня рождения. Теперь посмотрим, что будет дальше», — вспоминает **Иванющенко**.

*Какие у него при этом были эмоции?*

По его голосу я понял, что он не верил в тот документ, который подписал.

*Что это сработает?*

Да.

*Один из пунктов Меморандума — досрочные президентские выборы. Многие члены команды Януковича восприняли это как капитуляцию.*

Я считал, что он правильно сделал. Иначе никак нельзя было удержать людей».

В 15.43 замглавы АП Сергей Ларин получил смс-ку от одного из помощников: «Беркут» уходит. Может, девчат отпустим по домам?».

Надо отметить, что в обычное время АП охраняет УГО — госохрана, но зимой 2013/14 охрана главного здания страны была в разы усилена.

«Я — к окну, и правда: ребята сворачиваются, — говорит **Ларин**. — Причем уходят поспешно: бросают вещи, командиры подгоняют бойцов».

На Банковой происходило то же, что часом раньше — под Верховной Радой и Кабмином.

«Я направился к Клюеву. Он, едва услышав, говорил: «Глупости, не нагнетай». — «Что глупости? В окно посмотри». Вид из окна его, конечно, переубедил. «Пойду, — говорит, — доложу (Януковичу. — *С. К.*)». Больше я его не видел. Президента, кстати, тоже, — резюмирует **Ларин**.

*Во сколько они уехали из АП?*

Около шести. Точно уже не помню, но где-то в это время. В пять мне еще поступила команда из первой приемной обзвонить губернаторов. Янукович сказал — практически дословно — следующее: «Мы с Андреем (Клюевым. — *С. К.*) поедем отдохнем (несколько ж ночей не спали, Соглашение готовили), а ты обзвони губернаторов, проинформируй о подписании, скажи, что все нормально, что президент работает, что мы идем на досрочные выборы, что я пошел на все уступки, лишь бы остановить кровопролитие».

Сам Ларин в тот вечер уходил из АП одним из последних, ясно понимая, что ночью, скорее всего, Администрацию возьмут штурмом. К тому моменту весь правительственный квартал уже был полностью очищен от оцепления силовиков.

Кто дал им тогда команду отступить? Точного ответа нет по сей день.

«Команда пришла из МВД — это однозначно. Но не до всех она дошла. Командиры уже сами, понимая, что все начальство разбежалось, эвакуировали своих бойцов, — убежден **Арсен Аваков**. — У меня, Пашинского и Парубия разрывались телефоны: обеспечьте проезд, создайте безопасный коридор, дайте возможность отвести бойцов.

Из Крыма прибыл генерал Николай Иванович Балан — у него тут гарнизон «вэвэшников» стоял, и он приехал их забирать. При том, что никаких письменных указов на это у него, как потом выяснилось, не было».

Говорит **Сергей Пашинский**:

«В пятницу, около полудня, — звонок: «Здравствуйте, я — командир роты «Беркута» такой-то (имени не помню). Мне приказано поступить в ваше распоряжение с тем, чтобы вы вывели нас из города на место нашей постоянной дислокации». Меня этот звонок, конечно, удивил. Я начал разбираться. Пока разбирался, поступило еще несколько таких же звонков подряд от разных командиров. Все просили одно и то же: обеспечить отступление. Звонки продолжались весь день и всю ночь. Последним позвонил командир донецкого «Беркута» — он и еще триста бойцов базировались непосредственно в «Межигорье».

## «Для Азарова возврата больше нет. Может, и для Януковича скоро не будет»

«После того как подписали Соглашение, я сразу дал команду: собирать сессию ВР на 16.00. Первым же вопросом поставил на голосование возвращение к Конституции 2004 года, другие законы, — вспоминает **Владимир Рыбак**. — Потом пошли заявления депутатов (о выходе из фракции ПР. — *С. К.*). ПР посыпалась. Хорошо помню, как подумал: «Ну все, для Азарова возврата больше нет». Вторая мысль была: «Может, и Януковича скоро не станет».

*Так и подумали?*

Ну, на уровне предчувствия, не более. Тем не менее. В той ситуации я посчитал, что, после того как мы примем необходимые для страны законы, я тоже должен буду подписать заявления об отставке с поста спикера, этим самым открыв путь для избрания нового руководства парламента, формирования нового правительства».

На вечернем заседании из состава ПР вышли еще 28 депутатов. Начав работать на вечерней сессии, нардепы быстро приняли ряд принципиально важных законов:

— возвращение к Конституции 2004 года;

— немедленная амнистия участников протестных акций;

— отстранение от выполнения обязанностей главы МВД и. о. министра Виталия Захарченко;

— оказание помощи семьям погибших и пострадавших активистов;

— и, наконец, декриминализация статьи, по которой была осуждена Юлия Тимошенко.

Правда, в самой оппозиции декриминализацию восприняли не-однозначно. Адвокат Тимошенко Сергей Власенко указывал на то, что согласно данному постановлению для освобождения Тимо-шенко под документом требуется подпись Виктора Януковича, а также решение суда.

В свою очередь, Александр Турчинов уверял, что проблем с этим не возникнет: «Юля выйдет по суду, и мельчайшие законодатель-ные нормы будут соблюдены».

С высоты сегодняшнего дня их споры кажутся малозначимыми — менее чем через сутки мы все вместе уже будем стоять на взлетно-посадочной полосе аэропорта «Жуляны», встречая рейс из Харько-ва с Тимошенко на борту.

# Глава 10

# ПОСЛЕДНИЙ ВЕЧЕР В «МЕЖИГОРЬЕ»

22 и 23 февраля в Украине были объявлены днями траура. Не дожидаясь наступления 22-го, 21-го вечером на Майдане начали отпевать погибших. Пятьдесят тысяч человек прощались с активистами, павшими в боях на Грушевского, Институтской, в Мариинском парке. Нескончаемый людской поток устремился на центральную площадь и прилегающие к ней улицы. Институтская утопала в цветах и свечах. На месте, где была пролита хоть капля крови, возникали кенотафы* — к ним прикрепляли портреты героев — в траурных рамках.

## Ультиматум сотника Парасюка

Вечером на очередном вече лидеры оппозиции отчитались перед Майданом об итогах дня. Главным образом — о перемирии с Януковичем. Перемирие пытались преподнести как невероятный успех. Главный аргумент — Янукович согласился на досрочные президентские выборы.

Лидеров ОО освистали. Формула про преимущества худого мира над хорошей войной не срабатывала.

— Сколько еще нужно смертей (чтобы Янукович ушел в отставку. — *С. К.*)? — ревела толпа.

Над площадью колыхалось густое облако недовольства. Особое возмущение вызвал пункт о досрочных президентских выборах до декабря 2014 года.

---

* Кенотаф (с древне-греческого κενοτάφιον, от κενός — пустой и τάφος — гробница) — символическая могила, в которой отсутствует тело. Сооружается как воспоминание о человеке.

Выступление Виталия Кличко прервал Владимир Парасюк. Один из сотников Майдана, 26-летний Парасюк, прорвался на главную сцену (что было несложно — сцена охранялась сугубо номинально).

— Моего побратима с Яворивщины застрелили. У него осталась жена и маленький ребенок, а наши лидеры жмут руку убийце. Позор! — с надрывом прокричал Парасюк.

Майдан загудел возмущенно и страшно. Толпа под сценой расступилась — над площадью плыли гробы. Люди отдавали последнюю дань героям.

— Я вам скажу так: мы пришли сюда сотней. Мы ни в какой организации (не состоим. — *С. К.*), ни в каких секторах (подразумевается «Правый сектор». — *С. К.*). Мы — простой народ Украины, который защищает свои права. И мы, простые люди, говорим нашим политикам, которые сейчас стоят тут, за моей спиной: никакой Янукович не будет править еще целый год. Завтра до десяти часов он должен уйти прочь!

— Да! — громогласно ответил Майдан.

— Мы сотворили переломный момент. Мы дали шанс нашим политикам. Шанс, чтобы они стали будущими министрами, президентами, но они не хотят выполнить даже единственного условия: чтобы зэк ушел прочь!

— Зэка геть! — отозвалась площадь.

Гроб с телом героя приблизился вплотную к сцене.

Это был очень страшный момент. Величественный и страшный. С одной стороны — гроб павшего героя. С другой — молодой бесстрашный парень, который готов был сложить голову за свою страну.

— Я не буду разводить разговоры, которыми нас тут кормят два с половиной месяца. Семьдесят семь человек сложили головы, а они договариваются! Я скажу от имени нашей сотни, которая стоит здесь и в которой есть и мой отец. Если завтра до десяти часов наши политики не выступят с заявлением о том, что Янукович должен уйти в отставку немедленно — слышите, немедленно! — мы с оружием идем на штурм! Я вам клянусь! — прокричал Парасюк и, развернувшись, ушел прочь со сцены.

Майдан неистовствовал. Политики молчали. Виталий Кличко — с абсолютно непроницаемым лицом. Так, как будто ничего не случилось. Через минуту лидеры оппозиции один за другим начали опускаться на колени — поклонялись погибшим. Кличко в растерянности оглядывался по сторонам и в итоге встал на колени последним.

Майдан искрился тысячами огней: люди включили экраны своих мобильных в память о героях. Священники читали заупокойную молитву.

Никаких сомнений в том, что сотня Парасюка свой ультиматум выполнит, не возникало. Как и в том, что их поддержит большинство майдановцев. В тот же вечер «Правый сектор» заявил, что не сложит оружия до тех пор, пока Янукович не уйдет в отставку.

Очередное доказательство тому, что люди на площади стояли не за политиков. Нет, они стояли за самих себя — за свое будущее, своих детей, свое человеческое достоинство.

## Вывоз «налички» из «Межигорья»

Покинув АП около шести часов вечера, Виктор Янукович отправился в свою загородную резиденцию.

К тому моменту в «Межигорье» уже вовсю шла эвакуация. Локально она началась 19 февраля — сразу после событий в Мариинском парке. Камеры видеонаблюдения зафиксировали — позже это видео попадет в Сеть, — как из резиденции вывозились «картины, корзины, картонки и маленькие собачонки»*. В машины грузились полотна, скульптуры, иконы, антиквариат, личные вещи — битком набитые в чемоданы и бумажные пакеты дорогущих брендов. Одних только пакетов из-под товаров *Hermes* из резиденции, согласно данным камер, вывезли целую тележку.

Сколько именно грузовых машин выехало с территории «Межигорья», так никто и не подсчитал. Кроме прочего, из «Межигорья» вывозили и наличные деньги. По имеющейся информации, **было вывезено минимум два миллиарда долларов**.

Стоило мне опубликовать эту новость в Фейсбуке, как поднялась нешуточная буря. Люди никак не могли поверить, что:

а) Янукович держал сбережения в «наличке»;

---

* Строка из детского стихотворения советского поэта Самуила Маршака «Багаж».

б) хранил их на территории «Межигорья»;

в) такое количество денег можно было погрузить в машины и вывезти в неизвестном направлении.

Ведь, как ни крути, два миллиарда долларов по всем параметрам — существенный груз!

На самом деле так оно и было. Большинство из «заработанного непосильным трудом» предпочитали хранить по закромам.

Позже обыски, проведенные в кабинетах и домах бывших чиновников Януковича, это подтвердили.

Так, в конце марта 2014 года у бывшего министра топлива и энергетики Эдуарда Ставицкого нашли 4,8 миллиона долларов наличными, 42 килограмма золотых слитков, множество драгоценностей и часов с бриллиантами, банковские карточки. И это лишь то, что он бросил впопыхах, сбегая! Его коллега, экс-министр агрополитики Николай Присяжнюк, к отступлению подготовился лучше. У него при обыске изъяли всего 286 тысяч долларов и 659 тысяч гривень. Плюс — часы и бриллианты.

Посему двум миллиардам Януковича удивляться не приходится.

Также точно известно, что **глобальная эвакуация из «Межигорья» стартовала значительно раньше середины февраля**. Мы помним слова Сенченко о том, что первые машины с деньгами выехали из резиденции 2 декабря. К «отходу» готовились заранее. В дополнение — свидетельства очевидцев о том, что **«наличка»** из подконтрольных **«семье» «Брокбизнесбанка»** и **«Юникомбанка» вывозилась также в декабре**. Куда, в каком направлении — история умалчивает.

## Ночная трапеза в «Межигорье»

Закрыв сессию ВР, Владимир Рыбак вернулся в спикерский кабинет. Очевидцы говорят: выглядел он довольно подавленным. Рыбаку позвонил Янукович — пригласил приехать в «Межигорье». При этом разговоре присутствовал Вадим Новинский, и Рыбак предложил ему отправиться в «Межигорье» вместе. Новинский вначале отмахнулся: меня, мол, не звали, но учитывая, что дороги были перегорожены майдановцами, согласился сопровождать Владимира Васильевича большую часть пути. На одном из последних блок-постов перед «Межигорьем» они распрощались: Новинский пересел в свой автомобиль, следовавший все это время за ним, и отправился к себе в офис.

Вспоминает **Владимир Рыбак**:

«Я приехал. Янукович говорит, мол, мы летим в Харьков, давай с нами.

***В этот момент в «Межигорье», кроме вас и Виктора Януковича, находился Андрей Клюев. Верно?***

Да. И вот зашла речь о Харькове. Что там, спрашиваю, будет? Честно сказать: я не знал, что планируется съезд депутатов юго-востока. Знаю, что он анонсировался, но эта новость прошла как-то мимо меня. И вот мне говорят о съезде депутатов юго-востока. Ну, моя реакция: «А, второй Северодонецк?! Нет, извините, я в первом Северодонецке не участвовал, и в Харьков тем более не поеду. Вообще-то, я сегодня вечером планировал лететь в Донецк. У меня со здоровьем не очень, и я договорился, что в Донецке меня примут в больнице, подлечусь день-другой».

Было уже около девяти. Они с Клюевым все же уговорили меня лететь в Харьков. В конце концов я сказал: «Хорошо, полечу с вами, но с условием, что завтра с самого утра я в Харькове сажусь в машину и еду в Донецк. Только так! Опять-таки: я насчет больницы уже договорился».

На том и порешили.

Тут Виктор Федорович предложил: «Давайте перекусим». Сели, значит, ужинать».

Пока готовились к трапезе, Владимир Рыбак написал заявление о сложении полномочий спикера ВР. Параллельно позвонили Вадиму Новинскому — попросили подъехать-таки в «Межигорье». Главным образом для того, чтобы забрать заявление.

«Я написал от руки заявление об отставке, отдал его Вадиму — попросил, чтобы он в субботу с самого утра занес его Зайчуку (глава аппарата ВР. — *С. К.*) и там его зарегистрировали, — говорит **Рыбак**. — Еще раз повторю: уже было понятно, что в парламенте — новое большинство.

...Мы поели, Вадик уехал, а мы погрузились и двинулись в Харьков. Приземлились там где-то в половину первого ночи — в час.

***На тот момент вы уже подписали все принятые ВР законы?***

Да, подписал.

***А Янукович этого не сделал. Вы не спрашивали, почему?***

Нет, не спрашивал. Я же сказал, что, по моему ощущению, это уже был закат.

***В каком настроении он пребывал в тот вечер? О чем говорили? Как он отреагировал на вашу реплику насчет Северодонецка? Можно ли было — из разговоров, которые велись, — сделать вывод, что в субботу в Харькове действительно готовится де-факто государственный переворот?***

Нет, такого не было. О самом съезде вообще не говорили. Я уже потом спросил у Клюева: «Андрей, ты, как начальник штаба (избирательного штаба президента Януковича на 2015-й. — *С. К.*), занимался подготовкой съезда?». Он ответил, что нет».

## Северодонецк-2

В субботу, 22 февраля, в Харькове планировали провести Съезд депутатов всех уровней юго-восточных областей, Севастополя и Автономной Республики Крым. Инициатива принадлежала всеукраинскому общественному союзу «Украинский фронт». Съезд планировался загодя, но именно в ту минуту пришелся для власти весьма кстати.

Как известно, 28 ноября 2004 года, через неделю после начала Оранжевой революции, в луганском городке Северодонецке состоялся Всеукраинский съезд депутатов всех уровней. В местном Ледовом дворце собрался актив юго-востока, не признавший Оранжевой революции и провозгласивший ее «государственным переворотом». Главным гостем был Виктор Янукович, которого накануне глава Центральной избирательной комиссии Сергей Кивалов объявил «законно избранным президентом».

Формально участники съезда намеревались выработать стратегию по стабилизации ситуации в стране. Однако большинство выступавших были весьма резки в оценках и суждениях. По факту — приняли решение о создании Межрегионального совета органов местного самоуправления украинских регионов. Местом работы этого координационного совета, а также исполнительной дирекции определили **Харьков, который предполагалось сделать столицей Юго-Восточной Украинской Автономной Республики**.

В Луганской и Донецкой областях было принято решение о проведении в первой половине декабря 2004 года референдума по вопросу обретения статуса самостоятельных республик в составе украинской федерации. Кроме того, Луганский и Донецкий облсоветы вслед за Харьковским заявили о переподчинении себе милиции и других госструктур и о прекращении перечисления денег в госбюджет.

Позже Служба безопасности Украины возбудила ряд уголовных дел «по следам» происходившего в Северодонецке. Мотив — призывы к расколу страны.

Десять лет спустя все повторялось практически один в один.

Вечером в пятницу мало у кого возникали сомнения в том, что в субботу в Харькове Янукович объявит о «государственном перевороте» в Киеве, провозгласит себя лидером «народного ополчения» и призовет к федерализации.

Все указывало на это.

## «Янукович сам позвонил – сказал, что приезжает»

Рассказывает **Михаил Добкин**, в ту пору — губернатор Харьковской области:

> «Мне позвонили еще в начале недели — предупредили о готовящемся визите президента в Харьков. Но все выглядело как-то странно. Передовая группа все не ехала (согласно правилам протокола, накануне визита первого лица на место заранее должна выехать так называемая «передовая группа», которая готовит визит, занимается логистикой и т.д. — *С. К.*), программа пребывания президента тоже не уточнялась, хотя обычно это делается заблаговременно.

***Азаров тоже нагрянул внезапно?*** (В пятницу, в разгар подписания Мирного соглашения на Банковой, в новостных лентах промелькнуло сообщение: Николай Азаров встречается с партактивом ПР в Харькове. — *С. К.*)

С Николаем Яновичем вообще интересно получилось. Было двадцатое февраля, кажется. Вечер. Мы с Геной Кернесом (мэр Харькова, ближайший друг Добкина. — *С. К.*) сидим у него в офисе, и тут у меня зазвонил телефон. Номер высветился странный, какие-то сплошные ноли (на тот момент Азаров уже не был премьер-министром, следовательно, не мог пользоваться правительственной связью. — *С. К.*). На том конце провода — Азаров. Я, говорит, через двадцать пять минут у вас приземлюсь, встреть меня.

***И вы едете в аэропорт?***

Ну да! После такого звонка я был в полной уверенности: он прилетает в Харьков, чтобы поговорить о чем-то важном тет-а-тет, без телефона».

В украинском политикуме практика «прослушки» телефонов повсеместна. Была и — увы! — осталась. При Януковиче прослушивали всех — от президента до не самых авторитетных политологов. Министры, депутаты, журналисты — само собой. С целью компрометации абонентов записи время от времени вбрасывались в Интернет. Также часто взламывались электронные почты.

За годы все к этому привыкли и не то чтобы смирились, но — куда деваться? — подстроились. По «открытой связи» озвучивались лишь общие фразы. Действительно важные вещи обсуждались исключительно с глазу на глаз, при личной встрече. Желательно на открытом воздухе, ведь в закрытых помещениях риск «прослушки» кратно повышался.

Вспомогательные средства связи: скайп, «гугл-ток», «одноразовые» мобильные карточки и аппараты. «Одноразовые» — значит те, что покупались для одного или нескольких разговоров с одним абонентом. После использования карточки и телефоны утилизировались.

«Приезжаю. Выходит из самолета Азаров, за ним выносят вещи.

*То есть он не просто поговорить, но, как минимум, с ночев-кой?*

Ну да. Кофры с костюмами выносили. Азаров был с сыном (Алексей Азаров — нардеп-мажоритарщик от ПР в седьмом созыве Рады. — *С. К.*). Я подумал: «Ну, наверное, частный визит, на денек-другой».

Примечание из негласного распорядка госпротокола. Даже если высокопоставленный чиновник отправлялся куда-либо с визитом, не предусматривавшим ночевку, сопровождающие все равно должны были везти с собой все, что может понадобиться шефу как в случае ночевки, так и при каком-либо форс-мажоре. То есть сменные костюмы, средства личной гигиены, минимальный запас воды и продуктов — обязательно. Судя по описанию Добкиным данного конкретного эпизода, Азаров намеревался задержаться в Харькове на несколько дней.

*«Вы повезли Азарова в госрезиденцию?*

Да».

Госрезиденция — специально обустроенные для высших государственных чиновников — а именно: для президента, премьера и спикера, — помещения, где они могут отдыхать и работать во время своего нахождения в регионе. В Киеве госрезиденции используются для приема иностранных делегаций.

«Мы довольно долго общались с Николаем Яновичем. Я говорил ему, что партии нужен ребрендинг; многое необходимо изменить. Он слушал, соглашался, а на двадцать первое февраля попросил организовать ему встречу с нашими харьковскими однопартийцами, активом. Просьбу я выполнил, но вот приняли его не очень хорошо. Мягко говоря...»

Эта встреча стала предвестником того, что могло бы случиться, решись Виктор Янукович выйти к делегатам съезда в субботу.

«После этого Николай Янович сказал мне, что не будет участвовать в работе съезда. Если честно, это меня удивило, поскольку его участия, в принципе, и не предполагалось.

*Стоп. Уточняем. Как снег на голову падает Азаров. Передовой Януковича по-прежнему нет. Наверное, вы подумали: ну, Янукович уже не приедет.*

Совершенно верно. Но двадцать первого раздается звонок. Звонил сам Янукович. Говорит: я приезжаю. Сказал, что с ним еще будут люди. Кто именно, не уточнил. Когда ждать — тоже. Может, сегодня, может, завтра.

Интересная штука: Янукович не знал, что Азаров в Харькове. Он с ним так и не встретился, по факту. Более того, Азаров уехал до его приезда. Уехал поспешно, даже со мной не попрощался.

...Перед приездом Януковича я разговаривал с его охраной. Они сказали, что передовая группа прибыть не успевает, поэтому тут, на месте, мы должны обеспечить транспорт, охрану и т.д. Ну, я взял начальника милиции, «эсбэушников», и мы поехали в аэропорт. Янукович должен был прибыть на вертолете.

*Одним вертолетом?*

Нет, двумя.

*Он был с Рыбаком, Клюевым и своей гражданской женой?*

Женщина какая-то светленькая, я ее в первый раз видел и, кто это, спрашивать не стал. Был еще младший сын Виктор. Ну, и охрана».

Со своей гражданской женой Любовью Полежай Янукович жил приблизительно с 2008 года. Кроме того, в Харьков Виктора Януковича сопровождал 21 охранник.

*«Гости приехали с вещами?*

Ну, он всегда ездил с вещами, даже если не планировал оставаться ночевать. Кофры с костюмами, пару чемоданов личных каких-то принадлежностей. Кроме того, он же продукты всегда возил с собой...

*Воду?*

Да-да, воду — обязательно».

Фобия отравления — одна из главных для топовых украинских политиков. Так, Юлия Тимошенко, находясь в заключении два с половиной года, употребляла в пищу только те продукты, которые передавали ей близкие. Аналогично — с водой. Как правило, воду для мамы доставляла дочь Евгения. Надо сказать, что эти опасения Юлии Владимировны не были беспочвенны. В первое время после взятия Тимошенко под стражу тюремщики часто «развлекались» тем, что в пятницу всячески мешали поступлению передач для экс-премьера. Стоило затянуть до шести вечера, и о передаче приходилось забыть до понедельника — Юлия Тимошенко вынужденно проводила выходные в режиме «сухого голодания».

*«Я почему спрашиваю, были ли какие-то габаритные коробки, предметы, — может, что-то указывало на то, что человек спасается бегством, и Харьков для него просто первая остановка?*

Нет, такого точно не было. Вещи были, но не больше, чем обычно. Вообще, они прибыли, как я сказал, двумя вертолетами. Он — первым, багаж перевозили во втором. Особо я за разгрузкой не наблюдал, но такого, чтобы меня что-то насторожило, то нет.

*Итак, два вертолета. Самолета в Харькове не было?*

Нет. На следующий день, в субботу, его охрана попросила меня обеспечить посадку в аэропорту города двух самолетов. Это были самолеты с украинскими регистрационными номерами, но частные.

Думаю, Янукович собирался переместиться в Крым. Потому что от нас в Крым вертолетом не долететь — слишком далеко.

...В мой кабинет в субботу утром — до одиннадцати утра приблизительно — Могилеву (тогда еще легитимному премьеру Крыма. — *С. К.*) кто-то позвонил на мобильный и сообщил, что на полуострове настоящий переполох и что госохрана отказывается принимать Януковича как охраняемое лицо. Значит, он не сможет туда вылететь...

*Так, а что с этими самолетами? Они сели у вас?*

Если честно, я не знаю. Не следил за этим. Впрочем, позже мне сообщили, что, мол, с меня причитается за дозаправку (улыбается. — *С. К.*). Ну, из этого я делаю вывод: значит, сели. Сели и дозаправились».

## «Он вел себя так, как будто у него в руках прежняя власть и все его слушаются»

Встретив Виктора Януковича в аэропорту, Добкин повез его в госрезиденцию.

«Чувствовали себя какими-то заговорщиками, которые совершают что-то едва ли не преступное... Чувствовали себя обузой... для охраны аэропорта, диспетчерских служб, другого персонала... Эти люди тоже все понимали. И было такое ощущение, что мы их не то чтобы подставляем, но что им, скажем так, не очень хочется во всем этом участвовать. Прямым текстом никто не отказывался, но они осознавали, что позже у них могут возникнуть проблемы из-за того, что они сейчас возле нас и как-то помогают. По глазам читалось. И так давило все это эмоционально!

...Тем более что мы простояли час (прождали в мини-бусе на взлетно-посадочном поле. – *С. К.*), так как поступила информация, что аэропорт заминирован. Все время велись какие-то переговоры по телефону... В итоге, когда уже встретили Януковича, мы въехали в город не через центральные ворота, а через запасной вход.

Прибыли в резиденцию, он расположился. Я ждал внизу (в гостиной. – *С. К.*). Он спустился, и мы просидели с ним за чаем довольно долго... Разговор был очень непростой. Сам разговор я бы раскрывать не хотел. Это беседа двух человек...

*Хорошо. Я вас понимаю. Но какое у него было настроение? Хотя бы в общих чертах. Вы же не могли не обсуждать текущую ситуацию.*

Он не понимал, что на самом деле произошло, и вел себя так, будто у него в руках прежняя власть и все его слушаются. Мы знакомы с ним очень давно, и если бы он просто старался не подавать виду, я бы это увидел. По интонации, глазам, выражению лица это можно было заметить. Но нет, ничего такого не было...»

Вспоминать эти моменты Добкину тяжело. Он делает между фразами длинные паузы. Но не для того, чтобы подобрать подходящие слова, нет, скорее для того, чтобы самого себя заставить сформулировать вслух то, что уже давно сложилось в голове.

«Он говорил такие вещи, которые... ну, человек, адекватно воспринимающий ситуацию, такого не скажет. Более того, он строил планы... Планы, которые, во-первых, были не-реальны. Во-вторых, в их реализации никто бы и не захотел участвовать.

**_Например?_**

Он все время повторял: «Ситуацию необходимо урегули-ровать мирным путем, никого нельзя убивать, ни в коем слу-чае нельзя стрелять. Мы найдем способ разрешения... У меня есть гарантии президентов США, России...»

И тут же твердил: «Мы самоорганизуемся здесь, в Харько-ве, и дадим им отпор». Ну, ладно, я бы завел разговор о само-организации — еще понятно, но когда это говорит человек, который еще вчера командовал страной и легким движением руки мог сделать что угодно, а теперь он ведет речь о важно-сти самоорганизации... Глупо, конечно! Хотелось спросить: а чем вы занимались вчера, позавчера? А где вчера и позавче-ра была подконтрольная вам милиция? Ну и т.д.

**_Он ожидал, что после подписания Мирного соглашения Май-дан вот-вот свернется?_**

Да, он был в этом уверен. Более того, я же говорю, что он адекватно ситуацию не воспринимал, он и до этого Согла-шения считал, что стоит ему пальцем щелкнуть — и Майдан разойдется сам собой. Тем не менее Янукович, подписав до-говор с оппозицией, пошел на серьезные уступки. Он — вду-майтесь! — согласился на досрочные президентские выборы. Это же не просто так, правда? Очевидно, у него были какие-то договоренности, гарантии, он на что-то рассчитывал, и это действие — подписание «мировой» — было лишь одной из ступеней реализации его плана.

Но что вышло по факту? Запад страны воспринял «ми-ровую» однозначно: народ добился, чего хотел, и Янукович «поплыл» — согласился на досрочные президентские. Вос-ток страны посчитал соглашение свидетельством слабости президента.

Мой вывод: **его кто-то убедил это сделать. Убедил опять-та-ки под гарантии.**

Он же все время повторял: только без применения силы, без убийств, мы все уладим, все образуется. **В ночь с пятницы на субботу он был уверен, что Майдану просто еще не дали команды разойтись. И вот до этого момента ему из столицы лучше уехать. Так он появился в Харькове. Он не готовился к отъезду.**

*Но вещи-то он вывозил заранее. Антиквариат, картины, даже мебель не слишком габаритную. Все подряд. Я уже молчу о КамАЗах с «наличкой».*

Может, и так, но я говорю о впечатлениях той ночи. Говорю же: он не производил впечатления человека, ударившегося в бега. Он стопроцентно рассчитывал вернуться. Если бы он знал, что не вернется, он бы взорвал «Межигорье», сжег его, уничтожил: так оно было ему дорого».

На территории «Межигорья» — сразу после того, как оно было открыто для общественности — нашли целый арсенал. Часть из боеприпасов пытались утопить в Киевском море. Часть просто бросили. Но, судя по объему запасов оружия и взрывчатки, всего этого добра вполне хватило бы, чтобы высадить резиденцию в воздух.

«Сначала Януковичу был звонок: мол, на «Межигорье» движутся вооруженные люди, и его охрана в количестве семи человек — из тех, что остались на месте, — забаррикадировалась, кажется, в каком-то ангаре, собираясь отстреливаться. И вот Янукович по телефону, вполне серьезно, решал вопрос о том, что, может быть, послать туда за ребятами вертолет, эвакуировать их, но вроде уладили так. Спустя какое-то время — второй звонок: мол, в Киеве собрались две тысячи человек, и сейчас они двинутся на штурм резиденции».

А утром 22 февраля «Межигорье» пало.

В тот вечер в госрезиденции с Януковичем общался не только Добкин. Были и другие люди, ставшие свидетелями полной «разбалансированности» Виктора Федоровича. «Придумай новое название для страны», — обратился Янукович к одному из своих гостей, как бы намекая: перспектив федерализации и раскола Украины никто не отменял. «Китай», — не растерялся визави. «Китай уже есть», — на полном серьезе отметил еще один участник беседы, подливая в стакан президента виски, которое тот закусывал орешками. «Издеваешься?» — зашипел Виктор Федорович на подчиненного.

Впрочем, через пять минут от раздражения не осталось и следа — президент принялся рассказывать присутствующим очередную байку-небылицу из своего прошлого. На сей раз — из детства.

А потом снова говорил о мире. Всю ночь его бросало из одной крайности в другую.

### «Это был маленький съежившийся человек»

*«Значит, Янукович хотел участвовать в съезде. Как он это аргументировал?*

Говорил: вот, я выйду и скажу им, они все поймут. Никакого силового варианта. В нашем спокойствии, дескать, люди увидят нашу силу, уверенность и т.д.

...Поверьте, он не собирался становиться президентом части страны, нет. До последнего он видел себя президентом всей Украины.

*Если честно, почему вы не хотели выпускать его на съезд?*

Честно? Опасался публичного позора. Представьте: семь десятков телекамер — наших и российских. В зале — сотни делегатов, все читают Интернет, все понимают, что происходит. И вот выходит Виктор Федорович и выступает так, как будто ничего не произошло. Если честно, я боялся, что его, как минимум, освищут. Это — как минимум.

И все это — перед камерами, в Харькове... Ну, представь, какие последствия для партии...

Он был не в адеквате. И я — для его же блага — постарался его изолировать.

Понимаете, когда мы только приехали в резиденцию и начали разговор, он еще держался так напыщенно, ну, как обычно, — монументальная скала такая, неприступная. А уже потом, после всех этих ночных звонков, после нашего разговора, это был маленький съежившийся человек... Все-таки мы много лет работали вместе, и я бы не хотел — ну, просто по-человечески это неправильно, — чтобы его еще кто-то таким, кроме меня, видел. Это попросту непорядочно, не мог я так поступить.

*Вместе с Януковичем в Харьков прилетели Клюев и Рыбак. Также его младший сын Виктор Янукович.*

Да. Сын в тот же вечер, точнее ночью, улетел. Куда, я не знаю».

В ночь с пятницы на субботу в Харькове состоялся митинг сторонников Евромайдана. Полторы тысячи человек прошли маршем по центру города, выкрикивая «Зэка геть!». Учитывая, что большинство населения города поддерживало тогдашнюю власть, для Харькова это событие стало показательным.

*«Вы сказали, что отговаривали Януковича идти на съезд.*

Да. Мы разошлись с ним поздно ночью, а в восемь утра я уже был на работе — встречал гостей (очень много людей приехало из России). В первый раз я позвонил Виктору Федоровичу часов около десяти и еще раз сказал, что на съезде ему появляться не стоит. Он в ответ пробубнил что-то насчет того, что решения своего не переменит и ждет, когда я за ним заеду. Тогда я набрал Сашу. Давайте, говорю, набирайте отца, убеждайте его в том, что на съезд ему ехать не стоит, иначе закончиться может очень нехорошо.

*Что он ответил?*

Согласился с тем, что отцу на съезде лучше не появляться, но звонить ему в связи с этим он не станет. Около одиннадцати я вновь набрал Виктора Федоровича, опять повторил то же самое. Он не отреагировал. Тогда я говорю: «Виктор Федорович, раз уж вы настаиваете, в таком случае я должен сказать вам, что не могу гарантировать там вашу личную безопасность». Возникла пауза. Потом он спокойным голосом: «То есть ты все же считаешь, что мне не нужно ехать?» — «Нет, не нужно», — повторяю снова. Он: «Ну, хорошо». И вновь после паузы: «Дай мне камеру». Все, это был последний наш с ним разговор».

Добкин просьбу Януковича выполнил. В госрезиденцию прислали камеру, четвертый президент записал видеообращение, которое вышло в эфир в субботу после обеда. Происходящее в стране Виктор Федорович охарактеризовал как «бандитизм, вандализм, государственный переворот». Два особых акцента: «Я из страны уезжать не собираюсь» и «Я подписывать ничего не буду». Последнее, как несложно догадаться, касалось законов, принятых накануне ВР: о возвращении Конституции 2004 года, об амнистии, о декриминализации статьи Тимошенко и т.д. «Это не оппозиция, это бандиты», — гнул свое четвертый президент. Под конец Янукович заявил, что в Киеве его машину будто бы обстреляли. Действительности это, разумеется, не соответствовало, однако нам, знающим о привычке Виктора Федоровича врать о многочисленных на него «покушениях», удивляться этому не приходится. Для пущей убедительности Янукович добавил, что стреляли не только по нему, но и по Владимиру Рыбаку, из-за чего гаранту пришлось забрать спикера с собой, и сейчас тот находится в больнице.

Владимир Рыбак слушал это обращение, лежа на койке в одной из донецких клиник. Откровенная ложь настолько его возмутила, что он тоже запросил камеру и прямо там, в палате, все опроверг. «Это абсурд. Никто в меня не стрелял», — заявил Рыбак журналистам.

Впрочем, в те часы главной темой всех информационных лент было «Межигорье». Всем желающим был открыт доступ на территорию резиденции.

# Глава 11

# БЕГИ, ЯНУКОВИЧ, БЕГИ!

«Утром в субботу уже было понятно, что он не вполне легитимен как президент, что это уже конец, финиш... — говорит **Добкин** и замолкает на минуту. — Больше я ему не звонил. Тем более еще накануне вечером предупредил: будет много гостей съезда, в том числе из России, — я должен заниматься ими. Он ответил: «Да-да, конечно, не проблема». А потом все так закрутилось...»

Сам съезд не обошелся без происшествий.

«Съезд проходил в харьковском Дворце спорта. Перед зданием была установлена сцена, — продолжает **Добкин**. — Предполагалось, что по завершении мероприятия мы выйдем к людям, будет митинг. Но на подходах к Дворцу спорта собрались фаны «Металлиста», «Днепра», полтавской «Ворсклы» (футбольные болельщики. — *С. К.*) — их отличали шарфы, клубная символика. Настроены они были очень агрессивно. Да это и понятно: они-то думали, что на съезде будет Янукович. Когда у нас уже все заканчивалось, милиция сообщила, что готовится штурм здания».

Гостей выводили окольными путями. Последним уходил сам Добкин. Фанаты уже прорвали милицейское оцепление и ринулись в атаку. В машины губернатор со свитой запрыгивали буквально на ходу. Авто газовали так сильно, что из салонов вылетали пластиковые бутылки с водой, какие-то мелочи. Собравшись на нейтральной территории, лидеры Харьковщины решили срочно эвакуировать свои семьи. Так и сделали — жены с детьми были отправлены в Белгород.

«Уже позже я узнал, что к моменту нашего выезда пограничникам была дана негласная команда лично меня не выпускать, но мы все-таки как-то проскочили. Сам я надолго уезжать не собирался, и через несколько часов, когда возвращался, пограничники меня едва ли не с тортом встречали: так боялись, что их «крайними» сделают», — резюмирует **Добкин**.

## Конфликт в Донецком аэропорту

Из Харькова Виктор Янукович вертолетами переместился в Донецк. Произошло это около двух часов дня. В одном из ангаров Донецкого аэропорта Виктора Федоровича ожидал его «Фалькон». На этом самолете он планировал выбраться в Россию. Не получилось: отсутствовали документы, необходимые для того, чтобы борт поднялся в небо.

«Эту историю я знаю буквально от первых лиц — сотрудников аэропорта, — говорит **Сергей Тарута.** — Изначально для Януковича был зафрахтован один самолет. Потом встал вопрос о двух, но на второй борт не оказалось документов. Начали их готовить, запросили список пассажиров. Заказчики предоставить его отказались. Далее возникла необходимость заменить самолет. Заменили.

Пилоты сказали, что, мол, есть заказ из Москвы. Мы вылетаем на Москву, пустые. Получили разрешение. Выехали из ангара на стоянку. На стоянке — час, два, три. Чего-то ждут. Наконец: мы готовы вылетать. Диспетчеры запрашивают коридор на границе. Но пограничники понимают, что что-то не то: вся эта смена самолетов, задержка... И пограничники говорят диспетчерам: погодите, пока не выпускайте, мы подойдем проверим. Подходят к самолету, а там стоит охрана Януковича. Очевидно, что сам он в салоне. Пограничникам начали предлагать деньги — буквально портфель с «наличкой» в руки вкладывать. Те отказались. Сказали, что не выпустят, что самолет был заявлен как пустой и что в случае сопротивления будет применена сила. Ребята вели себя очень мужественно, ведь с той стороны силы было в разы больше. При желании они их запросто могли скрутить, а то и вовсе пристрелить и улететь. Но по какой-то причине решили не обострять ситуацию».

Дополняет **Петр Порошенко**:

> «Мы были на постоянной связи с Петром Литвином (на тот момент — начальник погранслужбы, родной брат Владимира Литвина, с которым Порошенко дружен. — *С. К.*), и я сказал ему, чтобы они ни в коем случае не выпускали Януковича. Он просил письменное согласование от Турчинова. Я немного блефовал: сказал, что согласование будет, но в эту конкретную минуту важно не допустить, чтобы Янукович со своей свитой покинул страну.
>
> В какой-то момент мне звонит Литвин и говорит: «Тут на взлетно-посадочной полосе стоит самолет, и моим людям предлагают деньги, чтобы они его выпустили». — «Минуточку, — говорю, — плохо слышно. Перенаберите меня». Пока он перенабирает, включаю в телефоне запись, и весь разговор фиксируется. Литвин сообщил, что начальник безопасности аэропорта нарушил приказ, и на перрон заехали два микроавтобуса с вооруженными людьми».

Итак, службы аэропорта в предоставлении «воздушного коридора» отказали.

> «Пока шли торги-переговоры, эти два микроавтобуса подъехали вплотную к самолету, оттуда — белее полотна — вытащили Януковича и, погрузив в автомобиль, увезли. Если бы ему дали тогда спокойно вылететь, он бы вернулся триумфатором», — уверен **Порошенко**.

**Большинство из тех, кто знает Януковича много лет, убеждены: именно в этот момент он «сломался», «поплыл».**

Вероятнее всего, Виктор Федорович намеревался вылететь в Россию ненадолго — не столько даже посоветоваться со своими кремлевскими кураторами о том, что делать дальше, сколько получить вербальные свидетельства поддержки. Хоть какие-нибудь. А после — да, возвратиться триумфатором.

Но случилось то, чего Янукович ожидал меньше всего: он получил отпор в родном Донецке. Сигнал был однозначный: он уже не контролирует ситуацию даже здесь. Он больше не царь, не бог.

Это-то его и сломило. Точный ответ на вопрос о том, когда он принял решение бежать, знает только сам Виктор Янукович. Но, сопоставляя известные нам события, с высокой долей вероятности можно предположить, что случилось это вечером субботы на взлетно-посадочной полосе Донецкого аэропорта.

## Последняя встреча Януковича и Ахметова

Из аэропорта Янукович направился в городской ботсад — здесь уже много лет располагалась резиденция самого богатого человека страны — Рината Ахметова.

«Он приехал ко мне после обеда, ближе к вечеру. У него настроение было такое... — вспоминает **Ахметов**.

*Подавленное?*

Сконцентрированное. Не могу сказать, чтобы он был подавлен, но сконцентрирован — да.

*Он появился у вас после того, как не смог вылететь из Донецка в Москву: его из аэропорта просто не выпустили.*

Нет. Об этом мы не говорили. Во-первых, я этого всего на тот момент не знал. А сам он не рассказывал.

*Каким был разговор?*

Я сказал ему, что нужно написать заявление об отставке. Тогда, по большему счету, уже все закончилось... И я считал, что он должен написать заявление.

*Что он ответил?*

Ничего. Не сказал ни да, ни нет.

...О чем мы говорили? О ситуации, конечно. Что Мирное соглашение подписано, но все равно ситуация тяжелая. У меня снова был для него один мэссэдж. И ключевым было даже не слово «мир», но то, что он должен уйти в отставку.

*Сколько продолжалась встреча?*

Я точно не помню по времени, но минут тридцать-сорок, наверное. Это была, пожалуй, самая немногословная наша с ним встреча. Да, он был очень задумчив и почти все время молчал.

*Что было дальше?*

Он уехал. Больше я его не видел. По телефону мы тоже больше не разговаривали.

*Он говорил что-то о своих дальнейших планах? Может, советовался?*

Нет, просто попрощались, и он уехал.

*Была информация, что вы с ним выехали из ботсада и двинулись в какую-то степь, по направлению к Мариуполю. Туда якобы прилетали и улетали вертолеты. Вы там с кем-то встречались, а уже потом он отправился машинами в Крым.*

Нет, такого не было. Во всяком случае, я с ним из ботсада никуда не выезжал. А что он потом делал, я не знаю».

Примечательно, что Ахметову о «гарантиях» Обамы и Меркель Янукович уже не рассказывал.

## Из Донецка в Крым второстепенными дорогами

Несколько часов Виктор Федорович кружил по Донецку. По обрывочным сведениям, он созвал близких в одном из своих загородных поместий — сказал, что надо уходить.

В июне 2014 года в интервью Lb.ua в Москве **Александр Янукович** признался, что покинул Донецк также в субботу после обеда:

«Я уехал из Донецка двадцать второго февраля, ближе к вечеру. Случилось это после того, как стало понятно, что для моей семьи большой риск находиться в Донецке. Царило полное беззаконие. Моего сына, как мне стало известно из двух источников, собирались похитить из детского сада. Похитить для шантажа президента. Естественно, сына мы из садика быстро забрали, сами собрались и выехали машиной: я, жена, двое наших детей.

*Куда вы направились?*

В Крым. Я посчитал, что для моей семьи там будет безопасно.

*Почему же в Крым, а не куда-нибудь в Западную Европу, например?*

Потому что решение принималось очень быстро. Мы собрались буквально за два часа. А от Донецка до Крыма расстояние не так велико.

*Машиной, двадцать второго числа? Одновременно с Виктором Януковичем? Приблизительно в то же время — поздно вечером — он на автомобилях направился из Донецка в Крым.*

Нет, наши с ним пути тогда не пересекались.

*Но вы виделись с ним двадцать второго в Донецке?*

Нет. Только по телефону разговаривали. Каждый двигался самостоятельно».

Виктор Янукович выехал в Крым ночью. Кортеж был небольшой. Во избежание «отслеживания» ехали окольными путями. Из-за этого добирались дольше обычного. Вероятнее всего, Александр Янукович говорит правду относительно того, что они с отцом двигались на полуостров по отдельности — к машинам Януковича-старшего привлекать дополнительное внимание тогда было нежелательно.

Все это время с Виктором Януковичем находилась его охрана, а также Андрей Клюев. Клюев остался верен ему до конца.

## Путин: «Да, мы помогли Януковичу»

Ночью в Киеве было принято решение: воспрепятствовать побегу Януковича. С целью «перехвата» четвертого президента в Крым отправились и. о. главы МВД Арсен Аваков и Валентин Наливайченко, который в тот момент формально еще не являлся главой СБУ. Проще говоря, ни у Авакова, ни у Наливайченко особых полномочий «перехватывать» Януковича не было. Не говоря о том, что ордера на его арест тоже не существовало.

«Первая его остановка была на полуострове — в одном из частных пансионатов, где он узнал, что мы с Наливайченко направляемся в Крым, — рассказывает **Аваков**. — Тогда он стартовал на «Бельбек» (военный аэропорт под Севастополем, обслуживающий также отдельные гражданские, в частности правительственные, рейсы. — *С. К.*). Но мы его опередили, и уже на подъезде к «Бельбеку» Януковичу пришлось развернуться. Как потом выяснилось, мы шли за ним буквально след в след, с разницей в полчаса-час. И он о наших перемещениях был осведомлен.

*Ему докладывали?*

Конечно. В Киеве-то начальство сменилось, а люди в системе остались прежние».

После «Бельбека» Янукович отправился на госдачу номер девять, где написал заявление об отказе от госохраны, положенной ему как президенту. По словам охранников, находившихся с ним тогда, Янукович собрал бодигардов, поблагодарил их за службу, сообщил, что пишет «отказную», и спросил: «Кто со мной?». Шагнули вперед несколько человек — все они работали с Януковичем долгие годы, некоторые еще до президентства. Возглавлял эту группу начальник его охраны Константин Кобзарь. По словам охранников, Кобзарь строго-настрого приказал всем, кто остается, отключить мобильные телефоны (во избежание отслеживания по сигналу. — *С. К.*). Дальнейшую часть операции под названием «отступление» осуществлял он. По имеющейся информации, курировал операцию Александр Янукович, с которым Кобзарь постоянно держал связь. Сам Александр Янукович, разумеется, это опровергает, хотя, учитывая, что вопросами безопасности отца он всегда занимался лично — вплоть до подбора Виктору Федоровичу охранников, — версия о его участии более чем логична.

На госдаче номер девять Аваков и Наливайченко Януковича уже не застали. Но узнав о том, что тот отказался от охраны, приняли решение ехать в ближайший пункт, куда первым делом должны были направиться охранники — сдавать оружие. Там-то они и встретились:

«Охранники, конечно, очень удивились, увидев нас, — продолжает **Аваков**. — Мы пообщались, они сказали, что с госдачи номер девять Янукович, Клюев и те несколько человек охраны, что остались с ними, отбыли в неизвестном направлении.

*Как это «в неизвестном»? Вы же сами говорите, что все вокруг друг друга слушали и «следили»!*

«В неизвестном направлении» — дословное выражение одного из бывших его охранников. Вот еще цитата: «Мы поехали в одну сторону, они — в другую».

По моему личному мнению, он каким-то образом попал на один из военных кораблей РФ и уже оттуда — в Москву. Другого пути, по сути, не было.

***Если так, значит, у него были изначально договоренности с РФ?***

Разве сейчас в этом еще кто-то сомневается?»

«Его спас Путин. Это уже факт. Кроме того, все крымские силовики тогда де-факто вышли из подчинения. Поступавшие из Киева команды они просто не выполняли, «сливали» ситуацию», — подтверждает **Петр Порошенко**.

В октябре 2014 года сам Владимир Путин публично признает: да, он спас Януковича. По словам российского президента, сначала «мы помогли ему перебраться в Крым», а через какое-то время «он попросил вывезти его в Россию. Что мы и сделали».

В ночь с 23 на 24 февраля Виктор Янукович и его свита на десантном катере были доставлены на борт одного из военных кораблей ЧФ РФ. Таким образом, согласно международному праву, они уже находились на территории России.

Через несколько дней Янукович был замечен в закрытом правительственном санатории «Барвиха» в Подмосковье. А в ночь с 26 на 27 февраля в ресторане бывшей гостиницы «Украина», что на Кутузовском проспекте российской столицы, происходило бурное застолье. Участники — Виктор Янукович, Виктор Пшонка, Виталий Захарченко и иже с ними — провозглашали тосты за скорейшее возвращение «легитимного президента» домой, в Украину. 28 февраля Виктор Янукович провел историческую пресс-конференцию в Ростове-на-Дону. «Я хочу извиниться», — сказал он, и лицо его перекосила гримаса отвращения. В руках Виктора Федоровича что-то хрустнуло. Это была пластиковая ручка, от злости сломанная им пополам.

«Извинения» за то, что «бандиты и радикалы временно захватили власть», из уст Виктора Федоровича прозвучали, мягко говоря, неубедительно. Он по-прежнему мнил себя законно избранным президентом и считал, что народ Украины ждет его с распростертыми объятиями. Ничего, кроме насмешек, это не вызвало.

Вместе с Януковичем страну покинула целая группа его ближайших приспешников. Так, генпрокурор Пшонка и глава Министерства доходов и сборов Александр Клименко прорывались через Донецкий аэропорт. Феерическое видео этого отступления появилось в Сети. Оба «героя» моментально опровергли его достоверность, заявив, что прорывались не в аэропорт, а из него (повалив при этом рамку металлоискателя). Однако для всякого, кто знаком с внутренним устройством тесного *vip*-терминала Донецкого аэропорта, эта ложь очевидна — прорываться можно было только в терминал, но никак не «из него».

Как отмечалось выше, в первые дни после побега Пшонка был замечен в Москве вместе с Януковичем. Позже они втроем — вместе с бывшим главой МВД Виталием Захарченко — выйдут на очередную пресс-конференцию в Ростове. На российском телевидении засветится и бывший глава Службы безопасности Украины Александр Якименко.

Захарченко уехал из Киева 21 февраля. 22-го его видели в Донецке, в частности, в аэропорту, в котором он покрутился, но вылететь так и не осмелился. С наступлением темноты он покинул город на автомобиле, после чего его след был потерян.

Якименко выбирался через Крым. Ровно в полдень 22-го он вышел из здания СБУ в Киеве, а 23-го появился в Севастополе.

Андрей Клюев и Николай Азаров в России не светились нигде. О попытках первого вернуться в Киев во время смены власти в Генпрокуратуре мы уже знаем. Второму, по данным источников, в Москве толком устроиться не удалось (коммуникация с Януковичем не ладилась, начались финансовые трудности — давала о себе знать блокировка австрийских счетов семьи экс-премьера), и Николай Янович вернулся в родную Калугу. Затем — снова вынырнул в Москве.

Канул в Лету московский след чванливого Сергея Арбузова. А вот «семейный младоолигарх» Сергей Курченко, говорят, в Москве устроился неплохо и даже умудрился наладить там бизнес.

В июне 2014 года, возвращаясь из российской столицы после интервью с Александром Януковичем, я случайно встретила бывшего главу Службы внешней розведки, мужа бывшей главы Минюста Елены Лукаш Григория Ильяшова — летели с ним в Киев одним самолетом. В аэропорту «Борисполь» Ильяшов быстро и без всяких проблем прошел пограничный контроль.

Приспешники режима калибром поменьше еще в марте эвакуировались в Крым. В их числе одиозные депутаты-регионалы, судьи, выносившие откровенно неправосудные политические решения, заместители министров, главы ведомств и прочие.

Почти ко всем этим людям у украинских правоохранителей есть немало вопросов, однако за год, прошедший с момента их побега, вина ни одного из них — ни по делу о массовых расстрелах в Киеве, ни по многочисленным эпизодам экономических преступлений, ни по фабрикации уголовных дел и осуществлению судебного преследования активистов и оппозиционеров — не доказана. Вследствие этого они сейчас активно занимаются восстановлением своего статус-кво, в том числе в международной плоскости, чтобы получить возможность свободно ездить по миру, возобновить счета в зарубежных банках и т.д.

Очевидно, наказание государственных преступников времен Виктора Януковича во главе с ним самим — одно из главных требований украинского общества к новой власти. И пока оно не будет выполнено, о воспроизводстве эта власть может даже не мечтать.

# Глава 12

# ЮЛЯ – НА ВОЛЕ

Если есть на свете справедливость, то 22 февраля 2014 года она торжествовала в Киеве.

Рада возобновила полноценную работу. Фракция ПР продолжала сыпаться — субботним утром из нее вышли еще 12 человек. Спикером ВР вместо добровольно сложившего полномочия Владимира Рыбака был избран Александр Турчинов. И. о. главы МВД — Арсен Аваков, генпрокурору Пшонке депутаты выразили недоверие. Незаконно отобранные прежней властью мандаты народных депутатов вернулись к владельцам — Сергею Власенко, Александру Домбровскому, Павлу Балоге. Исправляя собственную недоработку эйфорической пятницы, Рада повторно проголосовала за декриминализацию. И на сей раз так, что Юлия Тимошенко могла выйти на свободу сразу же. Несколько нардепов направились в Харьков — забирать ее из больницы.

За отсутствием в городе силовиков Самооборона Майдана и активисты взяли под охрану ключевые админздания. На ступенях ВР расстелили флаг Партии регионов, о который многие с удовольствием вытирали ноги. Загаженный «титушками» Мариинский парк понемногу приводили в порядок.

На Майдан, на улицы правительственного квартала люди несли цветы и свечи — это был первый день траура. Стволы деревьев на Институтской, тумбы и столбы были изрешечены пулями. На Грушевского валялись кучи гильз. Кровавые следы вели к ступеням отеля «Украина». Под Стелой независимости — растрепанная пожаром ладонь площади. Над всем этим черная громада сгоревшего Дома профсоюзов. Как немое напоминание: еще вчера здесь лилась кровь.

## Янукович отправлен в отставку.
## Национальный флаг над «Межигорьем»

Информация о том, что Виктор Янукович в Харькове, поступила еще ночью, но точного подтверждения не было. Где он, что с ним, когда он подпишет принятые накануне Радой законы, никто не знал.

В обед появилось скандальное видеообращение «Лидера». «В отставку я не собираюсь», — заявил он, нивелировав тем самым — в одностороннем порядке — пункты Мирного договора от 21 февраля.

Через час Верховная Рада дала симметричный ответ — 328 голосами «за» (то есть конституционным большинством) депутаты отправили Виктора Януковича в отставку.

Перед голосованием спикер Турчинов коротко сказал, что якобы с Януковичем был телефонный разговор и он согласен на отставку. Прозвучало, правда, это скомкано и неубедительно. В кулуарах ходили слухи: упоминавшийся разговор состоялся у Януковича с Яценюком, но предметных подтверждений тому отыскать не удалось. Впрочем, правда ли это, не суть важно, — на ход событий уже не влияло.

Новые президентские выборы назначили на 25 мая. Согласно законодательству, временным и. о. до момента избрания нового главы государства становился спикер ВР, то есть Турчинов. Ему же пришлось выполнять — пока не был сформирован Кабмин Арсения Яценюка — функции главы правительства.

Все. Была поставлена точка. Януковичу некуда было больше возвращаться. Ни политически, ни физически.

В это самое время в нескольких десятках километров от Киева, на дороге по направлению к селу Новые Петровцы образовалась огромная автомобильная пробка — сотни людей ехали в загородную резиденцию бывшего главы государства — «Межигорье», — чтобы своими глазами увидеть сказочные поместье, в котором жил Янукович. Поместье действительно было сказочным: гигантская, размером с Княжество Монако, территория, место сосредоточения поразительного китча и безвкусицы. «Все должно быть большое и золотое. Очень большое и очень золотое. Включительно с золотым унитазом и золотым батоном-пресс-папье». Этот девиз вполне можно было вывешивать над воротами резиденции — лучшей характеристики не придумаешь!

В современной Украине «Межигорье» стало синонимом небывалой коррупции, чиновничьего произвола и самодурства. В 2010-м, еще на заре эры Януковича, я написала текст, озаглавленный «Национальный флаг над «Межигорьем». Тогда, конечно, и думать не могла, что спустя четыре года прогноз сбудется — желто-голубой стяг будет поднят над воротами резиденции.

## «Несколько оставшихся до свободы часов надо дожить»

В шесть часов вечера на девятом этаже Харьковской центральной клинической больницы распахнулись зарешеченные двери — Юлия Тимошенко вышла на свободу. Точнее, выехала в инвалидном кресле: самостоятельно передвигаться она тогда не могла.

«Утром в субботу я была уверена, что мне еще много месяцев придется провести в тюрьме, — говорит **Тимошенко**. — Речь шла о проведении судебных заседаний, о судебных реабилитациях и других достаточно затяжных процедурах. Но когда я услышала, что ВР проголосовала мой вопрос и что друзья за мной уже выезжают, поняла: это, очевидно, уже свобода. Один нюанс: несколько оставшихся до свободы часов надо дожить. Буквально. Учитывая, что находилась я в Харькове, где в то время Янукович пытался организовать второй Северодонецк, это было непросто: у них были все инструменты для того, чтобы не дать мне выйти из тюрьмы живой.

Сразу после того, как было принято постановление ВР, ко мне зашел начальник колонии и сказал, чтобы я немедленно вышла из своей камеры-палаты. Меня перевели в маленькую комнатку без окон, закрыли там, и я вообще не могла понять, что происходит — никакой связи с внешним миром. Когда ты понимаешь, что до освобождения — часы, мысль одна: дожить, дожить, лишь бы дожить. В такой ситуации часы превращаются в вечность.

Из комнатки меня вывели только тогда, когда приехал Андрей Кожемякин и другие мои друзья, которые забрали меня из тюрьмы. Мельком увидела свою палату: из стен торчали провода — буквально «с мясом» вырывали все многочисленные системы видеонаблюдения. Они старались уничтожить все доказательства преступлений, которые совершались там по отношению ко мне. Пока я сидела взаперти, собрали медиков и жестко проинструктировали на предмет того, что они могут, что им можно говорить, а чего нельзя.

В принципе, до того момента, пока меня вывезли, мы очень опасались возможного нападения. Именно поэтому меня вывозили в экстренном порядке, в бронежилете. Я даже не успела попрощаться с теми людьми, которые меня непосредственно лечили, поблагодарить их».

В восемь вечера подъезды к старому терминалу аэропорта «Жуляны» охраняли отряды Самообороны. Вынужденно оставив машину у их поста, Арсений Яценюк пошел к зданию пешком. Внутри уже ожидали Андрей Сенченко с Людмилой Денисовой, Александр Абдуллин и ближайшая помощница Юлии Тимошенко — Ольга Трегубова. Подъехали Арсен Аваков, Сергей Пашинский, Ольга Боднар, Ребекка Хармс.

Через несколько минут самолет «зарулил» на взлетно-посадочную. Мы высыпали на продуваемую со всех сторон площадку. Еще несколько минут — и подъехала машина.

Охранники на руках вынесли Тимошенко из автомобиля, усадили в кресло-каталку. От прежней Юлии Владимировны осталась — в физическом смысле — ровно половина. А то и меньше, но на ногах, вопреки всему, неизменные каблуки.

Тяжело описывать те несколько минут в аэропорту «Жуляны». В них не было ничего политического. Ни грамма. Сугубо человеческое. Оголенные нервы эмоций.

«Куда? — спросил кто-то. — На Майдан?»

«Я бы хотела на Грушевского. На то самое место, где погибли... — Пауза. — Почтить их память. А потом, конечно, на Майдан».

На Грушевского кресло-каталку вплотную «припарковали» к первому кенотафу. Юля попробовала встать. Безуспешно. Охрана подхватила ее даже не под руки — для этого у нее недоставало

Утром 18 февраля 2014 года Майдан предпринял «мирное наступление» на Верховную Раду, переросшее в масштабные бои в правительственном квартале. 18-го и 19-го в Киеве погибли 36 человек, 85 — получили огнестрельные ранения

«Это (Майдан) — наш рок, и мы должны идти до конца». Такие слова в обед 18 февраля 2014 года Александр Янукович сказал Сергею Таруте. Стало понятно: власть решила уничтожить Майдан и отступать не намерена

Ровно в восемь часов вечера начался штурм. Мы тогда еще не знали, что с Европейской площади Майдан станет атаковать тяжелая военная техника; что Дом профсоюзов сожгут; что в «час X» из-под земли — из закрытого метро — в тыл Майдана должны высыпать до зубов вооруженные силовики

В ночь на 19 февраля 2014 года под сценой Майдана в разгар штурма. Соня Кошкина, будущий Президент Украины Петр Порошенко и Николай Мартыненко

«Коктейли Молотова» — главное оружие мирных демонстрантов против до зубов вооруженного «Беркута»

Расстрел Майдана утром 20 февраля 2014 года.
За несколько часов в центральной части Киева
«Беркут» и снайперы убили 53 человека

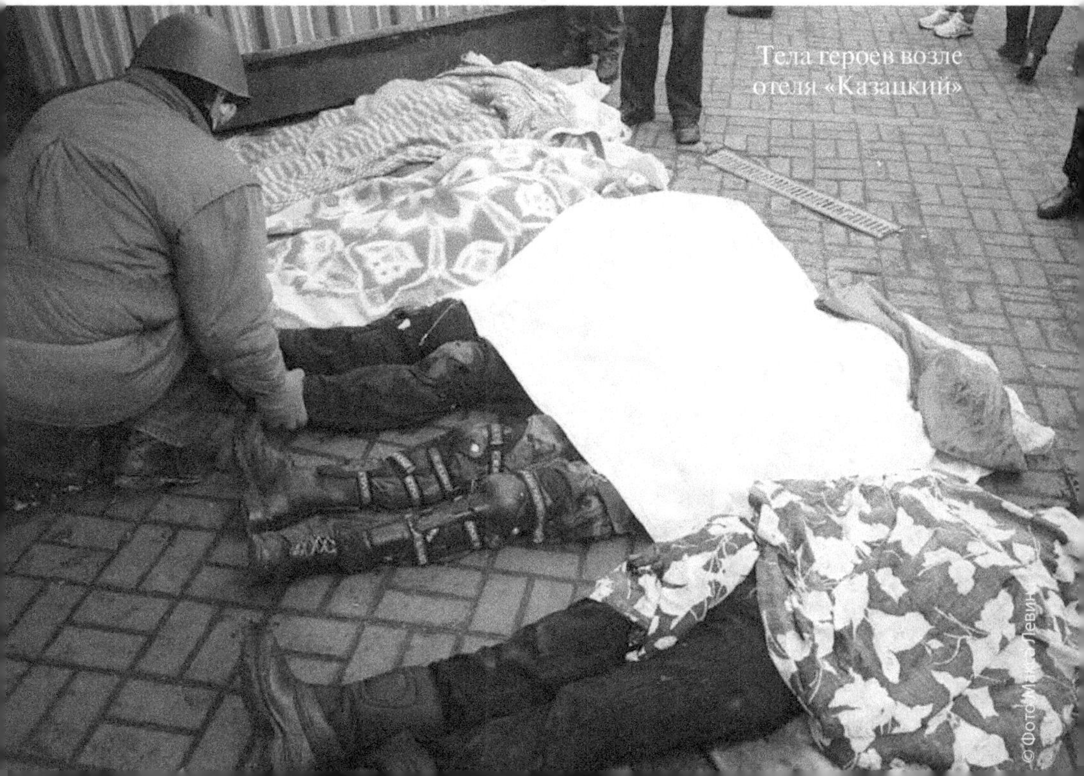

Тела героев возле
отеля «Казацкий»

21 февраля 2014 года. Юлия Тимошенко на сцене Майдана. После двух с половиной лет заключения она вышла на свободу

22 февраля 2014 года. Цветы в память о погибших в ходе противостояния на Майдане. На заднем плане — громада сгоревшего Дома профсоюзов

Перевальное, март 2014 года. Высадка российского десанта в Крыму

Апрель 2014 года. «Русская весна». На площади перед захваченной Донецкой ОГА

Осень 2014 года. Автор с Президентом Украины Петром Порошенко во время записи интервью для этой книги

сил, — под мышки. Так и держали: она полустояла-полувисела на руках мужчин.

«Если бы вы знали, если б вы только знали, сколько раз я хотела быть здесь. Сколько раз я хотела держать за руки тех, кто боролся и не сдавался...» — лепетала она сквозь слезы, склоняясь к кенотафу.

Переизбыток эмоций? Даже если так, то что? Кто ее, отсидевшую два с половиной года, чудом вырвавшуюся на свободу и вот так сразу — на Майдан, — посмел бы в этом упрекнуть?

## Гроб героя

Субботним вечером на Майдане отправляли панихиду. Новую — без Виктора Януковича — страницу истории начали с поминовения тех, кто заплатил за это жизнями.

Окруженная людьми, каталка Тимошенко медленно продвигалась к михайловской баррикаде.

«Герои не умирают! Герои не умирают!» — внезапно донеслось с той стороны баррикады. Над толпой появился гроб. В нем — один из тех, кого снайпер выбрал «методом тыка», на его месте мог оказаться каждый; один из тех, кто погиб за наше с вами право ходить по Майдану.

Из каталки экс-премьер видеть этого не могла, но сразу как-то интуитивно угадала происходившее — попросила сопровождающих подождать.

Итак, баррикада. С одной стороны — гроб героя, которого власть Януковича убила, с другой — инвалидное кресло политического конкурента, которого она покалечила. Таких убитых и покалеченных по всей стране были тысячи, просто мы не знаем их имен.

# Глава 13

# НОВАЯ ЖИЗНЬ

22 февраля 2014 года Украина начала новую жизнь. Без Виктора Януковича. Без опостылевшего «совка». Без всего того, что тянуло нас в прошлое.

После Майдана мы наконец обрели субъектность по отношению к территории под названием Украина. Отныне это была уже не просто территория, но наша страна, любовь к которой скрепила кровь героев Небесной сотни, скрепили подвиги сотен тысяч простых украинцев, боровшихся за свою свободу, права, человеческое достоинство. Не зря одно из названий Евромайдана 2013 – 2014 – Революция Достоинства.

В 1991 году государственная независимость досталась нам, по большему счету, «на шару». Мы за нее не боролись, не страдали. Она досталась нам в виде бонуса, поэтому и отношение к ней было соответствующее.

Зима 2013/14 все изменила.

22 февраля, отпевая на Майдане десятки погибших, мы еще не знали, что 2014 год станет годом похорон – тысяч мирных и гражданских. Что через несколько дней стартует, а всего через месяц финиширует аннексия Крыма. Что весной запылает восток, и там начнется антитеррористическая операция. Что летом счет беженцев пойдет на сотни тысяч. Что каждый день из АТО будут приходить гробы, и многие из нас потеряют близких, друзей. Что рядовые украинцы, ставшие волонтерами, будут демонстрировать чудеса мужества и преданности своей стране. Что к концу года мы уже свыкнемся с мыслью о том, что в Донецке и Луганске – «ДНР» и «ЛНР», и что эти территории почти не контролируются Украиной.

Всего этого мы не знали. Но твердо верили, что лучшее у нас впереди. Что Украина станет действительно демократическим европейским государством, что мы сами будем гордиться своими украинскими паспортами.

И, вы знаете, так оно и будет. У нас получится.

# ОТКРЫТЫЕ РАНЫ

## Часть четвертая

# ХРОНИКА СОБЫТИЙ

Ночь с 26 на 27 февраля 2014 года – захват «зелеными человечками» Верховной Рады Автономной Республики Крым, а также Совмина.

27 февраля — крымские депутаты сместили с поста премьера Анатолия Могилева, незаконно назначив вместо него – с нарушением процедуры – Сергея Аксенова.

Началась российская оккупация Крыма.

1 марта – Совет Федерации РФ поддержал инициативу Владимира Путина, дав ему возможность вводить войска на территорию Украины. Не Крыма, всей Украины.

3 марта – чрезвычайная сессия Донецкого облсовета, на которой переизбрали руководителя. В это же время на площади под облсоветом проходил сепаратистский митинг, на котором «выбрали» «народного губернатора» Павла Губарева.

На Донбассе началась «русская весна».

16 марта – в Автономии состоялся так называемый «референдум» (назначен и проведен он был с грубыми нарушениями всех норм закона), по результатам которого провозгласили существование «Независимой Республики Крым».

18 марта – в Георгиевском зале московского Кремля состоялась торжественная церемония подписания бумаг, на основании которых Крым и город Севастополь становились новыми субъектами Российской Федерации.

28 марта – российская агрессия в Крыму завершилась. Отныне полуостров считается временно оккупированной территорией.

6 апреля – в Луганске сепаратисты захватили местное СБУ, в Донецке – Областную государственную администрацию (ОГА).

7 апреля — на «народной сессии облсовета» в Донецке объявлено о создании «Донецкой Народной Республики».

И. о. Президента Украины Турчинов объявил о начале антитеррористической операции на востоке страны.

12 апреля — «зеленые человечки» прибыли в Славянск.

26 мая — начало боев за Донецкий аэропорт.

# Глава 1

# КАК МЫ ПОТЕРЯЛИ КРЫМ

## Парламентский переворот

В ночь с 26 на 27 февраля 2014 года произошел захват Верховного Совета Автономной Республики Крым. В начале пятого утра — как четко зафиксировали камеры видеонаблюдения — вооруженные люди проникли в здание парламента полуострова и заняли позиции. Из свидетельств очевидцев известно: в захвате принимали участие около 120 человек в военной форме, но без опознавательных знаков. Все они были до зубов вооружены: автоматы Калашникова, снайперские винтовки СВД и даже гранатометы РПГ. Действовали слажено и четко — по заранее намеченному плану. Позже стало известно, что спецоперация проводилась силами 45-го отдельного полка спецназначения ВДВ ВС РФ. По некоторой информации, в ней также принимали участие бойцы ранее расформированного крымского «Беркута» (который на Майдане отличился особой жестокостью). Впрочем, официального подтверждения эти сведения, конечно, не имеют и вряд ли когда получат. Российская Федерация тогда категорически опровергала усиление своего военного присутствия в Крыму и уж тем более участие своих военных в захвате украинских административных зданий.

Приблизительно в то же самое время был захвачен крымский Совет министров. Уже к рассвету над Совмином реял российский триколор. Требований захватчики не выдвигали. Кто они, что здесь делают и чем мотивированы их действия, не объясняли.

Накануне, 26-го, депутаты крымского парламента должны были собраться на сессию, на которой, по предварительным данным, готовился к обсуждению вопрос о выходе Крыма из состава Украины. Правда, спикер Владимир Константинов это опроверг. «Эта провокация организована и поддержана «макеевской» командой в крымском правительстве, которая ради сохранения власти готова пожертвовать общественно-политической стабильностью на полуострове. Для них это чужая земля!» — говорил он тогда. Запомним эту цитату, она важна. Важна двумя аспектами. Во-первых, это свидетельствует о мимикрии, стремительной перемене позиции — под влиянием внешних обстоятельств — самого Константинова. Во-вторых, поясняет, почему крымская элита стремилась к смене власти.

26 февраля под стенами здания бушевали сразу два митинга — крымских татар и пророссийски настроенных активистов. Перманентно возникали конфликты, стычки, которые пытались «гасить» один из лидеров крымских татар Рефат Чубаров и — с противоположной стороны — лидер партии «Русское единство» Сергей Аксенов.

Утром 27 февраля парламент был оцеплен милицией. По тревоге подняли Внутренние войска и вообще всех силовиков, базировавшихся в непосредственной близости от центра города. Однако попытки отбить админздание не предпринимались. Уже понимая, что за штурмом стоит Москва, Киев опасался спровоцировать масштабное силовое противостояние.

Захватчики этим воспользовались. В обед 27-го крымские депутаты все-таки собрались на сессию. Проходила она, в буквальном смысле, под дулами автоматов. Работали в закрытом режиме. Ни журналистов, ни сотрудников аппарата в зале не было. По задумке режиссеров действа, это должно было воспрепятствовать «утечке» информации.

Не воспрепятствовало. Хотя сначала все шло как по маслу. Первое же решение — непризнание киевской власти. Второе — отставка правительства Анатолия Могилева. Могилев пришел в Крым при Януковиче и был, равно как его покойный предшественник Василий Джарты, представителем так называемого клана «макеевских». На полуострове «макеевских» очень не любили и называли «македонами» — за попытки поставить под свой контроль все, что приносило хоть какой-то доход. Потому с Могилевым и его командой депутаты свели счет не без удовольствия.

Далее случилась заминка. Ведь согласно Конституции Автономной Республики Крым кандидатуру премьер-министра — по представлению депутатов — выдвигает спикер парламента, а утвердить ее должен Президент Украины. Как же тут быть, если Виктор Янукович сбежал, а и. о. главы государства Александра Турчинова парламентарии не признают? Спикер Владимир Константинов взял огонь на себя: внес на пост премьера кандидатуру Сергея Аксенова. И депутаты ее поддержали.

По официальным сообщениям пресс-службы ВС АРК, «за» проголосовали 61 из 64 присутствовавших. На самом деле — 42 из 53. Мне это подтвердили сразу четверо из этих 53. Всего в ВС АРК сто депутатов. Следовательно, кворума при голосовании не было. Таким образом, **Аксенов дважды стал нелегитимным «премьером». Потому что был «избран» при отсутствии кворума — раз. И в нарушение процедуры — два.**

Уже в начале марта Киевский окружной административный суд, признав «избрание» Аксенова незаконным, выписал ордер на задержание Аксенова и Константинова. Местные силовики, однако, не торопились его предъявлять: прежде существовавшая вертикаль власти была полностью разрушена, Киев — дезориентирован, а сам полуостров лихорадили волны пророссийских митингов. Чем все закончится, было непонятно, поэтому резких движений никто не совершал. По этой же причине буксовало уголовное дело, возбужденное по факту захвата админзданий (дело было заведено по статье «теракт». — *С. К.*).

Отступать Константинову и Аксенову было некуда. В дальнейшем они активно способствовали российской аннексии полуострова и при новой власти сохранили свои должности. Ясно, что оба были выбраны на эти посты не случайно. Рассказывает нардеп-крымчанин **Андрей Сенченко**:

> «Я знаю Константинова много лет и могу точно сказать, что этот человек никогда не интересовался политикой. Вообще никогда. Он всегда занимался бизнесом. Преимущественно строительным. И вел его, скажем так, не вполне чистоплотно — «кидал» по очереди то одних, то других. И вот за годы круг тех, кого он кинул, сомкнулся, и Константинов решил спасаться в крымском парламенте. То есть нельзя сказать, что он действовал по убеждениям. Мне кажется, он опасался уголовного преследования — в этом была причина...

Накануне случившегося, двадцать шестого, я встречался с Могилевым и Константиновым. Константинов был в абсолютно невменяемом состоянии — руки тряслись, взгляд блуждающий. Он был похож на Геннадия Янаева (времен ГКЧП. — *С. К.*)».

Что касается Аксенова, то в 90-е лидер партии «Русское единство» был известен в Симферополе, по словам того же Сенченко, как «бригадир» по кличке «Гоблин».

Первое же заявление псевдопремьера было о легитимности Януковича как президента Украины: «Мы считаем легитимным президентом Виктора Федоровича Януковича и будем выполнять его распоряжения», — сказал Аксенов.

Одно из первых решений — назначение на 25 мая местного референдума, и снова незаконное. Назначить такой референдум могла только Верховная Рада Украины. Более того, закон, позволяющий организовать местное волеизъявление, отсутствовал: как, по каким правилам проводить плебисцит — было неясно. Но новую крымскую власть это не смущало. Вскоре референдум сместили на 30 марта, а потом и вовсе на 16 марта. Изначально на «референдум» намеревались вынести вопрос о расширении полномочий крымской автономии в составе Украины, но вскоре планы изменились. Вопросы были переформулированы так: 1) «Вы за воссоединение Крыма с Россией на правах субъекта Российской Федерации?» и 2) «Вы за восстановление действия Конституции Республики Крым 1992 года и за статус Крыма как части Украины?»

## Оккупация

Параллельно с локальным политическим переворотом в Крыму продолжался военный захват стратегических объектов. Дороги, ведущие с материковой Украины на полуостров, перегородили блокпосты. Их охраняли бойцы расформированного крымского «Беркута», переметнувшиеся на сторону новой местной власти милиционеры, вооруженные гражданские и казаки. Автомобили пропускали выборочно. С каждым днем контроль становился все жестче.

Вслед за парламентом и Совмином под контроль вооруженных людей в военной форме без опознавательных знаков перешли ключевые аэропорты и центральные офисы местных органов власти. За манеру поведения захватчиков прозвали «вежливые люди» и «зеленые человечки». В контакты с гражданами они не вступали, на вопросы старались не отвечать. Последнее логично, ведь по говору быстро можно было определить, что они чужаки, нездешние — российский акцент слишком сильно резал ухо.

Основные усилия «зеленых человечков» были направлены на захват украинских военных частей. Их окружали, часто обстреливали, штурмовали, требовали у командиров сдать оружие и вместе с солдатами перейти на сторону «народа Крыма», точнее — России. Согласно Уставу Вооруженных Сил Украины, в такой ситуации военные имели право обороняться, применяя оружие на поражение. Они, однако, этого не делали.

Не делали по нескольким причинам. Во-первых, силы были неравны: русские обладали количественным преимуществом и были лучше вооружены. Во-вторых, российские военные часто использовали в качестве «живого щита» местных жителей, особенно женщин и детей. Тут надо заметить, что изначально многие крымчане имели сильные пророссийские настроения, поэтому захватчикам не приходилось даже их заставлять — те помогали им добровольно. Разумеется, по женщинам и детям украинские военные огонь не открывали. В-третьих, из Киева не поступало никаких четких приказов, кроме лаконичного — «держаться». Как именно «держаться», в украинской столице не уточняли.

Впрочем, насчет «четких приказов» у Киева была своя позиция. **Александр Турчинов** — и. о. главы государства с конца февраля и до конца мая 2014 года — предельно точно сформулировал ее в подробном интервью Lb.ua (Александр Турчинов: «При вторжении со стороны Чернигова русские танки уже через пару часов могли быть в Киеве»), записанном в июне, вскоре после того, как он передал бразды правления Украиной Петру Порошенко. Разговор стал первой откровенной беседой о том, что произошло в стране за полгода. «Теперь уже можно говорить», — часто повторял Турчинов. Вот фрагменты этого текста, проливающие свет на то, что на самом деле происходило в Крыму в конце зимы — начале весны 2014 года:

«После падения режима Януковича прежняя власть рассыпалась, новая еще не сформировалась. Именно в это время, прекрасно понимая, в каком тяжелом положении находится Украина, Россия вторглась в Крым. Вторглась, рассчитывая на то, что в итоге прольется кровь, и под этим предлогом — якобы ради защиты соотечественников — можно будет ввести войска в континентальную Украину... Располагая этой информацией, мы прилагали максимум усилий для подготовки к отражению агрессии.

*То есть вторжение должно было произойти со стороны Крыма?*

Не только. Российские войска были сконцентрированы вдоль нашей границы с севера, востока и юга. Это были мощные группировки с бронетанковой техникой, артиллерией, авиацией и т.д. Передовые подразделения, перекрашенные в цвета миротворческой миссии ООН.

*Вот вы и подтвердили! Я писала тогда об этом на Фейсбуке, но мало кто верил, что РФ способна на такое.*

Что мы могли им противопоставить? Только в одном Крыму у русских было сорок шесть тысяч человек, а наше Минобороны смогло собрать по всей стране сводную группировку, которая насчитывала около пяти тысяч человек. И что было делать? Под танки их бросать, посылать на верную смерть? Нам нужно было любым путем выиграть время, чтобы восстановить обороноспособность страны.

*Что остановило россиян? Почему не произошло вторжения?*

В Кремле были убеждены, что в условиях полного развала экономики, при отсутствии готовой к войне армии, полной деморализации силовых структур, при самосудах и массовых беспорядках власть в Киеве не продержится и двух недель. Они надеялись, что Украина погрязнет в хаосе, и они без особого сопротивления оккупируют почти всю страну. Для таких прогнозов действительно были основания.

Но нам таки удалось выиграть время. За это время мы реанимировали парламент, собрали Кабмин, возобновили вертикаль на местах, сформировали боеспособную армию, заняли боевые позиции.

При Януковиче силовые структуры готовили для выполнения качественно иных задач. Лучшее тому доказательство — крымский «Беркут», который вместе с россиянами стал одной из ключевых сил в захвате Крыма. Нам нужно было восстановить работу силовых структур, таких как милиция, ГАИ, патрульные службы, которые попросту боялись выходить на улицы городов.

...Вот почему нашим военным в Крыму, тем, кто остался верен присяге, кто не предал, была дана задача держаться. Держаться из последних сил, несмотря на многочисленные провокации. В принципе, солдаты и офицеры эту задачу выполнили.

***Вы сказали, что в начале конфликта в Крыму мы не готовы были воевать.***

У нас фактически не было боеспособной армии. Да и военные части, расположенные в Крыму, также не были готовы воевать. Нежелание стрелять — не такая уж удивительная или особенная проблема. Расспросите ветеранов ВОВ... Многие тогда погибали, так и не нажав на курок. Стрелять в другого человека, даже если это враг, психологически всегда очень трудно.

Когда же начался захват воинских частей, то, согласно Уставу, наши военные не просто имели право, они должны были применять в ответ оружие. Тем не менее этого не происходило.

***Военные говорили, что им не поступал приказ стрелять.***

Это не так. После гибели нашего военнослужащего (в ходе штурма фотограмметрического центра в Симферополе. — *С. К.*) я напрямую дал приказ применять оружие. Руководство Минобороны попросило продублировать его в письменном виде. И я подписал этот приказ.

***Да?! Почему об этом не было известно?***

Потому что война и пиар несовместимы.

...Со всеми командирами наших крымских частей мы постоянно находились на связи. Постоянно проводились — с участием Генштаба — селекторные совещания. Командирам непосредственно доводились приказы и ставились задачи.

Почему они не стреляли? Вы же помните, какая была ситуация. С одной стороны, проводились расследования относительно применения оружия силовиками на Майдане, с другой — этот мой приказ... И вот командиры воинских частей не то чтобы боялись, скорее опасались, что в случае применения оружия их потом сделают «крайними»... Учтите, что всех их окружали превосходящие по численности противники, поэтому командиры должны были отдавать приказы о применении оружия только в крайнем случае — в случае реальной угрозы для жизни личного состава.

И еще нюанс. Наши части в Крыму на восемьдесят процентов были укомплектованы контрактниками из числа местных. То есть крымчанами, которые жили на полуострове вместе со своими семьями. Для них это было обычной работой. И вот наступил час, когда они с оружием в руках должны были защищать Украину. Были такие, которые сразу перешли на сторону оккупантов или сложили оружие при первой же опасности. Но были и те, кто выстоял. Так или иначе, по факту большинство из крымских контрактников остались в Крыму.

Мог ли я тогда говорить об этом публично? Разумеется, нет. Напротив, я, как мантру, повторял слова о высоком боевом духе нашей армии. И в тех обстоятельствах нельзя было иначе.

*Понятно, что на вас это давит...*

В ходе многих селекторных совещаний с командирами они просили дать приказ об отступлении, выводе войск из Крыма...

*И когда они говорили, что им не дают приказа, речь шла о приказе отходить. Так, что ли?*

Именно.

*Это серьезное заявление.*

Послушайте, силы противника значительно превосходили наши — и по вооружению, и по численности личного состава. Наши части находились в полном окружении на территории, где большинство населения активно поддерживало оккупантов.

В ходе наших селекторных совещаний командиры объясняли: у нас больше половины бойцов — местные, они не готовы воевать... Не готовы не то что защищать части, но даже делать вид, что защищают.

Но были и офицеры-герои, настоящие герои — Мамчур, Воронченко, Гайдук и другие, готовые стоять до конца. При этом они прекрасно понимали, что их семьи, находившиеся в Крыму, в случае обострения ситуации могут оказаться в заложниках.

А нам позарез нужно было выиграть время. У нас армия еще была не готова держать полноценную оборону. Поэтому я мог дать только один приказ — держаться, держаться и еще раз держаться. И они выстояли столько, сколько нам было нужно, чтобы восстановить армию и провести мобилизацию.

***С какого момента можно говорить о том, что наша армия была уже готова. Ну, плюс-минус?***

Где-то за месяц мы смогли подготовиться. То есть конец марта — начало апреля.

***Сейчас я задам очень примитивный — с журналистской точки зрения, но вполне справедливый с точки зрения обывателя вопрос. А именно: почему мы остались один на один с российской угрозой? Ведь были Будапештские соглашения и т.д. Почему международный фактор не сработал?***

Европа и весь цивилизованный мир не были готовы к агрессии. Они боялись масштабной континентальной войны. Боялись, что война придет в Европу, которая сама воевать не готова. Да, на бумаге зафиксированы страны-гаранты (безопасности и территориальной целостности Украины. — *С. К.*), но на деле все, что мы получили, — это сочувствие и сухие пайки. Все!

Впрочем, моральная поддержка, давление общественного мнения всего цивилизованного мира, безусловно, также сыграли большую роль. Особенно на начальном этапе. Нас публично поддержали все демократические страны, и Украина очень благодарна им за это. Сыграла роль и угроза экономических санкций.

При этом я встречался со многими руководителями европейских стран, США, Канады и просил предоставить нам помощь в виде вооружения, технических средств. Наличие нового сверхточного оружия позволило бы нам не только более эффективно воевать, но более эффективно защищать гражданское население. Увы, мы не получили от них даже рогатки. Это правда.

*Отмотаем немного назад. Конец марта. Вы де-факто возглавляете государство. В Крыму начинаются волнения, происходит захват парламента АРК. Пытались ли вы тогда связаться с господином Путиным и выяснить, что вообще происходит?*

Путин отказался выходить на связь. А Федеральное Собрание дало ему право вводить в Украину войска. Они демонстративно не признавали легитимность киевской власти (улыбается. — *С. К.*). За исключением разве что парламента. И вот со мной, как с главой парламента, разрешили вести переговоры спикеру Госдумы Нарышкину.

Буквально сразу же после начала оккупации Крыма захватчики первый раз выдвинули нам ультиматум — сложить оружие. Я помню, как мне позвонили в три часа ночи и сообщили об этом. Каковы были наши действия? Я даю команду защищать наши части, корабли, технику и т.д. Сам набираю Путина. Естественно, в три часа ночи нас не соединили, но мне удалось поговорить с Нарышкиным. Он пытался делать вид, что не понимает, в чем дело, не знает о происходящем и т.д. На что я ему сказал: военные преступления не имеют срока давности, ваша страна сейчас переходит очень опасную черту...

Хочу объяснить, что изначально Крым рассматривался РФ как плацдарм для полноценного вторжения с захватом Донецкой, Луганской, Харьковской, Одесской, Днепропетровской, Херсонской и Николаевской областей. Когда план прямого вторжения был сорван, они запустили план масштабной дестабилизации в этих регионах».

И еще — в дополнение — комментарий **Андрея Сенченко**:

«По моим данным, еще до Майдана Константинов несколько раз — буквально с небольшими интервалами времени — ездил в Москву. Вернувшись из одной из таких поездок в начале ноября, он вызвал к себе руководителя юридической службы Верховной Рады Крыма и поручил ему поднять все материалы по акту 1954 года».

Вывод из вышеизложенного прост: **оккупация Крыма не была спонтанной реакцией Кремля на события Евромайдана, но готовилась тщательно и заблаговременно. Причем планировалась как первый этап масштабной наступательной операции.**

Зачем же Владимиру Путину понадобился Крым и последовавшее далее вторжение на материковую часть Украины?

## Мотивы

Еще в начале февраля, до кровавой развязки Евромайдана, один из высокопоставленных источников Lb.ua в российском политистеблишменте, комментируя происходившее в Киеве, сказал прямо: «После Сочи вами займутся» (подразумевалось: по завершении зимней Олимпиады в субтропиках. — *С. К.*). Мол, сейчас пока Путину не до Украины. Неутешительный сей прогноз, увы, сбылся.

В ходе Евромайдана Украина на глазах у всего мира, в том числе России, свергла кровавого диктатора, ясно показав, что есть «народовластие» в XXI веке, продемонстрировав для России — со всеми ее ущемлениями демократии, ограничениями прав и свобод человека, политическими заключенными — очень опасный пример. Очень! Владимир Путин такой пощечины стерпеть не мог.

Политика РФ по отношению к Крыму была сплошь выстроена на фейках.

Российское телевидение львиную долю всего эфирного времени посвящало «наступлению бандеровцев на русскоязычных жителей Крыма», не брезгуя фальшивыми сюжетами о костюмированных «перестрелках» в центре Симферополя и прочими «постановками», не имевшими места в реальности. Эти сюжеты круглосуточно «впаривались» зрителям по всему земному шару — от Калуги и Керчи до Ниццы и Брайтона, — создавая фон для формирования общественного мнения.

Абсолютным фейком, как мы имели возможность убедиться, были все решения крымского парламента.

Фейк — маневры российских дипломатов, убеждавших Европу и США, что ничего дурного по отношению к Украине Россия не замышляет.

Фейк — заявления министра обороны РФ Сергея Шойгу, что российское военное присутствие в Украине не усилено (что позже, уже в июне, опровергнет сам Путин).

**На основе этих фейков Владимир Владимирович Путин намеревался перекроить географическую карту Европы.**

И ему это удалось. Зимние Олимпийские игры в Сочи завершились 23 февраля. Утром 27-го были захвачены крымский парламент и Совмин.

**Ни одно действие на территории полуострова — от отсутствия опознавательных знаков на форме захватчиков до «накрутки» местной элиты — не было случайным.**

Цели очевидны:

* взять морально-политический реванш за Майдан, заполучив Крым;

* сделать это под предлогом якобы волеизъявления местного населения;

* до последнего не признавать фактический ввод российских войск в АРК, чтобы не стать объектом международных санкций;

* продемонстрировать собственному электорату «кошмарные последствия бандеровской оккупации», из-за которой «сотни тысяч беженцев потянулись к российской границе» и вообще ничего общего с этой мятежной страной иметь не хотят (тут, конечно, ожидался эффектный видеоряд о нарушении присяги украинскими военными, их переход на сторону РФ, но этого, к великому разочарованию оккупантов, не случилось);

* продемонстрировать мировой общественности слабость новой украинской власти, у которой под носом оттяпали добрый кусок территории, а сделать она с этим ничего не смогла;

* использовать «волеизъявление населения» (уже по факту референдума) как предлог для «легализации» российских военных в Крыму;

- в случае если Украина станет сопротивляться присоединению Крыма к РФ на правах субъекта федерации, применить против нее полномасштабную военную силу. Ведь тут должна включиться логика: это наше, а вы мешаете нам этим распоряжаться. Значит, вы — агрессоры.

Для лучшего понимания природы этой глобальной цели обратимся к относительно недавней странице истории. В начале 2004 года в Москве на 8-м Всемирном русском народном Соборе митрополит Смоленский и Калининградский Кирилл презентовал доклад под названием «Россия и православный мир». Это случилось на исходе первого, перед началом второго президентского срока Владимира Путина — за пять лет до избрания Кирилла на пост Патриарха. Вот лишь одна цитата: «Сегодня пришло время для систематических и серьезных инициатив по консолидации православного мира на всех направлениях» (полный текст доклада доступен в Сети. Кому интересно — можно погуглить. — *С. К.*).

Идея «русского мира» зарождалась именно так. Через несколько лет она стала государственной идеологией. В 2005 году, обращаясь к Федеральному Собранию, Путин назвал крушение СССР крупнейшей геополитической катастрофой XX века и недвусмысленно высказался в пользу его возрождения в том или ином виде.

С восхождением на престол Кирилла (в 2009 году, при президентстве Медведева) и переизбранием на третий срок Владимира Путина (в 2012 году) «русский мир» уже не просто служил лекалом для определения геополитического курса, но превратился в навязчивую идею. 2015 год был всерьез намечен Кремлем как срок создания Евразийского союза России, Украины, Беларуси, Казахстана. В том или ином формате, под той или иной вывеской.

Идеологическая рамка довольно эклектична — реставрация Союза и политическое православие «клеятся» между собой плохо, но некий неоимперский субстрат на выходе все-таки получается.

**Логикой «собирания земель» в пределах «русского мира» продиктована, кроме всего прочего, и политика современной России по отношению к Украине.**

## Развязка

1 марта 2014 года Совет Федерации РФ собрался на экстренное заседание. На повестке дня — единственный вопрос: удовлетворение запроса Владимира Путина на использование вооруженных сил РФ на территории Украины. Не Крыма — Украины!

«Дать согласие Президенту на использование военных сил на территории Украины до момента нормализации общественно-политической ситуации в этой стране», — говорилось в проекте постановления.

Обсуждение было кратким и ура-патриотическим. За соответствующее постановление единогласно проголосовало 90 членов Совета Федерации. Война приобретала вполне реальные очертания.

16 марта в Автономии состоялся так называемый референдум. ООН, ЕС, ОБСЕ и даже СНГ своих наблюдателей на него не прислали. «Контролировать» незаконно назначенный референдум, проводившийся на незаконных основаниях, — это было бы слишком! Исход «волеизъявления» спикер Константинов спрогнозировал заранее: «Думаю, будет больше восьмидесяти процентов». Так и получилось. По результатам «референдума» за присоединение к России проголосовали почти 97% избирателей в Крыму и 96% — в Севастополе (город имеет особый статус. — *С. К.*).

Конечно, столь высокие цифры вызывали подозрение, особенно у местных журналистов, экспертов, активистов, следивших за ходом «голосования», но проверить их было невозможно.

По итогам референдума было провозглашено существование Независимой Республики Крым. А уже 18 марта подписан договор между новорожденной «республикой» и РФ о принятии Республики Крым в состав Российской Федерации. Таким образом, у РФ появились два новых субъекта — город федерального значения Севастополь и Крымская Республика.

Торжества проходили в Георгиевском зале Кремля и были обставлены с неимоверным пафосом в духе позднего «совка». По словам Путина, в 1954 году Крым просто «сдали, как мешок картошки». А сейчас «восстановили историческую справедливость». Из первого ряда для почетных гостей ему кивали, улыбаясь, Аксенов и Константинов, с ними — «народный мэр Севастополя»

Алексей Чалый. «Народным» его называли потому, что «выбрали» в мэры на митинге (!) посреди площади.

Интересно, что четвертый президент Украины Виктор Янукович, которого все эти граждане по-прежнему называли «легитимным», на торжествах отсутствовал.

Через три месяца — в июне — в одном из интервью Владимир Путин признает, что в проведении крымского «референдума» «помогали» российские военные. Потому как «иначе его провести было невозможно».

Через час после завершения этого праздника начался штурм фотограмметрического центра в Симферополе. Двое украинских военных в этом бою погибли, один был тяжело ранен. Утром 19 марта штурмовали уже штаб ВМФ Украины в Севастополе. Его начальник Сергей Гайдук был взят в плен. Премьер-министр Украины Арсений Яценюк срочно отправил несколько высокопоставленных чиновников его вызволять. Я напросилась с ними. Просидев несколько часов в аэропорту «Борисполь», мы получили телеграмму: Симферополь не дает посадку. Пришла мысль лететь военным бортом, но министр обороны Тенюх ее отверг: слишком велика вероятность того, что военный самолет, да еще с украинскими топ-чиновниками на борту собьют.

С этого момента Крым де-факто перестал быть украинским. Хотя де-юре этого не признал ни Киев, ни мировые столицы. Никто, кроме Москвы и ее зависимых сателлитов. Согласно международному праву и украинским законам, Крым сегодня считается временно оккупированной территорией.

Но жизнь диктует свои правила. Вскоре после референдума украинская армия была окончательно вытеснена с полуострова, а украинский военно-морской флот — из крымской акватории Черного моря. Граница между материком и полуостровом плотно закрыла створки, авиационное сообщение между украинскими городами и Крымом прекратилось.

Система глобальной безопасности в этом случае не сработала. В том числе Будапештский договор, гарантировавший Украине территориальную целостность. Поскольку Россия наличие своих войск на территории Крыма не признавала, правила международной безопасности на нее как бы не распространялись. На самом деле РФ попросту попрала их, изобретя новый вид агрессии — «скрытый».

Кремлевская операция «Крым — наш!» длилась всего месяц: с 27 февраля по 28 марта. Далее пожарище российской агрессии перекинулось на другие украинские территории. **С Крыма началось полномасштабное наступление России на территорию материковой Украины.**

# Глава 2

# ПОЛИТИЧЕСКОЕ ПРАВОСЛАВИЕ НА СЛУЖБЕ ВИКТОРА ЯНУКОВИЧА

«У меня три приоритета: наш Президент Виктор Федорович Янукович, наша Партия регионов и наша православная вера». В 2010 году эти слова произнес один молодой и перспективный член команды Виктора Януковича. В ту пору они звучали вполне органично. Приоритеты расставлялись именно в таком порядке.

## Мощи «в аренду»

Политическое православие — государственная квазирелигия, установившаяся в Украине при Викторе Януковиче.

Предшественник Януковича Виктор Ющенко ратовал за создание единой поместной украинской церкви, а на праздники объезжал службы в центральных храмах основных конфессий. Янукович подобными формальностями не заморачивался. Чаще всего он бывал в Киево-Печерской лавре (УПЦ МП) — другие конфессии не жаловал. При нем демонстративная набожность чиновников (зачастую даже не знавших на память «Символ веры») стала непременным атрибутом успешной политической карьеры. «Правительственные молебны» были отличным местом, чтобы выгодно «засветиться» перед «главным». Поездки на Афон — возможностью оказаться в правильной компании близких к «телу» людей. Использование мощей святых в предвыборных целях — штатной предвыборной технологией.

Разумеется, весь этот маскарад не имел ничего общего ни с истинной православной верой, ни даже с Московским патриархатом, к которому Виктор Янукович формально принадлежал. Цель была одна: поставить церковь на службу президенту — именем второго срока.

Согласно социологическим опросам начала 2010 года, институт церкви пользовался у граждан Украины наибольшим доверием. Во власти почему-то бытовало мнение, что доверие можно конвертировать в «правильные» голоса на выборах, хотя ни одна кампания этого не доказала.

Убедительная иллюстрация — парламентские выборы 2012 года. Ее трендом стало использование святых мощей в агитационных целях. Мощи можно было, например, взять в «аренду» на Афоне. И хотя афонские монастыри на подобном неплохо зарабатывали, в момент, когда желающих «одолжить» нетленные останки стало слишком много, греческие монахи негласно решили на руки украинским политикам мощи больше не выдавать. Даже за очень большие деньги. Тогда некоторые кандидаты в депутаты проявили изобретательность: мощи стали покупать на интернет-аукционах и доставлять на свои мажоритарные округа (преимущественно сельские) посредством курьерских служб. Вопрос решался всего несколькими тысячами долларов — и потенциальные избиратели устремлялись на поклон к святым останкам.

За неделю до дня выборов в центре Киеве, на территории Александровской больницы (она же Октябрьская), Виктор Янукович торжественно открыл так называемое «Афонское подворье». Правда, ничего общего с Афоном подворье не имело, но об этом мало кто знал. Открытие настоящего «филиала» Афонского монастыря на территории другой поместной церкви без политических последствий со стороны Москвы точно бы не осталось. Поэтому поступили проще, зарегистрировав религиозную общину под названием «Афонское подворье». С таким же успехом община могла бы называться «Общество донецких праведников».

Летом 2013 года в Киеве прошли торжества по случаю 1025-летия Крещения Руси. На празднества прибыли Владимир Путин и Патриарх Кирилл. Главный молебен состоялся на Владимирской горке возле памятника святому Владимиру, крестившему Русь. Пускали туда по пригласительным, которые заранее распределяли в весьма узких кругах. Прибыть полагалось часа за два-три. Всем. Без исключения.

Те из высокопоставленных церковников или соратников главы государства, кто приехал минут за сорок, на действо не попали — госохрана была неумолима. После прохождения двух кордонов охраны предстоял еще третий. Тут, на рамках, отбирали воду и съестное. Понятно, что из «съестного» у тех, кто пришел на молебен рано утром, были разве только просфоры. Так вот, охрана отбирала просфоры и бросала их прямо на землю — в кучку под рамками. В целях безопасности: а вдруг в просфорах взрывчатка или еще нечто подобное?

Вы понимаете, что значит для верующего человека бросить просфору на землю?! На моих глазах несколько депутатов сделали это не задумываясь — пробраться поближе к «телу» им было важнее.

Один и этих «героев» годом ранее жаловался: «Я все-таки хотел стать губернатором. Уже и указ готовили. Но в последний момент — отказ... Нелегко мне это далось! Благо, ребята на Афон ехали — меня с собой взяли. Так ты знаешь, сразу полегчало». Отношение к Афону у него было сугубо прагматичным. Что, безусловно, вовсе не отменяет святости места, но лишь подчеркивает невежество некоторых «адептов».

Большинство же гостей празднества тогда просто разворачивались и уходили, сжимая в кулаке свои просфорки, — воцерковленный, да и просто верующий человек не выбросит их ни за что и никогда.

## Пшонка и Захарченко шантажируют Блаженнейшего

Самый крупный церковный скандал времен Януковича случился также летом 2013 года. Ближайший помощник покойного ныне Блаженнейшего Владимира, митрополит Александр Драбинко и его друг Сергей Бут попали в мутную историю с якобы похищением настоятельницы и монахини Покровского монастыря. Было ли само похищение — неясно до сих пор. Внятные свидетельские показания в профильном уголовном деле отсутствуют.

Тем не менее Бута «приняли» и «закрыли» сразу. Драбинко взяли под круглосуточную охрану: домой его не отпускали, связью пользоваться не позволяли. Поили-кормили, перевозили с места на место, иногда выпускали провести богослужение. Без суда и следствия он был заключен под специфический «домашний арест».

То, что это дело было сфальсифицировано, сегодня уже доказано. Совершенно случайно — в ходе расследования преступлений против Майдана — начальник силового спецподразделения «Грифон», приставленного тогда к Драбинко, рассказал, что, когда возникал вопрос, можно ли переместить «подопечного» с места на место, позволить ему провести службу и т.д., он звонил с этим начальнику киевского главка милиции Валерию Коряку. Коряк неизменно отвечал: «Я не знаю, сейчас спрошу у Захарченко». То есть глава МВД держал вопрос на личном контроле. (Сегодня ГПУ заочно объявила Захарченко и его бывшему подчиненному — Коряку, подозрение по делу о похищении Драбинко.)

Держал не потому, что фигура Драбинко уж слишком значимая. Вовсе нет. Драбинко был только заложником, инструментом давления на Блаженнейшего Владимира, который как мог сопротивлялся политизации церкви.

Власть своему модус-операнди не изменяла: взятие заложника и последующий шантаж, которые при Януковиче повсеместно применялись в бизнесе, в политике, использовались и по отношению к церкви.

Сразу после случившегося к Блаженнейшему Владимиру прибыли Виталий Захарченко и Виктор Пшонка. Приезжали поочередно. Каждый говорил одно и то же: или вы отрекаетесь и мы Сашу отпускаем, или вы продолжаете возглавлять церковь, а мы сажаем Сашу на срок от 8 до 13 лет. Блаженнейший, чтобы вы правильно оценили всю глубину цинизма этих «глубоко верующих» людей, тогда уже был сильно болен и доживал свой последний год. Но Драбинко он не «сдал». Окончательно «закрыть» Александра у органов наглости тоже не хватило, и ситуация зависла почти на полгода. Полностью освободиться от надзора Драбинко удалось только в начале 2014 года.

Блаженнейший митрополит Владимир скончался в июле 2014 года.

## Пророчество афонских старцев

Отношения Януковича с религией имели все признаки ритуального язычества. Внешняя форма в них была куда важнее сути. Поскольку тон задавал президент, свита охотно принимала правила.

В мае 2012 года Банковую потрясло полуфантастическое событие. Вся президентская рать всерьез обсуждала новость: «Лидер» был на Афоне, и ему там сделали мрачное предсказание — об окончании его пути в 2014 году. Земного или политического — не уточнялось. Признаться, услышав об этом впервые, я сочла, что это глупость. Глупость не само предсказание, а реакция на него со стороны тусовки. Топ-чиновники уровня министров, замов главы АП, губернаторов целыми неделями только об этом и говорили. Происходившее в политике, экономике волновало их куда меньше.

Учитывая то, что свита всегда «зеркалит» короля, значило это одно — голова самого Януковича в это время было занята единственным: этим самым пророчеством. Об обстоятельствах, при которых он его получил на Святой Горе, история умалчивает, но информация, видимо, засела у него глубоко — охрана Виктора Федоровича в тот период вновь была кратно усилена. По мере приближения 2014 года меры безопасности становились все более суровыми.

Как большинство диктаторов-самодуров, Янукович был очень суеверен. В смешении с его показной набожностью это создавало совершенно невероятную эклектику.

Когда он бежал из «Межигорья», в отдаленной части поместья активисты нашли странную конструкцию. На возвышении в землю были воткнуты кресты, на них — распятые дикие птицы. Первое предположение: это охотничьи трофеи, которые просушивали, чтобы затем превратить в чучела. Специалисты, однако, эту версию опровергли: подготовка тушек к превращению в чучела происходит не так. Впрочем, даже если допустить, что для «Межигорья» не нашлось грамотного специалиста по чучелам и охотничьи трофеи президента обрабатывались как попало, ни один здравомыслящий человек не допустит сушки птиц таким образом, чтобы это повторяло христианское распятие.

Версия о том, что это нечто вроде огородных пугал, также не стыкуется с вышеизложенным аргументом. Значит, сам собою напрашивается вывод о некоем подобии языческого капища. Может, он и не верен. В «Межигорье» в тот день обнаружилось много всего интересного, и на птицах пришедшие в резиденцию активисты особо не концентрировались. Вскоре распятые птицы исчезли.

Случилось это в феврале 2014 года. Афонские старцы не ошиблись — политический путь Януковича завершился.

# Глава 3

# АЛЕКСАНДР ЯНУКОВИЧ: «ВСЕ О МОЕМ ОТЦЕ»

Специально для этой книги я записала интервью более чем с двумя десятками представителей оппозиции времен Виктора Януковича, членов его провластной команды, приближенными к нему олигархами и гражданскими активистами той поры. Задача была максимально точно, с разных ракурсов, восстановить картину происходившего. На фрагментах наших бесед построен текст книги.

В числе прочих был разговор с Александром Януковичем — пожалуй, самым демонизированным персонажем украинского политикума 2010 — 2014 годов. Отравляясь на встречу, я не питала, разумеется, особых иллюзий относительно того, что его ответы будут саморазоблачительными, сенсационными или просто исчерпывающими. Мне важно было задать вопросы и заложить в них максимум наличествующей информации. Что и было сделано. Ответы респондент дал те, которые посчитал нужным, — это был его выбор. Во всяком случае, он воспользовался своим правом быть услышанным (в отличие от того же Клюева, к примеру).

Ввиду текстовых особенностей данного интервью, его фрагменты я не стала рассредоточивать по тексту книги, но решила привести цельным блоком.

Ниже — почти полный текст нашей с Александром Януковичем беседы, состоявшейся в конце июня 2014 года в Москве и опубликованной на Lb.ua в июле. Почти — значит, без вступительной части, где Александр Викторович рассказывает, как уезжал из Донецка с семьей в Крым — эти его цитаты приведены в главе, посвященной побегу Виктора Януковича.

\* \* \*

*«Итак, Крым. Сколько времени вы провели на полуострове?*

Сколько мы там пробыли, я не помню. Но точно больше месяца. Когда границ между Крымом и Российской Федерацией не стало, я переехал в Москву.

*Из Крыма Виктор Янукович перебрался на территорию РФ, о чем общественность узнала, увидев его на пресс-конференции в Ростове. По моей информации, в Ростов он прибыл из Москвы. Что вы можете сказать по этому поводу?*

Что касается Виктора Федоровича, я это комментировать не буду, поскольку не владею информацией. И мы с ним об этом не говорили — были короткие обмены информацией и все.

*Его появление на пресс-конференции в Ростове стало для вас неожиданностью?*

Да. Заранее я об этом не знал. Как и о том, что он в Ростове. Хотя там действительно живет его старый друг. Мы даже как-то побывали у него в гостях... Это давно было, лет пятнадцать — семнадцать назад.

*Он самостоятельно принял решение выступить на пресс-конференции?*

Я этого не знаю. А кто мог ему приказать?!

*Власти Российской Федерации...*

Я исключаю это. Вы считаете, что президент, которым он являлся на тот момент, не должен выйти на пресс-конференцию при том, что происходят и происходили такие события? Я считаю, что он, как действующий президент, был обязан выйти на пресс-конференцию. Почему она прошла на территории России? По понятным причинам: потому что он не мог вернуться в Украину».

## «Швейцарская прокуратура обвинений пока мне не предъявляла»

*«В Украине вы находитесь в розыске. Официальной датой вашего якобы исчезновения считается двадцать второе фев-*

*раля. За время, прошедшее с тех пор, вам приходили какие-то повестки, извещения? Украинская сторона пыталась как-то связаться с вами, чтобы привлечь к участию в следственных действиях?*

На основании чего я объявлен в розыск, загадка для меня. Впрочем, на фоне беспредела, который украинские власти устроили в отношении меня и моей семьи, это неудивительно. Отвечая на ваш вопрос: нет, за это время мне не было вручено никаких официальных бумаг. Более того, на меня никто не выходил, никто не обращался.

Мало того, я нанял адвокатов для того, чтобы вывести, по возможности, плоскость рассмотрения моего вопроса на уровень, где все-таки есть международное право. Эти адвокаты уже отправили запросы в Европейский Союз с целью установить, на основании чего были введены санкции. По сей день нет ответа, на основании чего они были введены.

*Уточните относительно запросов, поскольку информация о них была только в европейских СМИ, да и то по источникам.*

Запрос был подан в соответствующие инстанции Европейского Союза с вопросом: на каком основании были введены санкции против Александра Викторовича Януковича?

*И Виктора Федоровича Януковича...*

Я говорю о себе. На текущий момент. Но да, также были сделаны запросы по Виктору Федоровичу и Виктору Викторовичу, моему брату. У меня есть эти бумаги, и они будут предъявлены. Нам не ответили, на основании чего были введены эти санкции. Сказали, что позже нас об этом как-то уведомят.

Есть у меня также украинские адвокаты. Их не допускают к материалам так называемого уголовного дела, и я на сегодняшний день в Украине лишен возможности законно защищаться.

*Британские адвокаты комментируют молчание Европейского Союза относительно санкций?*

Они юристы и трактовать эти события могут сугубо юридически. По их мнению, дело носит исключительно политический характер, политически мотивировано, и они постараются это доказать.

*Правильно ли я понимаю, что действия ваших британских адвокатов направлены на то, чтобы снять с вас санкции в ЕС?*

Да. В офисах наших компаний в Швейцарии были проведены обыски и по их результатам не обнаружено никаких свидетельств того, что мы там якобы проводили противозаконную деятельность (компании Александра Януковича в Швейцарии торгуют углем. — *С. К.*). Я, в принципе, не мог вести какую-либо противоправную деятельность где-либо, поскольку всегда соблюдаю законы, плачу все налоги и строго за этим слежу.

*Тем не менее швейцарская прокуратура возбудила против вас дело за отмывание денег.*

Никаких обвинений швейцарская прокуратура мне пока не предъявляла. Нужно набраться терпения и посмотреть, чем это дело закончится».

## «Я не знаю, что сказать по поводу возможной экстрадиции»

*«Поговорим об обвинениях, выдвинутых против вас в Украине. Я бы хотела, чтобы вы их прокомментировали. Так, МВД связывает вас с возможными экономическими нарушениями в деятельности принадлежащей вам корпорации «МАКО»; компаний, связанных с Артемовским заводом шампанских вин. В свою очередь, ГПУ называет вас одним из фигурантов дела «о массовых убийствах», где главный фигурант — ваш отец.*

Я — бизнесмен, который не занимал никогда никаких должностей, и, вопреки сформировавшемуся мнению, я не влиял на процессы, происходящие с какими-либо чиновниками. Просто я служил удобным инструментом для дискредитации президента Януковича, да и до сих пор им являюсь.

Поскольку я занимался бизнесом, я был удобной мишенью для подобных атак, потому что бизнес могут связывать с какими-либо нарушениями. Но я старался, чтобы мой бизнес был исключительно прозрачный. Регулярно проводились международные аудиты, и мои компании соответствуют международным стандартам финансовой отчетности. У меня есть документальные тому свидетельства.

Поэтому дела, которые против меня возбуждены по поводу Артемовского завода шампанских вин, — это дела, не имеющие под собой никаких оснований, они политически мотивированы и перспективы — в условиях законного поля — не имеют.

Что касается возможной причастности к каким-либо силовым акциям, я могу сказать, что не являюсь человеком, который мог повлиять на эти процессы.

Если говорить о том, что вообще эти процессы происходили, в частности какие-то там силовые столкновения, нужно понимать, кому это выгодно. Это было выгодно точно не президенту Януковичу, который против своего народа не пошел в 2004 году и не допустил этих столкновений на протяжении всех месяцев противостояния на Майдане. Я с ним иногда встречался и ни разу от него не услышал, чтобы даже мысли допускались о каком-то силовом варианте. Он искал пути мирного урегулирования, без крови, и ему эта ситуация была явно не нужна. Она была не нужна Украине, украинскому народу.

***Верно ли, что поначалу власть не относилась к Майдану серьезно, не рассматривала его как потенциальную угрозу?***

Ну как я могу говорить от имени украинской власти?

***Я спрашиваю ваше личное мнение. Только и всего.***

Я не видел никогда, чтобы мой отец игнорировал народ. Неважно, на Майдане он стоит или не на Майдане. Любые проявления протеста всегда рассматривались, и Виктор Федорович всегда к этому относился серьезно.

***В 2010 году, когда был налоговый Майдан, он приезжал к людям. Осенью и зимой, в первые дни протеста, многие ждали от него того же. В самом начале это могло сыграть позитивную роль.***

На мой взгляд, эти Майданы сильно отличались. За Майданом, который мы наблюдали в последние месяцы, явно прослеживалась третья сила. О ней говорили европейские политики, и это уже не секрет.

*Конкретизируйте, пожалуйста, кого вы имеете в виду.*

Я не политик, и у меня нет сведений разведслужб. Здесь просто нужно проанализировать, кому это могло быть выгодно.

*Кому это могло быть выгодно? Давайте проанализируем.*

Давайте мы оставим эту аналитику для специалистов. Просто я видел, как был осуществлен ряд провокаций, которые были созданы для того, чтобы развить противостояние между властью и народом. Я уверен, что мой отец, президент Украины, на эти шаги никогда бы не пошел. Когда мы с ним говорили, не рассматривалась даже такая возможность. В этих технологиях явно прослеживалась чья-то опытная дирижерская рука.

*Вы упомянули, что по ходу Майдана несколько раз общались с отцом. Каким он видел выход из ситуации?*

Я не могу назвать точные даты наших встреч, просто не помню, но, однозначно, было желание договариваться, однозначно, человек за власть не держался и готов был делиться ею с оппозицией, чтобы не произошло никакого противостояния.

Эти шаги мы видели на экранах телевизоров, когда он приглашал оппозицию, когда он приглашал людей, которые выдвигали какие-то требования и как-то влияли на процессы на Майдане. Также мы видели, когда были подписаны — в присутствии международных наблюдателей — определенные соглашения, по которым Украина должна была плавно пережить этап политического кризиса, спокойно выйти на новые выборы. Мой отец все для этого сделал. К сожалению, этот сценарий не удался, и мы видим, что сейчас Украина разрывается на части, у нас идет война.

*У вас украинский паспорт?*

Да.

*Российский паспорт вы не имеете?*

Нет.

*Вы состоите на консульском учете в Российской Федерации?*

Нет.

*То есть вы не голосовали на выборах?*

Нет, не голосовал.

*Почему?*

На тот момент это была не самая главная моя задача.

*Это ваш гражданский долг!*

До этого я всегда в выборах участвовал.

*Если вы не состоите на консульском учете, значит, вы, как иностранец, должны покидать территорию России раз в девяносто дней. Правильно я понимаю?*

Если вы изучите российское законодательство, то обнаружите, что есть несколько способов легального пребывания на территории Российской Федерации более девяноста дней.

*Какой выбрали вы?*

Я не хочу об этом говорить. Есть и право на работу, и право на проживание, и так далее.

*Вы имеете сегодня здесь политическое убежище?*

Я не знаю, как на этот вопрос ответить: имею ли я политическое убежище? Я пока здесь просто живу со своей семьей.

*Вы документы подавали на политическое убежище?*

Нет.

*Вы здесь работаете?*

Вы имеете в виду, работаю ли я официально?

*Да.*

Нет, официально я здесь не работаю.

*Кстати, а Крым чей: наш — ваш, русский — украинский?*

Украина должна быть единой, и у меня другого мнения нет.

*То есть Крым украинский?*

Он так же, как и Донбасс, является украинским.

*Когда вы перебирались в Россию, у вас или, может, у вашего отца были ли какие-то гарантии безопасности — личные, политические?*

У меня никаких гарантий политической или физической безопасности не было. Из Крыма я уехал, потому что там тоже ситуация была нестабильная, и я посчитал, что, имея в России друзей, я лучше уеду в Москву.

*То есть ни у вас, ни у вашего отца нет гарантий того, что если вдруг злое украинское МВД или злая украинская прокуратура обратятся к российским коллегам с просьбой вас выдать, россияне этого не сделают?*

Вопрос не в том, злое оно или доброе, вопрос в объективности. Если оно законное, то я готов был бы вернуться в Украину. Мало того, я бы оттуда и не уезжал. Но ряд агрессивных шагов и безосновательных обвинений говорят о том, что вряд ли мне там стоит надеяться на объективность и законность. Политическая мотивировка «красной линией» проходит через все эти обвинения, абсолютно безосновательные. А на ваш вопрос по поводу возможной экстрадиции я не знаю, что ответить. Наверное, стоит набраться терпения и подождать, чтобы ответить на этот вопрос, не гадая».

## «Я собирался стать конструктором самолетов»

*«Вы упомянули, что ваше имя ассоциировалось с некоторыми представителями власти, которых вы якобы поддерживали. Их называли представителями «семьи»: Арбузов, Клименко, Захарченко и другие. Может, кого-то добавите или, наоборот, отминусуете?*

Я регулярно слышал и читал в прессе о каких-то «друзьях» Александра Януковича, которые какие-то там тендеры выигрывали, где-то там участвовали, в каких-то событиях, чаще всего отрицательных. На самом деле я занимался бизнесом, а друзей у меня совсем немного.

*Почему вы не предпринимали ничего, чтобы отмежеваться от подобного?*

Публично выступать с интервью?

*Ну если не с интервью, то хотя бы с заявлением. Согласитесь, это естественная реакция — откреститься от того, к чему не имеешь отношения.*

Принадлежащая мне компания «МАКО» регулярно выпускала пресс-релизы, где сообщалось о каких-либо наших крупных операциях, сделках и т.д. Наша финансовая отчетность постоянно публиковалась в профильных экономических изданиях.

*Извините, я не помню ни одного пресс-релиза, опровергавшего вашу связь с Сергеем Арбузовым.*

Если уж так интересует Арбузов, то могу сказать, что, когда я создавал свой банк («Всеукраинский банк развития». — С. К.), нужен был человек, эффективный управленец, имеющий хорошую репутацию в банковских кругах. Так я познакомился с Валентиной Ивановной Арбузовой. Мы побеседовали, быстро нашли общий язык и начали работать. В это время ее сын, Сергей Геннадьевич Арбузов, строил карьеру, двигался собственным путем. И я к его продвижению не имею никакого отношения.

Это вещи, которые не нужно со мной ассоциировать. Просто это действительно прозвучало уже миллион раз, и я не считал нужным опровергать все глупости, которые говорятся о каких-то непонятных действиях силовых структур, которые ассоциировали со мной, о каких-то непонятных тендерах, в которых я не участвовал. Моя компания никогда не работала с государственными деньгами, и это не мои слова — это подтверждено документами.

Сегодня в нашей стране идет война, и я считаю не вполне корректным говорить о бизнесе, тем не менее... Ведь говоря о бизнесе, я говорю, прежде всего, о людях, которые у меня работают. Это больше тысячи рабочих мест, и люди сегодня из-за сложившейся ситуации ежедневно подвергаются риску.

Мы работали эффективно, создавали нацпродукт, ВВП. Только в прошлом году компании группы «МАКО» заплатили 256 миллионов гривень налогов. Но сейчас мою компанию уничтожают. Ее уничтожают новые украинские власти, уничтожает война... И вот эти налоговые отчисления будут по факту потеряны для украинского бюджета. Очевидно, у новой власти есть свое видение, чем и как заместить налоги, которые мы платили. Например, кредитами МВФ, за которые доведется расплачиваться нашим детям...

*Вам приписывают — в сообщничестве с Арбузовым — органи-зацию конвертационных центров. Считается, что вы в месяц получали от них доход от трех до четырех миллионов гривень.*

В отношении меня столько всего говорилось... На сегодняшний день у этой информации есть какие-то отголоски. Я надеюсь, что придет время, и люди разберутся сами: что правда, а что неправда.

*Чем вы объясните столь стремительный рост своего бизнеса в годы президентства Виктора Януковича? Да, вы занимались бизнесом и до 2010 года; да, демонстрировали динамику развития, но именно с 2010 года вы начали стремительно умножать капиталы.*

Такое утверждение — продукт информационных технологий. Я начал заниматься мелким бизнесом в начале девяностых годов. За это время сформировался коллектив, который со мной и сегодня. В 2006 году я начал активно публично развивать свой бизнес. В это время политическая сила моего отца находилась в оппозиции. Это было то время, когда я себя достаточно комфортно чувствовал, потому что на меня никто не обращал внимания: власть была занята своими делами.

*Я спрашивала о динамике роста бизнеса. До 2010 года она не была столь значительной.*

Мой банк был создан и насыщен средствами еще до инаугурации Виктора Федоровича. Аналогично — строительные проекты. Многие крупные строительные проекты были реализованы до 2010 года. Я не смог бы стать крупным бизнесменом после того, как отец пришел к власти, на пустом месте, если бы не занимался этим ранее. То есть какое-то время понадобилось на подготовку, и потом усилия дали свои плоды.

*Каким именно бизнесом вы занимались вначале? Расскажите, это интересно.*

Это было еще в студенческие годы. Я учился на медицинском...

*Кстати, почему медицина?*

Вы серьезно? Я могу рассказать, но в стране идет война, и мне кажется, что не только нескромно, но даже как-то странно об этом сейчас говорить.

*Нет, я настаиваю. О вас очень мало информации.*

Хорошо. Вообще, я собирался стать конструктором самолетов. Углубленно изучал физику, мечтал поступить в Харьковский авиационный институт. Но когда пришло время поступать — взвесил все «за» и «против». Уже тогда было понятно, что, ввиду общественно-политической ситуации в стране, авиапромышленность в ближайшее время, скорее всего, не будет развиваться так интенсивно, как ранее. Поэтому я поступил в медицинский. Медицина мне тоже всегда нравилась. У нашей семьи было много друзей в этой сфере. Общение с ними меня увлекало. И вот, уже поступив, я понял, что медицина — мое, и что я нахожусь там, где должен.

Правда, экономическая ситуация в начале девяностых была весьма непростая, нужно было зарабатывать. И я начал возить из Турции всякие мелкие товары на продажу. Чуть позже уже возил из Арабских Эмиратов — технику, видеотехнику, телевизоры. Тогда на это был спрос высокий, товар хорошо расходился. Постепенно объемы укрупнялись. Параллельно я начал торговать офисной мебелью. Многие крупные банки и офисы в Донецке были оборудованы мебелью, которую завозил я.

В какой-то момент я понял, что в мебельный бизнес далее нужно или серьезно вкладывать — открывать салоны, налаживать сеть и т.д., или сворачивать его. Серьезно вкладывать я был не готов — не было понятно, как дальше станет развиваться рынок, поэтому с мебелью мы закончили. Следующее место работы — замгендиректора в компании «Донбасснефтепродукт».

*Так вы утверждаете, что в годы президентства вашего отца «МАКО» не имел особых условий для ведения бизнеса?*

Даже если бы я мог получать какие-либо поблажки, я так устроен, что никогда на это не пошел бы. Потому как к поблажкам можно привыкнуть, хуже того — приучить коллектив, который должен показывать результат в условиях конкурентного рынка. Если строить бизнес подобным образом, он не будет устойчив, стабилен. Поэтому нет, я не пошел по этому пути.

Последние годы мой бизнес работал по тем же принципам, что и раньше, когда отец был в оппозиции. Ничего не поменялось. Поэтому меня удивляли разнообразные рейтинги, публиковавшиеся СМИ.

*Я перечислю. Вот, пожалуйста: журнал «Фокус» оценил вас в 2012 году в 100 миллионов долларов, в 2013 году — уже в 196,5. Журнал «Корреспондент»...*

Это расходится с данными официального аудита, который проводил *Pricewaterhouse Coopers*.

*Во сколько вы сами оцениваете свое состояние?*

Я подобных оценок никогда не делал. В свое время эти данные — о возможных оценках — можно было собрать из официальных пресс-релизов моей компании, но сегодня, в условиях войны, вообще некорректно оценивать какой-либо бизнес. Каково мерило оценки?

Вообще, для меня сегодня главное — жизнь и безопасность людей. Особенно членов нашего коллектива. Как минимум, все наши сотрудники должны, несмотря ни на что, вовремя получать заработную плату.

*То есть ваша компания сейчас работает?*

Да. Мы сократили рабочий день и ищем способы, как максимально обезопасить людей. Кто может — работает из дому, ну и т.д.

*И все-таки даже официальная отчетность демонстрировала стремительнейший рост вашего бизнеса. Несмотря на мировой кризис... Вот, пожалуйста, всего за два года — с конца 2011 по ноябрь 2013-го — в два с половиной раза.*

Если вы поинтересуетесь показателями других компаний, без труда найдете те, которые развивались еще более динамично. В том числе банки. Просто развитие монстрообразного моего образа дополнялось сведениями о якобы фантастическом росте моей компании. Рост моей компании был обусловлен слаженной скрупулезной работой коллектива. Мы очень много времени уделяли стратегии, подбору сотрудников».

## «Виктор Янукович никогда не занимался бизнесом»

*«Скажите, а Виктор Янукович сам занимался бизнесом или перед вами ставил задачу заниматься семейным бизнесом?*

Он сам не занимался бизнесом никогда. В отношении меня, у нас иногда доходило даже до смешного: он не знал названия моей компании, даже не знал объектов, которые я строил.

*К «Лемтрансу» разве Виктор Федорович не имел отношения?*

Нет.

*Антон Пригодский говорит, что ваша семья имела долю в «Лемтрансе».*

Задайте этот вопрос моему отцу или Антону Пригодскому...

*А вы — к операциям на «Укрзализныци», поставкам на «Укрзализныцю»?*

Я давал кредиты железной дороге через «Всеукраинский банк развития». Мы давали кредиты на основе проводимых конкурсов. Иногда мы их выигрывали, иногда проигрывали. Кредиты были на конкурсной основе.

*Конкретно по «Укрзализныци» вы почти все выигрывали...*

Когда мы в них побеждали, об этом активно трубили. Когда мы в них проигрывали, то в основном об этом замалчивалось.

Я гвоздя на железную дорогу не поставил. Ни я, ни моя компания, ни люди, которые со мной связаны. Какие-то там непонятные компании, друзья — пусть разбираются новоиспеченные правоохранительные органы с поставками и вопросами.

*Вам известно, что еще в бытность губернатором Виктор Янукович имел общий бизнес с Андреем Клюевым? Что Андрей Клюев был первым человеком, который стал вводить его в бизнес?*

Может, вы мне расскажете? Для меня все, что вы называете, — новости. У него вообще общего бизнеса ни с кем никогда не было. Потому что бизнеса у него не было никакого. Он никогда бизнесом не занимался в принципе. Он человек, который прошел служебную линейку от рабочего до президента.

*Он получал доли от каких-то других бизнесов, в которые его вводили? Вначале — как губернатор, далее — как премьер, потом — как президент.*

Нет, ничего подобного не было. Если говорить обо мне, то он никогда мне таких задач не ставил, и, повторюсь, доходило до смешного. Когда-то, находясь с официальной поездкой в Донецкой области, он показал на один из наших объектов и спросил: «А кто это строит?». Анекдот, который существовал, он из жизни. Он не знал, чем я занимаюсь. На определенном этапе жизни, в силу того, что я выбрал одну профессию, а потом ситуация изменилась, и я начал заниматься бизнесом, он вникал в то, чем я занимаюсь, и в девяностых годах он знал, чем я занимаюсь. А потом, с начала двухтысячных годов, с конца девяностых он стал мне доверять — увидел, что я не залезу в какие-то незаконные вещи.

*То есть он настолько не интересовался жизнью собственного сына?*

Это не жизнь, а бизнес, хотя для меня бизнес — это жизнь. Он у меня спрашивал: «Как дела? Нормально?». Я отвечал: «Нормально!». У него никогда не было времени, и наши встречи происходили, пока он руководил страной, примерно с периодичностью раз в две недели, иногда раз в три недели.

*Иногда это происходило в рамках заседаний охотничьего клуба «Кедр». Правильно?*

Нет, я там не бывал.

*Но вы числитесь среди членов клуба...*

Для меня это тоже новость. Не знаю.

*К клубу «Кедр» вы не имеете никакого отношения?*

Я там не бывал. Чтобы числиться, я, наверное, должен был какие-то подписи ставить и что-то делать...

*The Financinal Times оценило суммарное состояние «семьи» в двенадцать миллиардов. Они тоже привирают?*

Вы называете авторитетное издание, которое позволяет себе называть какие-то фантастические цифры. Если эти упомянутые двенадцать миллиардов есть где-то, то я хотел бы, чтобы они принадлежали украинскому народу. И если будет объявлено, что это мои деньги, то поверьте, я предприму все, что от меня зависит, чтобы донести правду до украинского народа. Я говорю о себе: у меня никаких счетов за рубежом не было за всю жизнь. От моего отца и моего брата я никогда не слышал, чтобы у них были подобные счета. Все эти цифры необоснованные, они фантастические».

## О крымском референдуме: «Люди хотели защитить себя от радикальных действий, от войны»

«Давайте лучше поговорим о войне. А те вещи, о которых мы говорим, когда гибнут люди, не имеют, вообще-то, значения.

*Хорошо, значит о войне. Вы не можете не знать, что вас во многом отождествляют с происходящим на востоке. Считается, что вы занимаетесь финансированием террористов в Славянске.*

А почему только в Славянске, а не по всему миру?

*Наверное, вы еще не доросли до масштабов всего мира. Речь идет только о Славянске.*

Да, я уже привык к тому, что я во всем виноват и во всем участвую. Меня это уже не удивляет. Я внезапно оказался монстром для всего мира. Прежде чем ответить на ваш вопрос отрицательно или утвердительно, давайте все-таки разберемся: что мне дает эта война?

*Разве война может что-то давать?*

Тогда вы сами ответили на свой вопрос: могу ли я это финансировать.

***Это может быть возмездием, своеобразным ответом Майдану и т.д.***

Я вернусь все-таки к рассуждению: для чего это нужно и кому это нужно?

***Да, давайте.***

Я вырос на Донбассе и собирался там прожить всю жизнь. Я вырос среди людей, многие из которых сейчас покинули свои дома, некоторые погибли, многие голодают, и я вообще не вижу смысла в происходящих действиях, в которых погибают люди. Я считаю, что единственный вариант, как попытаться сохранить нашу страну и предотвратить эти бесполезные смерти украинских солдат и невинных людей (и детей и женщин), — это мирные переговоры. И если говорить о людях, которые у меня работают, они также подвергаются, как и все жители Донбасса, огромной опасности. Некоторые из них выехали с территории Донецка. Рушится наша страна, рушится Донбасс. Мне, моим знакомым, моим друзьям и сотрудникам моей компании, кроме страданий и горя, эта война ничего больше не приносит.

Это если разбираться в мотивации. А теперь — вы обещали — скажите: исходя из мотивации, похоже, что я финансирую террористов или не похоже?!

***Если исходить из этих слов, то, конечно, не похоже.***

А какие еще могут быть слова, какая еще может быть мотивация?

***О чем вам говорит фамилия Романов, и когда вы последний раз общались с ним по телефону?***

Кто это?

***Бывший начальник Донецкого МВД.***

Тогда понял. Слышал, что такой есть.

***Вы с ним не общались?***

В принципе?

*В последнее время по телефону...*

В последнее время я с ним не общался точно. Мы как-то пересекались на каких-то мероприятиях в Донецкой области...

*Говорят, что вы каким-то образом участвуете в военных схемах и якобы через него отдаете команды.*

А он что, там что-то делает? Я об этом ничего не знаю.

*Если гипотетически допустить, что войну вы таки финансируете, есть шанс вернуться на развалины...*

В этой войне не может быть ни победителей, ни проигравших, и она постепенно может превратиться в священную войну для обеих воюющих сторон, потому что люди теряют семьи, близких, друзей, и война уже вошла в стадию абсурда.

*А кто с кем воюет?*

Надо прекратить эту войну, а потом разбираться.

*В начале разговора у вас мелькнуло слово «боевики». Считаете ли вы, что на Донбассе сегодня присутствуют русские наемники, которые воюют против украинской армии?*

Для того чтобы всерьез об этом рассуждать, надо иметь информацию. На сегодня есть только информационная пропаганда, но, исходя из нее, нельзя сделать объективные выводы.

*Говоря о пропаганде, вы имеете в виду российские каналы?*

Есть каналы украинские, где ведется информационная политика, есть каналы российские, где ведется информационная политика, и на основании каналов или каких-то интернет-изданий никогда нельзя было составить правдивое мнение.

*Я поставлю вопрос по-другому: безусловно, в Донецке и Донецкой области есть люди из числа местного населения, которые искренне настроены против нынешней украинской власти и готовы доказывать свою позицию с оружием в руках. Но есть ли там, на ваш взгляд, специально подготовленные, обученные боевики, которые пришли на территорию Украины с территории России с целью разжигания конфликта и убийства украинцев?*

Я повторяю: для того чтобы сделать какой-то вывод либо о присутствии, либо об отсутствии каких-то иностранных формирований, нужно иметь объективную информацию. Если судить о ситуации только из открытых источников, которые мне доступны, такой вывод сделать невозможно, он будет ошибочным.

*Например, известно, что господин Гиркин является гражданином Российской Федерации...*

Да, об этом пишут.

*Он сам это признает!*

Я об этом не знаю. Я не слышал.

*Вы сейчас живете на территории Российской Федерации, и вам не с руки признавать, что в Украине воюют русские.*

Вы понимаете, я в жизни привык отвечать за свои слова, и если сделаешь какое-либо заявление, оно должно быть на чем-то основано. Если у меня нет доказательств факта их присутствия или отсутствия, то это вообще не факт, а фантазия.

*Для того чтобы иметь такие факты, вам нужно присутствовать на месте событий?*

Если бы я своими глазами видел каких-то русских наемников, я бы сказал, что я их видел.

*Хорошо, вы видели, что происходило в Крыму, когда находились там в марте. Вы сказали, что Крым — это украинская территория. Что тогда сделала Россия? Это была аннексия, или что это было со стороны России? Вооруженная оккупация?*

Мне такие оценки давать неправильно.

*Потому что вы живете в России!*

Потому что я привык считать Крым украинским, и то, что он сейчас не в полной мере принадлежит Украине или вовсе не принадлежит Украине, — я считаю, что радикальные действия новых властей, грубые и направленные на расшатывание ситуации, привели к этому.

*Еще раз: что сделала Россия по отношению к украинскому Крыму? Как это назвать?*

Когда мы говорим о какой-то административной единице, нужно понимать, что Крым — это не горы и море, а люди, там проживающие. Не думаю, что референдум, который там прошел, был направлен против Украины или за Россию. Я думаю, что люди просто хотели защититься от радикальных действий, от войны. Вот моя оценка ситуации.

*Я понимаю. Но вы осознаете, что референдум был, мягко говоря, незаконным?*

А как это объяснить людям, которые хотят защитить себя и своих детей от войны, от агрессии, от смертей? Как объяснить людям, что этот референдум незаконный?!»

## «От президента никто не слышал слов о том, что мы не идем в Европу»

*«Майдан начался двадцать первого ноября, с фееричного объявления Николая Азарова о том, что в Европу мы больше не идем. Вы заранее знали о смене курса?*

Нет, узнал, как и все, из телеэфира. Но не о том, что мы не идем в Европу, а о том, что дата подписания Соглашения об ассоциации откладывается, что еще продолжаются консультации. Где и когда прозвучало «мы не идем в Европу»?

*Все понимали, о чем речь и какой именно смысл вкладывался в то заявление Азарова.*

Я не сильно следил за тем, что говорит Азаров. За политический курс отвечает президент, правильно? А от президента слов о том, что мы не идем в Европу, никто не слышал. Просто было приостановлено подписание Соглашения — до уточнения некоторых пунктов.

Соглашение об ассоциации — судьбоносный для нас документ, и подходить к нему необходимо ответственно.

*Было достаточно времени, чтобы все взвесить. Более того, евроинтеграционный курс был приоритетом государственной политики последние годы, и тут ни с того ни с сего за неделю до Вильнюса...*

Знаете, если говорить о бизнесе — бывает так, что договор уже на столе лежит, уже ручки в руках, а все равно не подписывают. Президент должен был соблюдать интересы украинского народа, и если он видел, что интересы эти могут быть в чем-то ущемлены, — прежде всего экономически, я имею в виду, — он имел право даже в Вильнюсе от этого отказаться. Поскольку ответственность перед своим народом — выше всего.

*После начала событий на Майдане, особенно после разгона студентов, многие советовали ему отправить в отставку Азарова и министров силового блока. Какого мнения придерживались на сей счет вы? Думаете, отставки смогли бы тогда разрешить проблему?*

Мне кажется, революционные технологии не позволили бы прекратиться Майдану, даже если бы президент снял Азарова, Захарченко, да кого угодно. Нашли бы новый повод.

Но если вы спрашиваете о президенте, то, конечно, он бы снял кого угодно, если бы понимал, что это предотвратит разворачивание кризиса в стране.

*Еще в первых числах декабря у вас в Донецке произошла встреча с одним из высокопоставленных представителей тогдашней оппозиции, нынешней власти.*

Я встречался и общался со многими. У меня широкий круг общения.

*Важна даже не фамилия, а сама канва беседы. Так вот, уже в первых числах декабря вам сказали, что уже сейчас нужно договариваться о гарантиях безопасности для Виктора Федоровича. Гарантиях спокойной передачи власти, дальнейшей безопасности. Тогда вы всерьез это не восприняли.*

Президент постоянно находился в переговорном процессе. Он сам делал все для того, чтобы посадить за стол переговоров оппозицию, привлечь международных посредников. Все это происходило публично.

*Многие тогда считали эти переговоры неискренними, просто маневром для затягивания времени.*

Нужно смотреть на конкретные шаги. Виктор Федорович инициировал досрочные президентские выборы. Он не держался за власть. Для блага страны он готов был ею делиться — в формате ли коалиции во главе с премьером Яценюком или еще как... И это конкретные дела, а не оценочное «искренне — не искренне».

*Было слишком поздно. Но я все-таки спрашивала о целесообразности договоренностей о личных гарантиях еще в декабре.*

Сколько я себя помню, отец всегда находился на руководящей работе — предприятием, областью, государством. Но я никогда от него не слышал, чтобы он собственную судьбу рассматривал отдельно от судеб людей, за которых он отвечает. Поэтому я уверен, что о своей безопасности, о каких-то, как вы говорите, гарантиях, он вообще не думал. Как президент может думать о себе, если разрушается страна?

*Вы называете его президентом?*

По привычке. Для меня он президентом был и остается — как человек, который не предал свою страну, не бросил людей.

*Бегство — не предательство?*

Он был вынужден покинуть Украину в силу определенных причин. Да, может быть, геройская смерть — то, чего ему некоторые желали, — и была бы почетной. Однако я уверен, что мой отец — своим опытом и знаниями — еще будет полезен нашей стране. Даже если для вас это сегодня звучит фантастически.

*Полезен в каком качестве? Обычно бывшие президенты создают свои фонды, ездят по миру с лекциями...*

Участие в политике или неучастие в политике — я не готов на эти темы рассуждать. Тут свое слово должно сказать время, готового ответа нет. Я знаю, что он был и остается патриотом Украины и испытывает огромную тревогу в связи с происходящими у нас процессами. Уверен, что его понимание этих процессов и глубина предвидения многих из них, в частности в экономике, будут полезны для нашей страны».

## «Учитывая, что восток и Крым не принимали участия в выборах, я не берусь судить о легитимности Порошенко»

*«Вот вы встретились с Виктором Федоровичем в России. Мы уже говорили на эту тему, но толком вы так и не ответили, а я все же не верю, что вы не интересовались его новыми обстоятельствами, не интересовались событиями, при которых он покинул Украину. Это же так естественно, по-человечески спросить: «Пап, ты, вообще, как? Как ты добрался?» и т.д.*

До этого вы обратили внимание на то, что я называю Виктора Федоровича «президентом», а теперь — «папа».

*Одно другого, по-моему, не отменяет.*

К сожалению, мы очень мало общаемся, и я редко говорю ему «папа».

*А зря. Правда!*

Он очень занятой человек...

*Даже сейчас?*

Да.

*Чем же он сейчас занимается? Чем наполнен его день?*

Постоянно встречи. Он анализирует текущую ситуацию. Виктор Федорович крайне обеспокоен происходящим в Украине, переживает на этот счет.

*Каков его нынешний статус?*

Статус человека, который руководил страной, был ее президентом.

*В Ростове он говорил о себе как о легитимном главе государства.*

И правильно говорил. На тот момент он был легитимно избранным президентом, нелегитимно отстраненным от власти.

*Сейчас ситуация изменилась, или полномочия Петра Порошенко для вас под вопросом?*

Петр Алексеевич стал президентом части Украины — без Крыма и востока. Учитывая, что восток и Крым не принимали участия в выборах, я не берусь судить о его легитимности. Думаю, он сможет стать президентом всей Украины в случае, если ему удастся прекратить войну, если люди востока получат мир и уверенность в завтрашнем дне (на момент беседы на востоке Украины действовало перемирие, объявленное Президентом Порошенко. — *С. К.*).

*Скажите, когда вы последний раз общались с Ахметовым?*

Общался, когда был в Украине. Когда последний раз, точно назвать не смогу.

*Хорошо. А сейчас почему не общаетесь, не созваниваетесь?*

Не знаю. У Рината Леонидовича очень сложное положение, и для того, чтобы общаться, нужно понимать: чем я могу ему помочь, или чем он мне сможет помочь. Я не вижу сейчас способов взаимодействия, помощи.

*А просто обменяться мнениями, поговорить? Вы же раньше достаточно много с ним общались, насколько я знаю.*

Нельзя сказать, что много, но общался.

*Здесь, уже в России, коммуницируете ли вы с Арбузовым, Азаровым, Захарченко, Клюевым, Курченко, Пшонками, Портновым?*

С Курченко я не имел ни человеческих, ни бизнес-контактов. Эта тема мне была присвоена — ею активно спекулировали.

*Вы с ним знакомы?*

Я с ним один раз в жизни виделся. Не было разговоров о бизнесе. Разговоры были в общем и ни о чем.

*То есть вы не причастны к тому, что мальчик в двадцать пять лет стал миллиардером?*

Нет, я к этому не причастен.

*И он не был «кошельком «семьи», как говорят?*

Я в очередной раз хочу сказать, что «кошелек «семьи» — это ярлык, который был присвоен каким-то людям или процессам. Семья — это моя семья: отец, мать, брат, жена, дети и так далее, но никакие не мафиозные структуры, о которых писали в прессе.

*Я не могу не спросить...*

О личной жизни президента? Я не буду отвечать на этот вопрос. Личная жизнь каждого человека — это личная жизнь. Я никогда в чужом белье не ковырялся и уж тем более ковыряться в белье своего отца не собираюсь.

*Арбузов, Захарченко, Клюев, Портнов, Пшонки — все, кто выехал... Общаетесь ли вы здесь, поддерживаете ли связь?*

Чтобы поддерживать связь, для начала нужно, чтобы она была. С некоторыми людьми при необходимости я могу связаться.

*С ними со всеми?*

Я думаю, что при постановке задачи смогу найти всех, но пока этого не происходит. Я их не искал и не ищу.

*Что у вас осталось в Швейцарии? Что у вас осталось в Нидерландах?*

Вы еще не задали провокационный вопрос о том, сколько денег было вывезено...

*Мы к этому подходим. А сколько «налички» вы вывезли из Украины?*

Деньги, которые у меня были на тот момент, я и вывез. Несколько тысяч долларов.

*А вас не удивили результаты обыска одного из бывших членов Кабмина — товарища Ставицкого? Вас не поразили объемы «нала», который человек держал дома? Там было несколько миллионов долларов.*

Сколько?

*У него конкретно было три с чем-то.*

Я видел этот сюжет по телевидению. На самом деле я не знаю, их ли это деньги или не их.

*Думаете, подбросили?*

Я не знаю. То, что говорится о нашей семье, подается с такими искажениями, что я вообще перестал верить телевидению. Я знаю, что люди, о которых вы упомянули, из бизнеса. И может, они могли заработать эти деньги.

*Присяжнюк не из бизнеса. Он всю жизнь был чиновником... У него дома тоже нашли то, что нашли.*

Что у него нашли, я просто не знаю».

## «Я выехал из Украины с несколькими тысячами долларов»

*«Еще раз: что у вас осталось по бизнесу в Швейцарии и Нидерландах?*

Там арестованы компании, проведены обыски, прошли допросы директоров. На допросе директора в Швейцарии присутствовали мои английские адвокаты. Там заморожены счета в размере около одиннадцати миллионов долларов. Это те операционные деньги, которые там находились на счетах компании. Других счетов, вопреки раздуваемой кампании, ни у меня, ни у моего отца, ни у моего брата не было. У меня был личный счет только в моем банке в Украине.

*Сколько на нем заблокировано сейчас?*

Около двухсот тысяч долларов.

*Вы меня извините, конечно, но если вы выехали из Украины с несколькими тысячами долларов, то на какие деньги вы сейчас живете?*

Я выехал действительно с несколькими тысячами долларов, но вы должны понимать, что я человек, который все-таки занимался всю жизнь бизнесом, и я нашел способ обеспечить свое существование.

*Вот я и хочу понять: у вас не было никогда счетов за рубежом, ваш счет в Украине заморожен, ваши операционные деньги за рубежом заморожены, так как же вы живете?*

У меня были некоторые средства, на которые я живу на сегодняшний день.

*Которые находились на территории России?*

Которые находились на территории Украины.

*Вы достали часть своих денег с территории Украины?*

Конечно.

*А Виктор Федорович?*

Это нужно у него спросить.

*Виктор Федорович сейчас в Москве или в Сочи? Или где он?*

Я с ним связываюсь периодически. Иногда я знаю, что он перемещается из Ростова в Москву. По поводу Сочи — может, вы мне расскажете? Я об этом не знаю.

*Все-таки «Межигорье» было слишком выпуклым. Это было слишком, согласитесь...*

Я отвечаю за себя: я жил в Донецке в достаточно скромном доме.

*Что с вашим домом в Донецке сейчас?*

Мой дом в Донецке стоит.

*А автопарк?*

Автопарк моей семьи там не находится.

*А где он находится?*

Где нужно, там и находится.

*А яхты ваши в Крыму остались?*

Я не хочу на эту тему говорить. Во-первых, это все неправда, во-вторых...

*Вам приписывают всю набережную Балаклавы с яхт-клубом.*

Набережную Балаклавы мне не приписывают. Она входит в число тех объектов, которые мы восстановили из руин. Там несколько восстановленных исторических особняков.

*Напоследок. Люди, побывавшие в вашем кабинете в Донецке, рассказывали, что у вас там целая портретная галерея — выдающиеся деятели государства российского. Преимущественно*

*полководцы, начиная с Александра Невского и заканчивая Уша-*
*ковым.*

Да, это так. Но не только российские государственные деятели.

*Вы хотите быть на них похожи? Расскажите о портретах.*

Я просто перечислю — слева направо. Итак, первый —
Александр Невский, далее Богдан Хмельницкий, Ярослав
Мудрый. Далее, непосредственно над моим рабочим столом,
находился портрет действующего президента — Виктора
Януковича. Следующий портрет — Петра Первого, потом —
Федор Ушаков и Александр Суворов.

*Виктор Федорович как-то не по хронологии...*

Дело не в хронологии и не в том, что портрет отца в этой
галерее. На тот момент, повторяю, он был действующим
президентом Украины. И, да, у меня над столом находился
его портрет, а какое он займет место в истории — так это время покажет.

*Вы портреты сами вешали?*

В смысле? Сам ли я гвозди в стену забивал?

*Просто есть такие люди, которые под заказ формируют*
*библиотеку для кабинета.*

Нет, это не мой случай. Я действительно интересуюсь
историей.

*Так вам бы хотелось быть похожим на кого-то из этой пор-*
*третной галереи?*

Эти люди — Богдан Хмельницкий, Петр Первый, Федор
Ушаков и другие — настолько велики, что я просто даже не
допускаю формулировки: «Хочу быть похожим». Но то, что
они делали, их поступки, весь жизненный путь, бесспорно,
меня вдохновляют. И я не вижу здесь ничего плохого».

# Глава 4

# КАК МЫ ПОТЕРЯЛИ ДОНБАСС

Вслед за Крымом «русская весна» перекинулась на юго-восток Украины. С первых же чисел марта здесь начались митинги, которые в Киеве называли сепаратистскими. Спектр требований их участников был весьма широк. От федерализации конкретного региона и придания русскому языку статуса второго государственного до отделения части территории Украины с последующим ее присоединением к России.

«Донбасс не принял произошедшие в Киеве события. Это корень всего, — говорит **Ринат Ахметов**. — То есть поначалу, когда митингующие вышли в Киеве первого декабря (после избиения студентов. — *С. К.),* Донбасс это поддерживал. Люди, безусловно, были на стороне студентов и против милиции. Но вот когда в Киеве уже начали захватывать здания и в милиционеров полетели «коктейли Молотова», все изменилось. Этого Донбасс уже не принял. Ну и как следствие, радикализировался. Так три месяца мы и жили, следя по телевизору за новостями из Киева: декабрь, январь, февраль. Также надо добавить, что тогда было, к сожалению, много мифов».

## Майдан наоборот

3 марта Донецкий облсовет собрался на сессию — переизбирали руководителя. Под стенами здания в это время плескался митинг. Не слишком многочисленный — тысячу человек максимум. Тем не менее... На митинге «избрали» своего «губернатора». Им стал мелкий донецкий предприниматель и аниматор Павел Губарев. По сообщениям местных СМИ, в сессионный зал облсовета

его завел лично тогдашний начальник донецкой милиции Роман Романов.

Вам знакома эта фамилия, правда? Это тот самый Романов, которого считали «человеком Александра Януковича». По сведениям СБУ, Романов получал от Александра Януковича указания-руководства к действию уже после побега семьи Виктора Федоровича. Думаю, при желании СБУ может это подтвердить. Сам Александр Янукович в нашем с ним интервью делать этого не стал.

Павел Губарев поразил донецких депутатов тем, что потребовал признать себя «губернатором», Верховную Раду Украины и Кабмин провозгласить нелегитимными, уволить всех местных силовиков и открыть доступ к ресурсам, позволяющим взять управление областью в свои руки. Разумеется, Губарева вытолкали взашей. В ответ сепаратисты, дежурившие на площади, начали штурм здания. Ту первую атаку удалось отбить.

С тех пор митинги уже не стихали. Кроме Донецка, в Одессе, Харькове, Луганске, Днепропетровске сторонники «русского мира» выходили на площади своих городов. Наиболее массово — по выходным. Где-то их было до полутора тысяч — как в Харькове, где-то двести человек — как в Луганске. Где-то — как в Днепропетровске — им навстречу выдвигались проукраинские активисты, в том числе футбольные фаны.

И по форме, и по сути все это очень напоминало Майдан. Восточный Майдан. Майдан наоборот. Не Антимайдан, на который в Киев за копейки сгоняли бюджетников и гопоту «с района», но именно Майдан наоборот — проявление недовольства людей, убежденных, что их позицию не слышат, с ними самими не считаются, их малая родина «недолюбленная», а их регион либо «кормит всю страну», либо, напротив, «недостаточно получает» из Киева. Точнее, так: если в столице Украины произошла буржуазная — со всеми ее классическими признаками — революция, то на востоке — пролетарская.

Но в Киеве тогда этого не поняли. Только-только становившаяся на ноги новая центральная власть по закону бумеранга оказалась в положении, в котором находились ее предшественники по отношению к столичному Евромайдану. И что делать со всем этим, в центре положительно не знали.

Первый вице-премьер Виталий Ярема заявил, что сепаратистские акции оплачиваются Виктором Януковичем. Тогда все были убеждены, что со стороны беглых представителей прошлой власти это своего рода месть. Попытка раскачать ситуацию, дабы показать, что «есть люди, которые думают иначе. И их немало». Раскачать в расчете на что, на какое продолжение, тогда, правда, было непонятно.

## Идеологический протест в Луганске

В каждом регионе протест имел свои особенности. Так, в Харькове он был наиболее агрессивным и жестоким — в массовых драках проливалось много крови. В Донецке протестующие никак не могли внятно, подчеркиваю — внятно, сформулировать требования: разброс этих требований поражал воображение. А в Луганске протест имел даже идеологическую подоплеку.

6 апреля в Луганске было захвачено местное СБУ. Изначально его пикетировали с требованием освободить из-под стражи лидера местной радикальной организации «Луганская гвардия» Александра Харитонова (Харитонова «закрыли» накануне, вменяя ему призывы к свержению действующей власти, к разделению страны и т.д. — стандартный набор сепаратиста).

Что такое «Луганская гвардия»? То же, что «Правый сектор» на заре своего существования, когда еще состоял из множества небольших радикальных сообществ. Аналогия может показаться грубой, однако она точна — малочисленное, но крепко сплоченное общими взглядами объединение людей. Кто такой Харитонов? Мартовский «народный губернатор» Луганщины, призывавший признать киевскую власть нелегитимной и просивший РФ ввести войска в Луганск.

Удивительно, но силовики вняли требованиям протестующих: Харитонов, иже с ним — еще пять человек — были отпущены. В эйфории — «раз пошла такая масть» — протестующие решили заполучить еще один трофей: занять луганское отделение СБУ. Особую ценность представляла оружейная комната СБУ, где хранилось оружие.

## Захват Донецкой ОГА

В этот же день в Донецке митинговало около двух тысяч человек. Бросив гранату в холл ОГА, они зашли внутрь. Над зданием взмыл российский триколор. Милиция поначалу пыталась делать вид, что препятствует, но реального сопротивления — во избежание кровавой каши — не оказывала. **Захватчики зачитали резолюцию, в которой требовали немедленно созвать внеочередную сессию Донецкого областного совета и принять решение о проведении референдума относительно вхождения области в состав России. Крайний срок — полночь.**

Естественно, местные депутаты и не подумали собираться. В отместку на следующий день сепаратисты их «распустили» и провели свою «сессию», на которой приняли два решения.

Первое — о создании Донецкой Независимой Республики в составе России. Второе — о проведении референдума о суверенитете области не позже 11 мая. По словам предводителей сепаратистов, оба были согласованы с протестным активом Харькова и Луганска — ожидалось, что там тоже вынесут подобные резолюции.

В это самое время в Харькове тоже захватили ОГА. И тоже подняли над ней флаг России. Правда, в отличие от донецких «коллег», харьковские сепаратисты никаких требований не выдвигали. Установив контроль над зданием, они попросту улеглись спать. Что настораживало еще больше, чем если бы они домогались развала НАТО, скажем.

В Донецке возле входа в ОГА выросла баррикада — заваленная арматурой, шинами, колючей проволокой. Слева и справа бочки с зажигательной смесью. В любой момент конструкция могла взлететь на воздух. Охраняли ее хмурые мужики в аптечных масках (балаклавы попадались, но редко). Да, это были обычные донецкие мужики — с большими грубыми руками, обтрепанными непростой жизнью лицами, бедно одетые. Эти люди не состояли в каких-либо политических организациях, и с формулированием собственных целей, как уже говорилось, у них тоже были проблемы. Они просто хотели, чтобы «их услышали». Что свидетельствовало бы о том, что их «услышали», они и сами толком не знали.

Посмотрите фоторепортаж с «народной сессии», проводившейся в сессионном зале облсовета захватчиками. Люди не скрывали лиц, не таились — искренне радовались «проголосованным» «решениям», бурно выражали эмоции. Они действительно думали, что вот оно — народовластие, что теперь они сами стали хозяевами своей судьбы.

Где они сейчас — те, кто 7 апреля заседал в сессионном зале облсовета? Сколько из них выжило, скольких сгноили в подвалах вооруженные бандиты, сколько, прозрев, успело унести ноги на «большую землю»? Ответов нет.

## «Легче парню забеременеть, чем Донбассу кого-то полюбить»

На протяжении апреля я несколько раз приезжала в Донецк. По вечерам на площади Ленина, перед захваченной ОГА, собиралось больше всего людей. Как и в Киеве: приходили после работы. То тут, то там на площади образовывались небольшие кружки — спорили, убеждали. Все сходились на том, что «Киев нелегитимен», местные элиты «достали» и, вообще, «так дальше жить нельзя». Как нужно, они не знали, а единого лидера у них не было. Прежде считалось, что выразителем их интересов является Партия регионов. На самом деле к ее предводителям у донетчан вопросов было не меньше, чем к остальным политикам. Тем не менее «регионалы» по-прежнему удерживали высокие рейтинги.

Вот что удивительно: во времена правления Януковича его базовый электоральный регион притеснялся едва ли не больше всех остальных — полнейший беспредел силовиков, бизнес-монополия «семьи» и приближенных к власти, тотальная коррупция. Все то, что уже давно взорвало бы Центральную Украину, не говоря уже о Западной, на востоке смиренно терпели. Рейтинги Януковича до последнего оставались тут очень высокими.

«Знаете, как у нас говорят? Легче парню забеременеть, чем Донбассу кого-то полюбить. Но уже если полюбит... В этом плане Донбасс неизменчив...» — комментирует **Ахметов**.

Очень скоро русские наемники воспользовались дезорганизацией в рядах бунтарей и де-факто возглавили протест, переведя его на военные рельсы. Координировалось это — чему существует масса доказательств — напрямую из Москвы, тогда как на месте действовали «уполномоченные поверенные». Массово появилось оружие, начались похищения людей (многих брали с целью выкупа), убийства украинских активистов. Боевики «отжимали» машины, мелкий бизнес, недвижимое имущество. Это стало происходить со второй половины апреля (вскоре после появления «зеленых человечков» в Славянске), но в первые полтора месяца события развивались именно так. Нам важно помнить об этом, чтобы потом — когда война закончится – суметь восстановить нити, связывающие Донбасс с Украиной.

## Начало АТО на Востоке.
## Ахметов приезжает к захватчикам

Официальной датой начала активной фазы противостояния на юго-востоке считается 7 апреля. В этот день у центральной власти лопнуло терпение, и и. о. Президента Украины Александр Турчинов сообщил, что против вооруженных сепаратистов в восточных областях применят антитеррористические меры. «Враги Украины пытаются разыграть крымский сценарий, но власть этого не допустит», – настаивал Турчинов.

Естественно, российская сторона не могла промолчать. МИД РФ в связи с событиями в Луганской, Донецкой и Харьковской областях выступил с требованием федерализации Украины. На каком основании МИД другой страны вообще мог о подобном заикаться, разумеется, не объяснялось.

> «В то время, согласно соцопросам, двадцать восемь процентов жителей Донецкой области были не против войти в состав РФ, еще тридцать два выступали за автономию региона, но в составе Украины, остальные сорок процентов — за сохранение существующего статус-кво. В Луганской области за присоединение к России выступили семьдесят шесть процентов граждан. То есть мнения разделились», – констатирует **Борис Колесников**.

Первые ощутимые результаты антитеррористической операции проявились в Харькове. Вообще, конфликт в этом городе стал личным вызовом для новоназначенного главы МВД Арсена Авакова, в прошлом — харьковчанина. И он с ним справился. Вскоре после захвата Харьковская облатминистрация была освобождена. Освобождали посредством милицейского штурма с применением силы. Часть здания загорелась, но пожар удалось потушить. Более семидесяти сепаратистов задержали и отправили в Киев — во избежание эксцессов на месте.

На юге — в Одессе и Николаеве — конфликт тоже удалось купировать: все закончилось массовыми драками евромайдановцев и сепаратистов.

После успеха в Харькове явственно наметилась перспектива штурма захваченных зданий в Луганске и Донецке. Готовясь к схватке, луганчане заминировали здание СБУ и пообещали прикрываться — «в случае чего» — женщинами и детьми. Понуждать к этому ни тех, ни других не требовалось — на востоке, как и в Крыму, многие местные ратовали за сепаратизм и всяческую русификацию.

В Донецк в ночь на 8 апреля на переговоры с захватчиками в ОГА приехал бизнесмен **Ринат Ахметов**.

> «Около часа ночи мне позвонил Николай Левченко и сказал, что люди, собравшиеся в здании, хотят, чтобы я приехал для разговора с ними. Разумеется, я поехал», — комментирует он.

Запись их ночного диалога, на которой ничего, конечно, не видно, но все очень хорошо слышно, появилась в Сети. «Что мы должны сделать, чтобы нас услышали?» — спросил Ахметов у протестующих. «Отделиться», — ответили ему. «Отделиться — не цель, а средство. А цель — жить лучше». Протестующие прямо спросили, готов ли он их возглавить. Им действительно нужен был лидер. Но Ахметов от ответа мягко ушел. Зато пообещал, что, если силовики осмелятся штурмовать ОГА, он придет туда и будет вместе с протестующими.

> «Я им говорю: «Моя позиция: Донбасс — это Украина, — продолжает **Ахметов**. — Вот тут вы меня, пожалуйста, поддержите». Но вот я говорю это и понимаю, что меня не слышат...
>
> *Не слышат почему? Потому что уже были слишком сильно «заряжены», на взводе? Или же потому, что изначально протест был направлен во многом против местных элит, а значит, в чем-то и против вас?*
>
> Я уверен, что тогда не нашлось бы ни одного голоса, который бы услышали. Ни одного. Кому бы он ни принадлежал».

Закончилось тем, что после уговоров Ахметова захватчики выделили несколько человек из своих рядов, которые вместе с бизнесменом поехали на переговоры с представителями власти — во избежание штурма.

Признаться, реплики Ахметова в той записи я слушала не слишком внимательно. Тезисы его были ясны заранее: мир, бесконфликтное решение проблемы, компромиссы с Киевом — во имя блага Донбасса. Реплики захватчиков были куда интереснее. Они в очередной раз подтвердили, что в ОГА собрались обычные донецкие мужики — **российских агрессоров в то время там еще не было.** И эти мужики плохо себе представляли, каковы их цели и как им нужно действовать.

Многие считали, да и сейчас считают, что, прояви себя тогда власть пожестче, и горестных последствий удалось бы избежать. Было бы, как в Харькове: несколько часов подряд — очень жестко, зато потом — мирно.

В связи с этим один из патриархов донецкого клана рассказал мне историю: «Мы собрались тогда втроем: я, мэр Лукьянченко и еще один человек. Я сказал: Аваков распустил «Беркут». Где сейчас эти ребята? Давайте их соберем, всем, чем надо, обеспечим, денег щедро дадим — пусть освобождают админздания. Там же даже не бандиты засели — городская шелупонь. Профессионалам их вычистить — два часа дела». Лукьянченко идея понравилась. «Еще один человек» выступил категорически против. Нетрудно догадаться, что этим человеком был Ринат Ахметов.

«Некоторые меня подталкивали к тому, чтобы создать свой батальон, — кивает **Ахметов**. — Но я по этому пути никогда не пойду. Ведь что должен делать батальон? Убивать. Ведь так, да? А я этого делать не буду и покрывать это никогда не стану. Я считаю, что в такой ситуации ответственность на себя должно брать правительство. Этим должно заниматься государство, подобные вопросы — только под контролем государства! Не хватает средств? Введите дополнительный военный налог. Крупный бизнес будет платить больше, малый — меньше, но деньги будут поступать. Мы же говорим, что идем в Европу, что у нас демократия, так какие же частные батальоны? Собственные армии — это Сомали, а не Европа».

Поскольку силой освободить админздания не получалось, кое-где пытались действовать подкупом. Мне достоверно известно минимум о двух случаях, когда «верховные донецкие» сулили захватчикам админзданий небольших городков деньги за то, что те «исчезнут по-хорошему». Захватчики соглашались, деньги брали, но потом снова возвращались «на объекты».

Разумеется, весной и летом верховные донецкие эту информацию категорически опровергали. Единственное официальное подтверждение удалось получить только от **Сергея Таруты**, да и то в январе 2015 года.

> «Как только мы договаривались (об освобождении зданий за деньги. — *С. К.),* тут же приезжали «зеленые человечки» из Славянска и быстренько убирали переговорщиков или меняли их философию. Внутри договориться было невозможно», — констатировал он в интервью Lb.ua.

> И еще: «Я тоже думал, что как только скажет Ринат — все случится».

Не случилось. Не потому, что «Ринат не захотел», — просто сделать ничего не мог. Как и признаться в том, что ситуация совершенно вышла из-под контроля.

> «Я делаю заявление, а оно остается неуслышанным. Раз так, ясно же, что я не могу повлиять. А другого ресурса, кроме как заявления, у меня нет», — комментирует **Ахметов**.

Еще один, альтернативный подкупу вариант — сила авторитета.

Вспоминает **Юрий Иванющенко**:

> «Это было на Пасху. Из Киева я приехал в Донецк, потом — в Енакиево. Ночью пришел в горсовет и «бунтовщиков» оттуда выгнал, повесил флаг Украины. Все.

> Сначала всплыла вся шваль (о захватчиках. — *С. К.*). Наркоманы, алкоголики, отсидевшие за убийства и изнасилования. Конечно, у них еще с девяностых годов была обида. А тут они с оружием. И эта шваль боялась только местных — тех, кого они знали. Флаг висел сутки — пока я был в городе. Потом я уехал — и все».

Ахметов покинул родной Донецк незадолго до президентских выборов 25 мая 2014 года. Непосредственно 25-го подвергся штурму его дом в ботсаду. А 26-го начались бои за Донецкий аэропорт.

## Русские захватывают Славянск

Вслед за областными центрами воспламенились и маленькие городки Донбасса.

Утром 12 апреля неизвестные захватили отделение милиции в Славянске — в здании находилось оружие, которое они тут же прибрали к рукам. Местных милиционеров взяли в заложники. Сразу после этого выставили блок-посты с автоматчиками (!) на въезде в город. Хоть захватчики и называли себя «ополченцами из Донецка», на самом деле они ими не являлись. Это была российская диверсионная группа под руководством гражданина РФ Игоря Гиркина.

К вечеру агрессоры захватили, сначала тщательно обстреляв, здания управлений милиции в Краматорске, Горловке и Красном Лимане. Везде, кроме Краматорска, силовикам удалось отбить нападение. Волнения происходили в Дружковке и Красноармейске. Неспокойно было в Артемовске, где над зданием горсовета маячил российский триколор.

Таким образом, активность вооруженных сепаратистов наблюдалась в семи населенных пунктах Донецкой области: Славянске, Горловке, Красном Лимане, Краматорске, Артемовске, Красноармейске, Дружковке. Позже к ним присоединились Макеевка и Енакиево. Это без учета самого Донецка, а также Луганска и Харькова.

Необходимо отметить, что в Славянске был аэропорт, в Красноармейске — авиабаза 636 ИАП (правда, она была расформирована в 1996 году, но до недавнего времени использовалась как аэроклуб). А Дружковка и Горловка являются крупными железнодорожными узлами. Таким образом, захватчики расположились в непосредственной близости к транспортным развязкам — автомобильным, авиа и железнодорожным. А если взглянуть на карту, то четко видно: все города, ставшие очагами конфликтов, образовывали условную цепочку, отсекающую Донецкую область от Днепропетровской.

В последней преобладали проукраинские настроения — скоро Днепропетровск станет одним из центров сопротивления российской агрессии. Уже в апреле самооборона города обустраивала блокпосты на въездах на территорию области — защищались от сепаратистов. То же самое происходило в Запорожье.

**В Славянске и окрестностях, как было сказано, действовали россияне. Собственно, это и стало моментом разделения протеста на Донбассе на «до» и «после». «До» — стихийный бунт. «После» — профессиональная агрессия силами российских военных.**

Украинские силовики попытались отбить Славянск. Однако в ходе антитеррористической операции девять силовиков были ранены и один убит. Сопротивление сепаратистов было слишком сильным, и его никак нельзя было назвать любительским. СБУ скоро перехватила первые записи разговоров окопавшихся в городе террористов со своими кураторами в Москве. Впоследствии количество таких перехватов станет множиться в геометрической прогрессии.

На долгие месяцы Славянск превратится в главный форпост террористов. Позже в интервью российским СМИ гражданин Гиркин заявит, что полноценную войну на Донбассе начал именно он. И это, в общем, сложно оспорить.

В Киеве это понимали, но военное положение на пылающих территориях не объявляли. Любыми способами нужно было дотянуть до мая — даты проведения президентских выборов, обеспечив избрание полномочного главы государства. Согласно украинскому законодательству, военное положение несовместимо с какими бы то ни было выборами.

Кроме того, введение военного положения могло спровоцировать непредсказуемые последствия. Вплоть до вторжения на всю территорию Украины российской армии. Танки и тяжелая техника «северного соседа» вытянулись вдоль всей украино-российской границы, время от времени «развлекаясь» маневрами — «бряцали оружием».

Западная общественность была бессильна. Как и в случае с Крымом, Россия не признавала акта агрессии, категорически опровергала присутствие своих людей и техники на Донбассе — следовательно, нормы международного права в этой ситуации были к ней неприменимы. Аннексию Крыма известный польский диссидент и журналист Адам Михник оценил как «конец истории — истории мечтаний о мире, которым правили бы демократические ценности и рыночная экономика». К Донбассу это тоже относится: традиционные методы урегулирования конфликтов тут не сработали.

## Восточный эпилог

25 мая 2014 года пятым Президентом Украины был избран Петр Порошенко. Все лето на востоке гремели боевые действия (опять-таки в рамках АТО), война продолжалась де-факто, но так и не была объявлена де-юре. В начале сентября, согласно Минским соглашениям президентов Порошенко и Путина, удалось установить формальное перемирие, регулярно, однако, прерывавшееся вооруженными стычками сторон и гибелью украинских солдат, а также российских наемников.

На сегодняшний день эта страница новейшей истории Украины до сих пор не перевернута.

Очевидно, что пока Владимир Путин находится у власти, конца-краю этому не будет. Очевидно, что пока Владимир Путин у власти, Крым не будет возвращен Украине, «ДНР» и «ЛНР» не исчезнут, на востоке нашей страны не установится полноценный мир, а Донецк, Луганск и множество небольших городков в округе не станут вновь украинскими.

Справиться со всем этим нам еще только предстоит...

## Издательство "Брайт Стар Паблишинг"

•

Спасибо, что приобрели нашу книгу.
Мы верим, что ее чтение доставит вам удовольствие
и принесет пользу.

•

Порекомендуете книгу вашим друзьям?
Спасибо.

•

Есть рукописи или книги, чтобы предложить нам к изданию?
Будем рады рассмотреть, пишите:
info@brightstar.com.ua

•

Другие наши книги здесь, заходите:
www.brightstar.com.ua

•

Следуйте за нами в Facebook:
facebook.com/BrightStarPublishing
facebook.com/Tepla.Seriya

•

Отдел продаж:
Тел.: (067) 734 9942, (044) 593 2062

•

Почтовый адрес:
А/я 87, Киев 02002, Украина

•

**Be Bright, Read Books!**

Брайт ★ Букс

www.ingramcontent.com/pod-product-compliance
Lightning Source LLC
Chambersburg PA
CBHW070830310526
45788CB00017B/7